全国中国特色社会主义政治经济学研究中心（福建师范大学）
2022年重点项目研究成果

全国经济综合竞争力研究中心2022年重点项目研究成果

福建省"双一流"建设学科——福建师范大学理论经济学科
2022年重大项目研究成果

福建省社会科学研究基地——福建师范大学竞争力研究中心
2022年资助研究成果

全国中国特色社会主义政治经济学研究中心（福建师范大学）学者文库

主编 李建平

当代马克思主义经济学家经济学术思想研究丛书

吴宣恭
经济学术思想研究

A STUDY ON WU XUANGONG'S
ECONOMIC THOUGHTS

叶龙祥 ◎ 著

中国财经出版传媒集团

经济科学出版社
Economic Science Press

图书在版编目（CIP）数据

吴宣恭经济学术思想研究/叶龙祥著 . – – 北京：
经济科学出版社，2023.5
（当代马克思主义经济学家经济学术思想研究丛书）
ISBN 978 – 7 – 5218 – 4832 – 8

Ⅰ.①吴… Ⅱ.①叶… Ⅲ.①吴宣恭 – 经济思想 – 研
究 Ⅳ.①F092.7

中国国家版本馆 CIP 数据核字（2023）第 101783 号

责任编辑：孙丽丽 纪小小
责任校对：齐 杰
责任印制：范 艳

吴宣恭经济学术思想研究

叶龙祥 著

经济科学出版社出版、发行 新华书店经销

社址：北京市海淀区阜成路甲 28 号 邮编：100142

总编部电话：010 – 88191217 发行部电话：010 – 88191522

网址：www. esp. com. cn

电子邮箱：esp@ esp. com. cn

天猫网店：经济科学出版社旗舰店

网址：http://jjkxcbs. tmall. com

北京季蜂印刷有限公司印装

710×1000 16 开 23 印张 420000 字

2023 年 6 月第 1 版 2023 年 6 月第 1 次印刷

ISBN 978 – 7 – 5218 – 4832 – 8 定价：92.00 元

（图书出现印装问题，本社负责调换。电话：010 – 88191545）

（版权所有 侵权必究 打击盗版 举报热线：010 – 88191661

QQ: 2242791300 营销中心电话：010 – 88191537

电子邮箱：dbts@ esp. com. cn）

2016 年 10 月，作者与吴宣恭教授合影

2016 年 10 月，作者与导师李建平教授、吴宣恭教授合影

2016 年 5 月博士答辩结束后，与导师李建平教授合影

2015 年 12 月，吴宣恭学术思想研讨会与会人员合影

总　序[*]

　　在 2017 年春暖花开之际，从北京传来喜讯，中共中央宣传部批准福建师范大学经济学院为重点支持建设的全国中国特色社会主义政治经济学研究中心。中心的主要任务是组织相关专家学者，坚持以马克思主义政治经济学基本原理为指导，深入分析中国经济和世界经济面临的新情况和新问题，深刻总结改革开放以来中国发展社会主义市场经济的实践经验，研究经济建设实践中所面临的重大理论和现实问题，为推动构建中国特色社会主义政治经济学理论体系提供学理基础，培养研究力量，为中央决策提供参考，更好地服务于经济社会发展大局。于是，全国中国特色社会主义政治经济学研究中心（福建师范大学）学者文库也就应运而生了。

　　中国特色社会主义政治经济学这一概念是习近平总书记在 2015 年12 月 21 日中央经济工作会议上第一次提出的，随即传遍神州大地。恩格斯曾指出："一门科学提出的每一种新见解都包含这门科学的术语的革命。"^① 中国特色社会主义政治经济学的产生标志着马克思主义政治经济学的发展进入了一个新阶段。我曾把马克思主义政治经济学150 多年发展所经历的三个阶段分别称为 1.0 版、2.0 版和 3.0 版。1.0 版是马克思主义政治经济学的原生形态，是马克思在批判英国古典政治经济学的基础上创立的科学的政治经济学理论体系；2.0 版是马克思主义政治经济学的次生形态，是列宁、斯大林等人对 1.0 版的

---

　　* 总序作者：李建平，福建师范大学原校长，文科资深教授，全国中国特色社会主义政治经济学研究中心（福建师范大学）主任，经济学院和马克思主义学院教授，博士生导师。
　　① 资本论（第 1 卷）[M]．北京：人民出版社，2004：32．

坚持和发展；3.0 版的马克思主义政治经济学是当代中国马克思主义政治经济学，它发端于中华人民共和国成立后的 20 世纪 50~70 年代，形成于 1978 年党的十一届三中全会后开始的 40 年波澜壮阔的改革开放过程，特别是党的十八大后迈向新时代的雄伟进程。正如习近平所指出的："当代中国的伟大社会变革，不是简单套用马克思主义经典作家设想的模板，不是其他国家社会主义实践的再版，也不是国外现代化发展的翻版，不可能找到现成的教科书。"① 我国的马克思主义政治经济学"应该以我们正在做的事情为中心，从我国改革发展的实践中挖掘新材料、发现新问题、提出新观点，构建新理论。"② 中国特色社会主义政治经济学就是具有鲜明特色的当代中国马克思主义政治经济学。

中国特色社会主义政治经济学究竟包含哪些主要内容？近年来学术理论界进行了深入的研究，但看法并不完全一致。大体来说，包括以下 12 个方面：新中国完成社会主义革命、确定社会主义基本经济制度、推进社会主义经济建设的理论；社会主义初级阶段理论；社会主义本质理论；社会主义初级阶段基本经济制度理论；社会主义初级阶段分配制度理论；经济体制改革理论；社会主义市场经济理论；使市场在资源配置中起决定性作用和更好发挥政府作用的理论；新发展理念的理论；社会主义对外开放理论；经济全球化和人类命运共同体理论；坚持以人民为中心的根本立场和加强共产党对经济工作的集中统一领导的理论。对以上各种理论的探讨，将是本文库的主要任务。但是应该看到，中国特色社会主义政治经济学和其他事物一样，有一个产生和发展过程。所以，对中华人民共和国成立七十年来的经济发展史和马克思主义经济思想史的研究，也是本文库所关注的。从 2011 年开始，当代中国马克思主义经济学家的经济思想研究进入了我们的视野，宋涛、刘国光、卫兴华、张薰华、陈征、吴宣恭等老一辈经济学家，他们有坚定的信仰、不懈的追求、深厚的造诣、丰硕的研究成果，为中国特色社会主义政治经济学做出了不可磨灭的

---

① 李建平. 构建中国特色社会主义政治经济学的三个重要理论问题 [N]. 福建日报（理论周刊）. 2017-01-17.

② 习近平. 在哲学社会科学工作座谈会上的讲话 [M]. 北京：人民出版社，2016：21-22.

贡献，他们的经济思想也是当代和留给后人的一份宝贵的精神财富，应予阐释发扬。

全国中国特色社会主义政治经济学研究中心（福建师范大学）的成长过程几乎和改革开放同步，经历了 40 年的风雨征程：福建师范大学政教系 1979 年开始招收第一批政治经济学研究生，标志着学科建设的正式起航。以后相继获得：政治经济学硕士学位授权点（1985 年）、政治经济学博士学位授权点（1993 年），政治经济学成为福建省"211 工程"重点建设学科（1995 年）、国家经济学人才培养基地（1998 年，全国仅13 所高校）、理论经济学博士后科研流动站（1999 年）、经济思想史博士学位授权点（2003 年）、理论经济学一级学科博士学位授权点（2005年）、全国中国特色社会主义政治经济学研究中心（2017 年，全国仅七个中心）。在这期间，1994 年政教系更名为经济法律学院，2003 年经济法律学院一分为三，经济学院是其中之一。40 载的沐雨栉风、筚路蓝缕，福建师范大学理论经济学经过几代人的艰苦拼搏，终于从无到有、从小到大、从弱到强，成为一个屹立东南、在全国有较大影响的学科，成就了一段传奇。人们试图破解其中成功的奥秘，也许能总结出许多条，但最关键的因素是，在 40 年的漫长岁月变迁中，我们不忘初心，始终如一地坚持马克思主义的正确方向，真正做到了咬定青山不放松，任尔东西南北风。因为我们深知，"在我国，不坚持以马克思主义为指导，哲学社会科学就会失去灵魂、迷失方向，最终也不能发挥应有作用。"[1] 在这里，我们要特别感谢中国人民大学经济学院等国内同行的长期关爱和大力支持！因此，必须旗帜鲜明地坚持以马克思主义为指导，使文库成为学习、研究、宣传、应用中国特色社会主义政治经济学的一个重要阵地，这就是文库的"灵魂"和"方向"，宗旨和依归！

是为序。

李建平

2019 年 3 月 11 日

---

[1]　习近平. 在哲学社会科学工作座谈会上的讲话 [M]. 北京：人民出版社，2016：9.

序

　　中华人民共和国成立以来，特别是党的十一届三中全会以后，党和政府把马克思主义基本原理与中国具体实际相结合，大力实行改革开放，积极推进经济体制改革，从而使蕴藏的生产力得到释放，国民经济蓬勃发展，人民生活水平逐步提高，取得的成就举世瞩目。然而，在经济体制改革的过程中，并非一帆风顺，出现了许多新情况、新问题，如20世纪80年代，围绕着"计划取向"还是"市场取向"的改革方向争论；90年代，围绕着"西方产权理论"还是"马克思主义产权理论"的经济体制改革指导思想争论；90年代中叶，围绕"生产资料创造价值""物化劳动创造价值"还是"劳动创造价值"的"价值创造源泉"的争论；等等。即便当下，世界范围内各种思想文化交流交融交锋日益频繁，国内各种深层次矛盾和问题不断呈现、各类风险和挑战不断增多，人们在思想认识上的独立性、选择性、多变性、差异性日益增强，各种价值观念和社会思潮纷繁变幻，各种反马克思主义、非马克思主义的思想观念滋生，导致在一些领域中，马克思主义被边缘化、空泛化、标签化，在一些学科中"失语"、教材中"失踪"、论坛上"失声"。面对着经济体制改革过程中出现的重重困难，一批批坚定的马克思主义工作者为国家的改革发展和安全稳定出谋划策，殚精竭虑，甚至许多马克思主义经济学家即使到了耄耋之年，仍精于思考，勤于笔耕，展现了老一辈无产阶级革命家、思想家、教育家笃信马列、追求真理、勇于探索、敢于亮剑、甘于奉献的高尚情操。而吴宣恭教授便是其中的佼佼者。

　　吴宣恭教授自1951年留校（厦门大学）工作以来，在60多年的政治经济学教学研究中，始终秉承求真务实的科学态度，坚持和运用马克思主义的立场、观点和方法，对马克思主义所有制和产权制度进行长期的、创新性的跟踪研究，并从我国具体实际出发，以严谨而富有说服力的论述，把所有制与产权制度理论的独到见解，贯穿于商品经济和市场经济的形成与发展、商品价值的形成与实现、价值量与劳动生产率关系、公平与效率的关系、社会分配不公的主要根源以及按生产要素分配的实质、社会主义政治经济学理论体系建设等分析与研究之中，深入批判了多种错误的理论，在许多方面阐述了自己的创新见解，提出了一系列重要理论观点，对指导经济体制改革、丰富和发展马克思主义政治经济理论作出了积极贡献，被誉为"中国马克思主义经济学研究领域最前沿的、最有影响的前辈学人之一"。可以说，吴宣恭教授是我国经济体制改革的亲历者、参与者、见证者，他个人的理论研究和实践探索在一定程度上反映了中国社会主义经济理论的发展历程，反映改革开放以来中国经济的改革实践过程。系统研究吴宣恭教授的经济学术思想既是对中国特色社会主义经济发展道路理论和实践的总结，又是对改革开放以来经济体制改革的系统回顾。2016 年 5 月 17 日，习近平总书记在哲学社会科学工作座谈会上发表了重要讲话，他强调："这是一个需要理论而且一定能够产生理论的时代，这是一个需要思想而且一定能够产生思想的时代。"改革开放至今，40 多年的经济发展史，迫切需要理论与实践的总结，实现伟大的民族复兴，更迫切需要理论的指引。习近平总书记指出："把中国实践总结好，就有更强能力为解决世界性问题提供思路和办法。"可见，梳理和总结改革开放以来马克思主义经济学家经济学术思想史，具有重要的理论意义和现实意义。虽然之前有一些文献介评过吴宣恭教授的经济学术思想，介绍过吴宣恭教授的研究内容，但不全面，也不够系统，缺乏一定的时代特征。而叶龙祥博士是目前第一个把吴宣恭教授的经济学术思想放在特定的时代背景下，进行系统而全面的研究的人。

叶龙祥博士重点考察了吴宣恭教授经济学术思想的形成过程及其时代背景，系统而中肯地评述了吴宣恭教授在所有制与产权基本理论、我国社会的产权关系、西方现代产权理论、产权与所有制理论在经济体制改革中的运用、商品经济与市场经济、马克思价值理论、马克思主义分配理论、社会主义初级阶段经济和地区经济发展、现阶段经济社会关系、马克思经济学等方面的研究，客观准确地述评吴宣恭教授经济学术思想的特点、学术贡献和当代价值。本书的创新和贡献主要有三个方面：一是将吴宣恭教授的经济学术思想脉络化和系统化；二是体现了马克思主义思想传承与当代马克思主义工作者思想进步和理论创新的有效结合；三是展示了中国特色社会主义政治经济学领域的学术研究与中国经济体制改革的具体实践指导相结合。同时，仍有需要改进和提高的地方，如对吴宣恭教授经济学术思想发展阶段的阐述、王亚南教授对吴宣恭教授的学术传承和影响、吴宣恭教授的研究成果对国家和政府政策的指导作用等还需要进一步深入和加强。

本书观点明确、逻辑性强、层次清晰、结构合理、论证充分、文献资料翔实、丰富、文字功底扎实，把握了吴宣恭教授经济学术思想和学术贡献的精髓，表明叶龙祥博士对吴宣恭教授的经济学术思想和学术贡献作了比较深入的研究，对掌握经济思想史专业的研究技能也非常熟练，体现较高的学术水平。今日能付梓，我由衷高兴，也希望他能以吴宣恭教授等老一辈经济学家为榜样，在研究马克思主义政治经济学的道路上不断前行，取得新的成果。

是为序。

李建平

2017 年 6 月 2 日

目录
CONTENTS

第一章

绪　　论

一、本书选题的背景和意义

（一）选题背景

改革开放以来，党和政府把马克思主义基本原理与当代中国具体实际相结合，带领中国人民战胜各种困难，取得举世瞩目成就：经济地位从世界经济重要组成部分一跃成为世界经济增长的重要引擎，经济总量先后超过了传统经济强国，成为世界第二大经济体，综合国力和人民生活水平均得到显著提高。然而经济全球一体化虽给中国带来了机遇，但同时也带来严峻的挑战。如国际形势不稳定因素增多，世界霸权主义和强权政治有所抬头，地区冲突、国际竞争越发激烈，恐怖主义、金融危机、环境污染等在全球范围内愈演愈烈，世界范围内意识形态领域渗透与反渗透斗争仍然尖锐和复杂，尤其是我国正处于全面深化改革的关键期，各种反马克思主义、非马克思主义的思想观念有所滋长，影响着社会的改革与发展、和谐与稳定。党的十八大提出了全面建成小康社会，关键在于发展。面对如此严峻的国内外经济形势和国际金融危机的深远影响，如何抓住和用好重要战略机遇期，不失时机深化重要领域改革，完善社会主义经济制度，加快转变经济发展方式，实现经济持续健康发展？面对西方新自由主义思潮的强烈渗透，如何在今后的全面深化改革中坚持马克思主义，如何运用马克思主义的立场、观点和方法增强人们对马克思主义的认同，巩固社会主义意识形态的主体地位？如何在深化改革过程中加强所有制改革，维护公有制经济的主体地位和国有经济的主导作用？如何响应中央关于实现中华民族伟大复兴的中国梦号召，保持中国经济稳健的发展势头？这些都是经济学者理应面对和不可推卸的历史责任和研究重点。

（二）选题意义

吴宣恭是我国当代著名的马克思主义经济学家，被誉为"中国马克思主义经济学研究领域最前沿的、最有影响的前辈学人之一"[①]。70 多年来，吴宣恭始终坚持马克思主义为指导，紧密结合中国具体实际，在社会主义政治经济学领域尤其是在所有制与产权理论、所有制改革、市场经济、分配理论、价值理论、经济发展问题、当前经济社会关系和政治经济学学科建设等方面取得了前沿性和创新性的重要学术成就，对指导经济体制改革，丰富和发展社会主义经济理论做出了卓越的贡献。对吴宣恭的经济思想研究既是对马克思主义理论的继承与发展，又是对中国社会主义经济改革发展道路的理论总结和深化，对指导全面深化改革具有重要理论与实践意义。

1. 研究吴宣恭经济学术思想是对马克思主义理论的继承与发展

吴宣恭是一位坚定的马克思主义信仰者、研究者和传播者。1949 年，刚刚接触进步书籍的他被马克思主义，特别是唯物辩证法和历史唯物主义的科学性和深刻性深深吸引。从此，吴宣恭数十年如一日执着地学习、研究和发展马克思主义理论，可以说，他经济学术思想的立场、观点和方法都是马克思主义的立场、观点和方法的继承、发展与运用。所以，深入研究吴宣恭经济学术思想不仅有助于理解马克思主义经济学家对马克思主义经济理论的学习、研究、发展和运用，进一步加深对马克思主义经济学的理解和把握；而且对于坚持马克思主义，运用马克思主义指导全面深化改革具有重要的指导意义。

2. 研究吴宣恭经济学术思想在一定意义上是对中国特色社会主义经济发展道路的理论总结

改革开放以来，我国进行了经济体制变革，建立了社会主义经济制度，形成了具有中国特色的社会主义经济理论体系。作为一名坚定的马克思主义者，在长达半个多世纪的时间里，吴宣恭始终坚持和运用马克思主义的立场、观点和方法，深入分析和研究中国经济改革过程中出现的各种理论和实践难题，努力探索经济运行规律，进一步丰富和发展社会主义经济理论体系。可以说吴宣恭经济学术思想根植于经济体制改革的具体实际，反映了中国社会主义经济理论的发展历程。所以，深入研究吴宣恭经济学术思想不仅有助于后学之辈了解和认识中国社

---

① 当代马克思主义经济学家吴宣恭［J］. 当代经济研究，2011（8）.

会主义经济理论发展历程和实践运用，掌握社会主义经济发展脉络；而且对于当今政府借古鉴今，沿着社会主义方向全面深化改革具有重要的启示意义。

3. 研究吴宣恭经济学术思想对经济体制改革具有重要的启示意义，是全面深化改革、实现中国梦的客观需要

吴宣恭对国有经济的所有制与产权制度改革方面有深入的研究，他的文章在各个时期提出许多有影响和新颖的观点，引起了中国经济学界的关注和争论，也被政府所肯定和采用。随着我国经济体制改革和经济理论的发展，日益证实了吴宣恭在经济体制改革方面所提出观点的前瞻性与正确性。面对着当前严峻的国内外经济形势和错综复杂的社会矛盾，党的十八届三中全会做出了全面深化改革的决定，并把经济体制改革作为全面深化改革的重点。吴宣恭对经济体制改革方面有着较为深入的研究，对中国经济建设过程中出现的许多理论与实践难题有着较为全面的思考，并形成了一系列理论成果。这些成果对于加强经济体制改革的顶层设计有着重要的借鉴和指导作用。所以，深入研究吴宣恭经济学术思想有助于加强对经济体制改革的理论指导，为党的十八届三中全会提出的改革目标，实现伟大复兴的中国梦奠定基础。

二、研究现状

（一）吴宣恭经济学术思想研究概况

目前，学术界关于吴宣恭经济学术思想的研究并不多。以"吴宣恭"作为关键词在知网中进行搜索，仅搜到相关文章32篇，其中有5篇文章为专题研究，9篇为人物简要传记，5篇为书评，2篇为访谈，1篇封面人物，1篇自评，1篇庆典，8篇为研讨会文章，无相关的硕博论文。此外，还有一些专著或期刊对吴宣恭经济学术思想中的部分内容进行研究，或简要介绍吴宣恭及其研究方向和取得的成就。如程恩富主编的《马克思主义经济思想史（中国卷）》（2006）、《中外马克思主义经济思想简史》（2011），高校理论战线编辑部编的《无言的风景：中国高校知名社科学者学术思想巡礼》（2006），刘思华编著的《当代中国马克思主义经济学家：批判与创新》（2012）。此外，江苏人民出版社编的《我的经济观（5）：当代中国百名经济学家自述》（1992），国务院学位委员会办公室编的《中国社会科学家自述》（1997）从作者自身角度阐述经济思想的启蒙与学术生涯的历程；还有肖林主编《当代闽南名人第1辑》（1994）、朱崇实主编的《南强之光：厦门人物传略》（2001）、曾平晖等编的《晋江当代著述录》

（2002）、单辉主编的《中共厦门党史人物辞典 社会主义时期》（2003）等。

从目前搜集到的研究成果看，最早对吴宣恭经济学术思想进行研究的是程恩富的《开拓、比较与创新》（《经济学评论》，2001年第4期）。该文以书评形式对吴宣恭的《产权理论比较——马克思主义与西方现代产权学派》一书进行点评。最早对吴宣恭经济学术思想核心内容进行研究是何诚颖的《吴宣恭教授学术思想简介》（《高校理论战线》，2002年第9期）。该文从所有制和产权理论、所有制改革的理论、价值论及社会主义商品关系和市场经济、政治经济学教材的编写、其他社会主义经济理论等五个方面简要地加以阐述。同时何诚颖是吴宣恭经济学术思想研究和发表成果次数最多的研究者，共计3篇论文。侯为民在《吴宣恭经济思想扫描》（《管理学刊》，2011年第8期）从批判和创新的视角分析和归纳了吴宣恭的学术贡献。2012年，吴宣恭发表《"三尺书几亦轮台"——我的学术历程》（《毛泽东邓小平理论研究》第11期）一文，系统地梳理了自身的研究工作，这对后人研究吴宣恭经济学术思想具有很强的参考和借鉴意义。此后，周小亮发表了《吴宣恭：经济理论贡献与特色》（《学术评论》2013年第4期），择要介绍了吴宣恭对社会主义经济理论的贡献与特色。

（二）吴宣恭经济学术思想研究内容

目前，学术界对吴宣恭经济学术思想的研究主要从经济学术思想内容、经济学术思想方法和经济学术思想贡献三个方面展开。具体如下。

1. 吴宣恭经济学术思想内容研究

在所有制与产权理论方面的研究。何诚颖（2002）认为吴宣恭是较早对所有制和产权理论进行研究，并取得颇具影响的成就；何诚颖、李鹏、赵振华（2004）认为吴宣恭在所有制与产权方面的研究是对马克思主义产权理论的继承，并在坚持马克思主义产权理论的基础上，深入分析研究了马克思主义产权与西方产权理论；侯为民（2011）、刘思华主编的《批判与创新》（2012）认为吴宣恭主要从所有制在生产关系中的地位和作用、产权的权能、责任和利益关系、产权的内涵、公有制内部存在各种产权的分离、社会主义产权关系、马克思主义与西方现代产权理论等方面对所有制与产权理论进行理论创新；肖林（1994）、单辉（2003）对吴宣恭的所有制与产权理论进行简要的阐述。

关于所有制改革方面的研究。何诚颖（2002），何诚颖、李鹏、赵振华（2004），程恩富主编的《马克思主义经济思想简史（中国卷）》（2006）、《中外马克思主义经济思想简史》（2011），侯为民（2011），刘思华主编的《批判与创新》（2012），周小亮（2013）等均研究了吴宣恭关于所有制改革方面的经济思想。其中何诚颖（2002），何诚颖、李鹏、赵振华（2004）比较宏观和系统地进行全面的介绍；程恩富主编的两本书中主要从"所有制改革必须坚持公有制为主体、以全民所有制为主导的原则，全民所有制改革主要是探索全民所有制在商品经济中的实现形式"两个方面对吴宣恭提出的所有制改革思路进行介绍；侯为民（2011）、刘思华（2012）主要对吴宣恭关于国有企业改革提出的若干建议进行分析；周小亮（2013）从四个方面简单地介绍了吴宣恭积极探索我国所有制改革若干重大理论和实践方面的经济学术思想。

关于价值理论方面的研究。何诚颖（2002），何诚颖、李鹏、赵振华（2004），侯为民（2011），刘思华（2012），周小亮（2013）等均研究了吴宣恭关于劳动价值理论方面的经济学术思想。其中何诚颖（2002），何诚颖、李鹏、赵振华（2004）主要从物化劳动不能创造价值和剩余价值、两种含义的社会必要劳动时间的作用、科技与价值量三个方面进行简要的介绍；侯为民（2011）、刘思华（2012）主要对吴宣恭关于两种含义的社会必要劳动与商品价值决定和实现的关系、价值量与劳动生产率的关系两个方面理论创新进行研究；周小亮（2013）主要从商品经济与价值理论研究方面对吴宣恭阐述的经济学术思想进行简单的介绍。

关于分配理论的研究。何诚颖、李鹏、赵振华（2004）认为吴宣恭发表的若干论文坚持和发展了马克思主义的分配理论，并从"分析了分配关系是产权制度决定的、批驳了资产阶级的分配价值论、剖析了社会主义初级阶段的分配方式、评析了西方经济学关于收入分配的'边际生产力理论'、阐释按生产要素分配的正确含义"等五个方面加以分析；侯为民（2011）、刘思华（2012）则主要从按生产要素分配的实质、公平与效率的关系、我国社会分配不公的主要根源三个方面进行简要的介绍；周小亮（2013）则从分配关系是由产权制度决定的、社会主义初级阶段分配方式的依据与特征、公平与效率概念的特点等三个方面进行简单的阐述。

关于商品关系与市场经济的研究。综合何诚颖（2002）、侯为民（2011）、刘思华（2012）、周小亮（2013）等的研究，吴宣恭这方面经济学术思想主要包括：国有制与商品经济关系、我国市场经济的形成与改革的"市场导向"问题两个方面。

关于其他方面经济学术思想的研究。何诚颖（2002）简单回顾了吴宣恭编写政治经济学教材的过程及取得的成就，并简要介绍了吴宣恭在经济增长方式、经济发展战略、住宅建设问题等方面的经济学术思想；侯为民（2011）、刘思华（2012）简要介绍了吴宣恭对政治经济学理论体系和倡议把住房建设列为支柱产业的建议，吴宣恭对西方现代产权经济学派、"人力资本"概念、否定公有制、鼓吹私有化主张、西方经济学关于"生产要素分配按贡献分配"理论等方面批判的经济思想进行研究。周小亮（2013）主要从关于政治经济学学科建设和社会经济发展问题研究方面对吴宣恭经济学术思想进行简要的介绍。

2. 吴宣恭经济学术思想方法的研究

在2010年召开的"所有制和产权理论"学术研讨会暨吴宣恭教授从教60年庆典上李闽榕表示吴宣恭是运用马克思主义方法论研究社会主义经济理论；田心铭指出吴宣恭从事社会主义理论研究的方法有五：理论与实践的统一、阶级性与科学性的统一、经济学与哲学的统一、创新与求实的统一、批判与建设的统一。卫兴华表示吴宣恭对学术的研究具有批判的精神①；何诚颖、李鹏、赵振华（2004）指出吴宣恭始终如一地坚持马克思主义的世界观和方法论。

3. 对吴宣恭经济贡献的研究

程恩富（2001）以书评的形式从"开拓了马克思主义产权经济学""比较分析了两种产权理论的优劣""提出了系列产权创新思想"三个方面指出《产权理论比较——马克思主义与西方现代产权学派》一书以其厚实的理论显示出其学术价值，体现了吴宣恭深厚的马克思理论功底和对现代西方经济学的通晓；何诚颖（2002）认为吴宣恭关于所有制在生产关系中的地位和作用这一观点是"基础论"的代表性意见；所撰写的《产权理论比较——马克思主义与西方现代产权学派》对西方经济学产生一定的影响，对学科发展具有一定的贡献；何诚颖、李鹏、赵振华（2004）认为吴宣恭丰富和发展马克思主义产权理论，并运用这一理论指导我国所有制改革，使马克思主义产权思想得到发扬光大；坚持和发展了社会主义政治经济学。程恩富主编的《马克思主义经济思想简史（中国卷）》（2006）、《中外马克思主义经济思想简史》（2011）中认为吴宣恭为经济体制改革中是坚持公有制还是转向非公有制指明了方向。侯为民（2011）、刘思华（2012）认为吴宣恭较早地提出一系列所有制和产权理论创新，在指导国有企业改革方面卓有建树，对政治经济学学科发展做出了积极的贡献。周小亮（2013）认为吴宣恭在产权理论、所有制理论、社会主义市场经济理论及对我国高等院校政治经济学的学科建设等方面均有突出的贡献。1984年第11期《经济研究资料》、1999年第2期《东南学术》、2002年第9期《高校理论战线》、2006年第1期《海派经济学》、2006年第12期《经济纵横》、2011年第11期《经济纵横》、

---

① 贺东伟．"所有制和产权理论"学术研讨会暨吴宣恭教授从教60年庆典综述［J］．经济学动态，2011（2）：156.

2011 年第 8 期《当代经济研究》、2012 年第 5 期《中国研究生》、2012 年第 11 期《毛泽东邓小平理论研究》等发表了 9 篇人物传记简要地介绍了吴宣恭的学术贡献和所取得的成就。

（三）对现有研究的评析

现有研究成果对吴宣恭在所有制与产权理论、所有制改革、商品经济与市场经济、分配理论、价值理论、政治经济学学科建设等方面进行多方面的阐述，较为客观和全面地对吴宣恭社会主义市场经济建设和经济体制改革过程中的理论与实践方面的贡献进行评价。但是，相对于长期从事于马克思主义经济学和我国社会主义经济学的理论与实践、具有丰富理论和实践经验的吴宣恭而言，还远远不够：

1. 研究的内容还不够系统与全面

目前，较为全面阐述吴宣恭经济学术思想的是何诚颖（2002）以及何诚颖、李鹏、赵振华（2004），他们主要围绕吴宣恭的所有制与产权理论、所有制改革、商品经济与市场经济、分配理论、价值理论、政治经济学学科建设等方面进行简要的分析，但对吴宣恭经济学术思想的思想启蒙、发展、成熟及他的社会贡献与价值与研究方法等方面的研究仍然不够深、不够充实或不够完整。

2. 缺乏一定的时代特征

任何思想的形成都有一定的时代背景，吴宣恭经济学术思想也不例外。从历史角度看，正是在改革开放的大背景下，社会主义市场经济体制建立和发展促成吴宣恭经济学术思想的形成和发展。但目前的研究中无论是个人传记、书评、思想简介、学术思想研究，都没有把吴宣恭经济学术思想放在历史这一背景下进行深入探讨与研究，这种情况下，很难准确地把握吴宣恭经济学术思想的精髓及其他的时代特征。为此，从时代发展的角度分析和研究吴宣恭经济学术思想，更能准确地理解我国经济发展的理论与实践脉搏。

3. 对吴宣恭经济学术思想的当代价值研究得不够

吴宣恭是坚定的马克思主义者，著名的马克思主义经济学家，尤其在所有制与产权理论的研究与运用中取得巨大成就，是这一领域的权威，对当下指导全面深化改革具有重要的指导意义。但是目前现有的研究成果中，对其思想的现实意义及启示作用研究甚少，为此，有待于进一步深化和发展。

三、研究思路和研究方法

(一) 研究思路

本书主要系统而全面地研究半个多世纪以来吴宣恭对所有制与产权理论的研究与运用的经济学术思想，从中挖掘吴宣恭经济学术思想的学术贡献及当代价值。本书的思路是先从当时的时代背景及经济体制改革的理论与实践需要阐述吴宣恭经济学术思想的产生、形成与发展；接着从十个方面依次系统而全面地阐述吴宣恭研究所有制与产权理论，运用这一理论指导和解释经济体制改革和政治经济学科建设过程中出现理论与实践难题的学术历程；然后论述吴宣恭经济学术思想的特点、学术贡献及其当代价值；最后，总体论述吴宣恭经济学术思想的理论与实践贡献及对后学之辈的借鉴和启示作用。

(二) 研究方法

第一，坚持运用唯物辩证法，客观地对吴宣恭经济学术思想发展演变过程进行研究，辩证地说明吴宣恭经济学术思想产生、形成和发展既是时代变革的产物，又是中国特色社会主义经济理论丰富和完善的辩证过程。

第二，坚持运用史论相结合的方法，通过对吴宣恭的所有著作、在期刊所发表的所有文献、每一次研讨会发表的论文、在媒介上所发表的所有观点进行深入研究，凝练出其经济学术思想，同时通过对吴宣恭本人、学生、学术界前辈的访谈，充实对吴宣恭经济学术思想的认识，以丰富吴宣恭的经济学术思想，使本书更具历史性和真实性。

第三，坚持求实与创新相结合的方法，系统地对吴宣恭经济学术思想进行梳理，原汁原味地展现吴宣恭经济学术思想的原有内涵，同时在吴宣恭经济学术思想中理论性与实践性相统一的基础上，提炼出吴宣恭经济学术思想对当代经济发展的价值，为党的十八届三中全会提出的全面深化改革提供理论指导。

第四，坚持运用比较分析方法，将吴宣恭的经济学术思想与同时期、同方向其他经济学家的思想做比较，系统分析之间的差异，力求更加准确地解读吴宣恭经济学术思想和时代价值。

(三) 研究框架

由于吴宣恭数十年如一日地深耕于马克思经济学领域，其经济学术思想涉及面广、内涵丰富。本书比较全面而系统地对其思想进行分析研究。具体内容如下：

第一章绪论简要地介绍本书的选题背景和意义、研究现状、研究思路和研究方法、创新和有待研究之处等。

第二章主要概述吴宣恭经济学术思想形成和发展的基本线索，包括学术生涯概况、经济学术思想产生的时代背景和形成发展阶段。

第三章主要介绍吴宣恭关于产权理论和所有制基本理论的经济学术思想，包括所有制基本理论、产权关系基本理论、产权关系内部结构、产权与产权制度关系等方面的经济学术思想。

第四章主要介绍吴宣恭关于对我国社会产权关系的经济学术思想，包括全民所有制产权关系、股份公司的产权关系、法人财产权、中小企业产权关系等方面的经济学术思想。

第五章主要介绍吴宣恭关于运用马克思主义产权理论评析西方现代产权理论的经济学术思想，包括全面对马克思主义产权理论与西方新制度学派产权理论的对比评析、西方现代产权经济学基本理论的对比评析、新制度经济学企业理论的对比评析及马克思主义企业产权理论的阐述等方面的经济学术思想。

第六章主要介绍吴宣恭关于运用产权与所有制理论指导经济体制改革的经济学术思想，包括产权分离理论在国有经济改革中的运用、财产和劳动产品的归属关系、国有经济产权制度改革、所有制实现形式问题、国有产权制度改革需要注意的事项等方面的经济学术思想。

第七章主要介绍吴宣恭关于商品经济与市场经济的经济学术思想，包括公有制与商品经济的关系、市场经济形成与改革的"市场导向"问题、增强社会主义市场经济的特有优势等方面的经济学术思想。

第八章主要介绍吴宣恭关于马克思价值理论坚持与发展的经济学术思想，包括劳动价值论、社会必要劳动时间与价值关系、劳动生产率与价值量关系等方面的经济学术思想。

第九章主要介绍吴宣恭关于马克思主义分配理论的坚持与发展的经济学术思想，包括所有制对分配关系的作用、对西方经济学分配理论的批判、我国现阶段分配关系等方面的经济学术思想。

第十章主要介绍吴宣恭关于经济发展问题的经济学术思想，包括地区经济发展战略、世界经济危机根源、股票市场、住宅建设与经济发展、文化知识经济等方面的经济学术思想。

第十一章主要介绍吴宣恭关于对我国现阶段经济社会关系研究的经济学术思

想，包括所有制与阶级关系和阶级分析、当前阶段社会主要矛盾分析、提出我国所有制的二元结构、研究经济规律的二元化等方面的经济学术思想。

第十二章主要介绍吴宣恭关于政治经济学学科建设的经济学术思想，包括政治经济学教材的编写、政治经济学研究对象、从生产关系整体的角度分析"重建个人所有制"的争论、政治经济学结构和理论体系、强调所有制理论在政治经济学中的重要地位、对经济学错误范畴的批判等方面的经济学术思想。

第十三章提出吴宣恭经济学术思想的贡献与价值，主要从吴宣恭经济学术思想的特点、学术贡献与当代价值等三个方面进行阐述。

第十四章结论中总体论述吴宣恭经济学术思想的理论与实践贡献及对青年学者的借鉴和启示作用。

四、本书的创新及有待研究之处

（一）本书的创新之处

（1）本书把研究吴宣恭经济学术思想作为马克思主义经济思想史研究的一部分，尤其是当代中国经济发展思想史研究，是一个崭新的尝试，具有重要的意义。一般而言，人们往往把马克思主义的研究与马克思、恩格斯、列宁、毛泽东、邓小平等领袖思想的研究联系起来，作为探索马克思主义发展的科学规律和当代趋势。实际上，要全面地理解和把握马克思主义发展的科学规律和当代趋势还应包括广大马克思主义理论工作者，他们从各个方面、各个角度对马克思主义理论进行了诠释、丰富和发展。而吴宣恭作为其中的重要一员，其经济学术思想就是当代马克思主义发展的一个直接体现。为此，对吴宣恭经济学术思想的研究就是对当代马克思主义经济思想研究的丰富与深化。

（2）本书系统而全面地研究吴宣恭经济学术思想，在一定程度上填补了学术界当代中国马克思主义经济思想史研究领域的空白。当前学术界对吴宣恭经济学术思想的研究还不够全面，只是简要地介绍其经济学术思想的部分或理论特色，篇幅也有限，总体上显得蜻蜓点水而深度不足。本书从吴宣恭的经济学术思想启蒙、经济学术思想成熟、涉及研究领域和研究成果、理论与实践贡献等多维度、全方位地进行系统研究与阐述，是目前较为全面和系统地介绍吴宣恭经济学术思想的文章。这不仅是对马克思主义经济思想的丰富与发展，而且在某种程度上填补了国内为数不多的当代中国马克思主义经济思想史领域的研究。

（3）本书试图通过挖掘吴宣恭经济学术思想的理论与实践价值，为全面深化改革提供科学的理论指导。当前由于全球金融危机的影响放缓了世界各国经济发展速度，而中国经济却保持中高速发展，这使国内外对中国经济表现了浓厚的兴趣，希望能从中得到启迪或帮助。诸多专家、学者认为中国经济40多年来的高速发展得益于中国找到一条发展道路，即中国特色社会主义经济发展道路。而吴宣恭经济学术思想就从另一个侧面展现我国社会主义经济理论的形成与发展过程。为此，深入研究吴宣恭经济学术思想对指导当前社会主义经济体制改革具有重要的启示价值和积极作用。

（二）有待进一步研究之处

（1）参考文献有待于进一步收集、整理和分析。吴宣恭经济学术思想的产生、发展和丰富与当时的时代背景、学界内的研究情况等均有重要的联系，这些相关材料量大且丰富，但由于种种因素，无法系统而全面地进行收集、整理与分析，导致无法准确地抓住思想精髓和进行客观、准确地评价与定位。

（2）研究的广度和深度有待进一步加强。吴宣恭数十年如一日地深耕于马克思经济学领域，功底扎实，功力深厚。限于本人已有的能力和学术水平，对马克思主义理论理解不够透彻，可能导致对吴宣恭经济学术思想产生的背景、内容把握不够全面而深入，无法深度挖掘吴宣恭经济学术思想的精髓。

第二章

吴宣恭经济学术思想形成
和发展的基本线索

第一节　吴宣恭学术生涯概况

　　吴宣恭，1930 年出生于福建省晋江市安海镇。1945～1946 年就读于泉州培元中学，1947 年就读于鼓浪屿英华中学；1947 年，酷爱外国文学的他考上了厦门大学外文系。在大学期间，他开始接触革命书籍，后被马克思主义，尤其是马克思的唯物辩证法和唯物史观所吸引，并燃起了浓厚的学习兴趣。1949 年下半年，他正式修读王亚南校长开设的政治经济学和其他经济课程。1951 年毕业后，留校任政治经济学助教；1953 年夏，到复旦大学的华东政治经济学教师进修班学习；1958～1960 年，到中国人民大学经济系政治经济学研究班学习；1962～1963 年，到中国人民大学黄松龄教授主持的政治经济学讨论班进修。1963 年中国人民大学毕业后，回到厦门大学任教，并从教政治经济学社会主义部分。

　　在 70 多年的学术生涯中，吴宣恭始终秉承求真务实的科学态度，坚持理论与实践、批判与创新相结合的原则，对马克思主义所有制和产权制度进行长期的、创新性的跟踪研究，并从我国具体实际出发，以严谨而富有说服力的论述，把所有制与产权制度理论的独到见解，广泛贯穿于所有制改革、商品经济和市场经济的形成与发展、商品价值的形成与实现、价值量与劳动生产率关系、公平与效率的关系、社会分配不公的主要根源以及按生产要素分配的实质、现阶段经济社会关系、社会主义政治经济学理论体系建设等社会主义微观经济和宏观经济领域的分析与研究之中，深入批判和辨识了"企业契约论""人力资本""否定公有制与鼓吹私有化""生产要素按贡献分配""物化劳动创造价值"等错误的理论，在许多方面阐述了自己的创新见解，提出了一系列重要理论观点，形成了内容丰富、体系完整的马克思主义制度经济学，为马克思主义制度经济学建设做出了卓越的贡献。据笔者统计，吴宣恭主编和共同主编政治经济学教材 7 部，出版专著 3 部，发表论文 100 多篇。

吴宣恭 1955 年加入中国共产党，1985 年被评为经济学教授，次年被批准为博士生导师。历任厦门大学经济学院副院长、厦门大学副校长、校党委书记等职，兼任兰州大学、西南财经大学等六所大学教授，即便耄耋之年，仍热衷于马克思主义政治经济学理论的教学与研究工作，为国家和社会培养了包括经济学博士、硕士、学士在内的大批经济专业人才。此外，吴宣恭还致力于学术交流与组织工作，担任多个研究会理事，学会会长、秘书长、顾问，杂志社顾问，马克思主义研究院研究员，福建省社科界联合会副主席、顾问，福建省社会科学规划领导小组副组长等职，并创建了全国第一个 MBA 教育机构，被媒体誉为中国"MBA"教父。

第二节　吴宣恭经济学术思想产生的时代背景

马克思曾指出"一切划时代的体系的真正的内容都是由于产生这些体系的那个时期的需要而形成起来的"①，可见，任何一种思想的产生与形成都离不开一定的时代背景，吴宣恭经济学术思想的产生、形成与发展也不例外。1949 年以来，面对着满目疮痍的新中国，吴宣恭和众多马克思主义经济学家一道为新中国的建设和发展殚精竭虑，提出许多建设性和创造性的理论观点，形成了具有中国特色社会主义经济理论，指导着中国经济的改革与发展。可以说，吴宣恭经济学术思想就是社会主义经济理论的一个重要组成部分。是否能准确地掌握吴宣恭经济学术思想精髓，科学地评判吴宣恭经济学术思想，关键在于能否从吴宣恭所处的时代背景进行研究。

一、指导经济体制改革的迫切需要

党的十一届三中全会的召开，标志着中国进入改革开放和社会主义现代化建

---

① 马克思恩格斯全集（第 3 卷）［M］. 北京：人民出版社，1960：544.

设的历史新时期。然而社会主义是一个崭新的制度，没有经验或道路可以借鉴，更别说在社会主义社会中实行改革开放，处于无路可循、无验可依的状态。尤其是"文化大革命"时期，国民经济处于崩溃边缘。要重新焕发社会主义经济活力，发挥社会主义制度优越性，以恢复国民经济，改善人民生活水平，需要党和政府进行改革开放，全面展开政治和经济方面的改革，这必然要求有科学的马克思主义经济理论指导改革开放过程中出现的一系列理论与实践难题。作为一名具有高度责任感和爱国情怀的进步青年，国家经济发展困难，人民生活困苦促使吴宣恭较早地投入经济改革的理论研究与实践探索，并持续地为经济体制改革提供了科学的理论指导。1979 年，他受教育委托主编《政治经济学》教材过程中，从我国经济发展具体实际出发剖析政治经济学体系时发现生产资料在生产关系中具有重要的地位和作用，从此，他以所有制与产权制度研究为基础，对马克思主义所有制与产权制度进行长期的、创新性的跟踪研究，较早地提出一系列所有制与产权制度理论，如深化研究了所有制内涵、所有制在生产关系中的基础地位和决定性作用和所有制变革规律等所有制基本理论；全面阐述了研究产权关系的分析方法、产权内涵及性质、产权主体权能、利益和责任间关系等产权关系基本理论；科学分析和界定产权体系的内部结构，包括产权体系结构、四种财产基本权利、产权统一与分离、所有权与产权关系及归属权在产权关系中的地位和作用；创新性地研究了产权与产权制度的关系；等等。这些基本理论的研究为深化国有企业改革奠定了坚实的理论基础和实践依据，也为我国经济建设的顺利进行提供科学的马克思主义经济理论。

二、在与多种经济思想观点碰撞中形成

人的思想往往是在两种或多种思想相互比较、相互碰撞中形成和发展。吴宣恭经济学术思想就是在经济体制改革实践探索过程中与多种经济思想碰撞中产生和发展的。

例如，在所有制与产权基本理论方面，所有制的内涵及其在生产关系中的地位在理论界存在很大的分歧，出现质疑所有制客观性的、强调所有制是生产关系总和的、主张所有制是生产结果的等错误认识，吴宣恭针对理论界的种种不同意见，科学地界定了生产资料所有制、所有制和生产关系的不同内涵，并从理论与实践方面论证了生产资料所有制是生产关系的基础，指出否定生产资料所有制的基础作用，会在理论上产生一系列的不良后果，也会对经济实践产生重大负面影响。在改革初期，经济学者对产权内涵的认识比较混乱，如出现"市场交易的权

利才是财产权"、"产权是商品经济高度发展的产物"、"一切权利从本质上说都是一种个人权利"、"市场交易过程中企业（公司）法人对资产的支配权"、"产权等同于归属权"等观点。吴宣恭从产权范畴的出现、语义根源，以及对中西产权理论的分析、对比中，明确指出产权就是"人们围绕一定财产发生和形成的责、权、利关系"①，抓住产权关系的本质，简单明晰，便于掌握，解决了长期困扰理论界的问题。在现代企业制度建立过程中，我国经济部门和理论界对法人财产权内涵和性质众说纷纭，出现法人财产权等同于所有权，或占有权，或支配权，或经营权等错误观点，严重影响我国对现代企业的产权关系的认识，可能对经济体制改革产生误导。基于此，吴宣恭运用产权基本理论，结合我国改革实际，深入而全面地分析了不同产权结构下的法人财产权的内涵和外延，并就维护法人财产权，发挥其作用提出科学建议。这些观点澄清了对法人财产权的一些错误认识，不仅有利于维护企业权益，而且对企业制度改革具有重要的启发。

在过去的历史长河中，劳动价值论引起理论界的纷争也从未停止过。在中华人民共和国成立以来的历次争论中，吴宣恭都能挺身而出，坚决捍卫劳动价值论的科学尊严。1955年，魏埙、谷书堂两位学者第一次提出"两种含义的社会必要劳动时间共同决定价值"观点，在理论界引起一定反响。1962年，吴宣恭、谷书堂和林兆木共同发表了《试论价值决定和价值实现》，探讨第二种含义的社会必要劳动时间在价值决定中的作用。次年，他们经过反复思考与讨论，再次发表《关于价值决定与价值实现的再认识》提出新见解。1982年，谷书堂等人发表的《对价值决定和价值规律的再探讨》再次拉开价值决定问题的大讨论。吴宣恭对此也进行深入的跟踪研究，再次发表文章探讨两种意义的社会必要劳动如何共同决定商品的价值量。同时，对于劳动生产率与价值量关系问题，在经济理论界也是见仁见智，1964年以来，吴宣恭先后发表若干文章，分别对价值量的影响因素、劳动生产率与价值量的关系、国际关系中的价值决定与价值实现进行研究。他分别考察社会劳动生产率和个别企业劳动生产率，解决了理论界对劳动生产率与价值量成比例争论的关键性问题。20世纪90年代以来，伴随着改革开放的不断深入，尤其是科技的发展造成了机器、设备都能创造价值，劳动不是唯一的价值源泉的价值创造假象，社会分配不公逐渐显现。为了论证当时的不合理分配，即资本家越来越富有，这些价值是谁创造的？甚至有些学者借着中央提出的"重新学习和深化劳动价值论研究"的旗号，企业歪曲马克思主义的价值理论，

---

① 吴宣恭等．产权理论比较——马克思主义与西方现代产权学派［M］．北京：经济科学出版社，2000：2．

主张"生产资料也能创造价值""物化劳动也能创造价值和剩余价值"。吴宣恭多次撰文，对上述观点予以驳斥，并从劳动二重性理论出发，分析人和物的生产要素在产品价值形成上所起的不同作用，在阐述旧价值转移与新价值创造之间关系的基础上，明确地指出只有活劳动才是价值的源泉，又一次捍卫了马克思劳动价值论。2002年，他在《当代经济研究》《人民日报》又发表文章对各种生产要素共同创造价值的观点进行批判，论述了科技进步对价值量的影响，为当时存在有关马克思劳动价值论不适用于现代经济的错误观点一个正面的回答。正是一次次理论大讨论、大碰撞，极大地丰富和发展了吴宣恭的经济学术思想。①

在商品经济与市场经济方面，20世纪90年代初，经济学界对公有制与商品经济是否兼容、如何兼容展开讨论，吴宣恭旗帜鲜明地指出社会主义初级阶段公有制与商品经济不仅是能否兼容而是存在内在的统一。同时他质疑经济理论界普遍认为"市场经济的形成说成是为实现市场经济为导向而改革的结果，是人们设想的实现"的"市场为导向"改革观，指出从计划经济转变为市场经济是"产权制度改革"起着决定作用，是"所有制变革"的必然结果。②

综上所述，可以看出吴宣恭经济学术思想是在我国经济建设具体实践过程中，坚持马克思主义的立场、观点，根据改革实际及理论界出现种种争论或错误观点，有理有据、不忌争论地予以正面解答或直面批判，是在交锋中坚持、充实和发展自己的经济学术思想体系。

三、在所有制改革实践中发展

离开实践，任何思想便成了无源之水和无本之木。吴宣恭经济学术思想的产生与发展就是以中国国有企业所有制改革实践中产生和发展的，具有深厚的实践基础。

新中国成立后，高度集中的计划经济体制虽给一穷二白、百废俱兴的中国经济起到一定的促进作用，但由于国家权力过于集中，且对企业管得太死，造成政企职责不分，平均主义严重，商品生产、价值规律和市场运行规律被忽视或无视，出现企业发展动力不足，吃"大锅饭"现象严重的局面。如何调动企业与广大劳动者生产积极性、主动性，使社会主义经济重新焕发活力，促使吴宣恭较早地投入国有经济改革的理论与实践探索。1982年和1983年，他发表《生产资料的所有、占有、支配、使用关系》《国营企业的经济改革和全民所有制内部关系

---

① ② 限于篇幅，不详细列举。

的调整》，科学界定了所有制在生产关系中的地位，较早地提出了所有制主体职能存在分离的可能和必要，可以通过产权分离的方式来改革国有经济，为党的十二届三中全会提出的国有企业改革提出的前瞻性的理论探索。1992 年，他又发表《深化全民所有制的改革　充分调动劳动者的积极性》，系统分析和研究了租赁、承包、股份制、资产经营责任制等国家所有制各种改革形式，为进一步实施国有企业改革，激发企业活力提供科学的理论指导。

1984 年党的十二届三中全会提出国家所有权与企业经营权适当分开的改革目标。次年，吴宣恭发表《三种占有方式和所有权经营权的适当分开》，科学阐述了历史上占有与所有分离的三种方式及其特点，指出国家所有制产权分离这一"共主占有"方式与非公有制下"自主占有"和"他主占有"方式的重大区别，为选择国家所有制改革道路铺垫理论基础。同时为了使对国有企业改革的道路和方式更加顺应生产力发展需要，他发表的《发挥优势，走向市场，促进地区经济迅速发展》，创造性地提出国有企业可以同本国其他性质的企业进行公私合营或同外国资本合资经营的建议，为国有企业改革拓宽了思路，并为后来出现的混合所有制方式所证实其科学性。1994 年，他还出版了《社会主义所有制结构改革》，全面总结所有制结构改革的主要经验和存在的问题，探索解决问题的对策和进一步开展所有制改革的原则与途径，这为我国所有制总体结构以及各种所有制的不同经营形式结构的发展提供了理论指导与实施依据。1995 年，他发表《国有产权改革既要产权明晰又要配置合理》，辩证地提出产权明晰和配置合理相结合的改革观，并对合理配置产权提出具体的、操作性强的政策建议。1996 年，他发表《国有产权制度改革必须适应全民所有制的本性》，辩证地看待国有经济发展战略观，指出国有经济应当"有所为有所不为""有进有退，进退相济"，并多角度地对国有经济战略性调整提出具体的、有效的措施，对国有经济改革进行了积极有效的探索。①

随着经济体制改革的进一步推进，党和政府在积极探索和改革试点国有企业改革过程中，不断地找寻一条适合中国改革之路。股份制改革便是在积极探索和实践中悄然进行，尤其是 1990 年深圳股票市场引发的"股票热"引起全社会的广泛关注。吴宣恭也较早地投身所有制股份制改革探索的洪流中。1990 年，他利用在美国访学之机，在友人的帮助下，有意识地对美国一些大股份制公司进行考察和研究。回国后，他结合国内国有企业股份制改革的实际，积极地进行理论思考与实践探索。1993 年，针对股份制改革过程中国有资产流失现象，他发表

---

①　限于篇幅，不详细列举。

《在股份制试点中必须维护公有资产权益》一文，对改制中维护公有资产的合法权益提出建设性意见。1994 年，他发表《股份公司的产权关系、运行机制和作用》一文，对当时存在的一些错误观点进行批判，提出在所有制改革中扩大股份制试点的观点，这些观点为正在进行的国企改革中处理国有产权提供理论依据，并为日后改革实践所证实。①

综上所述，吴宣恭经济学术思想是在所有制改革过程中积极探索解决面临经济理论与实践难题而形成，是中国经济发展过程的产物，也充分体现了吴宣恭经世致用的学术追求。

第三节　吴宣恭经济学术思想的形成发展阶段

一、求学时期的孕育阶段

（一）战争苦难，唤醒振兴中华的理念与使命

1927 年以来，中国在以蒋介石为首的国民政府的黑暗统治下，贪官横行，统治腐败，民不聊生，尤其是频繁的灾害严重、四分五裂的政治局面和连年不断的战争，中国社会矛盾加剧。1929 年，世界性经济危机爆发，帝国主义加强对中国经济的控制和资源的掠夺，进一步激化社会矛盾。1931 年，日本为摆脱危机，开始对中国发动全面的侵略战争。1938 年以来，厦门、鼓浪屿分别沦陷，日本开始进行打、杀、抢，甚至对妇女进行侮辱、蹂躏、强暴，恐怖的高压统治，使厦门、鼓浪屿成为人间地狱。吴宣恭，就出生和成长在这样的一个动荡不安的年代和内忧外患的国家。

在童年和少年时期，吴宣恭就生活殖民统治下的鼓浪屿。日本的血腥统治，让包括吴宣恭在内的岛上居民生活在惶恐的阴影下。当时他上学要经过日本领事馆，每次都要向门口的日本卫兵鞠躬，不然就会被日本兵恶骂和扇耳光，并且他还时时听到领事馆内传出日本兵对中国人实施酷刑带来的凄惨叫声，让人毛骨悚然。上历史课时，吴宣恭常常对外国列强强加给中国的不平等条约而感到羞辱和愤恨。正是祖国蒙受着巨大灾难与耻辱的民族在吴宣恭幼小的心灵中埋下难以磨灭的伤痕，也唤醒了他内心深处振兴中华、报效祖国的信念与使命。

---

① 限于篇幅，不详细列举。

第二次世界大战后期，日本人为搜刮资源，常常借用各种借口或罪名征用各种物资，吴宣恭的家也无法逃脱此种命运。为了生存下去，吴宣恭父亲携家眷冒着巨大危险，趁夜乘小船开始逃难，被困在寸草不生的荒岛上七八天后，历尽千辛万苦回到晋江老家，那时在吴宣恭的心里多么盼望有一个强大的祖国，让他遮风避雨。当他看到国民党"一寸山河一寸血，十万青年十万军"的抗日宣传标语时，都兴奋不已，甚至羡慕那些身体合格有条件报名参加青年军的师生。颠沛流离的生活，使吴宣恭更多地接触战争、动乱给社会造成的疾苦，更深地体会帝国侵略、国民党反动统治给国家和人民带来的灾难，这些疾苦和灾难更加坚定了他振兴中华、报效祖国的信念和使命。

（二）进步思潮，孕育马克思主义思想根基

1945 年的抗战胜利，不仅没有给中国人民带来安稳、幸福的生活，国民党政府反动本质进一步暴露，"冒天下之大不韪"掀起中国内战，甚至不惜迫害和镇压爱国民主力量，制造骇人听闻的惨案。然而血腥恐怖活动不仅没有吓倒爱国力量，反而激起人民的强烈反抗。厦门大学作为闽东南革命运动的一个中心，至新中国成立前夕，在许多革命志士的带动下，革命力量茁壮成长。面对国民政府的反动统治，厦门大学的广大师生掀起"反饥饿，反内战，反迫害"斗争巨潮，吴宣恭也卷入不断高涨的学生运动，不断地被进步潮流所影响。面对着革命社会的黑暗年代和剧烈的革命运动，吴宣恭再也不能独善其身地在校园里欣赏和流连于 Worthword 的优美诗篇和 Shakesbeare 的戏剧，开始关注现实社会的经济领域。

新中国成立前夕，厦门大学在校生 1000 余人，学生党员 250 余人[①]，这些进步的革命分子带动着革命书籍的传阅。吴宣恭就是通过地下途径，阅读了大量的革命进步书籍，如《共产党宣言》《新民主主义论》《论联合政府》《中国共产党章程》等，这些书籍大大地影响着吴宣恭，使他对中国共产党性质和纲领有了进一步的认识，也清晰地认清了中国社会发展的前途命运与时代赋予他们的神圣历史使命。同时，求学过程中，吴宣恭还选读和旁听了哲学原理及马克思主义为指导的科学概论、社会学、经济学等课程，阅读了列昂捷夫的《政治经济》、沈志远的《新经济学大纲》等一系列著作，通过学习、对比与思考，马克思主义关于唯物辩证法和唯物史观的科学理论深深地吸引着他，并开始影响着他的学习与思维。经过厦门大学进步学者的讲授、进步书籍的影响、民主革命运动的带动、马克思主义科学理论的折服，孕育了吴宣恭学习、研究和运用马克思主义的坚定

---

① 郑宏. 厦门大学文化的历史与解读 [M]. 厦门市：厦门大学出版社，2010：96–97.

信念。

新中国成立后，吴宣恭目睹了新中国的巨大变化，切实感受到人民生活改善与翻身做主的巨大喜悦，亲身体会到人民发自肺腑对新中国歌唱与自觉迸发的冲天干劲，这些翻天覆地的变化使吴宣恭坚定地相信只有社会主义才是国家富强、民族振兴、人民幸福的阳光大道，也促使他树立追求真理、追求进步，百折不挠地学习、研究、传播和运用马克思主义的坚定信念。为此，从大三开始，吴宣恭正式修读王亚南先生亲自讲授的《政治经济学》和其他经济课程，也正式开启了吴宣恭终身信仰马克思主义的人生征程。

二、任教时期的探索阶段

（一）王亚南校长引路人的影响

王亚南校长，著名的马克思主义经济学家、教育家。吴宣恭受王亚南校长的影响始于大三，当时他正开始摸索和学习马克思主义，而王亚南校长开设的政治经济学课程正是他本科学习马克思主义开始。本科毕业后，王亚南校长不仅安排他从事政治经济学教学，教导他既要成为马克思主义理论的研究者和传播者，又要成为学生成长的思想引路人；不仅安排他在教导组和学校团委会兼职，参与学生的思想政治教育与管理工作；而且推荐他担任《学术论坛》编委会秘书，协助主编韩国磐教授负责刊物的编辑、出版工作。正是因为王亚南校长搭建的学习平台，使吴宣恭能够大量地接触众多知名学者的学术论著，系统而全面地学习社会科学知识，并及时地掌握当时社会的理论动态，帮助他开阔了眼界，提高理论辨别能力，为他开展马克思主义经济理论研究、政治经济学教学奠定了坚实基础。通过与王亚南校长的亲密接触，吴宣恭从他身上许多与众不同的地方深受影响，他将其概括为"五个品质"：一是注重理论联系实际，二是强调教学与科研互相结合，三是注重理论学科与应用学科的结合，四是注重学与思的结合，五是强调方法论的重要性。时至今日，王亚南校长的这些理念仍激励着已步入耄耋之年的他在教学科研上笔耕不辍，持之以恒。也正是在王亚南校长的鼓舞、激励和影响下，吴宣恭逐步步入马克思主义研究领域，并成为一名坚定的马克思主义者和著名的马克思主义经济学家。

（二）中国人民大学的进修与提升

从教初期，"半途转行"的他在从教过程中面临着无法给学生深入答疑解惑的困难，这主要是因为当时许多学生年龄都比他大，社会阅历也比较广，思考问题的角度比较深，提出的问题比较有难度。吴宣恭在给学生做辅导时，有时回答不上学生提出的问题，这也造成学生经常跟他辩论，对他不服气。有一回，吴宣恭在经济系教研室内部试讲时，把"农村"一词说成是"农业"。当时的指导老师周贻真教授不留情面当场指出错误，并严肃地提醒他，认为这种错误的产生是他非科班出身的局限。这一次试讲让他记忆深刻，也让他清醒地意识到自身经济理论知识还不够系统，基础知识还不够扎实，并时时刻刻地提醒和鞭策着他扎下心去学习与钻研。"非科班出身"局限，开启了吴宣恭长达六年的马克思主义经济理论的系统学习。1958 年，他到中国经济科学最强大、最前沿的中国人民大学（简称"人大"）进修深造。两年来，吴宣恭刻苦认真，除上课认真听讲外，还几乎一字不漏地将任课老师的授课内容记下来，形成一份完整的课堂笔记，同时在学习《资本论》《反杜林论》等重要的经典著作时，还详细批注自己的学习体会和学习感想，不断地把别人的东西印在自己的脑海里。正是人大的政治经济学学习生涯帮助他实现非科班出身局限，对他的教师生涯和学术研究起着关键作用。1962 年，吴宣恭再次到中国人民大学，参加黄松龄教授主持的政治经济学讨论班进修。这次进修学习是对他理论知识的沉淀与提升，极大地提高了他学术水平和学术视野。两次进修学习，弥补了他经济理论基础和知识结构不足的缺陷，为他从事经济学教学和研究奠定雄厚的理论基础，并为他日后在艰难的环境中坚持真理、追求真理打下坚实的基础；同时李宗正、卫兴华、吴大琨等名师坚定的马克思主义信仰、严谨求实的学风、认真负责的治学态度、知识渊博和唯物辩证的思维逻辑及高尚品格影响和感染了他，深深地烙印在他今后的求学、治学、做人之路。

（三）"政治经济学（社会主义部分）"教学与教材编写的积累与沉淀

人大毕业后，吴宣恭被分配讲授其他老师不爱教授的"政治经济学（社会主义部分）"。正所谓"祸兮福所倚"，被人认为是"吃力不讨好"的课程却成为他了解和掌握社会主义经济理论的机会。为了上好课，他比别人更加关注和研究时事变化及社会实际，及时地了解和掌握经济理论的发展动态及各个时期出现的难点、热点问题。这些努力和付出很好地培养和锻炼了他分析问题和解决问题的能力，也很好地帮助他树立了唯物辩证思维，为他今后开展经济理论研究奠定了坚实的基础。

1979 年，教育部委托吴宣恭和蒋家俊编写《政治经济学（社会主义部分）》

教材，这为吴宣恭进一步学习、研究和掌握马克思主义政治经济学创造机会。此后，吴宣恭多次参与《政治经济学》教材的编写，出版发行 100 多万册。也正是因为吴宣恭几经参与教材的编写工作，为他深入学习、研究和运用马克思主义所有制与产权理论打下坚实的基础，也奠定了他在以后的教学与学术研究中，在学习、研究和运用马克思主义所有制与产权理论的同时，并以此为基作为分析社会经济关系、解决所有制和产权制度改革理论与实践问题的基本理论依据，为中国特色社会主义经济理论的丰富和发展做出了积极的贡献。

（四）坚持真理，追求真理的执着信念

经济学是经国济世之学，单靠书本知识与理论的积淀是无法成就大业，中国经济学更是如此。为此，吴宣恭深入到永春、福州城门农村进行调查研究，从而对中国农村及中国农民了有切身的体会和了解。这些实践的经历促使了他注重理论与实践的结合，培养了他实事求是、敢于批判的作风。20 世纪 60 年代以来，吴宣恭开始了对社会主义社会的一些经济理论进行研究，并在他随后的治学、研究工作中，他一直将批判创新与坚持真理、追求真理的信念贯穿始终。特别是当一些人对马克思主义经济理论产生怀疑并发出一些违背马克思主义观点的声音时，吴宣恭都能马上旗帜鲜明地发表文章进行理论分析和科学批判，坚决捍卫着马克思主义理论的科学尊严。然而是什么信念支持着吴宣恭追求真理，敢于批判创新呢？吴宣恭真诚地说："我坚信学术上人人平等，每个人都有发言权，为了追求真理我敢于发表观点，敢于承担责任。"就是这样一个纯朴的誓言，让耄耋之年的他仍然坚持地走在追求真理的道路上，笔耕不辍。

三、经济体制改革的探索与实践时期的形成阶段

厦门地处东南一隅，远离国家的政治经济中心，信息相对滞后，研究宏观经济有一定的局限。加上，吴宣恭在编写南方 16 校教材时认识到生产资料所有制在生产关系中作用及地位，是分析和认识经济关系的基本切入点，如果离开生产资料所有制，什么经济问题都无法得到最佳解决办法。自此，吴宣恭开始步入马克思主义所有制与产权理论的学习、研究与运用，并将这一领域作为自身长期的研究对象。他先后发表了《试论生产资料所有制是生产关系的独立组成部分和基础》等近 60 篇论文，占论文总数近 40%；出版了《社会主义所有制结构改革》专著。这些论著体现了吴宣恭在我国经济发展过程中的所有制与产权制度领域的理论创新，包括所有制基本理论、产权关系的基本理论、产权体系的内部结构、

产权与产权制度关系、我国社会的各种产权关系、西方现代产权经济学理论等；同时也体现了这些理论创新在经济体制改革具体实践的运用，包括经济体制改革、商品经济和市场经济的形成与发展、商品价值的形成与实现、价值量与劳动生产率关系、公平与效率的关系、社会分配不公的主要根源以及按生产要素分配的实质等。可以说，吴宣恭是马克思主义所有制与产权理论研究的佼佼者和权威，其所提出的许多重要理论观点得到经济理论界的认可，并为党和国家所采纳，经受住实践和时间的检验，为我国经济的发展做出了杰出的贡献。

在编写教材方面，吴宣恭多次参与《政治经济学（社会主义部分）》的编写工作，并一直紧跟时代发展变化，不断地进行完善，多次被印刷付之使用，为党和政府培养了高级经济专业人才提供重要的学习读本。此外，他还充分运用马克思主义的观点和方法，研究和探索了我国社会经济发展问题，并在许多领域创新性地提出一系列有益的建议，为有关政府部门付诸实践。如20世纪中叶，当人们还在关注一般资料生产时，他就倡议将住房建设列为支柱产业。如今房地产业已成为拉动中国经济发展的一大支柱产业，再次证实了吴宣恭经济学术思想的前瞻性；1995年，他分析了我国股票市场的特点和问题，探讨中国股票市场目标，提出实现目标模式的九条具体措施，得到经济学专家乃至证券业专业人士的好评；2008年，吴宣恭为世界经济危机问诊把脉，不仅揭开了经济危机根源，而且提供应对危机的药方，为认识这场危机、化解危机提供了理论依据和可行办法。[①]

总之，从大量的著作和学术论文中可以得出，吴宣恭紧跟时代步伐，坚持用马克思主义的观点和方法探索和解决社会热点、难点问题。可以说，吴宣恭经济学术思想就是在经济体制改革探索和实践中丰富和发展。

四、新世纪以来在反思中发展阶段

21世纪以来，虽已到古稀之年，但吴宣恭仍牵挂着改革，心系着人民，始终为中国经济发展殚精竭虑，以饱满的状态、更大的热情投入到新形势的思考中，笔耕不辍。2000年9月，吴宣恭集过去十余年产权经济学研究的基础上，出版《产权理论比较——马克思主义与西方现代产权党派》专著。这一专著堪称产权理论的杰作，在当时属于学科发展的理论前沿，对深化国有企业改革，建立现代企业制度具有重要的指导和借鉴意义。面对改革开放以来积累的各种社会矛盾，且愈加凸显，不加以舒缓或解决，势必妨碍改革的进一步深入和经济的持续

---

① 限于篇幅，不详细列举。

发展。吴宣恭不拘泥于微观经济的研究，开始思考如何运用所有制理论去探索社会经济发展规律，研究和处理我国现阶段经济社会关系，先后发表《阶级分析在中国经济学中的地位》《根据所有制实际重新分析当前阶段的社会主要矛盾》《当前阶段我国所有制和经济规律的变化》《转换发展模式 振兴华夏经济 创新驱动的中国经济》等文章，为理清经济社会关系，解决存在的社会矛盾，实现经济持续发展，促进社会和谐稳定提供理论指导和实践依据。同时，他还就加强政治经济学科建设发表多篇文章，有力地推动了我国政治经济学学科建设的发展。新世纪以来，吴宣恭共发表论文70余篇，出版专著2部，占他发表著作的近50%，研究内容涉及国有经济所有制改革、公平与效率关系、收入分配问题、社会经济发展问题、现阶段经济社会关系、政治经济学理论体系等领域。

回顾吴宣恭70多年的经济理论教学与研究生涯，他始终求索、求真，治学严谨，本着对国家、对人民的高度责任感，为中国经济的建设和发展尽心尽力，赢得了党和政府、广大学者和人民群众的敬重和认可。如今，已步入耄耋之年的他仍奋战在教学科研的第一线，我们坚信，在未来的日子里，吴宣恭仍将以其厚实的理论功底、丰富的实践经验，高深的学术造诣继续为中国经济的改革与发展贡献他特有的光和热。

第三章

所有制与产权基本理论的研究

为了引导劳动人民建立新的社会制度，马克思恩格斯探寻了资本主义制度的产生、发展及其历史发展趋势，运用辩证唯物主义和历史唯物主义方法论，分析了各个社会经济形态的所有制和产权关系，提出系统而又科学的所有制与产权理论。这一理论是马克思主义政治经济学的重要组成部分，具有重要地位。为此，在新中国成立后研读马克思主义理论和探索社会主义建设实践中，吴宣恭先后在一些核心刊物发表多篇论文和出版了《产权理论比较——马克思主义与西方现代产权学派》专著，对所有制、产权的内涵及其之间的关系、产权体系内部结构等理论进行科学而全面的阐述，较早地提出一系列所有制和产权关系的相关理论和许多创新观点，并对我国所有制改革提出了建设性意见，这些理论和建设性意见形成自成体系的学术观点。吴宣恭对所有制与产权理论问题的长期执着的探究，代表着中国现代经济学家追寻真理、锲而不舍的学术历程。

第一节　所有制基本理论的研究

所有制理论是马克思恩格斯政治经济学的重要组成部分。1981 年，吴宣恭开始了马克思主义所有制基本理论的研究之路，并执着跟踪、研究，较早地提出一系列颇具影响的创新性观点，为人们学习和掌握所有制理论，正确认识所有制改革提供科学的理论依据。

一、生产资料所有制、所有制与生产关系的内涵

在浩如烟海的马克思经典著作中，所有制范畴在不同的著作中得到充分的运

用，但内涵上存在着或多或少的差别，这给许多经济学家解释的空间，尤其是改革开放初，我国众多学者对所有制的内涵看法存在较大的分歧，并在经济理论界展开了争论。如出现生产关系总和论：认为所有制是"生产、流通、分配等总和"①、"所有制只是生产关系的总和"②；等同论：认为"生产关系的全部内容也就是所有制形式或财产形式的全部经济内容"③；包含论：认为生产资料是生产关系的一个方面④⑤；法学范畴论：质疑所有制的客观性，认为所有制不属于经济关系，而是法学范畴；等等。正是由于人们对所有制及所有制内涵的认识不足，导致脱离生产力水平，盲目追求所谓先进的所有制，给国民经济带来严重破坏。鉴于经济理论界出现所有制内涵认识的错误，如不加以科学分析与正确认识，正本清源，将给我国经济体制改革带来更多不良后果，势必影响社会主义社会的建设。为此，在 20 世纪 80 年代初，吴宣恭发表文章澄清了生产资料所有制、所有制与生产关系的不同内涵。他指出在马克思经典著作中之所以会出现使用的经济范畴存在内涵上的差别，一方面是因为马克思自身对经济范畴的认识也是一个逐步发展和深化的过程；另一方面是由于论述的角度不同，同一经济范畴在不同的场合出现的内涵也不同。即"所有制这个范畴具有广义和狭义之分"和"马克思主义在所有制范畴使用上经历了一个发展过程"⑥，并列举了马克思、恩格斯在使用所有制经济范畴不同内涵的区别，进而说明了经济理论界出现所有制内涵错误认识的片面性和局限性。

通过对所有制使用范畴科学地分析，吴宣恭准确界定生产资料所有制、所有制和生产关系的科学内涵。他指出，人们进行生产、经营活动过程中，必须占有或使用生产资料，而生产资料有可能是自己所有，也有可能是他主所有，人们与生产资料之间的关系实际是人与生产资料之间的直接联系或通过生产资料间接地进行人和人之间的关系。为此，生产资料所有制是"人们之间，在生产资料上或者通过生产资料，形成和建立的经济关系。包括生产资料归谁所有、归谁占有、归谁支配、归谁使用以及发挥这些权能得到的物质利益谁所得和支配的关系"⑦。在准确界定生产资料所有制内涵后，吴宣恭认为生产资料不仅在生产过程发挥作

① 林子力. 经济理论研究的若干方法问题 [J]. 红旗，1979（12）：43.
② 孙冶方. 论作为政治经济学对象的生产关系 [J]. 经济研究，1979（8）：11.
③ 孙冶方. 论作为政治经济学对象的生产关系 [J]. 经济研究，1979（8）：8.
④ 方海. 学一点政治经济学 [J]. 红旗，1972（7）：39.
⑤ 上海师范大学政教系等编. 学习社会主义政治经济学 [M]. 上海：上海人民出版社，1986：7.
⑥ 吴宣恭. 论生产资料所有制是生产关系的基础 [J]. 中国社会科学，1981（2）：58，59.
⑦ 吴宣恭等. 产权理论比较——马克思主义与西方现代产权学派 [M]. 北京：经济科学出版社，2000：22.

用，同样也可以在其他领域，如流通、分配、消费，甚至在劳动力、技术、专利、版权等领域发挥作用，并遵循经济关系规律结成一定的经济关系。可以说，所有制则是内涵比生产资料所有制较大的范畴，是"在再生产的各个环节里，人们通过各种不同的物质资料、有形和无形的生产要素，都可能形成或建立起所有制关系，按照客体的差别出现各种生产要素的所有制、流通资料所有制、劳动产品所有制、消费资料所有制等"①。即所有制≠或＞生产资料所有制。对于生产关系的内涵，吴宣恭对许多专家学者根据马克思"私有制不是一种简单的关系……而是资产阶级生产关系的总和"② 的表述，片面把所有制与生产关系完全等同的论断进行批评，认为"这不符合马克思本意"③。他指出，所有制只是人们进行生产、交换、分配和消费的一个前提或条件，还可以所有制为基础建立起诸如生产领域的生产资料和劳动力的结合方式、交换领域的劳动产品与流通资料的结合方式等的各种关系。可见，生产关系是"比所有制内容更加丰富、复杂的经济关系，它是以所有制，特别是以生产资料所有制为基础建立起来的各种经济关系的总和"④。即生产关系≠且＞所有制。

综上所述，吴宣恭跳出了简单认识马克思恩格斯关于所有制内涵使用的局限，用发展的眼光准确地界定生产资料所有制、所有制与生产关系的不同内涵，既澄清了理论界的错误认识，正确地论述了三者之间的相互联系与相互区别，又为人们认识所有制基本理论范畴，科学分析生产资料所有制的地位与作用奠定基础。这些分析为所有制理论奠定科学的对象和范畴，得到理论界日益增多的认同。1988 年，以胡乔木为总编辑的中国大百科全书总编辑委员会把吴宣恭定义的生产资料所有制内涵收录《中国大百科全书》（经济卷），正式作为标准内涵出版，成为人们学习、研究所有制理论的标准解释。

二、所有制在生产关系中的地位与作用

我国在确立社会主义生产关系后，由于缺乏对所有制问题的认识，尤其是经

---

① 吴宣恭等．产权理论比较——马克思主义与西方现代产权学派［M］．北京：经济科学出版社，2000：23.

② 马克思恩格斯选集（第 1 卷）［M］．北京：人民出版社，1972：191.

③ 吴宣恭等．产权理论比较——马克思主义与西方现代产权学派［M］．北京：经济科学出版社，2000：24.

④ 吴宣恭等．产权理论比较——马克思主义与西方现代产权学派［M］．北京：经济科学出版社，2000：25.

济理论界错误理解和认识所有制的基础作用，既在理论上形成系列的不良后果，也对经济实践产生重大的负面影响，如我国改革开放初期出现许多重大政策的失误，给社会经济造成严重损失，极大地影响着经济体制改革的进程。为此，正确认识生产资料所有制在生产关系中的地位和作用，对社会主义事业建设和发展具有重大的意义。吴宣恭针对理论界一些学者把所有制等同于生产关系、否认所有制是生产关系的组成部分和基础的理论错误加以纠正，在科学界定生产资料所有制、所有制与生产关系内涵的基础上，又从理论和实践方面论证了生产资料所有制是生产关系的基础。

（一）对质疑所有制客观性的批评，强调生产资料所有制是客观存在的经济关系

吴宣恭质疑了将生产资料所有制看成是法律用语或法权关系而非经济关系的观点，认为是这种观点违背马克思主义基本原理和脱离现实经济生活。他指出，在现实生活中，劳动资料和劳动对象是社会物质生产不可或缺的重要元素，否则生产将无法进行，劳动创造财富将无从说起。劳动材料即生产资料归谁所有、归谁占有、归谁支配和归谁使用等关系是人们进行生产的历史前提或条件，只有劳动对象与劳动材料结成一定的社会关系方能进行物质资料生产。所以，这种生产资料所有关系即生产资料所有制是一种客观存在的经济关系。[①] 而当生产资料所有制形成和建立起来的经济关系得到社会的承认，并在国家和法律出现后，受法律的保护。而一旦这种经济关系被法律固定下来，便赋予一定的法权形式，即所谓权利。"法权关系，是一种反映着经济关系的意志关系，这种法权关系或意志关系的内容是由这种经济关系本身决定的。"[②] 为此，生产资料所有制是客观存在的经济关系，是物质第一性，符合马克思主义的唯物辩证法的。

（二）质疑同义反复论，强调生产资料所有制是生产关系的一个组成部分

吴宣恭质疑"生产资料所有制是生产关系的一个组成部分"是同义反复的观点，认为是没有分清所有制范畴的大小概念。他指出，在马克思经典著作中，马克思有时将所有制范畴解释为生产关系的总和，使用的是广义所有制概念；有时所有制范畴解释为生产资料所有制，使用的是狭义所有制概念。恩格斯界定的广

---

① 吴宣恭. 试论生产资料所有制是生产关系的独立组成部分和基础 [J]. 教学与研究，1980（2）：47.

② 马克思恩格斯全集（第23卷）[M]. 北京：人民出版社，1972：102.

义政治经济学定义表明政治经济学研究的对象是生产关系，包括所有制及所有制基础上建立的人与人之间在各个领域中的关系。可见政治经济学研究的条件是社会关系层面，即生产资料所有制。所以，将生产资料所有制作为生产关系的一个独立组成部分是符合马克思、恩格斯关于生产关系的论述。而将生产资料所有制看成是生产关系的同义反复是抛弃经过发展、变为较为明确和严谨概念，是理论研究上的退步。

（三）肯定斯大林的论述，强调生产资料所有制的基础地位与决定性作用

马克思、恩格斯十分重视生产资料所有制在生产关系中的基础地位和决定性作用，在其论著中多有论述。吴宣恭引例了马克思关于生产资料所有制是资本主义生产关系基础的大量论述，并从三个方面论证了生产资料所有制在生产关系中的基础地位和作用。他指出，第一，从社会生产方面上看，"生产关系的其他方面是生产资料所有制的必然'结果'"①。劳动者和生产资料是进行社会物质生产必不可少的要素，凡是要生产，必须把他们进行结合，而不同的结合方式，造成的结果是不同的。如同一个农民，拥有土地，就可以成为独立的生产者，就有权占有和支配自己的劳动产品，但是，如果没有土地，则只能依靠出卖自身劳动获取部分劳动产品。所以，生产资料所有制的不同，人们进行社会生产的历史前提和条件就不同，人与人之间在生产、交换、分配中形成的关系就不会相同。从生产目的方面上看，"生产关系的其他方面都是一定生产资料所有制的'体现'"②。第二，不同的生产资料所有制，其社会的目的不同，如资本主义生产的目的是榨取更多的剩余价值，而社会主义生产的目的则不同，是为了满足人民日益增长的物质文化需要。由此可见，社会生产的目的是由一定的物质条件决定即生产资料所有制决定而非人们主观意志决定，一定生产关系的基本特征和本质是社会生产目的和社会各个阶级物质利益关系上的体现。第三，从生产关系发展方面上看，"生产关系的其他方面的根本变化要以生产资料所有制的变化为转移"③。生产关系的发展，归根到底是由生产力的水平和性质决定，这是放之四海皆准的真理。然而，从生产关系的内部上看，生产资料所有制的变化必然引起生产、交换、分配和消费等关系的变化，即生产关系的本质变化是源于生产资料所有制的变化。

---

① 吴宣恭. 论生产资料所有制是生产关系的基础 [J]. 中国社会科学，1981（2）：62.
② 吴宣恭. 论生产资料所有制是生产关系的基础 [J]. 中国社会科学，1981（2）：63.
③ 吴宣恭. 论生产资料所有制是生产关系的基础 [J]. 中国社会科学，1981（2）：64.

如改进生产工具、提高劳动对象必然促进生产力的提高和生产技术的进步，一旦生产资料发生改变，生产资料所有制这一生产的社会条件必然发生改变，社会生产关系的其他部分也将因此发生变化，就像原始社会末期私有制的出现、高度社会化的资本主义制度下股份公司和资产阶级国有化的出现那样。

综上所述，吴宣恭关于生产资料所有制基础地位和决定性作用的论述，既澄清了经济理论界关于所有制理论范畴的错误认识，是对马克思主义所有制理论的丰富和发展。同时对研究社会主义生产关系的基本内容和相互关系及进一步研究政治经济学理论具有重要的指导意义。新中国成立以来高度集中的所有制改革再次说明忽视生产资料所有制的基础性作用，不仅会在经济发展决策上出现失误，而且也会给经济实践带来巨大灾难。而吴宣恭关于生产资料所有制基础地位的论述不仅得到党和政府及经济学界的广泛认可，并由日后我国经济体制的改革实践所证实。同时吴宣恭也由此成为所有制"基础论"的代表。

三、所有制变革的规律

我国私有制经社会主义改造后，建立起适合中国发展的社会主义公有制，并随着社会主义建设的发展而发挥着越来越大的作用。但任何一种制度的形成与发展都要经过一个过程，它的优越性才能得到充分的发挥，社会主义公有制也是一样。党的十一届三中全会后，国内外学者都十分关注所有制改革的方向，一些学者甚至抓住公有制在发展中出现的问题，发出废除全民所有制改革这一错误观点，试图从理论上予以否定。吴宣恭从理论和实践上予以驳斥。

（一）质疑废除全民所有制改革观点，强调所有制改革是对内部关系的调整

当时国内存在两种废除全民所有制改革的理由，一种是认为我国目前生产力水平不高；另一种是认为它不适合发展商品经济的要求。吴宣恭对两种理论进行批评，认为这种认识是片面的。他指出，把全民所有制企业的生产力水平一概说成不高是不够全面的。虽然我国确实存在生产设备陈旧、技术落后及劳动者技术、素质较差等生产力水平不够高的情况，但仍有一部分企业无论从生产设备还是技术都比较先进，甚至达到世界先进水平。为此，不能简单以设备、技术的先进程度和生产能力的高低去衡量，而应从生产社会化程度去考察。其次，生产资料所有制是生产关系的基础，具有决定性作用。可见，在生产资料所有制与商品经济关系上，起决定作用的是所有制。之所以一些学者发出废除的观点，其目的

是企图通过理论的歪曲以实现所有制改革按照发达资本主义商品经济的要求进行，大大偏离了我国社会主义经济体制改革的方向。为此，所有制改革必须在坚持全民所有制的前提下，对它的管理体制或对它的内部关系进行调整，使它逐步完善化。[①]

（二）正确地分析了所有制变革的规律

1994 年，吴宣恭出版《社会主义所有制结构改革》一书，在总结所有制结构改革主要经验和存在问题的基础上，科学分析了所有制变革的规律。他指出，所有制的发展变化规律理论是历史唯物主义的一个重要内容，是对唯物辩证法的生动运用。它包括三个方面的规律：一是生产资料所有制是由包括生产力发展水平和生产力的性质在内的生产力状况决定的。有什么样的生产力，必然要求与其相适应的所有制，进而形成不同形式的所有制。二是所有制的变化经历一个从量变到质变的过程，各种所有制从发生到成熟，必然经历量变到局部质变的过程。这一过程存在两种渐进过程：第一种是单纯量上达到一定程度，便会发生局部的质上的变化，但这种变化不改变原所有制的根本性质；第二种是旧的所有制消亡形成新的所有制形式。三是所有制的消亡过程中呈现曲折性和反复性，指出所有制形式一旦产生，就不会轻易消亡，更不会直线消亡。[②] 社会主义全民所有制是适应高度社会化的大生产，为解决社会化大生产和资本主义所有制之间的矛盾，促进生产力发展而产生和建立的。虽然在建立之初还不成熟，但随着生产力的提高，将适应生产力的发展要求，并逐步提高公有化程度，最终朝着单一所有制方向前进。

改革过程不可能一帆风顺，必然带来诸多理论与实践难题，尤其是改革开放初，所有制改革无经验和道路可循，使得我国经济体制改革经历了一个曲折的过程。吴宣恭结合我国改革实践的具体实际，始终本着严谨的治学态度和求索求真的执着追求，勇于质疑和纠正界内出现的错误认识，准确地界定了生产资料所有制、所有制、生产关系的内涵及生产资料所有制所处的地位和作用，科学地分析所有制变革规律，这不仅是对马克思主义所有制理论的丰富和发展，为经济学界从生产关系内部去掌握生产关系发展变化规律指明了方向，而且为深化马克思主义所有制理论研究与实施经济体制改革做出了重要的贡献，而所有制改革的实践

---

① 吴宣恭. 社会主义所有制问题 [M] //政治经济学若干问题探讨. 北京：经济科学出版社，1991：173.

② 吴宣恭，崔之一. 社会主义所有制结构变革 [M]. 杭州：浙江人民出版社，1994：7-11.

也最终证实吴宣恭这一方面的理论见解的科学性。

第二节　产权关系基本理论的研究

吴宣恭是较早研究产权关系基本理论的马克思主义经济学家。早在 1982 年，当人们仍对所有制内部关系认识模糊时，吴宣恭便发表《生产资料的所有、占有、支配、使用关系》，对所有制内部的产权体系结构进行详细的分析。随后，吴宣恭在探索我国所有制改革时，进一步对产权关系基本理论进行研究，并在许多方面提出自己创新性见解，为人们正确认识产权关系作了理论铺垫。

一、研究产权关系方法的探索

改革开放以来，随着经济体制改革的进一步深化，人们开始关注和重视所有制内部的各种关系和权利，但由于认识不足，存在许多模糊而混乱的见解。吴宣恭经过长时间的材料收集和研究，在分析了理论界对所有制内部关系认识模糊的方法论根源，指出错误之一是研究对象的混淆，建议应从主体和客体两个方面研究产权关系。为了让人们对主体与客体有更加清晰的认识，并从理论上去认识主客体在产权关系中的职能与作用，吴宣恭首先是对产权的主客体内涵进行准确的界定。他指出，"产权的客体就是财产。所谓的财产，指能够被人们拥有、与主体相分离、对人们有用（或具有使用价值）的对象，是人们借以进行经济活动并彼此结成一定财产关系的客体"[1]。而产权主体则是"人或人组成的集体、集团或阶级"[2]。在正确把握主客体内涵的基础上，吴宣恭还进一步分析主客体在产权关系中的不同作用，他指出，产权关系虽本质上反映着人们的经济关系，但它离不开一定的客体。这是因为没有一定的财产作为承担物或载体，便无法相互发生经济关系。尤其是生产力的发展所带来的财产越来越多样化和复杂化，人们围绕财产结成的关系也就越来越复杂化。同时他也强调，仅通过产权客体来分析产权关系还是不够的，因为财产毕竟是独立于主体之外客观存在，客体自身并不直接体现任何的权利关系，还要研究围绕财产建立起关系的各种主体，要通过产权主体在社会经济关系中的地位和作用去研究和确定不同产权主体、产权关系的性

---

[1]　吴宣恭，黄少安. 产权　所有权　法权 [J]. 学术月刊，1993（4）：19.
[2]　吴宣恭，黄少安. 产权　所有权　法权 [J]. 学术月刊，1993（4）：20.

质及状况。正是掌握这一方法论研究方法，吴宣恭充分运用产权主体与客体差别分析的方法研究了产权关系，例如，在研究产权主体的权能和利益时指出："所谓权能就是产权主体对财产的权力、职能或作用。所谓利益，则是指财产对主体的具体效用或带来的好处"①；在分析产权关系的"四权"时指出："所有是指产权主体把客体当作自己的专有物……""占有指主体实际地或直接地掌握、控制或管理客体""支配有两个含义，一是指所有制主体……处理客体的权能、二是指主体安排和决定客体使用方向的权能""使用是产权主体利用、改变或消费客体的权能"② 等。此外，吴宣恭还专文论述了马克思主义与西方现代产权学派在产权主体和客体认识上的分歧如何影响其理论的科学性。③

综上所述，吴宣恭这一研究方法的创新对产权关系的分析具有重要意义，它为人们从玄妙难懂或界限模糊的种种产权概念中找到了科学研究产权关系的方法，为人们进一步正确认识产权的基本内涵和产权关系奠定基础。同时，这一研究方法被侯为民、刘思华等经济学者视为理论界的一大创新，是对马克思产权理论研究的一大贡献。

二、产权的定义

到了 20 世纪 90 年代，随着西方现代产权经济学的大量引进，我国理论界对产权内涵的认识在西方现代产权理论的影响下，比较混乱，并在认识上出现许多新的误区。

（一）对中西方经济理论界关于产权定义错误认识的分析

西方现代产权经济学家关于产权的观点较多的是应用实证方法，不大重视对范畴和概念的规范化，在产权的定义上，不仅彼此判别比较大，而且存在许多不确切的地方。吴宣恭对当时存在的错误观点进行分析，指出西方经济学产权理论对产权定义主要有四种错误观点：第一种是缩小产权内涵，以偏概全的。如罗纳德·科斯（Ronald Coase）认为："产权主要指财产的使用权"；E. 富鲁布顿、S. 佩杰威克认为：产权制度是"界定每个个人在稀缺资源利用方面的地位

---

① 吴宣恭等. 产权理论比较——马克思主义与西方现代产权学派［M］. 北京：经济科学出版社，2000（9）：2.

② 吴宣恭等. 产权理论比较——马克思主义与西方现代产权学派［M］. 北京：经济科学出版社，2000（9）：6、8、9.

③ 吴宣恭. 西方现代产权学派对产权关系社会性质的认识［J］. 福建论坛（经济社会版），2000（9）.

的一组经济和社会关系"①；Y. 巴扎尔认为产权是"包括财产的使用权、收益权和转让权"②。第二种是无限制扩大产权内涵的。如哈罗德·德姆塞茨（Harold Demsetz）认为产权是"使自己或他人受损或受益的权利"③；Y. 巴泽尔认为"划分产权和人权之间的区别，有时显得似是而非，人权只不过是人的产权的一部分"④。第三种是比较准确，但还不够全面的。如诺思认为"产权的本质是一种排他性的权利"⑤；E. G. 菲吕博腾和 S. 配杰威齐认为产权是"由于物的存在和使用而引起的人们之间一些被认可的行为性关系"⑥。第四种是相对完整的概念，如德姆赛茨把产权看成所有权，他在厦门举行的"国有资产产权管理国际研讨会"曾说："产权是个由非常复杂的整体而产生的概念"⑦。

由于西方产权经济学家在产权定义上的一些缺陷，导致我国一些经济学者也出现表述上的不准确。吴宣恭在分析国内部分经济学者对产权内涵错误认识时，就强调这些学者之所以会犯同样的错误，主要是由于一些学者没能准确把握产权内涵，大多数直接或间接从西方现代产权经济理论照搬过来造成的。对于理论界内产权内涵的混乱，吴宣恭逐一进行比较分析。一是对于认为"产权的本质就是以财产权利约束冒险"或"产权是出资者的一种权利，产权的主体是出资者，即谁出资谁就享有企业产权"等错把产权看成财产归属权的观点，吴宣恭认为是把财产的归属权代替产权，是一种狭义的所有权。二是对于认为"产权指不同于自然人所有权的法人所有权，与法人制度和股份公司的出现相联系，以所有权为基础，经营权是其运行的结果。"或"产权是在市场交易过程中，公司法人对资产的支配权"或"产权是一种价值形态的财产权益。……产权具有可转让性和可交易性。……企业产权关系是指出资者和企业法人财产之间的关系"等错把产权界定为财产归属权的观点，吴宣恭认为是缩小了产权的内涵。三是对于认为"所有权的权能叫产权"或"产权是所有制的核心和主要内容"等错把产权看成是所有权权能的观点，吴宣恭认为从定义来看不够全面。四是对于认为"产权只有用于市场交易的权利才是财产权；产权是对市场交易权利的界区进行界定的规则"

① E. 富鲁布顿，S. 佩杰威克. 财产制度与制度变迁［M］. 上海：上海三联书店，1991：204.

② Y. 巴扎尔. 产权经济分析［M］. 牛津市：剑桥大学出版社，1989：2.

③ Harold Demsetz. 关于产权的理论［M］//经济社会体制比较. 英国：剑桥大学出版社，1989：2.

④ Y. 巴泽尔. 产权的经济分析［M］. 上海：上海人民出版社，1997：16.

⑤ 诺思. 经济史中的结构与变迁［M］. 上海：上海三联书店，1991：21.

⑥ 菲吕博腾，配杰威齐. 产权与经济理论：近期文献的一个综述［M］//财产权利与制度变迁. 上海：上海人民出版社，1994：204.

⑦ H. 德姆赛茨. 产权理论研究及其应用［M］//国有资产产权理论探索. 北京：经济科学出版社，1992：19.

或"产权可以理解为所有者在市场交易中采取的运行方式"等脱离了财产权利去定义产权的观点，吴宣恭认为这些观点的缺陷在于把产权当成只在市场交易中才发生、存在的关系，或只强调与市场交易有关的一些权利。五是对于错把"产权当作商品经济高度发展的产物"的观点，吴宣恭认为是颠倒了产权与商品经济间的相互关系，是不符合产权发生的历史。六是对于错把"产权定义为资源的产权。研究产权就是要界定资源的使用权、收益权和转让权"的观点，吴宣恭认为是把产权局限在资源的狭窄范围内，其内涵是不够完整和全面的。正是出于对中西方对产权内涵错误认识的分析和研究，吴宣恭进一步加深了对产权内涵的认识。

（二）准确而简要地界定产权的定义

改革初期，针对以上国内外一些经济学者对产权定义认识的混乱，吴宣恭在进行中西方产权理论的分析、对比的基础上，从产权范畴的出现、语义根源出发，运用主、客体差别分析的方法分析研究了产权主客体、主客体间的关系、主体间责权利的关系及三者间相互关系，明确指出产权就是"人们围绕一定财产发生和形成的责、权、利关系"①，抓住产权关系的本质，概括性很高，既将那些把产权概念复杂化、神秘化的各种表述简单化、明晰化，简单明了，便于掌握；也纠正了那些片面缩小或无限放大产权理论范畴的观点，不仅解决了长期困扰理论界的问题，而且被理论与实践证明定义的正确性，成为经济学理论界的众多学者共同认可和使用。同时这一科学的理论表述，被视为理论上的贡献。

三、产权的性质

市面流传关于产权的文字资料大部分与法律相关，有法律文献，也有法律规定。如最早见诸法律的是 1978 年《法国人权与公民权宣言》中第十七条"财产是神圣不可侵犯的权利"。我国《宪法》中第十三条也明确规定："国家依照法律规定保护公民的私有财产权和继承权"。对此，许多学者在认识产权时，受法学理论或法律条文的影响，把产权界定为上层建筑，说成是经济关系的法律反映。把产权的性质界定为法权形式而不是客观存在的经济关系，这不仅影响着经

---

① 吴宣恭等.产权理论比较——马克思主义与西方现代产权学派 [M]. 北京：经济科学出版社，2000：2.

济学"产权"范畴和产权理论的科学界定，而且影响着当时正在进行的社会主义产权制度的改革实践。因为，如果把产权只认定为法权，就意味着产权结构、产权制度的出现和变化由法律制度即国家意志决定，那么改革也只需在法律范围内对产权结构、产权制度进行调整，并由国家通过法律手段加以实施。这种将复杂产权制度简单化的理论必将误导国家和政府对经济体制改革的决策，给国家经济发展和改革实践带来不良后果。针对产权的属性问题，吴宣恭早在对质疑生产资料所有制客观性进行批判时，就已指出生产资料所有制是客观存在的经济关系。而所有权是人们在生产资料上形成和建立的经济关系在权利或法权上的反映，与产权无论在内涵、起源、存在形式、功能还是在变化规律等方面都是相同，可以说产权就是广义的所有权。为此，我们可以得出产权是客观存在的经济关系。而在给产权科学定义时，吴宣恭认为既然产权是人们对财产行使一定的经济职能，那么从经济利益交往来看，产权是客观存在的经济基础，是一种经济关系。吴宣恭这一结论在马克思分析资本主义的财产关系、论证按劳分配关系、论述占有理论时已得到证实。马克思曾清楚而明确地阐明产权关系在法律出现以前就存在并发挥作用这一过程，"在社会发展某个很早的阶段，产生了这样的一种需要：把每天重复着的生产、分配和交换产品的行为用一个共同规则概括起来……这个规则首先表现为习惯，后来便成了法律"①。所以，关于产权性质，吴宣恭明确指出："从产生时序看，财产权利的经济关系出现在先，维护这种权利关系的法权产生在后。从本质关系来看，有特定的经济权利的关系存在，才可能、也必然有相应的法律表现和法权"，"作为经济关系的产权是来源，是本源性的关系，属于经济基础；作为法权的产权是经济关系的反映，属于上层建筑。产权兼有这两重性"。②

从上述可知，与不少专家的认识不同，吴宣恭跳出传统思维模式，从经济学和法学二维角度出发论述了产权的性质，指出产权具有经济关系和法权关系两重属性。这一性质的准确定位，不仅为经济理论界正确认识产权关系的形成与发展和准确把握产权制度在社会关系中的地位与作用具有指导意义，而且为理顺改革思路，正确把握政府在国有企业产权制度改革中的地位和作用具有重要现实意义。

---

① 马克思恩格斯选集（第 2 卷）［M］. 北京：人民出版社，1972：538－539.
② 吴宣恭，黄少安. 产权　所有权　法权［J］. 学术月刊，1993（4）：21.

四、产权主体的权能、利益和责任的关系

吴宣恭还运用方法论从四个方面对产权主体的权能与利益间的关系进行论证。他指出，任何一项产权都包含主体的权能和利益。权能是指产权主体对财产的权力、职能或作用，而利益是指财产对主体的具体效用，它们之间是"相互依存，不可分割，存在着内在统一的关系"[①]；从产生的目的上看，利益是取得权能的目的，要想猎取利益必须拥有权力，即有权为了得利；从他们之间的地位上看，财产权利是利益存在的前提，即有权才能有利；从最终结果上看，利益是权能行使的结果，即有权就能得利。最后，反过来看，权能要成为产权的内容也必须以利益为前提，有利可图才会有权可逐，即有利才算有权，否则将没有任何的实际意义。

与此同时，吴宣恭认为产权主体在行使权能时，有时不会那么顺利，还会受到一定的制约，甚至要尽一定的义务，如许许多多相邻的产权主体，在行使权能时如不进行合理的配合，可能就会损害相互间的利益；产权内部的"四权"是可以进行组合或分离的，无论在哪一种情况下，要想能得利，需要承担一定的义务，需要受到一定约束或限制；还有的就是产权的主体（人），一旦最基本的生存权和生活权都受到侵害时，主体有权做出反应以维护自身权利。所以，国家应通过制定相关法律、规定，来约束和限制一些产权的行使，避免引导纠纷而影响社会的基本秩序，确保产权主体的权能和利益的职能得以实现。分析了产权主体的这些基本关系之后，吴宣恭进一步明确提出了产权定义。

通过对产权主体权能、利益和责任间相互关系的分析，吴宣恭强调产权要以财产这一对象作为客体，且将随着客体种类的不断变化而不断扩展和复杂化，这也是产权区别于其他权利最主要的地方。吴宣恭这一分析，把握产权的本质，有助于人们科学认识产权的内涵，防止人们无限制地扩大或缩小产权的内涵，促进产权理论范畴的发展，对产权制度改革具有重要的理论指导意义。

[①] 吴宣恭，黄少安．产权　所有权　法权［J］．学术月刊，1993（4）：22.

第三节　产权体系的内部结构研究

一、产权关系的"四权"

（一）准确阐述产权体系的结构

产权是一个具有丰富内容的经济学范畴，吴宣恭在准确界定产权定义的基础上，对产权体系内部结构进行深入的分析，准确地概括了基本产权的内涵。他认为完整的产权是一个复杂的体系，它包括各式各样或大或小的权利，如它可以是完整的一个体系，也可以是一束、一组或单个产权，甚至可以是由某个产权派生为更加细小的产权。可见，完整的产权是一组权利或一个权利体系，而不是一项单一的权利。马克思、列宁对产权的内涵都进行详细的论述，如马克思提到"利息表现……由单纯的资本所有权产生的剩余价值""资本自身即单纯的资本所有权"① 使用就是狭义所有权；提到家奴向独立农民转化时"使从前的占有者……取得完全所有权的独立农民"② 使用就是广义所有权；列宁在批评民粹主义时，也谈到区别所有权、占有权、支配权、使用权的意义③；而《中华人民共和国民法通则》（以下简称《民法通则》）第七十一条也对财产权利进行界定；等等④。在深入分析和研究马克思和列宁的用法及法学界用语的基础上，吴宣恭对基本的产权内涵进行分析、归纳和分类，并将基本的产权概括为狭义所有权（ownership，或称归属权）、占有权、支配权、使用权等四个方面；强调"四权"是产权主体对客体的不同权责关系及主体与客体间形成的利益关系。吴宣恭关于"四权"的概括归纳体现了两个特点，一是提出财产基本权利中应该包含有归属、领有意义的狭义所有权，有利于消除理论界常见的将它同广义所有权（property rights）混淆，还可避免由于忽视归属权，在产权分离状况下可能产生的"裸体所有权"和"所有权缺损"等法学理论问题⑤。二是严格遵循财产权利、责任、

---

① 马克思恩格斯全集（第 3 卷）［M］. 北京：人民出版社，1974：528 – 529.
② 马克思恩格斯全集（第 25 卷）［M］. 北京：人民出版社，1974：900.
③ 列宁全集（第 13 卷）［M］. 北京：人民出版社，1959：314.
④ 限于篇幅，此处简要引述马克思和列宁的用法及法学界的用语，不作详细列述。
⑤ 吴宣恭. 关于物权法基本权利体系的几点经济学思考［J］. 中国经济问题，2003（4）：4.

利益相统一的原则，不把"得益权"作为独立于"四权"之外、可与"四权"分开并列的基本权利，坚持了理论逻辑的一贯性。

（二）率先对四种财产基本权利做了明确严谨的表述

在改革初期，人们对财产的基本权利认识非常模糊，如在财产所有权方面上，出现"裸体所有权"把财产权利空洞化的现象；或者由于未能区分广义和狭义所有权内涵而出现内涵缺损的现象。在支配权方面，出现将支配权和处分权看成不同产权等现象。针对经济理论界、法学界用语的错误或模糊认识，为便于人们对"四权"的基本含义有个清晰的认识，吴宣恭多次讲学并著文阐明它们的确切含义以及它们之间的联系与区别，强调当产权主体职能相互分离、相互独立时，"四权"从严格意义来说内涵各不相同。这种情况下，"四权"在运用上必须区分开，不能随便地替代和混用。他指出，为便于人们对"四权"的基本含义有个清晰的认识，吴宣恭率先对"四权"进行明确而严谨的表述。他指出，所有是"产权主体把客体当作自己的专有物，排斥别人随意加以侵夺的权能和作用。这种关系得到社会或法律的承认，使它的担当者成为相关客体的合法主人"①。这种含义的所有权不同于拥有全部"四权"的广义所有权，它的范围比较小，一般用归属权或领有权来区别两种不同的所有权。狭义的所有权在诸种产权中是最根本的权利，对其他三类产权起着决定作用。占有是"主体实际地或直接地掌握、控制或管理客体，并对它实施实际的、物质的影响的职能，即事实上的管领力"②。在这种情况下，占有与所有的内涵有着明显不同：所有权有广义与狭义之分，当它属于广义的所有权或完整的所有权时，即包含"四权"，那么占有就仅是产权主体的一个权能，是一种整体与局部的关系；而当所有指狭义的所有时，它仅表示归属或领有关系，此时所有与占有都只是产权主体的一个权能，属于对等关系。人们在阐述或分析产权关系时，必须严格地进行区分。支配，从外文的翻译看，仅有一个"disposition"字；从中文翻译看，可译为有处理、处分或处置。支配包含着两层含义：一是"所有制主体在事实上或法律上决定如何安排、处理客体的权能"③；二是"主体安排和决定客体使用方向的权能"④。一般

---

① 吴宣恭等．产权理论比较——马克思主义与西方现代产权学派［M］．北京：经济科学出版社，2000：3.

② 吴宣恭等．产权理论比较——马克思主义与西方现代产权学派［M］．北京：经济科学出版社，2000：6.

③④ 吴宣恭等．产权理论比较——马克思主义与西方现代产权学派［M］．北京：经济科学出版社，2000：8.

情况下，支配权可以等同于使用权，但也可以分离，支配者可以委托或交付他人去使用这项职能。而使用是"产权主体利用、改变或消费客体的权能"①。它包含三个方面的内容：一是用而不改变客体原状；二是用但不改变原有性质或存在形式，但客体的某些状态发生改变；三是改变原有状态，换成其他的存在形式。此外，吴宣恭还订正了由于对翻译用语的误解产生的一些错误提法（如将支配权和处分权当成不同产权等）。②

吴宣恭关于产权体系"四权"的分析跳出了传统法学观念思维定式的局限和影响，从经济学的角度对产权体系中的"四权"进行明确严谨的界定。这不仅有助于人们摆脱长期法学和思维定式的影响，而且有助于人们从经济学角度看待"四权"经济范畴，进而对"四权"有一个比较全面和客观的认识。吴宣恭关于"四权"范畴的表述，逐步被我国经济理论界所接受，并成为大多数经济学者使用的表述，丰富和发展了马克思主义产权理论。与此同时，以胡乔木为总编辑的中国大百科全书总编辑委员会把吴宣恭关于"占有"内涵的解释收录《中国大百科全书》（经济卷），正式作为标准的内涵出版，成为人们学习、研究产权理论的标准解释。

二、产权统一和分离

随着所有制改革的进一步深入及人们对所有制内部各种关系及权利认识的深化，经济学理论界的学者们也开始关注所有制内部产权的统一和分离关系。早在1982年，吴宣恭在分析研究生产资料内部所有、占有、支配和使用关系时，在总结人类历史不同时代经验的基础上，科学探索了所有制内部产权统一和分离的各种情况，并就私有制和公有制条件下"四权"相分离的原因进行区分。他指出，生产资料所有制的主体职能的统一和分离存在两种情况，一是互不分离，由主体统一发挥职能。这种情况下，所有权是完整的，包含所有、占有、支配和使用的广义所有权；二是相互独立，互相分离时，所有权与占有权、支配权和使用是并列的基本权利，是一种狭义的所有权。在人类历史发展的长河中，所有制主体职能的相互分离，是所有制主体职能差异所决定及人类社会分工发展的最终结果，而不是主体意志的反映。在私有制条件下，早在奴隶社会时期就出现了所有

---

① 吴宣恭等. 产权理论比较——马克思主义与西方现代产权学派 ［M］. 北京：经济科学出版社，2000：9.

② 吴宣恭. 生产资料的所有、占有、支配、使用关系 ［J］学术月刊，1982 (6).

制主体职能分离的情况，且随着人类社会分工的发展，逐步复杂化。而所有制主体职能的分离是发生在当事人相互承认对方在经济上独立的所有者这一前提，且相互分离的所有制主体职能的担当者是彼此独立的所有者，他们在剩余价值的分割上体现得淋漓尽致，属于一种租赁关系。在公有制条件下，尤其是在社会主义全民所有制条件下，国家是全体劳动人民的整体代表，代表着全体劳动人民行使属于全体劳动人民共同所有的生产资料所有权和主要支配权，且由于我国所有制经济规模大、企业数量多、社会化程度高，社会分工复杂，国家无法进行直接经营和管理，只能委托或授权国家执行者—国有企业代表全体劳动人员进行生产和经营，以实现全体劳动人民共同的利益，此时企业拥有占有、使用和部分支配权。但在这种情况下，国家和国有企业仍是全体社会劳动人民的组成部分，他们之间不存在租赁关系，不改变全民所有制的性质。所以，吴宣恭科学地提出在社会主义条件下也存在产权分离的可能性和必要性。① 吴宣恭关于产权统一和分离的科学判断，不仅为我国制定工业企业法和物权法提供科学的理论依据，而且为我国经济体制改革提供了重要的理论指导。

三、所有权与产权关系

经济理论界关于所有权与产权之间的关系，众说纷纭，分歧较大，如有人认为产权是所有权引申的权利；或认为所有权与产权隶属不同的层次，其地位及所反映的关系不同；或认为所有权与产权在主体、存在形态或运行方式不同；或认为所有权与产权存在的经济条件不同；或是错误认识了所有权内涵，将缩小的所有权与产权关系进行对比；或是从不同的外语词汇区分两者的不同；等等。理论对所有权与产权的不同见解，扰乱了人们对这两个经济范畴内涵的认识，不利于产权理论的发展。鉴于此，吴宣恭逐一分析、对比了理论界内的不同意见，在科学界定所有权的内涵和外延的基础上，从外语词汇、内涵、起源、存在形式、名称、功能、变化发展规律和改革方向等方面论证所有权与产权之间的关系。他认为要准确辨析所有权与产权之间的关系关键在于正确地区分不同"所有权"的内涵和外延，指出产权和所有权具有等同的关系，主要体现在七个方面：一是他们的外语词相同，都是译自 property rights 这一外语词。在英文中 property 译为财产或所有制，它和 rights 结合就可以翻译为财产权利或所有制权利，即广义的所有权、产权、财产权。所有权和产权，除中文翻译不同外，没有本质区别，而 own-

---

① 吴宣恭. 生产资料的所有、占有、支配、使用关系［J］学术月刊，1982（6）：30.

ership 是狭义的所有权，即归属权，只是产权或所有权（property rights）的一部分，在英语中二者的含义原来就不相同，不能以外文辞汇的不同证明所有权不同于产权。二是它们的内涵相同。因为产权或所有权，从完整体系看，都是人们围绕财产形成的权利关系；从实施客体看，都是以一定的有形、无形的财产作为权利的对象和载体；从产权或所有权的定义和内涵上看，都是一样。三是它们的起源相同。即在起源的解释上实质是相同的。四是所有权与产权的存在形式、名称相同。这是由于它们都可以统一由一个所有权主体或产权主体掌握，同样可以相互分离为不同的所有权主体或产权主体掌握，同样可以衍生、派生出新的权利，进行层层拆细，且相分离的权利同样可以进行组合，成为新的产权或所有权的存在形式，而新出现的权利形式也都有同样的称呼。五是它们的功能相同，如约束功能、激励功能、收入功能、资源配置功能等。六是它们的变化发展规律相同。这是由于所有权与产权的客体都会随着同样原因的增多，外延同样以相同的原因不断扩展、同样会因为相同的原因而发生结合或分离，且它们的变化发展总趋势也相同。七是他们的改革方向相同。正是由于产权和包括狭义所有权、占有权、支配权和使用的广义所有权无论是从外语词（property rights），还是从它们的内涵、起源、存在形式、功能和变化规律来看，它们都是完全等同的。为此，"无论从历史、词源、理论或者从实践观察，产权与广义所有权是完全相同的"①。吴宣恭关于所有权与产权之间关系的科学认识不仅解决了经济理论界对这些问题的困扰，而且为产权理论的发展奠定科学的理论基础。

四、归属权在产权关系中的地位和作用

随着经济的进一步发展和经济体制改革的进一步深化，各种产权都可能发生分离。在这种情况下，要确保所有制改革朝着社会主义方向进行，就必须对产权关系中狭义所有权的地位和作用有充分的认识。吴宣恭非常重视产权中的归属关系，将狭义的、单纯的所有权命名为归属权，并多次著文论述归属权在产权关系中的重要地位和作用。他指出，归属权是对财产具有归属、领有权利，表明归属、领有关系，不能简单地将所有制看作是财产归属关系或将狭义所有权置于所有权体系之外，这样不仅不妥而且是有害的。接着他从多方面论证了归属权的重要作用。如在阐述狭义所有权的权能和利益时指出，狭义所有权是"一种对财产

---

① 吴宣恭等.产权理论比较——马克思主义与西方现代产权学派［M］.北京：经济科学出版社，2000：16.

具有归属、拥有或领有权能并可带来相应利益的产权概念"①，能"决定其他权能是否让渡、让渡给谁、让渡方式、让渡条件、让渡期限等"②，谁掌握了归属权，谁就是所有者，就有权支配属于他（他们）自己的所有物，决定他（他们）的前途和命运，是自己使用、闲置还是赠予、出租、出卖。所以，拥有归属权的所有者无论是让渡归属权以外的任何权利，都只是对产权的内部结构进行调整，是所有制实现形式的一种转换形式，不发生所有制性质的变化。在阐述产权中所有权的具体表现时指出，"所有"是主体对客体的归属与领有关系，是一种排斥违背他个人意志或利益而侵犯他所有物的经济范畴；在论述马克思主义产权理论时指出，拥有归属权的主体是财产的主人，拥有财产的其他各项权利，可以对他的所有物上能依法设立各种权利，能决定这些权利的处置方式，并能在实施归属权或转让其他权利时获得一定的利益。和其他权利相比，归属权在卖断前是一项恒久的权利，即使让渡财产的其他权利，不仅能凭借归属权行使与归属权有关的权利，而且能收回让渡契约届满的各项权利。此外，归属权对所有制的社会性质具有决定作用，只要产权主体的不改变财产归属权，即使转让归属权外的其他权利，其所有制的性质不变。在论述所有权体系中各种产权的结构和层次时指出，随着经济关系的发展，所有权不仅包含狭义的所有、占有、支配、使用等四个层次的产权，还可引申、拆分更加具体、更加细小的产权，但无论如何拆分、组合，在整个所有权体系中，具有归属含义的狭义所有权是最为核心和重要的产权。因为财产归谁使用，为谁谋利，归根结底是由掌握归属权的所有者决定。在分析《民法通则》中关于财产权利的规定时指出，归属权具有独特的属性，即能使权利主体在其所有物上设置各种权利，并决定这些权利的处置方式、转让归属权外权利时应得的利益，并保留转让契约期满后回收转让的权利。即"归属权始终掌握在所有者手中而不离开所有者，是一种恒久的权利"③。通过多方的论证，吴宣恭提出归属权是诸多基本产权中最重要的权利，是其他产权的基础。同时他在判断国有制企业产权制度改革中对所有制性质的影响时，强调维护归属权在国有制改革中具有重大意义，因为狭义所有权是诸多产权中最本的权利，权利主体的状况决定着产权关系的性质，一旦归属权发生改革，其所有制性质必然发生变化。

吴宣恭对于归属权在产权关系中地位和作用的科学分析，不仅使人们对产权

① 吴宣恭. 关于物权法基本权利体系的几点经济学思考［J］. 中国经济问题，2003（4）：4.
② 吴宣恭，黄少安. 产权　所有权　法权［J］. 学术月刊，1993（4）：22.
③ 吴宣恭. 关于物权法基本权利体系的几点经济学思考［J］. 中国经济问题，2003（4）：7.

体系中归属权的核心地位有了清晰的认识，为制定律法的相关职能部门在制定产权关系相关权利提供了理论依据，而且为国有制产权制改革指明了方向。

五、产权主体的确认

产权是一个非常复杂的体系，它包含主体和客体之间以及各种主体之间纷繁复杂的关系，一些人由此而无法准确地判别生产资料使用者。对此，吴宣恭强调必须从权能的实施和利益的获得去确认产权主体。他指出，"拥有一定的权能是获得利益的条件和手段，是利益存在的前提和基础；利益是行使权能带来的结果，拥有一定的权能并加以实施，才能得到相应的利益""有权才能得利，要得到一定的经济利益，就必须拥有特定的权能，收益权是离不开所有权的"①。在奴隶社会，虽然奴隶在奴隶主的土地上耕作，但却是在奴隶主意志的主导下，其最终产生的劳动成果都归奴隶主所有；在资本主义私有制条件下，雇佣工人劳动者受雇于资本家，并在资本家的监督指挥下，按照资本家的意志进行生产劳动，其最终产生的劳动成果都归资本家所有。这一生产过程实质上是资本家使用劳动力和生产资料的过程，其劳动成果也必然归资本家所有。可见，奴隶社会中的奴隶只是执行奴隶主的意志，并非拥有生产资料的权能，所以奴隶既不是土地的拥有者或使用者，也不是产权主体；而资本主义社会中的雇佣工人也只是秉承资本家意志进行生产劳动，所以，雇佣工人既不是生产资料的直接操作者，也不是生产资料的拥有者或使用者，只有资本家才是生产资料的真正拥有者、使用者。为此，吴宣恭指出，要判断谁是真正的产权主体，不能从表面上去看谁是产权主体，而要"看产权的实施体现谁的意志，实施权能产生的利益归谁所得"②。

马克思对于产权主体的确认也有明确的阐述。如在谈到论述资本主义社会私有制下的生产资料使用者时指出："劳动力的买者消费劳动力……按劳动力的买者的意愿发挥作用的劳动力，成为工人。"③"工人在资本家的监督下劳动，他的劳动属于资本家""产品是资本家的所有物，而不是直接生产者工人的所有物"④在论述土地的使用者时指出："资本主义生产方式的前提是：实际的耕作者是雇

---

① 吴宣恭. 评美化资本主义私有经济的"间接所有制"论［J］. 毛泽东邓小平理论研究，2013（2）：15.
② 吴宣恭. 评美化资本主义私有经济的"间接所有制"论［J］. 毛泽东邓小平理论研究，2013（2）：14.
③ 马克思恩格斯文集（第5卷）［M］. 北京：人民出版社，2009：207.
④ 马克思恩格斯文集（第5卷）［M］. 北京：人民出版社，2009：216.

佣工人……作为在一个特殊生产部门的投资来经营的资本家即租地农场主。"①
等等。马克思对生产资料使用者的明确界定更加证明了吴宣恭在论证产权主体的
严谨性和科学性。

综上所述，吴宣恭通过所有制主体权能的实施和利益判别了生产资料的使用
者，为人们掀开产权主体的秘密，让大家清晰地认识到即使发生产权分离的情
况，只要抓住产权的实施体现谁的意志，实施权能产生的利益就归谁所有。同时
也让大家清晰地认识到，在社会主义制度下，只要确保生产资料的使用是在国家
意志下实施，全体劳动者仍然是生产资料的所有者，是产权主体。吴宣恭的这一
科学判断纠正常见的对产权主体的误用，为经济体制改革提供了科学依据，具有
重要的理论和实践意义。

第四节　产权与产权制度关系的研究

一、产权的细分与组合

早在 1982 年，吴宣恭发表文章提出社会主义公有制也存在产权的分离，并
对理论界一些同志提出"四权"不能分离的观点进行批评，指出这些同志的错误
观点在于他们既不了解所有制主体职能的多样性及其差别，也没有认识到经济发
展，尤其是社会分工的发展，对所有制主体职能分离的决定作用。1985 年，他
又发表了对所有权与经营权适当分开的看法，强调不同所有制下，所有制主体职
能和作用可以结合在一起，也可以分离由主体的不同部分或不同主体去执行，即
所有制主体职能发生所有、占有、支配、使用的不同情况的分离、分割或组合。
随后几年，吴宣恭发表系列文章对我国所有制改革提出建议时，也大量地谈到产
权的分离与重组。

对于产权的细分与组合，吴宣恭探讨了产权细分与组合的几种情况，指出产
权是一个复杂的权利体系，其结构将随着产权主体责、权、利的变化而发生变
化，既可统一于一个主体，也可拆细、劈分，相互分离或独立出去。同时分离出
去的一些权利又可重新进行组合，形成另一种产权。产权的细分与组合主要有三
种情况：第一种情况是拥有完整产权的主体可能因为自己的能力、时间、生产资

---

① 马克思恩格斯文集（第 7 卷）［M］. 北京：人民出版社，2009：698.

料的规模及对取得经济利益的预期目标而将产权进行相互分离。如拥有众多高度社会化的生产资料，凭着自己的能力而无法达到预期目标，在取得一定的代价的条件下，把一部分权利让渡给他人。这种产权分离可以是将占有权、支配权、使用权让渡给完全不同的所有制主体，如私有制、个人所有制下的产权分离；也可以将占有权、支配权、使用权让渡给集体所有制主体中的一部分或个别成员，如全民所有制的产权分离。第二种情况是某一特定的产权还可派生出新的或比较具体、细小的产权。这种情况下的产权能够分开且独立地运行，并在某些条件下与原来的产权相分离。如股份公司的股权，可以通过股权获得表决权、选举权和获利权，同时还可以通过股权派生出股票转换权、配股权。一些对股份公司有着重大贡献的管理人员也可以获得股票期权。第三种情况是分离的产权可以组合成新的产权。如占有权、使用权和一定的支配权可组合成新的经营权。这种经营权有的具有相对独立的权利，如通过委托代理或承包形式的经营管理权，它们在一定程度上还要接受所有者的某些制约；有的具有完全绝对的独立产权，如租赁关系中的经营权，其产权主体完全可以依据契约规定，按照自身的需要自主经营。

二、产权制度的内涵

由于所有制的体系非常复杂，其主体的不同部分与生产资料关系的不同，其职能和作用也不同。为此，所有制主体的权能也是复杂多样，它随着社会化程度的提高、经济主体规模的扩大及社会分工的进一步发展，必然导致生产资料所有者统管所有权能的难度增大，为了获得更多的利益，所有者就可能根据实际，如自身能力、事业发展、经济利益预期等方面的因素，在取得一定代价的条件下，把产权主体的一部分权利让渡给他人。所以，产权主体职能可归于一个主体去实施，也可进行细分、重组，相互分离和独立出去，分别由不同的主体或主体的不同部分实施。吴宣恭就是在论述产权可分可合的基础上，准确地界定产权制度的内涵。他指出："产权的统一和分合存在着不同情况，呈现不同的组合、结构和配置格局。这些格局规范化、法律化、制度化了，就成为产权制度。"[①] 同时"产权制度是一个复杂的系统，既包括各种产权主体和客体之间、各种主体之间的关系，包括各种主体的权能和利益以及对它们的约束，又包括把这些关系组织

---

① 吴宣恭等. 产权理论比较——马克思主义与西方现代产权学派［M］. 北京：经济科学出版社，2000：27.

起来使之正常运行的一系列规定和程序"①。为此，也可以说产权制度是"意志化或法律制度化的产权关系，是划分、确定、界定、保护和行使产权的一系列成文正式规则或不成文非正式规则"②。

三、产权制度与所有制的关系

吴宣恭在掌握所有权、产权内涵和所有权与产权关系及准确界定产权制度内涵的基础上，进一步论证了产权制度与所有制之间的关系。他指出，所有制是人们在其他各个领域的经济关系的前提与基础，是一个有着丰富的内容和非常复杂的体系，包含主体与客体间及各主体间纷繁错综的关系。为此，应从主体的责、权、利去分析和研究所有制关系。而不同的主体或主体的不同部分在所有制关系中所起的作用也各不相同。其权力、职能、作用及所受的限制和实施所形成的利益主要体现在所有、占有、支配、使用四个方面。这四个方面的责、权、利关系既具有所有制关系，又具有法权关系。从权利上看，这种所有权理应含有狭义的所有权、占有权、支配权和使用权，和产权的内涵是相同的。由于所有制体系的复杂，其主体的权能也同样复杂，所有制权利的统一与分离在不同情况下呈现不同的组合、结构及配置格局，这些不同的格局一经规范化、法律化或制度化，便成为产权制度。为此，吴宣恭提出，就其本质而言，所有制与产权制度是相同的，但由于所有制主体的权利格局复杂多样，同一种所有制可能形成多种不同的产权配置格局，形成不同的产权制度，可以说，"产权制度亦即所有制的实现形式，是所有制的具体化"③或者说"产权制度是所有制的具体化或具体内容"④，但"这种具体产权制度的多样化不改变原有的所有者，因而，一般不会改变所有制的性质"⑤。同时，反过来看，所有制包括了同一性质和类别的种种产权制度的基本特征，比较稳定，存在的时间比较长，因而可以看作是"根本的产权制度"⑥。

---

① 吴宣恭文集（下册）[M]．北京：经济科学出版社，2010：457.

②④⑥ 吴宣恭等．产权理论比较——马克思主义与西方现代产权学派 [M]．北京：经济科学出版社，2000：309.

③ 吴宣恭等．产权理论比较——马克思主义与西方现代产权学派 [M]．北京：经济科学出版社，2000：29.

⑤ 吴宣恭等．产权理论比较——马克思主义与西方现代产权学派 [M]．北京：经济科学出版社，2000：28.

综上所述，吴宣恭是率先对马克思主义所有制与产权基本理论进行系统而深入研究的经济学家，他在所有制与产权基本理论所阐述的众多创新性见解，具有重要的理论与实践意义。一方面，丰富和发展了马克思主义所有制与产权理论。在马克思的众多经典著作中，存在着大量的关于所有制与产权理论的论述，这些论述构成马克思关于所有制与产权理论的经济思想。随着他对客观经济关系的进一步认识，马克思经济思想中的某些经济范畴虽逐渐地明确与严谨，但在不同时期、不同阶段在使用同一经济范畴的内涵也不一定相同，需要后来的经济学者站在不同的位置进行科学的探索与研究，进一步丰富和发展马克思主义所有制与产权理论，使之更加适合新中国社会主义社会改革发展的需要；同时，马克思是在资本主义制度下，运用唯物辩证法对各种社会经济形态所有制和产权关系进行分析，提出科学的所有制与产权理论。但随着社会主义社会的建立，马克思关于在社会主义社会条件下的所有制与产权理论还存在许多提及但还未明确的经济范畴或未提及的许多经济概念或理论，这些都客观上需要后来的经济学者将马克思主义所有制与产权理论与中国的具体实践相结合，对马克思所有制与产权理论进行完善与发展，进一步充实和丰富马克思主义所有制与产权理论。尤其是改革开放之初，由于对马克思主义所有制与产权理论的认识不足，对经济体制改革有一定影响，更需要进一步建立科学的理论予以指导。另一方面，为正在实施的经济体制改革提供了科学的理论依据。改革开放以来，改革为百废待兴的新中国焕发新的生机，在产权制度和所有制关系这一经济发展基础改革方向上，急需党和政府做出正确的政策。而西方产权理论的渗入，虽让人们更多地接触了解和认识产权理论，但一些人对西方产权理论的本质了解不多，甚至被只有私有产权才是产权清晰，才符合经济发展效率的错误认识所影响，主张依靠它来解决产权制度改革过程中出现的种种理论与实践问题，更为离谱的是主张把西方产权理论作为指导思想指导我国经济体制改革。在国有企业迫切需要进行扩权经营，劳动者积极性迫切需要调动的前提下；在改革实践需要科学理论指导的情况下，这些重重需要，呼唤着拥有爱国情怀和高度责任感、使命感的理论工作者进行科学的探索。在这一情况下，吴宣恭率先对马克思主义所有制与产权基本理论进行研究。他从中国具体实践出发，不唯书、不唯上，始终保持求索求真的科学态度，在澄清理论界种种错误认识的基础上，对所有制与产权关系基本理论进行系统而深入的研究，不仅科学界定所有制、产权、所有权、产权制度等众多经济范畴的内涵，而且运用科学的方法论，从主体和客观两个方面深入分析和研究所有制内部的产权结构，并在许多方面阐述自己创新性见解，提出一系列重要的理论观点。这些观点不仅是对马克思主义所有制与产权基本理论的完善和发展，进一步充实和丰富了马克思主义所有制与产权理论，而且为正在推进的国有经济所有制改革提供了科学的理论指导。可以说，吴宣恭关于所有制与产权基本理论的研究，是理论界的一大贡献，同时他也被誉为"我国最早提出马克思产权经济学的经济学家之一"①。

---

① 　何诚颖，李鹏，赵振华．吴宣恭教授经济思想介绍［J］．海派经济学，2004（12）：130．

第四章

对我国社会的产权关系的研究

随着社会主义建设的发展，高度集中的全民所有制经济体制弊端逐渐暴露，1978 年以来，我国开始对全民所有制经济体制进行一些变革，呈现诸如承包、租赁、股份合作制、股份制等实现形式，也在我国经济社会中形成各种不同的产权关系。对于经济体制改革过程中出现的各种实现形式的所有制产权关系，经济理论界出现许多不同的声音，在一定程度上影响着我国经济体制改革方向与进程。在系统掌握马克思主义所有制和产权理论的基础上，吴宣恭运用产权理论，多方面地分析和研究我国社会的产权关系，并先后在一些核心刊物或论文集上发表多篇论文，在质疑和批评理论界出现多种错误认识的基础上，科学阐明我国社会各种所有制产权关系的基本特征，中肯地提出许多建设性建议和意见。这些观点和创新性见解的提出，澄清了理论界关于各种产权关系的错误认识，为人们准确认识和把握所有制各种实现形式所形成产权特征的优势及其弊病奠定了理论基础，在进一步丰富和发展了马克思主义产权理论的同时，也为中央和地方实施经济体制改革提供科学的理论依据，对所有制经济体制改革的顺利实践和搞活企业，发展经济都具有重要的理论和实践意义。

本章将围绕吴宣恭关于我国社会的产权关系等相关思想进行分析研究。

第一节　全民所有制产权关系的研究

在我国的产权制度改革初期，国家所有制企业进行了各类承包经营责任制、租赁制等实现形式的改革试点；而随着产权制度改革的进一步发展，党和国家又对国有独资公司建立现代企业制度发出号召。这些国家所有制各种实现形式存在着不同的产权特点，吴宣恭运用马克思主义产权理论对其产权关系进行准确的分析，构成其丰富的产权经济思想。

一、全民所有制的产权关系

（一）全民所有制的产权关系

吴宣恭认为国家所有制是全民所有制在国家尚未消亡的历史阶段的一种存在形式，它具有不同于典型的全民所有制的众多特点；国家所有制改革并不是所有制性质的根本变化，只是同一个公有制主体内部关系的调整。为此，他从三个方面总体上探讨和研究了国家所有制的产权关系。

第一，从所有者的最重要权能上看，归属权不变，所有制的性质也不变。吴宣恭指出，归属权在生产资料所有制的产权关系中起主要和决定作用，决定着所有制性质。所以，"谁掌握了归属权，谁就是所有者，就是所有制客体的合法主人"[①]，即使是让渡归属权以外的产权，只要归属权不变，那么所有制性质也不改变，改变的只是的产权结构，属于所有制实现形式的一种转换。

第二，从所有者的社会属性和社会关系上看，所有者的阶级属性、社会地位和范围结构不同，所有制的性质也不同。吴宣恭指出，从所有制的阶级属性和社会地位来看，不论是奴隶主所有制、封建所有制还是资产阶级所有制，这些所有制的所有者都是依靠拥有生产资料所有权，以追求私人利益为目的，对广大劳动者进行奴役、剥削，属于不同性质的剥削阶级，是私有性质的所有制；从构成范畴来看，以劳动者为归属权主体的社会主义全民所有制、社会主义集体所有制及个体所有制，这些所有制的性质有所区分。全民所有制与集体所有制的所有者共同占有生产资料，共同享有共同劳动创造的劳动成果，不受他人剥削，也不剥削他人，是为了共同的利益而劳动。其性质属于公有，只是集体所有制的所有者范围较小，且不同集体之间的权益不同，其形成的产权关系和全民所有制的不同，但仍是全民所有制的基本形式；而个人所有制的所有者独自占有和使用属于他们自己的生产资料，且享受自己的劳动成果，不剥削他人，也不受他人剥削，但同样是为了个人利益而行使所有权，其性质属于私有。为此，"所有者阶级属性、社会经济地位或构成范围改变了，人们之间通过物形成的关系就会随之改变，所

---

① 吴宣恭. 按产权关系的特征认识所有制的性质 [J]. 高校理论战线，2004（5）：30.

有制性质变会发生变化"①。

第三，从存在形式和行使方式上看，归属权的特征不同，产权性质就不同。吴宣恭指出，从阶级属于上看，在全民所有制下，劳动者共同拥有生产资料，是所有者也是劳动者，共同拥有所有者、经营者、劳动者的身份，这一阶级属性使所有者不具备剥削的可能和条件。所以，全民所有制的所有者在阶级属性上与剥削阶级不同。从所有权的结构或存在形式看，生产资料归全体劳动者共同所有、在归属权上拥有平等的地位、全民所有制的财产是全体劳动人民这一整体的共同财产或集体财产及全民所有制的产权存在形式是无法分解或无法转化等特点使全民所有制的所有权构成具有公共性、权利享有平等性、产权结构具有统一性和产权存在形式具有不可分性等四个方面的产权特征，这些特征确保全民所有制的公有性质。从归属权的行使方式看，全民所有制是由代表全体劳动人民的国家按照这一整体的意志和利益行使产权权能，获得权益，这一特征构成全民所有制归属权行使方式的整体性。即便在社会主义初级阶段由于种种客观条件而实行的在归属权不变的情况下，让企业拥有部分的经营权。这种两权分离依然没有改变全民所有的性质，企业内部仍具有产权共同性、平等性、统一性和不可分性等产权特征，依然属于公有的性质。

（二）承包经营责任制的产权关系

自 1978 年以来，我国全民所有制在四川少数企业实施承包经营责任制改革试点开始，逐步扩大到全国各地，并成为我国大中型全民所有制企业改革的主要形式。截至 1987 年底，我国全民所有制企业实行承包经营责任制达到近 80%，取得较为明显的经济效果。承包经营责任制改革试点的实施，突破高度集权体制的束缚，展现了其强大的生命力。但是在发展过程中，也暴露出许多问题，理论界一些学者将其原因归结为产权不明晰、所有权虚置，甚至一些学者提出所谓的"实所有制"作为解决出路。鉴于理论界的错误认识，吴宣恭运用产权理论逐一进行有针对性的驳斥，并在科学分析产权内涵及三种"占有方式"理论的基础上，对承包经营责任制的产权关系进行分析研究，他指出，承包经营责任制实质是国家采用经济契约的方式，对国家与全民所有制企业之间的责、权、利进行明确界定，即国家掌握归属权及部分支配权，企业拥有占有、使用和部分支配权。在这种产权制度下，企业都拥有明确的不同的经营自主权，并得到经营产生的经济利益，改变企业责、权、利相脱离的状态，形成国家与企业双方权力和利益的

①　吴宣恭. 按产权关系的特征认识所有制的性质［J］. 高校理论战线，2004（5）：31.

约束。①

（三）国有独资公司的产权关系

依据 2005 年 10 月 25 日颁布的《中华人民共和国公司法》（以下简称《公司法》）第六十五条规定："国有独资公司，是指国家单独出资、由国务院或者地方人民政府授权本级人民政府国有资产监督管理机构履行出资人职责的有限责任公司。"②

从本质上看，国有独资公司是由国家出资、国家管理的社会主义性质公司制企业，只是在出资比例、管理模式不同于其他全民所有制企业，但仍属于国家所有制实现形式之一，与其他性质和形式的企业有着不同的产权制度特点。对于这类企业，吴宣恭运用对比分析方法，通过与原来的国有企业以及其他性质的有限责任公司和股份有限公司进行对比，从"财产权利的内涵""财产责任""财产存在形式和产权行使方式""行使产权获得的利益""产权主体代表的产生和结构""财产监督管理权能的运作和产权的激励功能和约束功能"八个方面，准确地阐述了国有独资的产权特征。他指出，国有独资公司是"以社会主义性质的国有投资主体为单一出资人的公司制企业"③，具有独特的产权特征，具体体现在。

从财产权利的内涵上看，财产归全体人民所有，所有权由国家代表人民行使，各级政府具体实施。国家拥有国有独资公司唯一的出资者所有权，并间接通过董事会经营企业资产，实现国有经济的经营目标。国有独资公司和股份公司或有限责任公司一样，享有《公司法》规定的法人财产权，但法人财产权的内涵相对狭小。国有独资公司的法人财产权内涵不同于其他公司的产权特点主要体现在三个方面：一是没有公司自身行使法人财产权的独立权力机构，独资公司的权利由国家从外部授权；二是董事会虽是内部最高权力机构，但诸如股份有限公司性质的股东大会部分职权仍由国家授予；三是对于涉及公司财产所有权的许多重大事项，由出资机构决定，甚至要经由本级人民政府批准，自身没有最终决定权。

从财产责任上看，财产责任明确。国有独资公司不同于改革前的国有企业那样，国家承担无限的财产连带责任。它和其他的有限责任公司、股份公司一样，实行的是责任有限的财产制度。但《公司法》规定国家拥有国有独资公司一些重大事项的权利。根据责、权、利相统一的关系，国家无法彻底豁免相应的责任，

---

①　吴宣恭. 论全民所有制企业的产权关系 [N]. 光明日报，1990 – 03 – 24.
②　参见《中华人民共和国公司法》。
③　吴宣恭. 国有独资公司的产权特点及其改革前景 [J]. 经济纵横，2012（6）：1.

必须承担公司发生解散、破产时相应的财产责任。

从财产存在形式和产权行使方式上看，财产基础稳固。国有独资公司保留了国家所有制的产权特征，公司财产归全体劳动者共同所有，公司内部没有个人股权大小的差别，人人平等享有财产权利，共同享有财产的利益，且是由全体劳动者这一整体行使财产权，这一特点，是公司进行稳定生产经营的基础。

从行使产权获得利益上看，不能完全独立地支配全部收益。国有独资公司仅拥有较大范围和具有较强自主性的经营权，它不像股份有限公司那样拥有和独立支配经营所得的全部收益，也不同于改革前的国有企业那样的责、权、利关系，而是交付投资收益后，剩余利润仍由公司支配，但出现亏损时，国有独资公司要自行承担。

从产权主体代表的产生和结构上看，具有较强的社会主义特点。国有独资公司产权主体代表具有两个方面的特点：一是董事会成员由国家授权机构或部门委派，而不是由股份有限公司的股东选举产生；二是董事会成员中必须有职工选举产生的职工代表，充分体现劳动者在经营管理中的地位。这是国有独资公司产权主体不同于其他股份公司的一大特点。

从财产监督管理权能的运作上看，远不如其他有限责任公司或股份公司。从1993年以来，国有独资公司的监督管理权能从无到有，从弱到强，但与有限责任公司、股份公司相比，仍有一定的差距。总的来说，国有独资公司实行的监督管理权能是以外部监督为主，内外监督相结合的制度，且监督管理的权限也比较小。

从产权的激励功能和约束功能上看，各有优劣。国有独资公司不同于其他类型的公司将产权的激励功能建立在分散产权的基础上，而是建立在公共产权的基础上，其产权的激励功能首先建立在公共整体利益上，而后根据国家分配制度分散到公司职工，进而激励职工，可见，国有独资公司的激励功能不如其他类型的公司，尤其是股份有限公司，但在约束功能方面，却强于其他类型的公司。这是因为其他类型的公司更专注于监督经理人员和职工为公司利益服务的道德自觉。国有独资公司则不仅依靠国家自上而下的监督，而且由于产权平等特点激发公司职工自下而上的普遍、自觉的共同监督约束。

从财产权利体系的确立程序上看，和其他类型公司一样较为严格和规范。国有独资公司和其他的有限责任公司、股份公司相似，要经过严格的程序逐步建立起公司的董事会、监事会和内部经营管理机构，使之比一般国有企业更加严谨和规范。

通过对国有独资公司产权特点的分析，吴宣恭进一步分析国有独资公司的积极作用及发展前景，主张不应片面否定国有独资公司，而应继续实行多种实现形式，让它们在市场竞争中优胜劣汰，同时提出应从"建立和完善企业的治理结构入手，解决国有独资公司存在的问题与不足"①。吴宣恭从产权角度辩证地看待了国有独资公司的作用与意义，不仅纠正了理论界认为国有独资公司没意义的片面看法，揭露部分省份收缩或制止国有独资公司的错误做法，充分肯定了国有独资公司对于整体国民经济的积极作用，肯定国家对一些重要领域实施垄断性行为的正确做法，而且对完善国有独资公司提出了创新性见解，这些见解助推了国有独资公司的发展，并经受住时间的检验。2015 年国务院下发的《中共中央、国务院关于深化国有企业改革的指导意见》（以下简称《意见》）中将国有企业改革分为商业类和公益类，对商业类，则根据不同领域实行多种实现形式，国有资本可绝对控股、相对控股或参股等；而对于公益类，则可采取国有独资形式，或条件成熟的还可推行投资主体多元或通过购买服务、特许经营、委托代理等方式进行改革。《意见》的颁布再次证明吴宣恭关于国有独资公司经济学术思想的正确。

二、对全民所有制产权关系争议见解的驳斥

理论界对全民所有制的产权关系存在许多争议的观点，吴宣恭始终运用马克思主义的观点、方法予以分析和驳斥。

对认为"只要一群人合在一起拥有财产就算是公有制"观点，吴宣恭以资本主义合伙制或股份制予以反驳。他指出，资本主义社会的合伙制和股份制，从形式上看，所有权虽归一群股东"共同占有"，但从阶级属性上看，资产阶级仍然是为了获得自身最大利益而对劳动者进行剥削和奴役，实质上仍属于资本主义私有制。可见，这种认识是"只看表面现象不分析本质的肤浅看法"②。

对认为"全民所有制的公共所有权是抽象的、虚有的"观点，吴宣恭分析全民所有制产权特点予以质疑。早在 1985 年，他就指出全民所有制与个体所有制、集体所有制的根本区别在于：全民所有制的生产资料是由全体劳动者共同所有，任何一个所有者都能以共同所有者的身份共同参与劳动和管理，平等享受劳动成果，并根据劳动贡献分享劳动报酬。可以说，全民所有制的劳动者既是所有者，也是经营者、劳动者。可见，这种观点是"对全民所有制的实质和作用认识不足

① 吴宣恭. 国有独资公司的产权特点及其改革前景 [J]. 经济纵横，2012（6）：7.
② 吴宣恭. 按产权关系的特征认识所有制的性质 [J]. 高校理论战线，2004（5）：31.

造成的"①。

对认为"只有像农民一样分到土地,资本家占有资本才算是全民所有制'实所有制'"的观点,吴宣恭用时代对经济发展需要予以批评。他指出,高度发展的生产社会化已抛弃了"实所有制"做法,股份制经济的发展也验证了"实所有制"的错误。可以说,"实所有制"的观点是陈旧产权观念的复萌,提出这种观点错在"以小农或早期资产阶级的观念去理解产权关系"②。

对认为"国家尚未成立资产的管理机构,导致全民所有制是'所有权虚置'"的观点,吴宣恭认为这是错把"所有制在管理体制上的问题归结为根本制度的缺陷"③。早在1982年,他就指出,在社会主义全所有制条件下,国家是全体劳动人民的代表,代表行使全体劳动人民共同所有的生产资料所有权。但由于全民所有制经济规模大、数量多、社会化程度高、分工复杂等因素,导致国家无法直接介入经营和管理,只能在保留归属权及主要支配权的前提下,将生产资料内部的部分权利委托给国有企业代表及中央和地方政府的业务部门代表来行使。可以说,全体劳动人民仍拥有生产资料所有权,所有权并无虚置。

对认为"承包制企业没有明确的产权,造成企业的一系列弊病"的认识,吴宣恭分析产权内涵及国家相关法规予以质疑。他指出,根据马克思主义产权理论,产权包含狭义的所有权、占有权、支配权、使用权四种权利,反映财产关系的狭义所有权称归属权,是产权的一部分。而我国《全民所有制工业企业法》也对承包制企业的权利进行明确规定,这些都明确地说明承包制企业拥有自主经营所需的产权,而不是没有明确的权利。可见,提出这种见解"不仅是产权概念的不明晰,而且不符合现代经济发展的趋势和我国实行承包制的实际情况"④。

对认为"国家和承包企业都拥有一部分支配权,而这一权利分界还不够明确"的认识,吴宣恭通过分析三种占有方式予以驳斥。他指出,共主占有是"生产资料属于共同主人所有,但共同所有者(共主)的整体又不直接占有它,而是把它交给主体的一部分去占有"⑤,全民所有制实行所有权与经营权的适当分离便属于这种方式。国家根据实际需要,在掌握归属权和部分支配权的基础上,把占有权、使用权和部分支配权交给企业,主要是通过部分支配权进而对国民经济

---

① 吴宣恭. 承包经营责任制的产权关系和深化改革的方向 [J]. 教学与研究, 1990 (2): 3.

②③ 吴宣恭. 承包经营责任制的产权关系和深化改革的方向 [J]. 教学与研究, 1990 (2): 4.

④ 吴宣恭. 承包经营责任制的产权关系和深化改革的方向 [J]. 教学与研究, 1990 (2): 1.

⑤ 吴宣恭. 三种占有方式和所有权经营权的适当分开 [J]. 中国经济问题, 1985 (5): 13.

进行有计划的领导和调节，这不仅有助于国民经济按社会主义社会发展方向前进，还可以有效地避免企业根据自身利益而自由支配所占有的生产资料，进而导致生产盲目和无政府状态的出现。这也是国家实施所有权和经营权"适当分开"的原因，但不能成为产权分界不清的借口。可见，这种观点错在不该"把不同占有方式混淆了"①。

三、现实影响

（一）从本质上对全民所有制的产权关系进行开拓性的研究

关于全民所有制的产权关系，当时，理论界只是简单地从"两权分离"出发进行分析与研究，如苏东荣和徐兴华把全民所有制的产权关系界定为：全民与国家的产权关系是最终所有权与法律所有权的分离、国家与全民企业的产权关系是法律所有权与经济所有权分离②；张朝尊和殷彬认为全民所有制企业的产权关系是所有权分离为法律所有权和经济所有权③；徐佩华提出全民所有制的产权关系应实行"行政权同全民资产所有权分离""全民资产所有权和使用权分离""财产使用权和日常经营管理权的分离"④；周苏捷（1995）、徐赋祥（1995）以1979年经济体制改革为界，提出全民所有制产权关系分为产权统一型、产权分离型和产权转让型。而吴宣恭则从生产资料所有制中起决定作用的归属权、生产资料所有者的阶级属性、社会地位和范围结构及所有权的存在形式和行使方式等三个方面开拓性地分析和研究了全民所有制的产权关系，从本质上对全民所有制的产权关系进行界定。可见，吴宣恭关于全民所有制产权关系的分析和研究是吴宣恭经济学术思想的重要组成部分，是马克思主义产权理论的发展和延续。

（二）为党和国家推进所有制改革提供了重要的理论依据

所有制是社会的基本经济制度，它对社会的经济、政治制度的基础乃至一个社会的性质起着决定作用。为此，吴宣恭提出研究生产关系及其发展规律离不开生产资料所有制，而要研究所有制关系，核心在于准确界定所有制的性质。要界

---

①　吴宣恭.承包经营责任制的产权关系和深化改革的方向［J］.教学与研究，1990（2）：2.

②　苏东荣，徐兴华.全民所有制产权结构的优化与实现形式的选择［J］.求是学刊，1991（2）：54－55.

③　张朝尊，殷彬.全民所有制企业的产权关系与实现形式［J］.管理世界，1992（2）：154.

④　徐佩华.论全民所有制企业产权制度的改革［J］.江西教育学院学报（综合版），1992（3）：4－6.

定所有制的性质与其所有权关系是分不开的，这一认识与马克思的观点是一致的。马克思曾说："要在生产条件的所有者同直接生产者的直接关系，这种关系的任何形式总是自然地同劳动方式和劳动社会生产力的一定发展阶段相适应当中，为整个社会结构，从而也为主权和依附关系的政治形式，总之，为任何当时的独特的国家形式，找出最深的秘密，找出隐蔽的基础。"① 可见，吴宣恭分析了全民所有制的产权关系，强调"归属权不改变，所有制性质就不会发生改变""全民所有制的所有权具有公共性、平等性、统一性和不可分性"② 等科学论断，明确指出我国正进行的经济体制改革无论从理论上还是在实践中，全民所有制的产权关系一直是清晰明白的，全民所有制生产资料归全体劳动人民共同所有。这些科学的理论为深化国有企业改革提供科学的理论依据，也为党和政府制定决策提供了理论借鉴，对进一步实施多种全民所有制实现形式改革具有重要的理论启示和实践意义。同时对于贯彻落实党的十八届三中全会决定中关于完善产权保护制度、积极发展混合所有制经济、推动现代企业制度的完善及贯彻落实《中共中央、国务院关于深化国有企业改革的指导意见》等都具有重要意义。

第二节　股份公司的产权关系研究

随着经济体制改革的进一步深入，承包制、租赁制、股份制等经济形式作为经济体制改革的形式在调整生产关系，解放生产力的作用逐步突显，尤其是20世纪90年代的"股票热"，更是引起专家学者的关注，一些学者片面地夸大了股份制在市场中的作用，主张股份制是企业改革的目标模式，以解决公有制经济存在的诸多问题。对于长期从事产权理论研究，拥有丰富产权理论知识的吴宣恭则持不同的意见。他运用马克思主义产权理论，精辟地对股份制产权关系进行深入的分析研究。

一、股份公司的产权关系

股份公司是以公司资本作为股份而组成的公司，自股份制改革以来，股份公司的产权关系便成为广大学者的关注和研究的热门话题。一些学者虽对股份公司

① 马克思恩格斯全集（第25卷）[M]. 北京：人民出版社，1974：891–892.
② 吴宣恭. 按产权关系的特征认识所有制的性质 [J]. 高校理论战线，2004（5）：30.

产权关系进行研究，但更多的是围绕股东与股份公司之间的关系进行阐述，如娄峰认为股份公司里的股东会、董事会和经理是不同层次上行使所有权与经营权，是公司内部行为，公司的所有权与经营权是统一而不是分离的。因为同一主体只发生内部职权的划分，两权的分离只发生在不同主体间的租赁关系中①；李明泉认为股份制是由一个社会化的产权主体行使"终极占有"②；李春洪提出股份公司的产权特征是"产权分解为最终所有权和法人所有权，企业产权独立化、法律化""产权载体证券化，资产存在和运动形式二重化""产权对经营权的约束直接化和间接化"③；而刘诗白则认为"股份公司创造了一种企业法人的财产制度，促使了所有权与经营权的最彻底的分离"④；丁建中认为股份制是两权分立而不是两权分离，两权分离说实际似是而非⑤；等等。

对于股份公司的产权关系，吴宣恭有不同的认识。早在 1990 年，他利用美国访学机会，在系统地对一些股份制公司考察研究的基础上，精辟地对股份公司的产权关系进行深入的分析，并准确地揭示股份公司的产权特征。他指出，从整体上看，股份公司拥有的完整而又独立的所有权。这种所有权包括归属权、占有权、支配权、使用权及其运用这些权利所带来的利益；从内部上看，股份公司具有六个方面的特点：一是产权结构的分散性或所有权的可分性。股份公司是分别由不同的股东出资组建而成，股东之间各自拥有属于自己的一部分股权，可以根据自身的利益，进行自由支配和处置，是彼此分立的所有制主体和相互独立的法人。所以，公司的股东不是一个不可分的整体，而是一群随时可能分手、分散或独立的所有者。二是产权份额的不平等性。股份公司按章程发行股票，社会各种自然人都可以根据自己的意愿、手中资产的数量到股票市场购买股票，成为股份公司的股东。为此，公司股东手中股票份额及其享受的权利都会因为股票份额的多寡而不同。三是产权主体构成的不稳定性。股东可凭借投资拥有股权或因利益需要抛售股票，这必然造成股东地位和利益的变化，即要么凭借手中股票成为所有者之一，享有股权；要么因抛售股票，所有权发生转移，股权转到一个或若干个购买者的手中，这些购买者凭借手中股票成为新的股东。但是购买者手中股票份额的数量和构成会因为购买者的数量和身份、地位而有所不同。为此，股份公司的所有者会因股票的买卖而经常变化，并伴随着所有者的数量、股权份额的数

①　娄峰. 股份公司产权新论［J］. 现代法学，1989（5）：29 - 30.
②　李明泉. 关于目前"股份制热"的思考［J］. 山东师大学报（社会科学版），1992（5）：17.
③　李春洪. 股份公司的产权特征与公有制产权制度创新［J］. 广东金融，1993（4）：8 - 10.
④　刘诗白. 再论现代股份公司与企业产权［J］. 经济学家，1993（4）：6.
⑤　丁建中. 股份制"两权分立"说及其对我国股份制规范［J］. 社会科学研究，1993（3）：6.

量及构成的变化。四是所有权和经营权相分离。股份公司具有独立性，股东除参加股东大会讨论公司的重大问题和选举董事会外，一般不直接参与经营管理，而是将经营权交由董事会及董事会聘请的管理人员。股份公司内部采用"所有权和经营权相分离"的形式，不仅有利于股份公司进行经营管理，而且能弥补因股东频繁变化而带来的产权主体不稳。五是财产责任的弱化以及财产责任同经营责任相分离。产权关系实则是财产主体的权力和利益及财产权利限制和财产责任之间的关系，即所谓的产权主体责、权、利关系。在股份制企业里，股东的利益是无限的，只要企业正常运营，赢利再高，股东也有权获得其应得的利益，但一旦企业破产，股东无须承担赔偿的连带责任。所以，股东的财产责任与它的利益是处于不均衡的状态，是有限的。且由于股东可以自由支配股权，可为规避风险或减少损失而抛售股票，导致股东的财产责任是不固定的。此外，吴宣恭还通过比对美国 800 家最大公司总裁，发现董事、经理等经营者所持股权不多，导致股份制企业的财产责任与经营责任高度分离。六是所有者、经营者与劳动者在权力和利益上的分离与对立。公司的财产归股东所有，由董事和董事聘任的管理者经营，公司的利润由劳动者创造。股东想从利润中获得高额的股息；董事、经理们想获得巨额的工资、年金、利润抽成和各种奖励；劳动者因不拥有股票而无权参与公司管理和利润分配，只能通过劳动获得劳动报酬。可见，劳动者的工资与公司利润的大小存在此消彼长的对立关系，所以，股份公司的所有者与劳动者在权力与利益方面是分离和对立的。①

二、运用辩证思维科学地看待股份制改革的利弊

特定的所有制及其结构是一定生产力发展水平的特定形式，也是生产力发展的结果。所有制本身只存在阻碍促进生产力的发展需要。马克思曾说："人们不能自由选择自己的生产力……因为任何生产力都是一种既得的力量，以往的活动的产物。"② 当一种所有制关系和产权制度与生产力发展相适应时，它就成为社会发展的助力，并得到社会的普遍拥护。正如恩格斯所说："当一种生产方式处在自身发展的上升阶段的时候，甚至在和这种生产方式相适应的分配方式里吃了亏的那些人也会热烈欢迎这种生产方式。"③ 股份制正是适应生产力的发展，在

---

① 吴宣恭. 股份公司的产权关系、运行机制和作用 [J]. 中国社会科学，1994（2）：36－38.

② 马克思恩格斯全集（第27卷）[M]. 北京：人民出版社，1972：477.

③ 马克思恩格斯选集（第3卷）[M]. 北京：人民出版社，1972：188.

一定程度上解放生产力，促进经济的发展，尤其是在西方资本主义国家的成功实践，不仅给经济界带来的冲击，而且也给我国全民所有制改革实践带来强烈的冲击。一些专家、学者、管理者片面地夸大股份制的作用，甚至有人认为股份制可以解决市场一切问题，主张把股份制作为企业改革的目标模式。如牛猛认为股份制是比较理想的公众企业形式①；石岩认为股份制是转换企业机制的好形式②；王熙富和汪良忠认为股份制是现代市场经济相适应的企业经营模式③；等等。对于股份制的作用，吴宣恭则持不同的意见，他辩证地看待股份制在经济体制改革中的利弊，认为产权不是平等的，产权实际是建立在私人所有的基础上，正由于产权结构特点决定了股份制存在许多问题，为此应一分为二地看待股份制的积极作用，但也应认识到其消极作用，而不是"一股就灵"。为此，他在分析产权特点的基础上，根据这些产权特点较为全面而深入地分析了股份公司的运行机制和作用，指出股份制可以发挥许多积极的作用，同时又存在许多局限性，也会产生一些弊病。所以，既要充分看到股份制的长处，继续扩大股份制改革试点；同时也要如实地认识到它的短处，以辩证观点看待股份制在社会主义市场经济体制中的地位，做到兴利除弊。这些观点为正在进行的国有企业改革中处理国有产权提供科学的理论依据，具有重要的理论指导意义。党的十五届四中全会明确提出："积极探索公有制的多种有效实现形式。国有资本通过股份制可以吸引和组织更多的社会资本……提高国有经济的控制力、影响力和带动力。"④ 这一决定也再次验证了吴宣恭关于进一步扩大股份制改革试点的前瞻性和科学性。

三、坚持对片面夸大股份制作用进行有针对性的辨析

吴宣恭不仅对股份公司的产权特点、利弊进行深入地阐述，而且对理论上片面夸大股份公司作用的认识进行有针对性辨析与驳斥。

对认为股份制"产权明晰，有较强的产权约束功能……促进企业经营的完善化"的观点，吴宣恭通过分析股份制实际运行机制予以驳斥。他指出，股份制的资金运行实行双轨制，一是具体的资产经营，二是虚拟资本的运行。股权在不同所有者间的转移是通过股票买卖进行的，不管是个别股东还是大量股东抛售股

---

① 牛猛. 关于股份公司及其运作机制 [J]. 郑州纺织工学院学报，1993（2）：73 – 76.
② 石岩. 浅析国有企业试行股份制 [J]. 连云港职业大学学报，1993（3）：19 – 23 + 6.
③ 王熙富，汪良忠. 我国股份制企业运作中的问题与对策 [J]. 广西农村金融研究，1993（11）：8 – 10.
④ 参见《中共中央关于国有企业改革和发展若干重大问题的决定》.

票,都不影响公司的正常运行。同时买卖是双方行为,有买才有卖,买进和卖出在数量上是相等的,这是股市投机的结果,而拥有股权的股东无权参与公司的经营与管理,他只能通过抛售股票的形式来实现自身利益或目的,但无法支配公司进而达到对经营者施加压力的目的。所以,这种观点错在"不了解股份制实际运行机制的说法"①。

对认为股份制"可以解决产权模糊的问题,是阻止国有资产流失的有效途径"的见解,吴宣恭从正反两方面进行反驳。他指出,我国相关法规②对国企产权作了明确规定,认为国企产权模糊是缺乏依据;同时也正因为股份制存在企业股或社团法人股等无法确认是个人、集体、企业还是单位的模糊现象,才造成公共资产的损失。此外,也由于我国改革过程中体制的不完善,才会造成股份制改革过程中出现管理不严、约束机制软化、产权模糊等促成资产流失的短暂现象,也从另一方面证明股份制在抑制资产流失的局限性。

对认为股份制"具有调动职工积极性的作用"的观点,吴宣恭认为是"缺乏实据的"③,他指出,在资本主义社会里,购买本公司股票的劳动者无法通过少量的股票带来的蝇头小利而改变被雇佣和被剥削的地位;反而在社会主义公有制下,执行多劳多得,少劳少得的按劳分配制度却提高劳动者生产积极性。同时,现实中,一些企业的职工热衷于推进股份制改革,不是为了更好地当上企业主人,而是希望通过股份制的改革,从股票中得到股票升值带来的好处。可见不能片面地看待股份制在调动劳动者积极性的作用。

对认为股份制"有利于资金的自由流动,促进资源的合理配置"的观点,吴宣恭从三个方面予以反驳,他指出,一是股份公司是以追求利润为动力机制,出于自身利益的考虑,一般股份公司都会选择产品市场大、投资效率好的行业,在市场的作用下,实现利益的最大化,而一些走上市场,实行自主经营、自负盈亏的国有企业在国家调控下,投资一些产品市场小、投资多、周转慢、利润少的行业,这也弥补股份制企业的不足,并起到合理配置资源的作用;二是双轨制的股份制资金运行机制,股市资金流向高利企业只是股票所有者之间在虚拟资本的重新分配,无法对实际资源进行调节;三是股份制实现短期内筹集大量资金,用于紧缺产品的生产,起到资源合理配置的作用,但前提是通过市场实现供求关系的平衡,一旦供求脱节,造成重复建设和产品过剩,则会产生新一轮的资源配置的

---

① 吴宣恭. 股份公司的产权关系、运行机制和作用 [J]. 中国社会科学, 1994 (2): 43.
② 指《中华人民共和国全民所有制工业企业法》和《全民所有制工业企业转换经营机制条件》。
③ 吴宣恭. 股份公司的产权关系、运行机制和作用 [J]. 中国社会科学, 1994 (2): 45.

不合理。所以，这种错误观点"不符合股份制运行的实际情况"，是"值得商榷的"①。

综上所述，吴宣恭对股份公司产权关系、积极作用及消极作用的分析对进一步加快所有制改革提供科学的理论依据和实践指导，具有重要的理论指导意义。改革开放以来，国有企业的改革经历了几次的尝试，可谓是一波多折。股份制改革尤是如此。1992 年前，一些专家学者受资本主义私有化的影响，把股份制局限在资本主义界限内，认为其是私人财富或是属于私有性质，反对在公有制下实施股份制改革。1992 年后，随着邓小平的南方谈话，把市场经济界定为经济手段，提出市场经济为"社会主义服务，就是社会主义的；为资本主义服务，就是资本主义的"② 的科学论断，让人们进一步地认识了股份制。股份制作为市场经济中的企业组织形式，不仅为西方资本主义经济创造惊人的财富，而且仍活跃在西方经济中。这一现象让人们尤其是一些专家、学者过高地看待股份制的作用，甚至主张作为改革的目标模式。这种极"左"或极右的态度不是科学的治学态度，也不利于改革氛围的营造。吴宣恭在精辟地分析股份公司的产权关系基础上，辩证地分析了股份公司的利弊，一方面提出应继续扩大股份制的改革试点；另一方面又反驳片面夸大所有制作用的错误认识，强调要注意和冷静对待股份制的消极作用，做到兴利除弊，这不仅需要勇气，更需要保持敏锐的分析和洞察力。这也是吴宣恭可贵之处和他对产权理论发展的贡献。

第三节　法人财产权的研究

自 1978 年实施所有制改革以来，无论是实施"承包经营责任制""租赁制"还是实施"扩权让利""利改税"等改革试点，虽在一定程度改善国有企业的经营权，激发企业活力，但仍未探寻到一条合适国有企业改革的出路。直到 1993年，党十四届三中全会"法人所有权"概念的提出，让人们注入了对国有企业革新的改革设想。自此，法人财产权引起了人们的广泛关注，并引起了社会性的大讨论。尤其是在现代企业制度建立过程中，人们对法人财产权的内涵和性质，无论是我国相关经济职能部门还是经济理论界的专家、学者众说纷纭，莫衷一是，已严重地影响我国对现代企业产权关系的理顺与界定，如不加以纠正和澄清，不

---

① 吴宣恭. 股份公司的产权关系、运行机制和作用［J］. 中国社会科学，1994（2）：45－46.
② 邓小平文选（第三卷）［J］. 北京：人民出版社，1993：203.

仅不利于我国对法人财产权内涵的正确定义，而且可能对经济体制改革产生错误的引导，不利于对我国经济体制改革的健康发展。基于此，吴宣恭运用产权理论，结合我国改革实际，深入而全面地分析了不同产权结构下的法人财产权的内涵和外延。

一、法人财产权的内涵

（一）学界中关于法人财产权的不同观点

法人财产权是一个复杂的话题，自它作为一个概念提出以来，人们试图从各种角度进行阐释，也形成各种不同的理论观点。

一是所有权说，如江平认为公司法人拥有公司财产所有权是公司存在、发展的前提，也是公司独享民事权利、承担民事责任的物质基础。股东把财产投入公司，股东只获得股权，而公司则享有所有权[1]；甚至有人主张将法人所有权替代法人财产权概念，认为法人财产权的提出没能将法人财产权属性明确化，反而使其独立性陷入抽象化和模糊化[2]。此外还有人认为是相对所有权[3]、经济所有权[4]、初级所有权或中介所有权[5]、派生所有权[6]、常态所有权[7]、双重所有权[8]。

二是经营权说，如余能斌和李国庆、李玉福等学者认为投资者始终享有公司财产的所有权，无非是将其投入财产的占有、使用、支配、部分收益和处分权向公司让渡，即公司法人财产权实际上是经营权，而非所有权[9]；而梅慎实则把经营权与法人制度相结合，认为经营权是所有权派生的，且同所有权相互独立的一种财产权，而法人制度则是投资者设立的，且同投资者相独立的一种组织形式，

---

[1]　江平. 法人制度论［M］. 北京：中国政治大学出版社，1994：229.

[2]　柴振国等. 企业法人财产权的反思与重构［M］. 北京：法律出版社，2001：54；秦尊文. 试论"法人所有权"对"法人财产权"的废止［J］. 经济前沿，2001（2）.

[3]　佟柔主编. 论国家所有权［M］. 北京：中国政法大学出版社，1997：129.

[4]　赵万一. 论所有权的权能［J］. 法学季刊，1985（2）；安玉超. 法人财产权之定性［J］. 法律适用，1999（3）.

[5]　王炜，蔡忠杰. 试述公司法人财产权制度［J］. 山东法学，1998（3）.

[6]　张悟. 现代企业的产权制度［J］. 渝州大学学报（社会科学版），2001（4）.

[7]　周力. 法人财产权与法人所有权［J］. 山东社会科学，1994（2）.

[8]　王利明. 物权法论［M］. 北京：中国政法大学出版社，1998：505 – 513.

[9]　余能斌，李国庆. 国有企业产权法律性质辨析［J］. 中国法学，1994（5）；李玉福. 论公司（企业）法人财产权——兼论股权作为夫妻共同财产的分割问题［J］. 政法论丛，2000（4）.

将经营权和法人制度两种相结合就是所谓的企业法人财产权①。

三是支配权说，国家体改委在解释国务院颁布的《国有企业财产监督管理条例》（1994）中第二十七条规定时指出"本条例所称财产权，不是归属意义上的所有权，而一种独立的支配权……是一种不完全的物权"②。这一解说，成为许多人提出支配权的理论依据，如唐未兵、宋芳芳等学者就认为公司法人财产权不是法人所有权或经营权，而是公司法人对股东投资形成公司财产的支配权，是一种物权③。

四是占有权说，如江平认为国家是全民财产的所有者，企业只是享有具有独立物权性质的占有权，据此可自主支配一定的全民财产④；彭万林认为在民法理论上占有权，强调其指物之占有者根据占有这一事实而依法享有的一种权利⑤；甚至孙春伟、方明月、迟清涟等人把法人财产权解释为持有权，认为公司应归财产投资者所有，公司法人只能享有持有权⑥。

除以上几种理论学说外，还存在许多理论观点，如汤黎红和郭卫华采用西方广泛认可的信托关系学说这一观点⑦；杨紫烜、程宗璋等人提出的公司法人财产权实际是由公司法人享有所有权，股东同时又按份共有的观点⑧；于玉林等人提出的公司法人财产权实际是股东拥有财产所有权，只不过是委托公司董事、公司经理等人代表经营和管理，即整个公司是一种委托代理关系⑨。以上观点限于篇幅，不再详细列举。

（二）吴宣恭关于法人财产权的理论观点

对于理论界法人财产权形成的不同理论观点，吴宣恭进行梳理和汇总，发现

---

① 梅慎实 . 现代公司治理结构规范运作论（修订版）[M]. 中国法制出版社，2002：162.

② 国家体改委政策法规司编 . 国有企业监督管理条例释义 [M]. 北京：企业管理出版社，1988：205.

③ 唐未兵 . 论国有企业确立法人财产权的问题与出路 [J]. 湖南师范大学社会科学学报 .1997（4）；宋芳芳 . 改制企业如何处理好法人财产权与股东权的关系 [J]. 企业天地 .2002（5）.

④ 江平等 . 国家与国营企业之间的财产关系应是所有者和占有者的关系 [J]. 法学研究，1980（4）.

⑤ 彭万林主编 . 民法学 [M]. 北京：中国政法大学出版社，1997：454.

⑥ 孙春伟，方明月 . 法人财产权探析 [J]. 法学与实践，1997（1）；孙春伟，迟清涟 . 法人财产权是持有权，不是所有权 [J]. 黑龙江社会科学，1997（1）.

⑦ 汤黎红，郭卫华 . 运用信托法律制度推进大型企业所有权和经营权的适当分离 [J]. 政法丛刊，1988（3）.

⑧ 杨紫烜 . 论公司财产权和股东财产权的性质 [J]. 中国法学，1996（2）；程宗璋 . 公司法人财产权与股权的比较研究 [J]. 南通师范学院学报（哲学科学版）.2002（2）.

⑨ 于玉林 . 法人财产权关系刍议 [J]. 现代财经，1994（5）.

对法人财产权的内涵的说法虽五花八门，但都源于"四权"：所有权、占有权、支配权、经营权。他认为之所以理论界对法人财产权存在这么多的争论，难成共识，关键是其边界不清所造成的，为此，他从法人财产权产生的源头出发，科学地界定其内涵。他指出，产权是财产权利的简称，它拥有丰富的内容，是一个复杂的体系，不仅可以是完整的产权体系，也可以是一组或一束产权或某一项权利，为此，在不同条件下，产权边界不同，其形成的内涵也各不相同。法人财产权作为产权的一种，也是如此。公司法人作为依法成立并能以自己的财产行使权利和义务的组织，其享有的产权便是法人财产权。而符合法律规定成立的组织，如承包、租赁制企业、股份有限公司、独资公司等都可以成为法人，这些法人享有的财产权利，都可称为法人财产权。但如果从这些性质和形式均不相同的产权结构去认识法人财产权的内涵，是无法准确掌握其科学内涵，应以人们争论的焦点：国有经济改革过程中产生的公司制企业作为对象去研究，这类企业的法人财产权即公司财产权进行研究。正是抓住这一关键，吴宣恭准确地分析不同产权结构下法人财产权的内涵和外延，科学论证公司财产权是"包括所有权和收益权在内的完整的财产权利"①。

二、在质疑中论证公司财产权内涵与实质

对于理论界存在的诸多理论见解，吴宣恭逐一进行理论评析，旗帜鲜明地对一些错误的观点进行分析、评判，并在质疑中进一步论证了公司财产权的内涵和实质。

对认为"法人财产权是由出资人赋予企业的、对企业经营管理的财产的实际支配权"的观点，吴宣恭从三个方面予以评析。他指出，这种观点存在三重误解，一是混淆了自物权和他物权，公司财产是由出资人投资形成，是一种投资关系而非借贷或租赁关系，公司的权利是建立在自己所有物的基础上，《公司法》中也明确对出资者和公司财产进行界定，表明公司和出资者各有独立财产，是不同所有者。所以，公司财产权是对自己所有财产的一种权利，这种权利不是股东让渡或股东保留所有权，公司只享有支配权，而是一种自物权。二是混淆了不同产权关系，在国家所有制中，国家与承包、租赁制企业之间实行的是国家、企业间所有权与经营权相分离，是一种企业外部的分离；而对于公司制企业，由于股份公司的特点，股东不参与公司的管理，股东与管理者之间的产权关系不是股东

① 吴宣恭. 论法人财产权［J］. 中国社会科学，1995（2）：30.

与公司的关系，是公司内部的产权关系。与国家所有制企业不同的是，所有权与经营权的分离是公司内部产权关系的分离，而不是企业外部的分离。所以，这种观点"分不清股东和经营管理人员之间产权的可分性以及公司产权的统一性"①。三是缩小了法人财产权的内涵，任何所有者权利的让渡是有限的，尤其是归属权。因为归属权是"四权"的基础，起决定作用，一旦将归属权让渡，财产所有者将发生变化。公司性的企业与承包制、租赁制的企业不同，公司性企业拥有对自己财产的权利。为此，把公司制法人财产权看成让渡的支配权，必然缩小了其应有的内涵。

评析了"财产权是包括占用、使用、收益和处分等在内的独立支配权"观点，认为这一错误认识是"在产权基本概念上存在一些模糊和混乱"② 所致。吴宣恭指出，这一认识存在三个方面的错误，一是错解支配权内涵。把公司财产权看成包括占用、使用、处分等权利在内的支配权，不仅把两个相同内涵的支配权和处分权看作两种权利，而且把本属于同一层次的权利说成是整体与局部的关系，即把占有权、使用权看成是支配权的组成部分，这是对支配权内涵的错误认识。二是缩小了法人财产权的权利。公司制企业与承包制企业的财产权利相比，承包制企业的财产权利包含占有权、使用权和部分支配权，而公司财产权如果只是支配处，显然比承包制企业的权利还小。所以，这种提法是没有搞清支配权的真正内涵。三是等同于《民法通则》中关于所有权的定义。在国家《民法通则》中第七十一条明确规定："财产所有权是指所有人依法对自己的财产享有占有、使用、收益和处分的权利"，可见，这种提法错把支配权定义为所有权。

评析了"企业法人财产权即经营权是由所有权派生出来的财产权"的观点，认为这种观点是"含糊和不准确的"③。吴宣恭指出，这种提法存在三个方面的错误：一是混同国家所有制企业与股份制企业。对国有所有制企业而言，国家把部分资产交给企业去经营管理，授予企业的是企业的经营权。这种提法对国有企业来说，是正确的，但对于股份制企业来说，就不准确。股份制企业虽由国家出资，但并不属于国家所有制，国家只是公司的股东，享有股东的权利，国家与企业不再是所有者与经营者之间的关系。为此，错误之一在于混淆了分析对象。二是违背了党和国家的相关规定。根据党的十四届三中全会《中共中央关于建立社

---

① 吴宣恭．论法人财产权［J］．中国社会科学，1995（2）：30.
② 吴宣恭．论法人财产权［J］．中国社会科学，1995（2）：31.
③ 吴宣恭．论法人财产权［J］．中国社会科学，1995（2）：32.

会主义市场经济体制若干问题的决定》（以下简称《决定》）、《企业法》、《公司法》、《企业转换经营机制条例》等相关规定，中央已对国有企业及公司制企业中的产权性质及其结构做出了明确的规定，这种提法显然与其相悖。三是不符公司产权结构特点。由于企业自成立之日起便是法人并依法拥有全部财产的权利，可见，企业法人财产权不是所有权派生出来，而是依据法律自行取得的。国家投资建成企业时，法人拥有公司财产权与国家这一股东拥有股权是同时发生，不存在先后问题。

对"否认公司财产权是完整财产所有权，认为所有权是绝对排他物权，'一物一主'的原则使公司或股东只能其一拥有所有权"的见解，吴宣恭予以反驳。他指出，公司制企业法人不同于国有企业的法人。公司制企业一旦建立，投资人和公司法人在财产实体上是完全分离的，是两个相互独立、彼此分开的所有者，在法律上也各具独立地位。所以，公司的经营与股东没有直接关系，完全由公司自行决定和承担风险。在市场经济中，公司制企业以公司作为产权主体身份出现并发生相互关系，公司和股东的关系如同公司同其他企业的关系一样，都属于不同的商品所有者。但由于公司是由投资人投资组建的，与股东也存在密切的联系。在公司内部，股东拥有按投入公司的资本额享有所有者的权利。公司与股东的关系是公司作为独立于股东之外的法人在外部关系中拥有包括所有权在内的全部财产权，公司是公司制下产权关系的界定，股东是公司制企业内的产权关系的界定，所以，公司制企业法人拥有包括归属意义的所有权也遵循"一物一权"的法律原则，也未否定或取消股东对其投资的所有权。

通过对理论界关于公司财产权内涵错误观点的评析，吴宣恭从公司制企业法人具有哪些财产权利，属于什么性质的角度准确论述了公司财产权内涵，明确提出"公司财产权是拥有完整意义的所有权"①。他指出，党的十四届三中全会通过的《决定》及《公司法》虽没对公司财产权内涵做出明确的界定，但《决定》对公司制企业都明确指出是"拥有包括国家在内的出资者投资形成的全部法人财产权"，《公司法》第四条、第五条也明确指出"公司享有由股东投资形成的全部法人财产权""公司以其全部法人财产，依法自主经营，自负盈亏"。这两个文件已对公司制企业法人拥有的财产权范围进行了明确界定，强调了企业法人拥有的是财产权的全部，这表明公司制企业法人拥有的是包括一切的完整的财产权利，即"能够行使包括归属、占有、支配和使用在内的各项权能并且得到相应的收益"②。

---

①② 吴宣恭．公司制企业法人财产权的内涵和实质 [J]．中国经济问题，1994（6）：2．

此外，吴宣恭在论述法人财产权与完整所有权关系的基础上，还进一步对理论界关于法人财产权与收益权之间错误认识展开批判。他指出，把收益权当作法人财产权与收益权的区别点或认为公司制法人财产权不包含收益权，都是不正确的。任何一项具体的产权，在一定的约束下，都包含一定的权能及其相应带来的利益。同时，利益的权利同产权主体的权能一样，也能进行分离。如产业资本家可以通过经营所租赁的工厂，有权获得产业利润；承包制的国有企业，除拥有自主经营权利外，也获得国家赋予权利所带来相应的经济利益。而公司制法人不仅是企业财产所有权的拥有者，能够自主经营，自负盈亏，而且能够全权处理或使用经营企业所带来的全部经济利益。所以，公司制的法人财产权是所有权与经营权的统一，并享有全部的收益权，即公司法人财产权是"包括所有权和收益权在内的完整的财产权利"①。

三、现实影响

（一）在理论界形成较大的反响

自 1993 年党的十四届三中全会提出"法人所有权"概念以来，学界、理论界对于法人财产权的问题引起人们的广泛关注，并形成一个旷日持久社会性大讨论。以财产权、所有权为检索词在中国知网内进行检索。截至 2014 年 12 月，篇名中含"法人所有权"，或"法人财产权"，或"公司财产权"的文章近 800 篇，仅 1994 年就有 200 多篇，在法人财产权的问题争论上可谓"百花齐放、百家争鸣"。人们从各种不同的角度进行阐释，形成了不同的认识，造成了不同的影响。吴宣恭发表文章《论法人财产权》《公司制企业法人财产权的内涵和实质》，从根源上阐释了法人财产权的内涵。这一文章的发表，得到理论界的广泛认可，在知网中下载次数达 489 人次，被引达 46 人次，均排在知网下载和被引的首位。

（二）澄清了错误认识，科学界定了法人财产权的内涵

法人财产权概念的提出是在党的十四届三中全会通过的《决定》和 1993 年 12 月 29 日通过的《公司法》中。但这两份文件并没有对法人财产权做出具体的规定，这也给经济理论界学者一定的研究空间，也产生了许多错误观点。吴宣恭在长期深入研究马克思主义产权理论的基础上，秉承批判的精神，运用丰富的产

① 吴宣恭．论法人财产权［J］．中国社会科学，1995（2）：30．

权理论知识，结合我国改革实际，从根源上对不同产权结构下法人财产权的内涵和外延进行深入而全面的分析，准确地阐明了公司财产权是"包括所有权和收益权在内的完整的财产权利"，并就维护法人财产权，发挥其作用提出科学建议。这些观点澄清了对法人财产权的一些错误认识，准确界定了法人财产权的内涵，为人们认识不同公司制企业中的产权关系提供了理论依据。

（三）维护了企业权益，有利于指导企业制度改革

我国企业制度改革经历了扩权让利、"两权分离"和现代企业制度的过程，公司制企业的产权关系已发生了巨大变化，变成和国家完全分离且独立的所有者，完全独立于全民所有制企业之外。如果一味地将我国过去的经济体制改革认为只是扩权让利；或者仍然以为我国法人财产权只是经营权或占有权的虚幻，以作为改革企业制度，转换企业经营机制的依据，必然使我国企业制度改革陷入误区，如可能会错将国家认定为公司制企业的所有者，导致政府相关职能部门以所有者自居而横加干涉企业经营与决策，造成新一轮政企不分。可见，吴宣恭对于法人财产权内涵和性质的准确界定，明确肯定了公司制企业在市场上的独立自主地位，不仅有力地维护企业权益，而且为公司制企业产权制度改革提供了理论依据，对指导现代企业制度建设具有重要的启发意义。

第四节　中小企业产权关系的研究

《关于鼓励和促进中小企业发展的若干政策意见》（以下简称《意见》）是改革开放以来国家制定的第一个支持和鼓励中小企业发展的文件，极大地促进了中小企业的快速发展。对于这一政策文件，吴宣恭虽持肯定态度，但他认为《意见》只是从改善外部条件来促进中心企业的发展，主张必须完善企业内部的产权设置，才能从根本上对中小企业的长期发展问题进行解决。这些创新性见解既为政府部门深化中小企业改革提供理论依据和实践指导，也为企业长期发展指明方向，这在后来的中小企业改革实践中得到广泛印证。

一、运用辩证思维辨析家庭式企业产权结构的利弊

家庭式企业主拥有企业资产所有权和经营权是利还是弊，理论界各持己见。普遍认为两权结合是一种传统的、过时的产权制度模式，应加以改变，也必然被

现代企业制度所取代；也有人认为是利大于弊，因为两权结合可达到效率最大化，是最好模式。如张华、顾颖①等。吴宣恭对中小企业产权制度进行比较分析，尤其是对比分析了家族私有企业产权制度的特点，辩证地看待中小企业的产权结构在企业发展中的影响。他指出，家庭式企业主拥有企业资产所有权和经营权的产权特点，虽给企业经营管理带来一定的优势，如"决策快捷，管理方便""便于控制企业""容易处理企业内部的交易关系，节省交易费用""减少代理风险，有利于维护所有者权益""易于保护企业秘密"等；但也带来一定的弊端，如"资金不足，人才短缺、技术落后、信息不畅""决策易失误""规章制度不完善""经营和销售模式落后""暗箱操作，缺乏社会监督……冲击市场，扰乱金融秩序，逃避国家税收，不利于社会和国家利益"②等。这一产权特点仅适合私人企业的发展初期，随着社会经济条件发展变化后，将无法得到进一步发展，应调整企业内部产权结构，以适应发展需要。

二、用质疑眼光追根溯源私营企业发展困境的原因

中小企业的蓬勃发展在国民经济中地位的日益凸显，吸引一批学者关注中小企业的发展。尤其在面对私营企业发展困境，理论界纷纷展开研究，以期突破企业发展瓶颈。当时造成私营企业发展困难的原因很多，但理论界更多地认为主要是"政府支持不力及市场环境不利""歧视性政策导致信贷融资不利"和"技术落后造成的竞争力不足"等因素造成私营企业的发展困境。这些原因分析在一定程度上抓住私营企业发展困境的原因所在，但他们主要是从企业外部环境予以分析，虽是主因，但不是最根本的原因所在，无法从根本上解决私营企业的长远发展问题。吴宣恭正是清晰地看到了这一点，他质疑了理论界提出的发展困境原因，并通过分析、对比，提出私营企业拥有所有权与经营权的产权结构才是导致私营经济发展困难的最根本原因。他指出，政府对企业的支持只能从政策这一外在条件加强服务与指导，而无法包办一切；市场愈是完善，市场规律作用越大，企业只能依靠自身实力取胜；而对于银行来说，自主经营的商业银行，注重的是借贷的安全性和资金的利润率，缺乏足够偿还保证的企业，不论是私营企业还是

---

① 参见张华，王晓芳. 中小企业与家族式产权制度 [J]. 甘肃社会科学，2001（6）；顾颖. 私有中小企业产权激励、绩效及其对比分析 [J]. 人文杂志，2002（2）.

② 吴宣恭. 中小企业产权制度的比较与调整 [J]. 厦门大学学报（哲学社会科学版），2001（1）：3，14.

国有企业，都难以取得贷款；而对于技术来说，先进的科学技术需要大量的资金、科技人才和管理人才，这也是私营企业的短板所在。可见，理论界没有掌握私营经济发展困难的根源在于他们没有认识到内因的决定作用。私营企业是由个人或家庭拥有企业资产的所有权和企业的经营管理权这一产权特点才是导致个体私营经济发展存在瓶颈的根源所在，主张对私营企业的产权制度进行改革，从产权关系上根本解决私营经济发展困难问题。

三、对中小企业产权制度调整提出科学设想

一种所有制内部的产权结构并非一成不变，必然随着经济条件的发展变化而不断地变化发展。改革开放以来，我国商品经济虽得到巨大发展，但随着世界经济一体化进程的加快，分工与合作日益紧密，市场竞争越发激烈，中小企业发展已跟不上世界发展步伐。党和国家也充分认识到中小企业的发展困境，在决策上做出调整。如在党的十四届五中全会上强调要"对一般小型国有企业进一步放开放活"①，在"九五"计划和 2010 年远景目标纲要中强调要"搞好大的，放活小的"，并"区别不同情况，采取改组、联合、兼并、股份合作制、租赁、承包经营和出售等形式，加快国有小企业改革步伐。"② 理论界的学者们也围绕中央制定的改革方针，积极对中小企业产权制度改革提出调整建议，如刘永龙提出"股份制或股份合作制的改革形式，将国有中小企业的净资产的全部或部分出售给企业内部全体职工或社会法人及自然人的改革建议"③；陈乃醒提出"股份制是国有小企业的改革方"④；钱志新认为虽然中小企业产权调整方式有多种，但股份制和股份合作制才是总的方向⑤；巨让平和冯小卫则提出由民营企业取代政府在中小企业中的产权地位，实施私有化建议⑥；等等。

不同于理论界以上学者提出的简单建议，吴宣恭不仅对中小企业产权制度改革提出方向性的改革建议，并分门别类地提出操作性强的改革设想。他在比较私营企业与国有中小企业产权特点后，从我国当时经济实际出发，分别不同类型的

① 《正确处理社会主义现代化建设中的若干重大关系》。
② 《中华人民共和国国民经济和社会发展"九五"计划和 2010 年远景目标纲要》。
③ 刘永龙. 国有中小企业产权制度改革的行与思 [J]. 中国改革, 1995 (9): 35.
④ 陈乃醒. 关于中小企业产权改革我见 [J]. 中国工商, 1996 (7): 5.
⑤ 钱志新. 关于中小企业产权制度的改革 [J]. 经济研究参考, 1998 (5): 48.
⑥ 巨让平, 冯小卫. 关于加快国有中小企业民营化进程若干问题的理论思考 [J]. 当代经济科学, 2000 (4): 57.

企业，提出稳健、可操作性的改革方式。他指出，中小企业产权改革不能一蹴而就，要在尊重企业的产权，照顾业主的意见上，分别不同的类型企业采用不同的改革方式，分层推进，分步到位。对家族式私营企业，要逐步实行所有权与经营权分开，促进经营管理水平的提高，如在不改变根本财产制度的条件下，聘用有能力的管理人员，以提高管理水平；或在不取消原有组织和独立地位条件下，在流通领域实现经济合作；或建立企业集团；或建立股份制企业；或进行资产重组、合资嫁接①等方式进行企业内部产权结构调整。对于国有中小企业，也应分别进行改革，如"有些可转让给集体或私人所有，有些可实行各种经营责任制或者'干股制'，有的则建立规范的企业集团或合资企业和股份制企业"②等改革设想。

　　吴宣恭结合我国具体实际，提出的中小企业改革产权制度改革设想，克服了中小企业经营局限，为中小企业发展、壮大创建较为完善的微观基础。同时，吴宣恭稳健的改革设想也符合中央、企业界的改革思路，较好地指导企业内部产权制度的调整，并在日后中小企业改革实践中得到广泛的印证。此外，这些分门别类的改革指导理论，也在理论界形成较大的反响。2001 年他发表的《中小企业产权制度的比较和调整》③ 在知网中下载次数达 226 人次，被引次数达 41 人次，在中小企业产权制度改革领域均排在第一位。可以说，吴宣恭关于"分不同类型企业、采用不同改革方式、逐步递进"的改革思路及产权制度调整建议，既为政府部门深化中小企业改革提供理论依据和实践指导，又为企业的长期发展指明方向，即便是对当下的中小企业改革与发展仍具有十分重要的借鉴意义和启示价值。

---

　　①②　吴宣恭. 中小企业产权制度的比较与调整［J］. 厦门大学学报（哲学社会科学版），2001（1）：17.

　　③　刊载于《厦门大学学报》（哲学社会科学版）2001 年第 1 期。

第五章

以马克思主义产权理论
评析西方现代产权理论

自西方现代产权理论引进以来，便成为我国理论界与学术界追随热点。一些学者甚至认为马克思只有所有制理论，没有产权理论，企图运用西方产权理论来研究我国产权关系和指导我国经济体制改革，使我国在社会主义公有制建立和发展的问题在理论和实践上出现简单化、片面化的倾向，对社会主义经济的发展造成不利的影响。为了让人们对马克思主义产权理论和西方现代产权理论有更为清晰和准确的认识，吴宣恭在深入学习研究马克思主义产权理论、西方现代产权理论的基础上，系统而全面地对这两种产权理论进行分析、比较，指出了西方现代产权理论的优点和不足，提出了一系列理论观点和创新思想，丰富了马克思主义产权经济学。这些研究成果在当时属于学科发展的理论前沿，对深化全民所有制改革、建立现代企业制度都具有重要的理论指导和实践借鉴价值，是发展马克思主义产权理论的一大贡献。

第一节　全面比较马克思主义产权理论
与西方新制度学派的产权理论

一、经济界对两种产权理论的研究情况

（一）产权理论比较研究的背景

20 世纪 90 年代，随着经济体制改革的进一步深入和西方产权理论的引进，

西方产权理论逐渐被我国经济学界所认可和接受，并在经济学界、理论界占据一定的地位，甚至一定程度上影响着我国经济界、理论界和产权制度改革。尤其在科斯、诺斯等人在 20 世纪 90 年代分别荣获诺贝尔经济学奖后，不少学者以 R. 科斯、D. 诺思、A. 阿尔钦、H. 德姆塞茨、O. 威廉姆森、S. 配乔维奇等为代表的西方新制度学派的产权理论为圭臬，认为西方现代产权理论能够解决我国经济体制改革过程中出现的许多问题，甚至主张将西方现代产权理论作为我国经济体制改革的指导思想，以指导我国产权制度的改革。为此，多年来，一讲起产权理论，人们更多的是"言必称科斯"，而无视马克思的产权理论，更别说对马克思和西方产权理论进行对比研究。鉴于经济学界部分学者对马克思主义产权理论的错误认识和对西方产权理论盲目追求，吴宣恭认为在我国深化改革的历史时期，有必要对两种不同产权理论进行全面、系统的比较，分辨其是非优劣，澄清观念，以明确我国产权制度改革指导思想，确保改革不偏离社会主义方向。

（二）对两种产权理论进行比较研究的概况

西方现代产权理论自被人们广泛认识并接受以来，便一直成为理论界与学术界的一个研究热点，也取得了丰硕的研究成果。以中国知网为检索工具，对国内的研究进行检索，截至 2000 年 9 月，篇名中含有"西方产权"或"西方经济学的产权理论""西方企业产权"的文章共有 52 篇，其中含有"现代西方产权理论"或"西方现代产权理论"的文章有 18 篇。从数量来看，从 1996 年起，对西方产权理论的研究达到顶峰，共有 34 篇。从内容上看，对马克思产权理论与西方产权理论进行比较的文章有 15 篇。对西方产权理论研究的主要学者及作品有平新乔和刘伟（1988），左建龙（1990），塞风、段毅才、王如起（1992），刑艳霞、白云（1993）、吴易风（1994；1996），唐末兵、丁冰、何世学和向秋芳、蒋和平和申曙光、郭占恒（1994），方涛、杨斌（1995），范翠红、陈明秀、张春芳、张茂兴、孟耀和何士轩（1996），庞利英、王连平、任晓莉、贾中河（1997），李林、王岩（1998），程恩富和张建伟、黄少安（1999），吴宣恭（1999；2000）等。其中吴宣恭对两种产权理论比较研究较为深入、系统而全面，并形成较为完善的理论体系。

（三）产权理论比较研究内容

经济学界对于两种产权理论比较研究内容主要有：李义平（1993）主要从产权的本质、产生和消亡、私有产权与市场的天然联系、企业与市场的关系三个方面进行了比较研究；张谷（1994）主要从马克思所有权理论和西方产权理论在经济研究方面进行比较研究；于鸿君（1996）主要从产权的定义及产权的起源两个方面进行比较研究；吴易风（1996）从两种产权理论的内容简要地进行研究；陈明秀（1996）主要从产权定义和研究目的对两种理论进行对比；张茂兴（1996）从马克思主义经济学和西方经济学对所有制、所有权、产权三个范畴的不同理解，以及经济范畴适应于经济关系而不断发展变化的角度辨析了所有制、所有权、产权三者的不同；卢现祥（1996）先从马克思的科学方法论、制度分析、历史唯物主义框架对新制度经济学体系形成产生的影响出发，对诺思的制度理论和马克思的理论进行了对比分析；王连平（1997）主要对马克思政治经济学中的财产权利、劳动价值论与产权和财产、利益与产权等产权理论与现代西方产权理论的联系与区别进行了比较和分析；李林（1998）区别了两种产权理论的产权的起源；程恩富（1998）主要从产权的起源与本质、产权的结构、产权的市场环境、产权的变迁和两类产权理论的基本结论等方面比较分析了马克思和西方学者的若干理论；周小亮（1999）主要对比分析了马克思主义经济学和西方产权经济学对产权与效率的不同；黄少安（1999）主要从马克思主义经济学与西方产权经济学的方法论和理论体系进行比较；徐文燕（1999）主要对马克思的制度理论与西方新制度经济学进行比较研究；高晓红（2000）分析、比较了马克思产权理论与西方产权理论，论证了马克思产权理论是我国建立现代企业制度的理论基础；杨瑞龙和陈放鸣从马克思的逻辑起点、产权观体系与西方产权经济学进行比较研究。程恩富（2000）出版专著《当代中国经济理论探索》一书中对马克思产权理论和西方产权理念、马克思企业理论与西方企业理论进行对比研究；而吴宣恭（1999；2000）深入学习、研究马克思主义的产权理论，并对数量庞大的西方产权经济学论著进行收集、学习和研究，在正确领会和充分理解马克思主义产权理论和西方现代产权理论的基础上，准确地对两种产权理论的研究目的和对象、基本方法和技术方法、理论基础、逻辑起点、核心范畴、理论主线、企业起源论、产权结构体系、产权与效率、产权制度变迁、制度选择倾向等方面进行全面而系统地比较和评析；继之又从社会影响与社会实践及对产权关系的社会认识出发，对两种理论进行深入的、有说服力的比较分析。

二、从总体上比较研究了两种产权理论

在对马克思主义与西方现代产权学派的产权理论进行比较研究后，吴宣恭认为这两种产权理论虽在某些地方具有一些相通之处，但由于基本立场、方法的不同，在理论体系、主要观点上存在很大差别甚至对立。他从总体上全面地对两种

理论进行深入的、有说服力的比较分析。

（一）两种产权理论的研究目的与对象

吴宣恭指出，马克思主义产权理论研究对象不像西方产权理论那样，局限于对经济运行层次的具体产权结构进行剖析，而是以根本的产权制度研究为重点，探索社会经济运行规律。所以，马克思主义产权理论研究的目的并非像西方产权理论那样，以维护自由的市场制度，运用产权这一武器，解决市场运行过程中出现的问题，进而促进经济效率的提高；而是为了揭露资本主义私有制的本质和资本主义私有制发生、发展、灭亡规律，为社会主义公有制的建立和发展指明道路。即便是到社会主义社会以后，发展的马克思主义产权理论仍然遵循着完善社会主义经济制度、促进生产力发展及实现全体人民共同富裕这一目的。

（二）两种产权理论的研究方法

吴宣恭将经济学的方法论分为三个层次，"经济学的哲学基础或哲学意义上的方法论""经济学的思维原理和方法"和"经济学的技术性方法"①，并从这三个层次对两种产权理论的基本方法论、构建理论体系的方法及技术性方法进行系统的比较。他指出，辩证唯物主义和历史唯物主义是马克思经济学的基本方法论，在马克思的全部理论中广泛应用。同时，在这一基本方法论的统领下，还运用了系统方法、动态分析法、抽象法、阶级分析法、逻辑与历史相统一法及使用效率比较法。这一系统的方法论体系使马克思主义产权理论比西方现代产权理论更加科学、严密和深刻。以诺斯为代表的西方新制度经济学派高度评价了马克思的方法论体系，认为马克思运用这一方法论体系分析变迁的各种理论是最有说服力的。而西方现代产权理论仍局限于新古典的经济学方法，运用市场的均衡分析法、成本—收益比较法、边际替代法及独具特色并掺进现代博弈论的法学方法。通过对比，吴宣恭认为马克思经济学的方法更丰富，更科学。②

（三）两种产权理论的理论基础

吴宣恭认为科斯提出的交易费用理论构成了西方现代产权理论的理论体系，

---

① 吴宣恭等. 产权理论比较——马克思主义与西方现代产权学派［M］. 北京：经济科学出版社，2000：108－109.

② 吴宣恭等. 产权理论比较——马克思主义与西方现代产权学派［M］. 北京：经济科学出版社，2000：129.

而交易费用理论自身存在着概念模糊、充当成本—收益成本比较工具矛盾重重等严重缺陷，也导致西方产权经济学的科学性受到影响。而马克思是以历史唯物主义为产权理论的理论基础，且邓小平理论对这一基本理论进行坚持、继承和发展，巩固和奠定了我国产权制度改革的理论基础。他指出，历史唯物主义以社会的发展和制度的演变作为分析对象，论述了社会各种制度变化发展的原因、动力、过程及未来趋势，进而形成发展理论。所以，所有制是马克思主义政治经济学的理论基础和主线。相反地，西方现代产权经济学虽然也谈产权，却只涉及具体、枝节的产权关系，恰恰回避最基本的产权制度——所有制。

（四）两种产权理论关于产权制度变革的原因、条件和动力

吴宣恭认为马克思主义产权理论是以生产力与生产关系、经济基础与上层建筑之间的矛盾作为制度变迁的根源，当生产关系不适应生产力发展需要时，必然要破除旧制度，建立新的产权制度，进而带动生产关系变革，所以，社会生产力水平、性质的变化及其发展要求是产权制度演变的最基本条件；即产权制度变革是通过新生产力和反映生产力发展要求的阶级促使的，而非是以人们的意志为转移的。相反地，西方现代产权理论认为产权制度变革不是由于生产力的作用，而是由人们的主观认识和活动造成的。这是因为它是建立在效率分析的基础上，把追求高效率作为制度变迁的动力。为此，西方现代产权理论无法像马克思主义产权理论那样，从宏观上阐述人类社会经济形态的更替和从微观上说明产权制度变革的原因、条件和动力。

（五）两种产权理论对产权制度变迁效果的评价

吴宣恭指出，马克思主义把能否促进生产力发展作为产权制度变迁效果的评价标准，强调人作为最根本生产力，人的全面发展是生产力发展的最高标志。邓小平提出的三个有利于作为马克思主义理论的丰富和发展，是产权制度科学可行的效果衡量标准。西方现代产权理论把能否降低交易费用当作产权制度变迁效果的评价标准。但交易费用既考量个人与政府改变制度的直接费用，又考量包括创新、垄断和不确定性等一系列影响交易因素的交易费用。为此，鉴于交易费用的缺陷，吴宣恭认为以交易费用作为评价标准是含糊难行的。

（六）两种产权理论对产权客体和主体的分析

吴宣恭指出，西方现代产权学派混淆了产权的主体和客体，无视生产者的特点及在再生产过程和价值创造过程中的作用，把生产者看作是无差别的生产要素

所有者，都能凭着生产要素所有者身份取得一定的收入，所以，生产者这一产权主体具有平等的地位和独立的意志，可以按照等价交换原则进行公平交易。在企业里，资本所有者和劳动力所有者便成为普通的契约关系，是无差别的商品买卖契约关系。对于这种认识，马克思早在100多年前就予以批判，认为这是抹杀产权客体差别及主体的阶级性。因为生产资料所有者和劳动力所有者存在着经济地位上的不平等。在资本主义私有制下，劳动者一无所有，只能靠出卖劳动力来维持生计，他们同资本家的契约形式上是平等的。但是劳动者在出卖劳动力后，劳动力的支配权和使用权归资本家所有，可见，资本主义下劳动者实际上是在资本家的监督指挥下劳动，所创造的产品归资本家所有。所以，西方产权理论通过混淆产权主体与客体之间的关系，以达到掩盖资本主义下的剥削关系的目的。可以说这也是西方产权经济学的一大缺陷。

（七）两种产权理论关于产权结构和体系

吴宣恭认为马克思主义产权理论不仅论述了各种社会经济形态下根本产权制度，而且分析研究了由此演变而来的各种产权制度及其组合、细分成的各种产权，将其作为完整系统分析各种产权之间的相互关系及其发展变化，构成了关于社会产权结构、各种所有制内部产权结构的完整理论。中国共产党继承和发展了马克思主义产权理论，创造性地提出了社会主义初级阶段基本经济制度理论、所有权与经营权分离理论、公有制实现形式理论、混合所有制理论、现代企业制度理论、法人财产权理论等切合我国实际的产权制度改革理论，已成为我国产权制度改革的重要指导思想。而西方产权经济学是在所有权已定的条件下形成的基本产权制度理论，其目的是解决外部性或新产生的产权纠纷，并没有涉及根本产权制度及其在整个社会生产关系中的地位，且过多地强调政府和法律的作用，过分地重视意识形态的作用，使其局限于表层分析，带有浓厚的唯心主义色彩。此外，西方产权经济学在体系上仍具有一定的应用价值，如对改善委托代理关系的有益探索、通过保障产权以节省交易费用等特点，适合现代经济发展需要，可供借鉴。

（八）两种产权理论对产权制度的基本评价

吴宣恭指出，西方现代产权学派认为私有产权能实现最优效率。但马克思主义而非简单地评价公有制与私有制，而是秉持科学的态度公正地看待人类社会发展规律。马克思根据生产关系与生产力发展相适应这一规律，充分肯定了私有制代替原始公有制的进步意义和资本主义私有制对生产力的促进作用；同时，又分析研究了生产力与生产社会化高度发展和资本主义生产关系之间的矛盾，及资本主义社会下无产阶级的发展与壮大，为建立社会主义公有制创造了条件，强调社会主义公有制取代资本主义私有制是历史的必然。

（九）两种产权理论的理论影响及社会实践作用

理论是以指导实践为最终目的。马克思主义产权理论与西方现代产权理论由于形成的社会环境和理论内容的不同，对社会实践的作用也不同。吴宣恭指出，西方现代产权理论的理论影响力远大于实践作用，特别对西方经济学及相关学科的理论影响更大，主要体现在两个方面：一方面"为市场自由主义提供更加彻底的理论依据""对新古典经济学的基本假设作了重大补充""强调产权制度的重要作用，拓宽了经济学的研究范围"；另一方面"为新经济史提供重要的理论分析手段"和"为经济法学的研究和经济法的制定提供新的思路"[①]。在西方国家产权制度改革的作用方面，以科斯、威廉姆森、霍奇逊等为代表都承认西方现代产权理论缺乏"可操作性"而难以运用于实践。相反，马克思主义产权理论不仅在理论上产生广泛而深远的影响，而且在实践中也起着重要的指导作用。马克思主义产权理论不仅是马克思主义政治经济学的重要的理论基础和重要组成部分，而且开辟了政治经济学的新纪元和使其他社会学科出现马克思主义的基本方法、理论体系的全新理论。而在社会实践方面，主要体现在对社会主义革命、建立社会主义所有制、社会主义初级阶段产权制度改革等三个方面的重要指导作用：一是"教育群众，组织革命队伍""促进国际共产主义运动，夺取了社会主义革命的伟大胜利"[②]；二是运用马克思主义对未来社会所有制的许多设想，建立了以公有制为主，多种形式并存的经济体制；三是以马克思主义所有制和产权理论的指导，实行改革开放，全面进行所有制结构改革，并取得了巨大的成效。

三、社会各界的理论影响和反应

（一）系统而全面地对两种产权理论进行比较

截至 2014 年，笔者以"产权理论比较""西方产权理论""马克思主义产权

---

① 吴宣恭等. 产权理论比较——马克思主义与西方现代产权学派［M］. 北京：经济科学出版社，2000：395－404.

② 吴宣恭等. 产权理论比较——马克思主义与西方现代产权学派［M］. 北京：经济科学出版社，2000：411.

理论"为检索词，以中国知网（CNKI）和福州地区大学城文献信息资源共享平台为主要检索工具，对国内著作进行普查，发现大多数专家、学者都是从某一个方面对两种产权理论进行剖析和对比，并运用马克思主义产权理论指导实践。只有吴宣恭在 2000 年 9 月出版的专著对两种产权理论进行系统而全面的比较。程恩富（2001）教授对此专著给予高度评价，他指出："尽管笔者在 1997 年出版的《西产产权理论评析》一书中对西方产权理论与马克思产权理论作了总体比较，但《比较》新著的出版，无论是对马克思产权思想的挖掘，还是对现代西方产权学派的分析，或对二者的比较分析，均进行了更为详细的研究。"① 朱光华（2001）也曾指出："本书②的首要特色是它的全面性，填补了以往研究的片面性和不足。"③ 以胡代光为组长的《产权理论比较——马克思主义与西方现代产权学派》专家组评审团对吴宣恭关于两种产权理论的比较也给予高度评价，他们一致认为：《产权理论比较》专著是对马克思主义产权理论和西方现代产权理论的系统比较④。

（二）填补了理论研究的空白，形成巨大反响

吴宣恭以马克思主义者的坚定立场，深厚的理论素养，科学而准确地对两种产权理论的基本问题进行阐述、比较和研究，其所述理论比较内容丰富，思维辩证，填补了我国理论研究的一个空白。仅知网记录，《马克思主义产权理论与西方现代产权理论比较》⑤ 和《马克思主义产权理论与西方现代产权理论的不同》⑥ 下载次数高达 700 多次，被引用达 50 次；《西方现代产权理论的影响和社会实践——从与马克思主义产权理论的比较看》⑦ 和《西方现代产权学派对产权关系社会性质的认识——与马克思主义产权理论比较》⑧ 下载次数均超过 300 次。朱光华教授将吴宣恭等著的《产权理论比较》专著列为其博士生的阅读文献，并指出"本书的全面性、说理性、指导性，使其具有重要的理论价值和实践意义。"⑨

---

① 程思富. 开拓、比较与创新［J］. 经济评论，2001（4）：125.
② 指专著《产权理论比较——马克思主义与西方现代产权学派》。
③⑨ 朱光华. 产权理论比较研究的力作［J］. 福建论坛（经济社会版），2001（5）：72.
④ 吴宣恭等. 产权理论比较——马克思主义与西方现代产权学派［M］. 北京：经济科学出版社，2000：31.
⑤ 刊载于《经济动态》1999 年第 1 期。
⑥ 刊载于《经济研究参考》1999 年第 25 期。
⑦ 刊载于《学术月刊》1999 年第 2 期。
⑧ 刊载于《福建论坛》（经济社会版）2000 年第 9 期。

程恩富教授也认为该专著"属于当前学科的理论前沿"①。以胡代光为组长的专家组评审团一致认为：《产权理论比较》专著"填补了我国理论研究的一个空白，具有重要的理论和实践意义"②。

第二节　西方现代产权经济学基本理论的评析

产权经济学产生于20世纪30年代，80年代中期这一理论体系基本成熟。科斯是产权经济学的奠基人和最重要的代表，他提出交易费用的思想，并将交易费用引入经济学的分析，奠定了产权经济学的基础。可以说交易费用理论是产权经济学的核心内容，产权经济学的所有理论内容都是围绕交易费用理论而建立的。西方产权经济学传入我国后，在我国经济学界、理论界形成广泛的影响。针对我国一些学者偏好以西方现代产权理论来研究解释和指导经济体制改革，吴宣恭深入研究了西方现代产权经济学的形成、发展及其三大主要理论，特别是"交易费用"理论和"科斯定理"，指出西方现代产权理论虽在一定程度上提高西方经济学的解释能力，为一些问题的解决增添新的思路，但仍未能摆脱西方传统经济学的窠臼，依然带有资产阶级理论的许多固有缺陷，既不适合社会主义中国的具体国情，也无法成为改革的基本指导思想。

一、对"交易费用"理论的评析

（一）关于交易费用理论

吴宣恭指出，提出交易费用思想并加以一般化、理论化的是科斯。因为，在资源配置上，没有一个新古典经济学怀疑或从理论上论证过资源配置除市场机制调节外，企业和企业家也起着重要的作用。正是由于新古典理论与现实的实际背离，促使科斯对企业和企业家对资源配置效率一系列问题的研究，并通过对交易和交易费用的分析从理论上解释了"为什么会出现企业、企业的规模由什么因素决定、为什么会出现纵向一体化经济组织、企业在市场经济中起什么作用、市场

---

① 程思富. 开拓、比较与创新 [J]. 经济评论，2001 (4)：125.
② 吴宣恭等. 产权理论比较——马克思主义与西方现代产权学派 [M]. 北京：经济科学出版社，2000：31.

作用与企业和企业家对资源配置作用有什么联系"等问题。可以说,科斯是在研究为什么会出现企业及企业对资源配置效率的影响时提出了交易费用理论。

(二) 关于"交易费用"的理论内容

吴宣恭指出,科斯关于"交易费用"理论的内容主要有三个方面:一是包含交易当事人了解商品价值和质量等方面的获取市场信息费用;二是在交易过程中由于可能产生分歧意见而进行谈判、签订合同等支出的费用,即谈判或签订契约等费用;三是交易双方签订契约后,在履行契约时可能会出现各种矛盾,这需要法律和执法机构通过诉诸法律防止交易双方违反契约,从而保证合同的履行。这一过程的实施所出现的费用,即履行契约的费用。但现代产权经济学派的一些人对"交易费用"的内容也有自己的看法,如尼思・阿罗把包含"搜寻费用""实施费用"和"商议费用"在内的经济制度运行成本界定为交易费用内容;威廉姆森把交易费用分成事先交易费用和事后交易费用;张五常则认为那些在鲁滨孙・克鲁索(一人世界)经济中不能想象的一切成本就是交易成本。①

(三)"交易费用"理论意义与不足

"交易费用"理论的提出具有重要的理论意义,甚至有人认为是一场理论革命。吴宣恭客观评价了这一理论的意义,在肯定的基础上,仍指出其存在的局限性。他指出,《企业的形成》的发表标志着交易费用范畴的创立及交易费用理论的初步形成。可以说科斯对交易费用理论的建立做出了首要贡献。交易费用概念的提出,不仅阐明了企业的起源,而且是一场经济学概念和研究方法的创新。因为它修正了西方经济学的某些假设前提,在一定程度上增强了它的解释力和解决现实问题的能力,是严重脱离实际的西方经济学向现实前进的一步。1960 年,科斯在《社会成本问题》论文中再次运用交易费用这一理论工作对外部侵害问题进行分析,进一步阐述交易费用对产权关系和资源配置影响。这一思想得到众多经济学家的追随,掀起了产权经济学及现代西方对产权的研究运动。可以说,交易费用的提出影响和左右产权经济学的发展。

对于交易费用理论存在缺陷,吴宣恭也准确地进行论述,他指出,交易费用理论存在许多问题,主要表现在五个方面:一是概念空泛,缺乏科学界定的内容,无法准确地进行交易费用实际高低的比较,导致缺乏理论说明能力。二是产权制度决定交易费用水平,交易费用高低又会影响产权制度的选择和调整,这种

---

① 限于篇幅,不详细列举。

循环依赖会形成一个难以解脱的逻辑困境，可能导致这一理论失去应有意义。三是过于绝对化，片面地将组织利弊归结为交易费用的高低。四是用交易费用去说明企业的产生和规模具有许多不合理的地方。例如，首先，交易费用并非企业存在的唯一，因为企业具有生产功能，这是市场没有也无法取代的；其次，即使交易费用为零，市场对企业的存在、发展或倒闭仍具有影响作用。五是用交易费用理论去解释企业的边界也有不科学的地方。因为它不能解释在相同的市场条件下，为什么有的企业能继续扩大规模，而有的企业却要面临倒闭这一现象。根源在于企业的发展规模是多重因素造成，市场交易费用只是其中之一而已。六是交易费用影响企业效率，但不是唯一，它还受生产费用、科技等因素。把交易费用当作唯一，不利于研究节约成本和提高生产效率。

二、对"科斯定理"理论的评析

（一）理论界对科斯定理的界定

"科斯定理"自美国芝加哥大学斯蒂格勒在 1966 年出版的《价格理论》一书中首创以来，在西方经济学界享有盛名，极具影响。一些经济学家围绕科斯定理，从不同立场和不同的角度出发，展开激烈的争论，表述众说纷纭。至此，理论界关于科斯定理的版本有许多有基于《企业的性质》与《社会成本问题》中关于交易费用理论的认识而加以概括，如斯蒂格勒[1]、张军[2]等；有的是在此基础上进行的演绎，如库特[3]、皮尔斯[4]、张五常[5]等；还有认为科斯定理是由一组定理构成的定理组，如黄少安[6]、李仁君[7]、廖运凤[8]、洪名勇[9]。

吴宣恭也赞同把科斯定理看成是由一组定理构成的定理组。但他忠于原著原文，从科斯的《社会成本问题》一文中准确界定科斯定理。他指出，科斯为纠正

---

[1] 斯蒂格勒. 价格理论 [M]. 北京：北京经济学院出版社，1990：125.

[2] 张军. 现代产权经济学 [M]. 上海：上海人民出版社，1994：100.

[3] 伊特韦尔. 新帕尔格雷夫经济学大辞典 [M]. 北京：经济科学出版社，1996.

[4] 皮尔斯：麦克米伦现代经济学词典 [M]. 伦敦：麦克米伦出版公司，1990：67.

[5] 参见张五常的《经济解释》论文。

[6] 黄少安. 产权经济学导论 [M]. 济南：山东人民出版社，1995：299.

[7] 李仁君. 产权界定与资源配置：科斯定理的数理表述 [J]. 南开经济研究，1999（1）：20.

[8] 廖运凤编著. 新制度经济学 [M]. 北京：知识产权出版社，2012：77－79.

[9] 洪名勇. 也从《社会成本问题》说科斯定理——兼与王虎林先生商榷 [J]. 河北经贸大学学报，1996（6）：44.

因外部性引发的资源配置不恰当行为，提出"可以通过明确产权，引入市场机制，由外部应产生者与承受者通过谈判达成协议，进而实现资源的最优配置"的解决办法。可以说科斯定理是科斯在提出这一解决方案时对交易费用、产权制度与经济效率间相互关系的思想。这一定理是由三个方面构成完整的定理组。定理一是"如果价格机制的运行毫无成本，最终的结果是不受法律状况影响的"；定理二是"一旦考虑到进行市场交易的成本……合法权利的初始界定会对经济制度运行的效率产生影响"[①]。在此基础上，吴宣恭推导第 3 定理："在交易成本大于零的情况下，产权的清晰界定将有助于降低人们在交易过程中的成本……换而言之……则产权的交易与经济效率的改进就难以展开。"[②] 吴宣恭关于科斯定理的分析得到理论界一些人的认可，如刘秀生主编，廖运凤（2003）等编著的《新制度经济学》书中对科斯第一、第二定理的提法；国彦兵（2006）编著的《新制度经济学》对科斯定理的表述、李明义和段胜辉（2008）编著的《现代产权经济学》书中对科斯第二、第三定理的提法；胡乐明，刘刚（2009）编著的《新制度经济学》书中对科斯第一、第二定理的提法；卢现祥（2012）编著的《新制度经济学》书中对科斯第三定理的提法；袁庆明（2012）编著的《新制度经济学》书中对科斯第一、第二定理的提法等，都认可或采用这一分析。

（二）关于科斯定理的意义及局限的评析

吴宣恭肯定了科斯定理的积极意义，认为科斯在《社会成本问题》中表述的有关交易费用、产权关系和资源配置效率相互关系的观点被荣称为"科斯定理"，是交易费用思想的理论化，对西方经济学的研究做出了开创性的贡献，标志着产权经济学的形成。[③] 他指出，科斯定理有两点意义，一是它否定以庇古为代表的关于以国家干预替代失灵的市场机制，促使社会资源达到最佳配置。首先，否定了国家干预的主张，强调即使存在外部效应，国家干预对一般经济情况是多余的；其次，扩大了斯密原理的作用范围，即把市场机制的调节领域扩大到外部效应存在时的经济情况。也正是基于此点，不仅让他得到新自由主义的认可，也使他荣登上诺贝尔奖。二是阐明了产权明晰化对经济体系的运行及资源最佳配置的重要作用，即在交易费用大于 0 的情况下，产权界定对资源配置效率起着重要

---

① 科斯. 社会成本问题［M］//企业、市场与法律. 上海：上海三联书店，1990：77、83、92.

② 吴宣恭等. 产权理论比较——马克思主义与西方现代产权学派［M］. 北京：经济科学出版社，2000：373.

③ 吴宣恭等. 产权理论比较——马克思主义与西方现代产权学派［M］. 北京：经济科学出版社，2000（9）：79.

作用。

吴宣恭虽赞同西方现代产权学派产权制度对资源配置效率作用的分析，但保留自己不同的意见。他指出，科斯理论存在一定的缺陷。一是对合理的产权制度界定不正确。科斯把合理的产权制度看成财产制度，缘由在于私有财产制度具有激励个人动力的作用。这种观点是违背历史唯物主义所揭示的社会发展规律。二是完全排斥政府作用也不正确。因为法律的执行需要国家的强力保障，才能有效地执行。三是新古典经济学是以资本主义私有制为既定前提，清晰的产权界定是其内容之一，所以无法摆脱新古典经济学的局限，仍旧不能解决外部性问题。四是清晰的产权界定也需成本，从社会效益考察角度来看，并不是资源配置的最佳方式。如科斯所举公司和农户的纠纷，可能要经过多次的诉讼方能解决问题。这一过程所耗费的成本，从社会效益的角度来看，可能不值得。

三、现实影响

（一）始终坚持马克思主义方法论评析交易费用理论和科斯定理

唯物辩证法认为任何事物、现象、过程都由于其自身的矛盾表现可分为对立和统一。毛泽东曾明确指出，"一分为二，这是个普遍的现象，这就是辩证法"①。辩证地分析西方现代产权理论的核心范畴，充分体现吴宣恭作为一名坚定的马克思主义工作者思维方式。

对于交易费用理论，吴宣恭指出，交易费用理论有它的理论价值，但交易费用理论仍然存在诸多不足与缺陷，甚至有些观点还是错误的②；对于科斯定理，吴宣恭指出，"关于科斯定理的正确性和应用价值问题，比较客观的看法是：它有一定的借鉴价值，但不可盲目推崇"③。同时，吴宣恭列举了交易费用理论和科斯定理的理论价值及其存在的局限性。吴宣恭辩证地评析交易费用理论和科斯定理，有助于人们正确地认识交易费用理论与科斯定理的理论贡献，从而更好地借鉴和运用交易费用理论和科斯定理指导我国经济体制改革，为建立现代企业制度寻求最佳的改革途径。

---

① 毛泽东文集（第七卷）［M］，北京：人民出版社，1999：332.

② 吴宣恭等. 产权理论比较——马克思主义与西方现代产权学派［M］. 北京：经济科学出版社，2000，（9）：350.

③ 吴宣恭等. 产权理论比较——马克思主义与西方现代产权学派［M］. 北京：经济科学出版社，2000，（9）：383.

（二）始终坚持原著原文分析交易费用理论和科斯定理

交易费用理论和科斯定理作为西方现代产权理论的核心范畴，西方现代产权经济学家的代表人物都从不同的角度进行完善和丰富，如对于交易费用定义，科斯解释为运用市场价格机制的成本，阿罗定义为经济制度操作的成本，威廉姆森认为是经济系统运转所需付出的代价，具有广义和狭义的内涵，库特认为交易成本分为狭义交易成本和广义交易成本，还有张五常、诺思、马修斯等；如对于新古典经济学零交易费用假设的批判，诺思和沃利斯、斯蒂格勒、张五常、戴维斯等新制度经济学家都进行了批评；如对科斯定理，斯蒂格勒、库特、尤伦、舒尔茨、布坎南等西方经济学家都进行了解释；等等。吴宣恭为了使人们对西方现代产权理论有更为准确的认识，始终坚持运用原著原文进行分析和阐述，而不是在集理论界对交易费用理论和科斯定理的介绍和认识的基础上进行阐述，有助于人们能从原著中准确理解交易费用理论和科斯定理的真正内涵，深层次地掌握交易费用理论和科斯定理的历史演变过程。

第三节 对新制度经济学企业理论的评析

兴起于 20 世纪 60 年代的新制度经济学，在 1991 年、1993 年和 2009 年新制度经济学创始人科斯、重要代表人诺思和威廉姆森获得诺贝尔经济学奖后，影响力空前提高。20 世纪 90 年代中后期以来，随着西方新制度经济学产权理论、企业理论、国家理论等内容在我国的进一步引入，国内一些学者运用这些理论对我国市场经济制度的完善、国有企业改革和政府职能转变等众多现实问题展开深入研究。至此，新制度经济学在我国全面传播，并迅速形成学习、研究和讨论的学术热潮，而此时，吴宣恭也投入了对新制度经济学企业理论的评析，并提出了自己的理论观点。

一、多角度批评"企业契约论"

（一）通过阐述企业的功能和本质，批评科斯对企业本质认识的模糊和动摇

吴宣恭通过阐述企业的功能和本质，批评了科斯对企业本质认识的模糊和动

摇。他指出，企业是社会生产力发展到一定阶段的产物，具有不同于市场的特点和功能：第一，按照市场的需要，组织劳动者根据企业主的要求进行生产活动，进而提供一定的劳动产品或服务；第二，剩余价值的创造，以追求最大限度利润为目的；第三，作为市场经济主体，企业拥有权、利、责相统一的产权；第四，能通过行政手段，指挥企业内部分工协作，以提高生产效率。组织生产产品和创造剩余价值是企业最重要的功能和本质，同样是企业同市场的最大不同。以科斯为代表的"企业契约论"的提出者却只强调企业的市场行为，而无视企业生产产品与创造价值的重要功能。科斯把企业的形成看成是"一个契约代替一系列契约"或"一个长期契约代替一些短期契约"[①]，把决定交易费用高低的契约看成企业形成的关键，这种"企业契约论"是无法认清论述企业的本质。这也是科斯对企业本质认识的模糊。在科斯的眼里，企业契约是企业主和其他要素所有者签订的一个长期契约，并通过行政命令指挥执行。同时科斯还表示企业契约与市场契约的区别在于企业契约是劳动力买卖契约。科斯对此做出注释"我心目中的生产要素就是劳动力……雇主和雇员之间的契约""在企业内部，生产要素不同组合中的讨价还价被取消了……使用权利的行政决定的结果"。科斯早期的这些观点虽还有些模糊，未能触及企业与市场的区别在于企业具有生产剩余价值的功能，但科斯的观点仍具有一定的合理成分，在企业内部关系上多少取得一些进展。因为他承认了企业内部的雇佣关系及命令、指挥关系，即企业内部存在权威，雇主对雇员有权指挥，这是科斯的真正贡献所在，与新古典经济学只把企业当成生产函数进行对比，确实迈出了有意义的一步。

（二）通过阐述企业与市场联系与区别，揭示"企业契约论"对企业本质的错误认识

吴宣恭通过阐述企业与市场的联系与区别，揭示阿尔奇安、德姆赛茨、张五常等人的"企业契约论"对企业本质的错误认识。他认为科斯把企业的产生和存在看成是因为降低交易费用的需要，即当企业的交易费用（市场的时，企业就代替市场；而当企业的交易费用）市场的时，则由市场代替企业。这种观点混淆了两者的差别，导致否认资本家对工人的奴役和剥削。吴宣恭指出，市场和企业各具不同的功能与特点，是无法相互替代的。主要表现在六个方面：一是市场具有流通功能，能通过价格机制对社会各种资源的配置进行调节。但由于生产过程是资源形成产品或服务的关键，且市场流通规律（即实行等价交换）促使流通过程

---

① 科斯.社会成本问题［M］//企业、市场与法律.上海：上海三联书店，1990：92.

不能实现价值增值，可见，市场既没有具备生产产品、创造剩余价值的功能，也不能替代企业。同时，企业一旦离开了市场，也不能取得生产所需的生产要素，同样不能通过市场销售产品这一手段进而实现剩余价值创造的目的，即企业同样也不能替代市场。为此，交易费用学派将企业当成市场的替代品，是混淆生产与流通差别，片面夸大了企业内部关系的自由与平等，掩盖企业内部生产过程的剥削关系。二是企业拥有企业产权，能根据自身利益自行决定企业活动，如进行有组织、有计划的生产经营活动，或利用产权的约束、激励功能，去规范劳动者行为和调动劳动者的生产主动性和积极性，是一个独立的经济主体。但市场并非独立的经济主体，而是无数个独立经济主体进行交换活动的场所，这一不足导致市场无法运用权力手段约束或激励任何一个市场主体。同时这一特点也对市场活动的分散、自发、无组织性起决定作用。三是企业等各个经济主体在市场里具有相互平等的地位，既能根据自身意愿进行自由行动，又能按照等价交换原则，根据一定的契约关系进行平等交换。但在企业内部，雇主和被雇用者却存在监督、指挥关系。这一特点决定了企业具有市场不具备的创造剩余价值的功能。这一差别在早期科斯有所意识，但在他的晚期，又后退了，把企业内部关系说成是平等关系。四是企业内部存在监督指挥关系，能根据企业所有者的意志，通过行政手段充分使用所有的重要因素；而市场却是通过价格机制的自发作用调节各种资源的配置。运用各种管理规章制度行使行政手段可避免或减少市场的反复讨价还价和交易纠纷，更具稳定性，使企业比市场更能促进生产要素使用效率的提高。五是市场与企业具有不同的劳动分工。在市场内，各经济主体彼此分工、独立生产，并根据等价交换原则交换劳动产品。即市场内的各经济主体的社会分工必然形成商品交换，而企业却相反，在企业里虽存在劳动分工，但都是在企业主意志支配下进行生产和劳动，其劳动产品归企业主所有。可见企业里不存在商品交换。六是企业和市场虽都是契约的集合体，不同的是市场在契约履行后，市场的使命就结束了，而企业则不然。它借助契约集合各生产要素，这只是企业进行生产的前提，企业有此前提下进行生产以实现创造剩余价值的目的。片面强调契约或只强调契约，必须忽视企业内部的生产产品和创造剩余价值的本质，无法认识和解决生产过程中产生的问题。

（三）坚持对原著原文展开批评，阐明"企业契约论"对企业本质的错误认识

吴宣恭始终坚持对科斯、阿尔奇安和德姆赛茨、张五常等人对"企业契约论"的大量论述展开批评，如对科斯提出企业是"一个长期契约代替一些短期契

约"①，阿尔奇安和德姆赛茨提出的"雇主与雇员之间的长期契约不是这种我们称之为企业组织的本质"，张五常提出的"企业的成长被视为产品市场被要素市场代替"② 等。③ 他认为"科斯的思想矛盾和动摇，勾销了他在企业本质探索中具有前进意义的东西，留给他的后继者的只有内涵和外延都不确定的交易费用概念和以空洞含糊的契约关系去定义企业的'企业契约论'"④；这种后退导致科斯及其后继者滑进资产阶级经济学的通病，否认企业内部雇主对雇员的监督指挥关系，而把本质转移到契约关系上。为此，吴宣恭指出，新制度经济学普遍将企业看作契约的集合体，错误地把以所有权为基础的契约关系当成所有权产生的原因与根据，只强调企业的市场行为，忽视企业最重要的生产产品、创造剩余价值的职能，片面地夸大企业内部关系的自由、平等，也抹杀不同经济主体之间在生产领域的地位差别，既无法科学阐明企业的本质及企业与市场的区别，也不利于正确处理企业内部关系，建立有效的法人治理结构。⑤

二、对以"利益相关者论"为根据的企业产权理论的评析

吴宣恭对以"利益相关者论"为根据的企业产权理论也进行深入地评析，提出了自己的创新性见解，这些见解分别发表于《当代经济研究》《经济学家》等核心期刊，并有一篇文章收录到 2010 年清华大学出版社出版的《企业的社会责任 理论与实践》一书。在这些论著中，吴宣恭指出"利益相关者论"为根据的企业产权理论混淆了不同性质的经济关系、产权主体、产权客体和不同的再生产过程，将处理企业外部关系的市场规律当成规范企业内部产权配置的原则，因而无法正确地阐明企业的产权关系。然而，"利益相关者论"为根据的企业产权理论仍有部分可供借鉴的合理成分，经过正确的理解与分析，仍可为改善企业管理与构建社会主义和谐社会服务。⑥

---

① 科斯. 社会成本问题［M］//企业、市场与法律. 上海：上海三联书店，1990：207.
② 《现代制度经济学》（上册）［M］. 北京：北京大学出版社，2003：119，140.
③ 吴宣恭引证"企业契约论"代表人物大量的相关论述，限于篇幅此处不一一列举。
④ 吴宣恭. "企业契约论"对企业本质的歪曲［J］. 高校理论战线，2005（11）：24.
⑤ 参见：吴宣恭. "企业契约论"对企业本质的歪曲［J］. 高校理论战线，2005（11）；吴宣恭. 关于企业的本质——兼评交易费用学派的企业理论［J］. 经济纵横，2005（11）.
⑥ 参见：吴宣恭. 正确认识利益相关论者的企业产权和社会责任观［J］. 经济学家，2007（11）；吴宣恭. "利益相关者"理论的企业产权和社会责任观评析［J］. 当代经济研究，2008（2）.

（一）　对利益相关者理论提出及积极意义的评析

吴宣恭认为利益相关者理论是美国众多政治家、专家和学者为解决周期性经济危机带来的企业经营困难、劳资矛盾、社会纠纷等社会尖锐问题而提出的经济理论。这一理论的提出具有积极意义。因为在经济全球化的背景下，任何企业都无法孤立存在的，总是与社会的其他组织、群体、个人发生各种各样的联系。为此，与企业发展过程中的利益相关者处理好发展关系，既有利于促进企业竞争力的提高，为企业发展创造更大的空间，也对我国改善企业的经营管理和构建和谐社会主义具有"可资借鉴的积极成分"[①]。他指出，这一理论首先强调企业不仅要对股东负责还要对利益相关者负责，打破了传统的"股东至上"的障碍，让更多利益相关者共享企业创造成果。其次强调不同利益相关者的地位，要求企业必须充分认识利益相关者的重要性，并根据实际尽量满足利益相关者的合理要求，比如雇员是企业内核发展的核心动力，雇员的积极主动性如何将决定着企业的核心竞争力与发展前景；供销协作网络是企业发展的后勤保障，建立长期稳定的供销协作网络有利于企业获得长期、更高的绩效；消费者是企业的"衣食父母"，其满意度最终决定着企业的利益。再次重视弱势地位的利益相关者，以提高企业的社会责任感。当下，社会责任的国际认证已广泛受到重视，道德观念的提倡已逐步变成一种市场标准，甚至提升到法律责任，这也渐渐成为对企业的隐性约束，那种只考虑企业赢利，不顾环境、生态等"弱势"地位的利益相关者，将受到社会的谴责和抛弃。

（二）　阐明以利益相关者理论为根据的企业产权理论的错误

吴宣恭从阐释企业产权关系角度论述以利益相关者论为基础的产权理论是错误的，他指出，企业的利益相关者虽对企业投了资或担风险或有利益，但仅凭这些相关利益关系就判定利益相关者分享企业所有权，是没有法律根据的。第一，因为这一理论依据未能分清利益相关的不同性质的经济关系，如所有者之间与所有者与雇佣劳动者间的关系、股东与企业及银行与企业之间的关系、企业管理层与企业及企业与政府间的关系，简单地以利益相关者的身份必然导致理论的模糊、不规范或不科学；第二，未能区分不同产权主体在再生产过程中的关系，错误地将企业所有权界定为剩余索取权（或剩余控制权），把能够获得剩余的主体

---

① 吴宣恭. 企业社会责任感——从利益相关者的角度来看［M］//企业的社会责任 理论与实践. 北京：清华大学出版社，2010：46.

看成是所有权主体，或混淆了剩余价值生产与支配关系与所创造价值在市场间不同主体间的分配关系，把通过外部环节获得剩余价值的对象看作企业所有权主体，这些都导致片面地将债权人、银行、客户、股东、管理者、雇佣劳动者等与企业利益相关且具有独立权益的对象当成企业所有权主体，这本身就是一种错误；第三，未能分区不同产权客体，笼统把对一些相关企业投资进而有益或影响 A 企业的利益的客体看成是 A 企业所有权之一，必然产生张冠李戴现象，进而搞乱企业产权关系；第四，这一理论错误地把以所有权为基础的契约关系看作所有权产生的依据，把企业当成是利益相关者共同协议组成，企业权利是由股东和利益相关者共同赋予，否定了企业出资者对企业所有权和企业内部产权配置的决定作用，实质是抹杀企业的形成过程，颠倒企业所有权本源关系，歪曲了企业的真正关系；第五，由于企业产权关系的多方面混乱，使得这一理论未能区分不同经济关系的处置原则，错误地将企业外部关系市场规律与原则的处理当成是企业内部产权配置的规范，必然造成企业产权关系的混乱、企业所有权被侵及企业资产的流失；第六，利益相关者概念过于空泛，且缺少科学、准确的界定或计量标准，致使实施困难，即使实施，也极易由于权利边界模糊导致产权矛盾或纠纷，不利财产制度建设，最终导致社会经济制度的破坏。

综上所述，吴宣恭对于新制度经济学企业理论评析，提出了自己许多创新性见解，不仅为建立现代企业制度提供理论依据，而且在理论界、学术界也形成较大反响。仅知网中，《"企业契约论"对企业本质的歪曲》[①] 一文下载达 336 次、《关于企业的本质——兼评交易费用学派的企业理论》[②] 一文下载达 657 次，在"企业契约论"评析中可是排在第一位。而《"利益相关者"理论的企业产权和社会责任观评析》[③] 一文下载高达 666 次、《正确认识利益相关论者的企业产权和社会责任观》[④] 一文下载高达 461 次，在"利益相关者论"评析中均排在前列。可以说，吴宣恭是新制度经济学企业理论评析的佼佼者。

第四节　马克思主义企业产权理论的研究

随着传统计划经济体制下国有企业改革弊端的不断呈现，党和政府、一批批

---

① 刊载于《高校理论战线》2005 年第 11 期。
② 刊载于《经济纵横》2006 年第 1 期。
③ 刊载于《当代经济研究》2008 年第 2 期。
④ 刊载于《经济学家》2007 年第 11 期。

经济专家、学者们为了破解国有企业改革的难题，使国有企业成为市场经济体制下运行高效的微观经济体，积极开展探索与实践。在 20 世纪 80 年代中后期西方新制度经济学研究热潮的影响下，国内一些学者以新制度经济学理论为指导，片面扩大西方产权理论的功能，也影响着我国正在进行的现代产权改革。以吴宣恭为主要代表的马克思主义经济学家，从马克思经典原著出发，以马克思主义的立场、观点和方法为指导，结合我国改革实际，对比分析新制度学派和"利益相关者论"的企业理论，准确阐述了马克思主义的企业产权理论，并进一步分析了法人治理结构，就如何正确处理企业内部关系，搞好企业治理结构提出中肯建议。

一、马克思主义企业产权理论

吴宣恭以资本主义企业作为研究的对象，从企业产权的本源、内容和构成等方面对比分析西方现代企业产权理论，准确阐述了马克思主义企业产权理论。

对于企业内部与外部间的关系，吴宣恭指出，不同于新制度学派的企业产权观，把企业说成一种契约关系，或是契约的集合，认为企业是由不同生产要素的所有者在建立平等契约的基础上进行协作以减少交易费用的一种组织。这种企业产权观从根本上否定了企业内部的雇佣劳动关系，抹杀了企业内部与外部市场的本质关系。而马克思通过流通领域和生产领域的不同功能与特点科学地区分企业内外部之间的关系，明确地阐明企业的本质。马克思认为从企业外部看，企业与其他企业、个体生产者、供应者、消费者，甚至政府之间的关系实质是通过市场形成的平等契约关系，各个主体都是不同所有者，互不隶属，也不存在统一的产权，自由协商、互相竞争而又平等交换是他们相处的原则。而从内部关系来看，则是一种不平等的资本家与雇佣劳动者之间的契约关系。劳动者与资本家通过市场规律，根据自由平等原则将自身劳动力出卖给资本家，后与资本家的生产资料结合，进行生产劳动。在地位上，至劳动者进入企业后，就发生实质性变化。资本家作为劳动者的雇主，因为购买劳动者劳动力，拥有劳动者自身劳动力的支配权、使用权，并通过制定的规章制度、激励措施指挥劳动者生产，进而获得剩余价值；而劳动者因出卖自身劳动力，丧失自身劳动力的使用权和支配权，也丧失获得劳动成果的权利，只能根据资本家的意愿进行生产劳动，创造出劳动产品也只归资本家所有，自身只获得在市场经过竞争出卖劳动力得到看似平等的劳动力价值或价值的工资。[①]

---

①　吴宣恭. 马克思主义的企业产权理论 [J]. 当代经济研究，2006（10）：1 – 3.

对于企业产权的根源与成因，吴宣恭指出，新制度学派将企业所有权当成"剩余索取权"和"剩余控制权"，这一方面将着眼获得企业的剩余及其控制权，而否定企业的归属权，明显缩小所有权内涵。另一方面割裂产权主体权益间的关系，否认剩余价值的获得是资本产权实施的结果；将企业所有权的根源说成是协商的结果，把所有权获得的成因说成为消除偷懒及提高协作效率而自愿转让给监督者，这一理论使得新制度经济学理论背离现实。马克思不同于新制度经济学，他用实证与规范的方法论证了企业的产权关系，阐明了企业产权的结构与成因。马克思主义者在马克思这一理论的基础上进行继承和发展。马克思主义认为企业的功能是生产产品，实质是创造剩余价值。资本家作为企业财产的所有者，在企业产权尚未分离前，拥有企业完整的产权，包括归属权、占有权、支配权、使用权及权能所带来的全部经济利益。即资本家获得剩余价值是实施广义所有权的结果，是企业产权自身发展的辩证法内生的，而不是索求的，更不是所谓的剩余索取权。而企业的劳动者，只是自身劳动力的所有者，与企业的拥有者资本家是两个互不隶属的产权主体，尤其在劳动者出卖自身劳动力后，不仅无法拥有企业财产的权益，而且由于劳动力的出卖，使之与资本家购买的生产要素一道成为资本的能动要素，属于资本家所有，根据资本家意志生产，仅凭劳动力归属权获得劳动力工资外，劳动成果归资本家所有。所以，企业的根源是出资者对企业财产的所有权，即谁投资，谁所有，谁收益。[①]

现代企业尤其是股份公司的出现，企业产权发生了分离与让渡，吴宣恭以股份公司为研究对象对企业的产权关系进行了分析，他指出，即便是现代企业，企业的所有权包含复杂的责、权、利关系，而非仅仅的剩余索取权或剩余控制权，是完整的产权。而企业所有权连同分离出去或派生而来的其他权利是由所有制决定，而非契约不完全或合作博弈形成或交易的产物。[②]

二、企业内部关系与法人治理结构

在党的十四大明确建立社会主义市场经济体制的改革目标后，从 1994 年开始，中央将建立现代企业制度定为国有企业改革的目标模式，其主要内容是将国有企业改革为多元股东持股的有限责任公司或股份有限公司。而党的十五届四中全会提出的法人治理结构引发经济学界的广泛研究。用中国知网（CNKI）检索

---

① 吴宣恭. 马克思主义的企业产权理论［J］. 当代经济研究，2006（10）：3 - 5.
② 吴宣恭. 马克思主义的企业产权理论［J］. 当代经济研究，2006（10）：5 - 6.

工具进行检索，发现有达 1900 多篇篇名含有法人治理结构的文章，这些学者大多以改革实体如公司、企业、银行、信用社等为对象展开对法人治理结构的探索和研究，研究成果虽丰富，但未能抓实质。吴宣恭从企业内部产权关系中揭示企业本质，探索了法人治理机构在股份公司作用，强调产权制度改革对建立现代企业制度的重要性。中国经济体制改革研究会副会长杨启先认为："国有企业改革要获得成功必须解决产权改革问题，因为产权制度是现代企业制度的基础"[①]；党的十六届三中全会也提出要建立归属清晰、权责明确、保护严格、流转顺畅的现代产权制度，这些理论观点再次证明吴宣恭理论认识的科学性与前瞻性。

关于企业法人治理结构的实质，吴宣恭指出，从外部看，股份公司出资者所有权与公司的法人财产权相分离；从内部看，公司内的股东、董事会、监事会、经理人员的责、权、利间的关系通过法人治理结构予以实施：如股东是股份公司的所有者，他通过股东大会行使自己的权益，维护自己的利益，是公司的权力机构，行使对公司的控制权；董事会由股东大会选出，代表全体股东的利益，是公司的最高决策机构，行使公司业务的经营决策权和控制权；监事会作为监督机构，由股东代表和适当比例公司职工构成，行使监督权；经理由董事会聘任，对董事会负责，行使董事会授予的职权；公司职工由公司遵循等价交换的市场基本规律，通过契约关系结成雇佣关系，只领取劳动力工资，在公司内部无权、无利、无责。可见，法人治理结构不仅有利于维护股东的权益，而且有利于处理股东之间、股东与经营者之间的关系，有效地激励和约束经营者。所以，法人治理结构只是经营管理方式的一个具体形式，不仅不会改变股份公司的所有制性质的[②]；而且使股东能有效地激励与约束公司经营者，使之尽力经营管理公司以实现股东利益的最大化。

三、搞好企业治理结构

自我国开始试点国有企业股份制改革以来，我国国有企业改革走过漫长的曲折的过程，也摸索出适合我国国情的改革体制机制。然而在公司制改造的过程中，我国股份制公司甚至是上市公司的法人治理机构仍存在着一些不完善、不规范的情况，仍存在一些弊病，总体效果不尽如人意。根据中央要求，企业传统管理模式要实现现代企业制度的转变，关键是要建立和完善企业法人治理结构。前

---

① 杨启先. 国有企业改革与现代产权制度建设 [J]. 经济与管理研究，2004（2）：3.
② 吴宣恭. 按产权关系的特征认识所有制的性质 [J]. 高校理论战线，2004（5）.

任世界银行行长詹姆斯·沃尔芬森曾指出"对世界经济而言，完善的公司治理和健全的国家治理一样重要。"吴宣恭对搞好企业治理结构也提出中肯的意见，他指出，法人治理结构一要维护股东的权能，确保其意志的实施和利益的实现；二要保证经营者的权力，以激励管理者管好企业，并能根据市场变化，在不伤害相关产权主体权益的前提下，独立经营，自主决策，从而且实现经济效益最大化；三要保证股东对管理者的监管，确保管理者决策与股东利益的一致性，防止内部人控制，以降低代理成本。

综上所述，吴宣恭通过对比新制度学派和"利益相关者论"的企业理论，从企业产权的本源、内容及构成等方面准确地阐述了马克思主义的企业产权理论，指出马克思主义经济学科学地分析了企业的本质和功能，论证了企业产权的结构和成因，产权的分离和让渡，具有逻辑自洽性和很强的现实解释力，能够指导我国产权改革走上正确道路。吴宣恭运用唯物辩证法和对比分析法科学地阐述了马克思的企业产权理论，进一步论证和彰显了马克思主义产权理论的科学性，丰富发展了马克思主义企业产权理论，在经济学界也产生较大的理论反响，其发表的《马克思主义的企业产权理论》一文在知网中多次被人引用和下载，人数高达521人次；与此同时，马克思主义企业产权理论为人们学习、把握企业产权理论提供了正确方法和理论基础，也为我国产权制度改革及建立和完善现代企业产权制度提供了理论依据。可以说，吴宣恭是较早用马克思主义企业产权理论这一概念概括马克思有关企业产权的阐述的马克思主义经济学家。

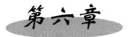

第六章

产权与所有制理论在
经济体制改革中的运用

党的十一届三中全会以来，党中央总结过去 40 余年的经验，重新确立了我国经济建设的指导方针，开始进行经济体制的改革，不仅在农业中实行了家庭联产承包责任制，而且发展各种商品生产的专业户和乡村工业、商业、运输业等各种服务性行业，从根本上改变僵化的高度集中的经济管理体制。在体制改革的直接推动下，生产力得到释放，极大地促进了我国国民经济的蓬勃发展。然而，在经济体制改革过程中，党和国家面临着一系列新情况、新问题，尤其是国有经济改革方向的问题，这促使了我国理论界、学术界的专家、学者纷纷投入经济体制改革的研究。国有经济体制改革问题是吴宣恭自 20 世纪 80 年代初以来一直关注并深入研究的问题，也是其经济学术思想的主要组成部分之一。

理论只有指导实践才能彰显理论魅力，实践只有在理论的指导下，才不会偏离正确的方向。斯大林也说过"离开革命实践的理论是空洞的理论，而不以革命理论为指南的实践是盲目的实践"①。吴宣恭十分重视和尊重实践，他的经济体制改革思想最显著的特征就是实践性。吴宣恭始终坚持把马克思主义所有制与产权理论与中国经济体制改革的具体实践相结合，以其独有的观察力、分析力和判断力，以追求科学真理的大无畏精神，从我国具体国情出发，对国有经济改革进行深入而又超前的理论探索和客观的追踪研究，并先后在一些核心刊物发表近 60 篇有价值的文章，出版《社会主义所有制结构改革》专著一部，提出了许多真知灼见和建议，推动了我国国有经济改革，为经济体制改革的实践研究做出了重要的贡献。实践是检验真理的唯一标准，吴宣恭从 20 世纪 80 年代初以来提出

---

① 斯大林选集（上卷）[M]. 北京：人民出版社，1979：199.

的一系列所有制改革的理论和设想，其基本方面，都经受住改革实践的考验，证明是正确的。可见，研究吴宣恭关于经济体制改革方面的经济学术思想，对于贯彻落实全面深化改革及进一步推进国有经济体制改革具有重要的指导意义。

第一节　产权分离理论在国有经济改革中的运用

经济体制改革伊始，吴宣恭就发表系列文章，创新性地对国有经济改革进行研究，率先主张通过产权分离的方式改革国有经济。这一理论观点的提出，对于当时意识形态领域仍乍暖还寒时，需要极大的理论勇气，充分体现了吴宣恭敢于坚持真理，不唯书、不唯上、只唯实的严谨学术态度，也为解放思想，开拓性地选择国有制改革道路作了理论铺垫。

一、国家所有制的实质

（一）坚持质疑的视角澄清理论界对国家所有制实质的错误认识

经济体制改革以来，理论界、学术界围绕改革热烈讨论的同时，对当时国家所有制是否是社会主义全民所有制展开争论。部分学者否认国家所有制实质是社会主义全民所有制。吴宣恭运用所有制理论对学界内这一理论的错误认识予以质疑和澄清。

对认为"国家所有制未反映社会主义全民所有制的基本特征，其实质不是全民所有制"的观点，吴宣恭持否定意见。他运用历史唯物主义方法论，以马克思主义所有制理论为指导，科学阐述了社会主义全民所有制的基本特征及其"全民所有"所包含的两层含义；并从国家所有制的建立过程和资金来源、生产资料的支配及劳动产品的归属和收益状况等三个方面论述了国家所有制全民所有的实质。通过分析、对比，吴宣恭明确指出，国家所有制的客体已实现全社会的公有化，主体是全体劳动人民，已完全具备全民所有制的基本特征，"实质上属于全民所有制"①。

有些人以"现在的国家所有制还未包括社会的全部生产资料""全体劳动人民还不具有占有权、使用权、支配权、管理权"和"全体劳动人民对劳动成果尚

---

① 吴宣恭. 我国的国家所有制实质上是社会主义全民所有制 [J]. 中国经济问题，1984（2）：4.

不具有相等的分配权、享受权或受益权"为由认为国家所有制不是全民所有制，如李运福认为上述三个理由是统一的，是全民所有制所包含的，而现阶段的国家所有制还不具备三个理由，不能等同，不能将国家所有制说成是全民所有制①；任斌认为国家所有制并不是全民对生产资料的完全的实际的占有，不能把它和全民所有制进行等同②；卢兴认为当前的全民所有制只具备了国家所有制的若干特点，未反映出全民所有制的基本特征，只是社会主义国家所有制③；杨晓云认为如果把国家所有制等同于全民所有制会造成经济理论与经济实践的混乱④等。吴宣恭反对这些理论观点，并从三个方面予以反驳。他指出，第一，所有制的性质并非由生产资料的数量及范围决定，而是生产资料主体的社会属性所决定。客体数量及范围只反映发展状况，人们在生产资料上结成的关系是由所有制主体内涵与外延体现。只要社会的全体劳动人民共同拥有生产资料，就可以判别它是全民所有制性质。为此，那种认为不包括整个社会的生产资料就不能称作社会主义全民所有制的理论观点是犯了方法论上的错误。第二，所有权主体的社会属性决定着所有制内部关系，即使是所有制主体的不同部分之间发生职能分工，所有制性质也不会发生改变。为了调动企业劳动者的积极性，社会主义全民所有制内部主体的不同部分职能发生一定的分工，全体劳动人民代表国家行使生产资料的归属权和基本支配权，直接经营管理的企业行使生产资料的占有权、使用权和部分支配权，这一职能分工只是生产资料内部"四权"不同程度的分离，并不影响它属于全民的基本性质。为此，那种认为国家所有制不能保证全体劳动人民具有等同的占有权、支配权、使用权而否认它是全民所有制，是没有弄清"四权"之间的关系，犯了所有制理论混乱的错误。第三，根据马克思关于按劳分配的论述，劳动成果是国家代表全体劳动人民根据劳动者的根本利益，统筹安排，遵循一定的尺度进行分配的，除了公共消费部分，个人消费品是根据按劳分配原则，多劳多得，不劳不得。农民没有参加国有企业的分配，并非否定他们全民所有制主人的身份，而是由于农民没有参加全民所有制企业的生产劳动。为此，那种认为不同劳动者都能从国有企业得到同等分配权利时才算是全民所有制，是混淆了所有制性质和公平分配原则的不同范畴，其理论前提就是错误的。⑤

---

①　李运福. 关于我国国家所有制问题 [J]. 学术月刊，1979（10）.
②　任斌. 略谈社会主义国家所有制 [J]. 教学与研究，1979（6）.
③　卢兴. 我国现在的"全民所有制"实际上是国家所有制 [J]. 社会科学战线，1980（4）.
④　杨晓云. "国家所有制"能够等同于"全民所有制"吗？[J]. 经济研究，1982（7）.
⑤　吴宣恭. 我国的国家所有制实质上是社会主义全民所有制 [J]. 中国经济问题，1984（2）：4 - 6.

（二）有说服力地提出国家所有制实质是社会主义全民所有制①

在总结、归纳全民所有制内部的所有、占有、支配和使用关系特点的基础上，吴宣恭又从国家所有制的建立过程、生产资料的支配及劳动产品的归属和收益状况等方面进一步分析国家所有制的内部关系，不仅有力地澄清了理论界的错误认识，而且有说服力地引出"我国的国家所有制实质上是社会主义全民所有制"的科学论断。他详细地引用了马克思、恩格斯、列宁关于社会主义所有制基本特征、国家所有制的论述，指出社会主义全民所有制的基本特征是所有制客体已实现全社会范围内的公有化，其主体是全社会的劳动人民。而全民所有至少包含着"它不属于任何剥削阶级……而属于全体劳动人民即整个社会的劳动人民所有""它是全体劳动人民共同所有的'集体财产'或'公共财产'归全体劳动人民的统一整体所有，而不是属于一个个分离的劳动人民所有"两层以上的含义，并详细进行论述。对于国家所有制，吴宣恭指出，第一，从国家所有制的建立及资金来源上看，国家所有制是由代表全体劳动人民的无产阶级专政的社会主义国家通过剥夺资产阶级建立的，其生产资料及劳动产品的共同主人始终是全体劳动人民。第二，从国家所有制的生产资料支配上看，国家所有制具备了全民所有制的基本特征。因为国家在整个社会安排、分配生产资料和劳动力时，全面考虑各个阶层人民的实际需要，兼顾不同地区、不同民族人民的利益，进行有计划的支配。第三，从劳动产品的归属和受益情况上看，国家所有制的劳动产品既不归某个集团所有，也不归某个生产它的国营企业所有，而是代表全体劳动人民的国家依据劳动人民的整体利益，有计划地进行分配和使用，如投入工农业生产，发展农、林、牧业，发展科学、教育、文化、卫生事业等。所以，国家是在全体劳动人民需要的基础上进行分配，充分体现了全民所有制的本质属性。此外，吴宣恭还指出，国家所有制生产资料归全体劳动人民所有是由生产力性质及生产力发展水平决定的。这一点马克思、恩格斯曾多次强调，认为只有所有制状况适应社会化大生产需要及生产资料归全社会共同所有，才能解决资本主义的基本矛盾。而社会化大生产则要求建立属于全体劳动人民共同所有的所有制，实现全社会范围内的统一、共同的管理。只是当下我国还处于国家尚未消亡的历史阶段，全体劳动人民的统一意志和要求需要由代表全体劳动人民的国家来表达，全体劳动人民所掌握的所有权及基本支配权只能由国家来行使，国家所有制也就成为全民所有

---

① 本点阐述的观点均参见：吴宣恭. 我国的国家所有制实质上是社会主义全民所有制 [J]. 中国经济问题，1984（2）.

制的一种存在形式。所以，即使无法将国家所有制完全等同于社会主义全民所有制，但其在本质上是一致的，只不过国家所有制是全民所有制的具体存在形式之一，在实质上仍是全民所有制。

质而言之，吴宣恭关于社会主义全民所有制基本特征及国家所有制的论述是对马克思关于全民所有制和国家所有制思想的准确解读，同马克思、恩格斯、列宁关于全民所有制与国家所有制思想是一脉相承，既澄清了理论界的理论错误，为人们正确学习和掌握国家所有制理论提供了理论基础，又是对马克思主义所有制理论的丰富和发展，为所有制的改革作了理论铺垫。

二、国家所有制产权分离理论

（一）较早地提出国家所有制内部存在不同产权的分离

早在经济体制改革初期，吴宣恭在研究所有制内部的权能、责任和利益时就明确指出，同一种所有制内部的不同所有制主体或主体的不同部分，其职能和作用在所有制关系中也不一样。有时所有制主体的几种职能互不分离，统一归于一个主体发挥作用，有时它们相互分离，相互独立发挥权能。这种情况下，所有，表示生产资料的归属关系。当生产资料所有者将生产资料交由他人占有、使用和支配时，所有者只保留法律承认的物主的权利。但这种法律上或单纯的所有，不仅现实、客观存在，而且还发挥着作用并对人们的经济关系产生直接的影响。即非所有者只有经过所有者同意并为其提供一定的经济利益，才能使用所有者的生产资料进行生产。可见，在所有制关系中，只要归属权不变，即使发生归属权以外所有权的变化，也只是所有制内部不同主体之间或主体的不同部分之间职能的变化，不改变所有制性质。[①]

在认清归属权的本质后，吴宣恭分析了私有制社会所有制主体职能的分离情况，提出"在社会主义公有制条件下，所有制主体的职能也存在分离的可能与必要"[②]。他特别强调国家所有制改革必须"切实承认和保障企业对生产资料的占有、使用权利和利益。具体表现在：应使企业有权根据国家的政策、法令和计划，管理和使用归它占有的生产资料，可以采取各种措施对这些生产资料进行改造、更新，以充分发挥它们的效用；有权进行相对独立的生产经营活动，并以法

---

① 吴宣恭. 生产资料的所有、占有、支配、使用关系［J］. 学术月刊, 1982（6）.

② 吴宣恭. 生产资料的所有、占有、支配、使用关系［J］. 学术月刊, 1982（6）: 29.

人的地位同国家经济机构和其他企业建立经济联系；有权占有和支配一部分由于使用这些生产资料而产生的产品，获得一定的企业经济利益"①。指出在国家掌握（狭义）所有权的条件下，将占有权、使用权和部分支配权（合称经营权）交给企业，既能保证生产资料全民所有的性质不发生变化，又能焕发企业活力，激发企业和职工的积极性，提高国有企业的经营效率。

随后几年，吴宣恭在提出我国所有制改革的建议时，也大量地谈到产权的分离和重组。如 1983 年提出的坚持生产资料全民所有的性质，承认和切实保障企业对生产资料的占有权和使用权的改革建议②；1984 年强调国家行使生产资料所有权与基本支配权，企业行使占有权、使用权及部分支配权，实际就是生产资料四权的发生不同程度的分离，而要调动企业及劳动者的生产积极性就必须允许企业拥有经营权③；1985 年提出自主占有、他主占有和共主占有三种基本的占有方式理论④等。由此可见，吴宣恭是两权分离路径的倡导者和研究者。

（二）科学阐述了历史上占有与所有分离的三种方式及其特点⑤

对于全民所有制内部四权是否能进行分割或分离的问题，理论界存在一些争论，如有人认为四权的分离只有在私有制条件下才会发生，社会主义全民所有制的国家和企业并非不同所有者而是同一所有者，无法发生所有与占有的分离；有人担心把占有权交给企业，会出现宏观失控，导致生产无政府状态；有人反对全民所有制内部存在所有和占有相分离。经济理论界关于"两权分离"的片面观点，吴宣恭认为根源在于对不同占有方式的不了解，并对三种基本占有方式及其特点进行系统而全面的论述。

对不同条件下所有制主体职能和作用的统一、分离或组合，吴宣恭有准确的认识，他指出，人类历史上所有制主体职能与作用的统一、分离、组合具有三种不同的占有方式：第一种是"占有属于自己所有的物质资料"的自主占有方式，其特点是：只有一个所有制主体，所有者同时就是占有者、支配者和使用者；所有制主体职能不发生分离，集中统一在所有者身上；所有者独自享有劳动成果。

① 吴宣恭. 国营企业的经济改革和全民所有制内部关系的调整［J］. 中国经济问题，1983（5）：10.
② 吴宣恭. 国营企业的经济改革和全民所有制内部关系的调整［J］. 中国经济问题，1983（5）：8-14.
③ 吴宣恭. 我国的国家所有制实质上是社会主义全民所有制［J］. 中国经济问题，1984（2）.
④ 吴宣恭. 三种占有方式和所有权经营权的适当分开［J］. 中国经济问题，1985（5）.
⑤ 本点阐述的观点均参见：吴宣恭. 三种占有方式和所有权经营权的适当分开［J］. 中国经济问题，1985（5）.

第二种是"物质资料的所有者自己不占有它，而是通过授权、典押、借贷、租赁等不同方式将其让给他人去占有"的他主占有方式，其特点是：所有者和占有者在经济上相互分离，有不同的利益主体介入；所有者除保留单纯的所有权外，转让了其他权利。占有者取得占有、支配、使用生产资料的权利，并根据拥有的权利依约取得占有和使用所带来的全部经济利益；不同所有制主体的职能发生了分离，并在经济利益上得到体现。第三种是"生产资料属于共同主人所有，但共同所有者的整体却又不直接占有它，而是将它交给主体的某一部分去占有"的共主占有方式，其特点是：在同一所有制内同一主体的不同部分的职能分离；虽存在职能的分离与组合，但共同所有者仍保留生产资料的主要支配权，共同所有者的局部在整体的授权下，享有经营权（即所谓的占有权、使用权和部分支配权），能根据市场实际进行组织生产和经营管理；在相应的基础上，整体利益与局部利益虽存在一定的差别，并通过一定的经济形势进行调剂，但并非"四权"实现形式的相对应存在，而是公有产品在劳动者整体和局部间的不同分配。

吴宣恭在分析三种基本占有方式特点的基础上，进一步提出"四权的分开不是私有制所特有，在公有制中也同样可能存在"的科学认识，将国家所有制产权分离称为"共主占有"方式，指出它与私有制下的"自主占有"和"他主占有"方式的重大区别。吴宣恭关于三种占有方式理论的科学阐述，有力地澄清了理论界的一些错误认识，为选择国家所有制改革道路铺垫理论基础，进一步推进我国国有经济体制的改革。

（三）解决了经济体制改革的一系列理论问题

1978 年 5 月 11 日《光明日报》发表的评论员文章《实践是检验真理的唯一标准》为开端，我国掀起了一场以"解放思想"为基本内容的启蒙运动。在解放思想的影响下，激发理论界学者探寻改革发展的道路。当时如何进行经济体制改革形成两种不同思路：一种是以扩大国营企业经营自主权为主要内容的改革思路。许多经济学家持有类似的观点，如孙冶方、马洪、蒋一苇；二是建立一种完全不同于苏联模式的新经济体制——社会主义的商品经济。持这种观点的经济学家有薛暮桥、杜润生。一些实际工作者和国有企业领导人受第一种思想的影响，开始了改革的探索，四川省率先进行了"扩大企业自主权"的改革。然而扩大企业自主权的体制内改革未能取得成功，反而造成了总需求失控、财政赤字剧增和经济秩序的混乱。在宏观经济发生混乱和改革推进困难的形式下，经济领导部门和经济学界又发生了一场关于改革大方向的新争论。当时主要有两种观点，一种观点认为中国的经济改革应当是"计划取向"，而不是"市场取向"；另一种持不同意见，他们坚持应进行市场取向的改革，前期的困难的产生，只是因为改革的方法不适当。20 世纪 80 年代初期，随着改革研究的日益深入和外国经济发展经验的不断涌入，经济界和学术界对经济体制改革形成了三种体制模式："市场社会主义模式""政府主导的市场经济模式""自由市场经济模式"①。

在全国上下探索经济体制改革的争论氛围中，吴宣恭认为所有制是生产关系的基础，经济体制改革只能从所有制及其内部关系的调整入手。为此，早在 1982 年，吴宣恭就提出"四权的分开不是私有制所特有，在公有制中也同样可能存在"的科学认识。这一认识为新的经济体制改革提供了理论依据和改革思路，并被中央所采纳，为党中央制定"两权分离"和"建立现代企业制度"提供了理论依据，解决了经济体制改革过程中的一系列理论难题。1984 年，党的十二届三中全会明确提出："根据马克思主义的理论和社会主义的实践，所有权同经营权是可以适当分开的"②，为国家与全民所有制企业之间确立了新的关系。1993 年，党的十四届三中全会明确提出："建立产权清晰、权责明确、政企分开、管理科学的现代企业制度。"③ 随后几年，吴宣恭多次地提出产权分离和重组的产权结构理论，为我国所有制改革提出有创见、有价值的意见和建议。实践证明，吴宣恭关于国家所有制的产权分离理论的思想是正确的，是科学的，这一思想也将继续指导党的十八届三中全会做出的全面深化改革。

三、国家所有制改革形式

（一）准确把握国家所有制在产权关系上存在的弊病

在准确把握国家所有制实质及与资本主义国家所有制重大差别的基础上，吴宣恭进一步分析了国家所有制在产权关系上存在的问题。他指出，在经济改革前，国家所有制存在管理体制的弊病，劳动者的地位和作用无论是从国家与企业之间还是从企业内部来看，都没有得到充分的体现。从国家与企业之间的关系来看，企业由国家进行直接经营管理，处于无权状态，不仅无法自主生产与经营，而且创造的收入也都归国家支配；从企业内部来看，劳动者虽是生产资料和生产

---

① 吴敬琏. 中国经济体制改革的演变 ［M］//经济体制改革和股份制实践. 上海：上海社会科学院出版社，2012：16.

② 《中共中央关于经济体制改革的决定》。

③ 《中共中央关于建立社会主义市场经济体制若干问题的决定》。

过程的主人，但很难参与企业的经营决策和日常管理、监督；在劳动成果的分配上，也处于无权状态，加上"平均主义"的泛滥，使得他们的收入与劳动投入不成比例，劳动产品主人的身份在分配领域也未能得以充分体现。这些管理体制的弊病使企业、劳动者生产、经营和管理的积极性得到严重挫伤和抑制，导致企业经济效益与劳动者的劳动效率低下。要克服旧管理体制的弊病，充分调动劳动者主人翁意识和积极性，可在遵循所有权与经营权适当分开的前提下，积极探索国家所有制有效实现形式，改变企业无权状态，让企业获得部分权利，进而改变企业与劳动者无实际利益的局面。

（二）系统分析研究国家所有制的各种改革形式，为国家所有制改革提供积极政策建议

吴宣恭在准确把握国家所有制旧管理体制弊病的基础上，进一步分析了国家所有制的各种改革形式。他指出，承包制与股份制①在产权关系上各有优势。承包制是在国家法律保障下，通过合同形式，在国家所有制内部实现所有权与经营权适当分离的资产经营形式。承包制使国家所有制的产权结构发生根本变化，"企业对国家授予其经营管理的财产拥有占有、使用和依法处分的权利""企业得到实施其经营权利而产生的经济利益，可以自主地支配超出上缴税利以外的企业收入……扩大生产和改善生产条件、增添集体福利""形成对国家和企业双方权力和利益的约束""改变过去责任、权力和利益相脱离的状态，逐步实现产权关系的系统化"②。承包制这一特有产权关系，发挥着显著的积极作用：它明确国家与企业之间的产权，改善了过去产权过于集中这一不合理关系；形成的利益机制，有利于充分调动企业与劳动者的积极性；使企业实现自主经营、自负盈亏，利于企业经营机制转换；利于实施企业内部改革，进而建立科学、严格制度，明确各部门目标，加强了企业管理，促进企业运转效率和经济效益的提高；构成市场经济微观的能动主体，活跃了市场，促进市场经济的繁荣。

承包制与股份制虽克服了旧管理体制的弊病，但在国家与企业的关系及企业内部产权关系上具有明显差别，承包制是国家所有制的一种经营形式，它不改变全民所有制性质；而股份制不仅是一种财产经营形式，且所有制性质发生重大变化，是属于不同的改革思路。对此，吴宣恭认为，在当下阶段，承包经营责任制是一种适用性较强的经营形式与实现形式，仍是大中型全民所有制企业的经营方

---

① 股份制的产权关系在第三章第二节已详细阐述，限于篇幅，此处不再赘述。
② 吴宣恭. 探索全民所有制的有效实现形式［M］//吴宣恭文集·下册，442－443.

式。股份制的呼声虽然很高，但政府、企业、劳动者对实施股份制的出发点不同，在今后实施股份制企业时，应以"实现所有权与经营权相分离，明确企业产权，建立完善经营机制，使企业成为独立经济实体""促使投资主体从国家向企业转化，多渠道筹集资金，用于诸如基础性设施和新兴产业等社会急需而国家又无力承担的产业""在多种所有制条件下，要打破不同所有制与经营形式界限，促进各类企业相互参股、投股、吞并、合并，形成企业集团，实现资金、生产、经营一体化"为主要依据，且考虑当下建立股份公司所要求条件不具备、所耗费社会成本大等因素，应以建立有限责任公司为主。

四、社会主义初级阶段国家所有制结构的发展趋势

马克思指出："无论哪一个社会形态，它在它所能容纳的全部生产力发挥出来以前，是绝不会灭亡的，而新的更高的生产关系，在它存在的物质条件在旧社会的胎胞里成熟以前，是决不会出现的。"① 马克思的社会矛盾运动唯物论明确指出，生产关系适应生产力发展是社会经济制度更替、所有制发展变化和所有制结构变化的根本原因。从新中国成立建立的单一全民所有制到党的十一届三中全会以来突破单一公有制形式再到党的十四届三中全会确立多种所有制经济并存的基本经济制度以来，我国所有制结构发生了巨大变化。而这一变化也正反映了我国所有制结构变化是不以人的意志为转移，是社会经济发展的客观要求，也是我国社会主义初级阶段的客观规律，所以，正确研判我国社会主义初级阶段所有制结构的变动趋势，对指导我国经济体制改革具有重要的理论意义和实践意义。

（一）较早论证了社会主义初级阶段所有制社会结构的发展趋势

1. 理论界的主要研判

理论界一些学者对我国社会主义初级阶段所有制结构的发展变化趋势进行研究，并形成三种主要研判。

（1）认为所有制结构发展趋势必经三个阶段，如陈秀华、梅建明和张智勇认为当前阶段所有制结构的发展趋势必经三个阶段：第一，由单一的所有制向公有制为主体、多种所有制并存的阶段转化；第二，当市场经济趋于比较完善时，公有制与非公有制经济的比重处于相持阶段；第三，当国有企业的现代企业制度的

---

① 马克思恩格斯选集（第2卷）[M]. 北京：人民出版社，1972：5.

建立及市场经济趋于完善时，公有制经济不仅占主导地位，而且还会稳定上升。①

　　（2）认为所有制结构发展趋势具有一些明显的特征，如国务院研究室课题组采用计量经济学方法建立时间序列模型，得出我国工业所有制结构在20世纪90年代的演化特征是："国有工业比重递减、工业中公有成分比重递减和集体、个体和其他工业产值增长速度比国有工业产值快"②，并提出相应的配套措施，以促进各种经济成分健康发展。智效和通过分析1978～1994年中国所有制结构变化的结果及其特点，认为在政治稳定的前提下，所有制结构发展趋势特征是：对于公共部门或非营利性、非竞争性部门的国有经济将继续保持绝对优势；对于竞争性部门、金融保险部门中的关键行业，国有经济将继续占主体地位；而其他一般部门、部门一般行业的国有经济和集体经济未必会继续保持主体地位，但会占较大比重；对于改革开放程度较高或经济较为发展的地区，则非公有制经济可能占着主体地位。③ 张长生认为我国所有制结构的发展趋势特征是：从总体上看，所有制结构虽从单一所有制向公有制为主体，多种所有制共同发展的多元所有制结构；从国有经济所占比重上看，虽所占比重大幅下降，但国有经济中工业领域仍占绝对优势，只是商业由绝对变为占有相对优势；从地区上看，国有经济的比重在经济发达地区下降大于落后地区，而非国有经济的比重却呈相反趋势；从产业及产业内部行业上看，国有经济中的工业大于非国有工业、商业的上升幅度，加工工业大于原料工业，轻工业大于重工业。④ 刘世锦和杨建龙认为我国所有制结构的发展趋势是所有制结构将趋向于多元化、合理化、市场化；公有制实现形式将趋向于市场化和多样化，多种所有制经济形式的战略性结构将加快调整步伐，外资战略性投资将会增加，并与民族资本寻求一种新的平衡；基础产业、基础设备部门将存在一定的非国有经济。⑤ 韩广洁认为我国所有制结构的发展趋势是公有制经济比重继续下降的同时仍占据主体地位；国有经济所占比重虽进一步下滑，但仍起主导作用；集体经济得到较快发展且作用日益凸显；而非公有制经济的发展速度有所放缓；所有制实现形式呈多样化，且混合所有制是其发展方向⑥。

---

　　① 陈秀华，梅建明，张智勇. 论社会主义初级阶段所有制结构发展变化规律 [J]. 海派经济学，2006（2）.

　　② 国务院研究室课题组. 我国所有制结构变革的趋势和对策研究总报告 [J]. 经济研究参考，1994（43）.

　　③ 智效和. 改革开放以来中国所有制结构的变化及其趋势 [J]. 经济科学，1995（6）.

　　④ 张长生. 我国所有制结构的演变、发展趋势及优化对策 [J]. 岭南学刊，1996（2）.

　　⑤ 刘世锦，杨建龙. 我国所有制结构的变化、特点和发展趋势 [J]. 管理世界，1998（4）.

　　⑥ 韩广洁. 论我国所有制结构的发展趋势 [J]. 齐鲁学刊，2005（4）.

（3）认为所有制结构发展趋势是发展一种特定的所有制结构。如纪惠楼认为企业所有制结构将朝着公有制为主体、多种所有制经济融为一体的中国特色社会主义企业集团方向发展。① 李泊溪和向以斌从发展全民所有制经济、多种所有制形式并存、中国经济发展及对外开放等四个方面提出"建立以股份制为主体形式的所有制结构"②。

对于社会主义初级阶段所有制结构发展趋势，吴宣恭也有独特的见解，他在剖析所有制结构变化过程中所具有的特征，较早论证了社会主义初级阶段所有制社会结构的发展趋势，并就所有制结构的长远变动趋势提出自己的意见。

2. 吴宣恭对社会主义初级阶段所有制结构的变动趋势的研判

在所有制结构改革理论的研究过程中，吴宣恭在系统总结我国所有制结构改革经验和准确把握当时所有制结构改革过程中存在问题的基础上，对我国所有制结构的变动趋势进行科学的研判。

对于所有制结构改革过程中存在的问题，吴宣恭指出，党的十一届三中全会以来，所有制结构的巨大变革，不仅单一的公有制结构由多元的所有制结构取代，公有制的实现形式呈多样化，所有制内部结构发生了变革，而且突破以往不同所有制之间的严格界限，形成了不同所有制关系互相交融的混合所有制或联合所有制。而且在社会的所有制结构中，非公有制经济比重上升；在公有制内部结构中，集体所有制比重上升。所有制结构的重大变革，对我国国民经济产生巨大的促进作用，但也存在许多问题，如国家所有制经济仍然缺乏应有的活力，发展速度较慢；集体所有制仍不够健全，其优越性仍未充分发挥出来；对个体经济和私营经济的管理薄弱，问题丛生；等等。

所有制结构的模式是一个历史的范畴，不能抽去特定的历史环境泛泛地谈论所有制结构。正是在把握我国社会主义初级阶段的基本特征，吴宣恭准确地提出"在我国今后相当长的一个时期内，所有制结构的基本目标模式将是以社会主义公有制为主体，其他所有制为补充，多种所有制和多种经营形式同时并存"③ 的科学判断。他指出，在这种所有制结构变化过程中，各种所有制所占的比重及其相互关系都将发生改变，不仅各种所有制内部会出现新的实现形式，而且比例也将不断地发生变化。即所有制结构将出现四种不同的发展趋势：一是国家所有制

---

① 纪惠楼. 社会主义初级阶段企业所有制结构的发展趋势 [J]. 山东大学学报（哲学社会科学版），1988（4）.

② 李泊溪，向以斌. 所有制改革与所有制结构发展趋势 [J]. 经济研究参考，1993（Z5）.

③ 吴宣恭. 社会主义所有制结构变革 [M]. 浙江：浙江人民出版社，1994：31.

比重虽持续下滑，但仍起主导作用；二是集体所有制快速发展，并逐渐显现其重大作用；三是非公有制将快速发展并迅速扩大所占比重；四是公有制的实现形式将趋于多样化，并趋于完善和发展。①

质言之，吴宣恭关于社会主义初级阶段所有制社会结构发展趋势的研判为五年后我国确定基本经济制度提供理论论证，也在所有制改革实践中进一步验证其研判的正确性，充分表现出他在理论和改革实践的前瞻性和科学性。如在数量方面，据《中国统计年鉴》数据显示，1995～1999 年，集体企业从 147.5 万个稳步增长至 165.92 万个，个体企业从 568.82 万个稳步增长至 612.68 万个，股份制经济从 0.59 万个稳步增至 1.42 万个。

3. 较早提出由不同性质产权主体组成混合所有制

在准确把握社会主义初级阶段所有制结构的变动趋势的基础上，吴宣恭通过分析产权主体的类型，大胆地提出所有制结构改革可以沿着不同性质产权主体组成的混合所有制方向进行。他认为社会主义初级阶段里，公有制与非公有制经济并非泾渭分明，公私截然对立的，而是可以并存，共同发展，甚至打破原来界限，出现各种产权的互相渗透和融合，形成统一的产权主体，即混合所有制或联合所有制。所以，他创新性地提出"社会主义初级阶段里，不同性质的主体也可能结合在一起，形成性质上异于原有主体的产权主体，如不同性质的公有制主体或公有制主体和不同私有制主体，联合成为混合的所有制"②。也正是基于对产权理论的充分把握和对此准确的理论认识，他正确评价这种形式的所有制，认为混合所有制或联合所有制可以促进不同所有制的优势互补和资源的有效配置，促进资源利用率的提高，且国有经济也可通过联合所有制或混合所有制企业中的参股、控股地位扩大其作用力和影响力，发挥公有制经济的核心作用和主导作用，克服非公有制经济发展中的盲目性和分散性。所以，这种形式的所有制会随着社会主义市场经济及各种所有制的不断完善、成熟而迅速发展，并在整个社会主义初级阶段中发挥着重要的作用。

（二）具有重要的理论意义和实践意义

1. 为确定基本经济制度提供理论论证

所有制结构调整和改革实践过程中，人们往往会在认识上和行动上出现一点偏差。如有一部分人担心在实践过程中会因为实践过了，而导致搞私有化，走资

---

① 吴宣恭. 社会主义所有制结构变革［M］. 浙江：浙江人民出版社，1994：37－41.
② 吴宣恭. 社会主义所有制结构变革［M］. 浙江：浙江人民出版社，1994：42.

本主义，而不进行改革。吴宣恭运用扎实的所有制理论，科学地研判我国社会主义初级阶段所有制社会结构的发展趋势。这一发展趋势的研判，既是一次思想解放，是对计划经济时期一直牢牢支配人们思想的传统公有制概念的一次修正，又也为五年后我国明确宣布基本经济制度提供理论论证，加快经济体制改革的步伐。1997年，党的十五大将"公有制为主体、多种所有制经济共同发展"的经济制度确定为社会主义初级阶段的基本经济制度。从此，我国沿着"公有制为主体，多种所有制并存"这一基本经济制度的发展方向，改革和发展我国经济体制，而当下经济的繁荣与发展再次验证了吴宣恭关于所有制结构发展趋势研判的科学性。

2. 具有一定的前瞻性和重要的指导作用

所有制形式是划分社会经济制度的重要标志，也是生产关系的基础与核心。所以，作为我国经济体制改革的重要环节，所有制结构变革事关所有制改革的进展和我国整个经济体制改革的成败。吴宣恭在分析产权主体的类型时创造性地提出所有制结构改革可以沿着不同性质产权主体组成的混合所有制方向进行。这种所有制形式渐渐成为决定我国经济体制改革的风向标。1997年，党的十五大第一次提出"混合所有制经济"的概念；2002年，党的十六大提出要积极推进股份制和发展混合所有制经济；2007年，党的十七大进一步提出要以现代产权制度为基础，发展混合所有制经济；2013年，党的十八届三中全会更加明确地提出发展混合所有制经济，并将发展混合所有制经济作为我国基本经济体制的重要实现形式。可见，发展混合所有制经济是我党放眼世界、立足实际做出的重大决策，也是我国推进国有经济体制改革的战略选择。这一战略抉择与吴宣恭社会主义初级阶段所有制结构变动趋势的思想是相吻合的，也是混合所有制经济在我国基本经济制度实现形式中的具体运用。可见，我国基本经济制度的确立、"混合所有制"发展战略决策的制定及当前所有制改革的成功实践也再次验证了吴宣恭的这些论述的理论和改革实践的前瞻性和科学性。

第二节 财产和劳动产品的归属关系研究

在国有经济的改革过程中，经济理论界对财产权利界定问题形成一些错误的认识。对于这些错误观点，吴宣恭从历史普遍规律、全民所有制的本质、国有企业劳动过程的特点、全民所有制关系再生产的要求等方面进行分析，科学地论述了国有企业财产和劳动产品的归属关系。吴宣恭的这些理论论述，不仅是对理论界某些错误认识的批评，而且揭示它为改变国企性质、瓜分国有资产制造舆论的真实本质。同时，他还在股份制试点初期，对改制中维护公有资产的合法权益提出建设性建议。

一、国有企业劳动产品的归属关系①

随着经济体制改革理论和实践的深入，为解决全民所有制企业②改革过程中出现的企业产品的归属关系问题，经济理论界提出许多建议和设想，如有人认为企业中的劳动者创造了劳动产品，理应归还劳动者，并以此为由提出建立"劳动者个人所有制"取代全民所有制；有人认为企业留成利润创造生产资金是企业职能创造，这部分所有权应归企业所有，并以此为由，主张政府要实行企业的二元所有制，将企业以留成利润增添的生产资金归企业所有，以改变承包制企业的短期行为，激励企业重视和扩大再生产。这些意见、建议一方面为理论界提出了"在深化国有企业改革过程中，关于全民所有制的劳动产品归属问题应坚持什么改革原则"这一理论问题；另一方面在一定程度上也影响着正在进行中的改革，迫切需要正确的改革方向进行指导，以防改革陷入误区，给国家深化国有企业改革带来影响。吴宣恭也积极投身于所有制改革中关于劳动产品所有制问题的探索和实践中，他坚持马克思主义的立场、观点和方法，运用丰富的所有制与产权理论知识，坚持用批判精神澄清理论界存在的错误认识，统一了深化国有企业改革的思想，科学地论证国有企业劳动产品归全民所有的归属关系，进而对保证企业生产经营和进行积累的积极性提出中肯的建议。

（一）批评了理论界的某些错误

对于企业劳动产品的归属关系，经济理论界存在很多争论，产生不少错误认识，造成了一定的思想混乱。对于理论界存在的错误认识，吴宣恭旗帜鲜明地展开批评，准确地提出深化国有企业改革的思想。

对认为"除了生产资料所有制以外，劳动力归谁所有也决定着劳动产品所有制"的观点，吴宣恭引用马克思的观点予以反驳。他指出，人类社会的发展历史

---

①　本点阐述的思想观点均参见：吴宣恭. 论全民所有制企业劳动产品的归属关系 [J]. 社会科学战线，1990（3）.

②　本章第一节已详细介绍吴宣恭关于国家所有制实质的思想，为此，本章关于全民所有制的概念均指国家所有制，全民企业实质是国有企业。

表明，在人和物的生产要素所有制中，生产资料所有制决定着劳动产品所有制。在资本主义社会中，劳动者不像资本家那样拥有生产资料，他们只是自身劳动力的所有者，只能依靠出卖自己劳动力，被资本家所雇佣，在资本家的指挥下进行生产劳动，其劳动产品不归劳动者所有，而归资本家所有；在社会主义中，全体劳动者共同拥有生产资料，他们共同劳动，所生产的劳动成果也只能归全体劳动者共同所有，由代表全体劳动者的国家进行社会分配，而不能直接归个人所有。可见，由劳动力的归属来判定劳动产品的归属是不正确的。

对认为"改革前由于实行计划经济体制，实行统收统支，企业没有自主权，劳动产品归国家统一支配，属于全民所有，改革后，由于实行'两权适当分开'，劳动产品不应归全民所有，归企业所有，或至部分归企业所有"的观点，吴宣恭运用产权理论予以反驳。他指出，根据马克思主义产权理论的观点，两权的适当分开，并非从根本上改变所有制的性质，只不过是对所有制内部产权关系的调整。所以，生产资料仍归全体劳动人民所有，劳动者与生产要素的结合方式也基本上没变，企业劳动产品仍归全民所有。

对有人引用马克思关于自耕农与劳动产品关系的话"土地的占有是劳动者对本人的劳动产品拥有所有权的一个条件……同他的家人一起生产自己的生活资料"①，论证劳动产品的所有者可以不必是生产资料的所有者，依靠生产资料的占有也可能成为劳动产品的所有者，进而提出企业所有制企业也是劳动产品的所有者的观点，吴宣恭运用三种不同占有方式理论予以批驳，认为这种观点混淆了不同占有方式下所有者和占有者之间的关系。他指出，我国所有制企业属于共主占有方式，企业的占有者与全民所有者是同一主体的整体与局部的关系，企业的生产和经营活动也只是全民所有制经济活动中的一个组成部分，都是在国家的组织、领导下，进行社会生产，其劳动产品也应属于全民所有。

对认为"劳动产品归企业所有，企业只需向国家缴纳一定的生产资料占用费，就能保持全民所有性质"的观点，吴宣恭予以质疑，他指出，这种观点错误地将所有制企业与国家当成不同所有制间的租赁关系。国家与所有制企业两权的适当分开，只是一个所有制主体内部不同部分权利的适当分开，不能简单地等同于私有制下的租赁关系，否则将割裂全民所有制整体，不利于它的巩固和发展。可见，这种观点不符合国企改革的根本目的与要求。

对将投资主体的转移当作劳动产品归属的论据，吴宣恭予以批评。他指出，投资主体的转移只是为了调动企业的积极性，在投资权利和利益分配上的调整，

---

① 马克思恩格斯全集（第25卷）[M]. 北京：人民出版社，1974：909.

是有利于增强全民所有制而采取的改革措施。这种调整所有制内部权能实质上并未改变所有制的根本性质。

总之，吴宣恭运用马克思主义产权理论澄清了理论界的错误认识，解决了全民所有制企业的劳动产品归谁所有这一理论问题，这些理论的认识对深化国有企业改革思想，推进改革具有重要的理论与实践意义。

（二）科学地论证国有企业劳动产品归全民所有

吴宣恭在批评了理论界某些错误认识的基础上，论述了全民所有制企业劳动产品的归属关系，明确提出"在全民所有制经济中，企业生产出的劳动产品应当属于全社会的劳动者公共所有"的科学论断。他指出，首先，劳动产品归全民所有是由全民所有制的生产条件决定的。生产资料所有制是生产关系的基础，是进行生产的前提，对生产、交换及分配过程中人与人之间的相互关系，乃至产品的归属与分配关系都起着决定作用。因此，生产资料所有制决定着生产资料与劳动者的结合方式，也决定着劳动产品的归属与分配；同时生产资料归全社会劳动者共同所有，共同进行劳动，劳动形成的产品归全体劳动者共同所有这一特点对全民所有制劳动产品归属关系起决定作用。即便是在我国社会主义初级阶段，所有制企业内的劳动者虽同生产资料先结合，但仍是全社会劳动者的一个组成部分，生产资料仍是全体劳动者所有，为此，这一情况仍无法改变企业劳动产品归全体劳动者所有的关系。其次，劳动产品归全民所有是全民所有制关系再生产的要求。根据马克思《资本论》中著名的公式：商品价值 $= c + v + m$，其中 c 表示生产资料价值。在社会主义条件下，c 原来属于全民所有，经生产转移到新产品中，如果劳动产品归企业所有，则 c 也会成为企业所有，而原本属于全体劳动者共同所有的生产资料则转归所有制企业劳动者所有，这将导致生产资料所有制的性质发生改变。可见，如果全民所有制的劳动产品归企业所有，或将全民所有制改变为集体所有制，不仅改变了全民所有的性质，必将破坏社会主义的生产关系；而且会加剧生产社会化与局部占有之间的矛盾，必定违反生产力发展要求及社会主义的发展方向。最后，劳动产品归全民所有符合社会联合劳动和劳动产品间的关系。因为生产资料所有制的不同，劳动者与生产资料之间的关系和劳动的性质也各不同，这势必造成不同的劳动者与劳动产品之间关系。生产资料所有制是生产资料与劳动者相结合的前提，同时对劳动性质及其劳动成果的归属关系起决定作用。在社会主义公有制下，劳动者联合体共同拥有生产资料，而劳动者也是在联合体的组织、领导下，共同劳动，劳动者联合体自然拥有劳动者共同生产的劳动产品，而不是劳动者个人所拥有。

（三）中肯地提出提高企业生产经营和进行积累的积极性建议

在准确论证全民所有制企业劳动产品归属关系的基础上，吴宣恭论述了企业及其劳动者在产品所有制中的权能和作用。他指出，在两权适当分开的情况下，国家委托和授予企业占有它们生产出来、属于全民所有的劳动产品，即企业及劳动者是劳动产品的占有者，目的是让所有制企业能以相对独立的商品生产者身份进行商品交换，保证企业在劳动产品的支配和使用上得到相应的经济利益，以促进企业生产经营和进行积累的积极性。进而，吴宣恭对落实企业产品的占有权提出中肯的建议，即企业在深化改革的过程中必须做到："必须坚持劳动产品的全民所有权，保证全民所有制的巩固和发展""保证生产好的企业可以得到较多的留利归企业使用，有较大部分的产品由企业支配""将投资主体转移到企业……同时相应降低企业上缴给国家的利税率""对企业职工来说，实行工资总额和实现利税挂钩……保证企业用好占有权的重要措施"。①

二、国有企业股份改制中国有资产的维护

（一）对维护国有企业资产的实践探索

随着经济体制改革的进一步深入，我国逐步建立了公有制为主体，多种所有制结构和多种经济成分并存的经济制度。而股份制以能为公有制为主体的不同所有者资产利益的实现提供有效形式而被人们接受，成为公有制管理体制改革的一种形式。但是，吴宣恭同时指出，在股份制试点实践过程中，出现了许多问题，比如因国有资产的虚置或分散，组织与管理的不规范导致产权界限不清、主体模糊，公有资产流失，短期行为突出，分配不合理，股份制应有的作用难以发挥，等等。如不尽快加以解决，将影响国有企业改革的进程，甚至影响经济体制改革的成败和整个经济运行机制与国际惯例的接轨。他与经济理论界的一些学者研究和探索解决这些问题的方法，并提出相应的解决建议，以维护国有资产。

关于经济理论界提出的主要措施，贺阳和孙茂虎提出在试行国企股份制改革的过程中，可通过建立国有资产管理机构和通过"拍卖"国有企业以加强对国有资产的管理②；肖英鸿从企业资产评估、产权界定和股份设置与管理三个方面进

---

① 吴宣恭.论全民所有制企业劳动产品的归属关系［J］.社会科学战线，1990（3）：7.
② 贺阳，孙茂虎.试行股份制应加强　对国有资产的管理［J］.中国经济体制改革，1989（3）.

行探索①；余水平建议先加强对国有股份代理人进行有效管理以保证国有资产的案例和增值②；赵琦认为股份制试点中由于侧重低成本的集资募股，轻视产权制度改革，而造成系列问题，他提出在股份制实践过程中要"严格产权界定，明确投资主体和资产责任和完善管理方法""进行正确的资产评估""注重公有权与个人股的统一""国有股应参与流通"等建议以维护国有资产权益③；蒋福光和王俊莲则对股份制企业中国有资产折股标准进行探索，以解决股份制试点中出现的资产折股所带来的问题④；刘云礼提出可以通过"进行严格的产权界定""完善国有资产管理体制""实行股权平等，风险共担，同股同利""规范企业内部职工持股"等办法加强国有资产管理，以解决股份制改革中存在问题⑤；胡定核从当时国有资产保护最为薄弱的股份公司资产评估、上市公司送配股、国有股流通等方面出现的问题进行探索，并提出相应建议，以加强对股份制企业中国有资产的保护⑥；胡晓登通过"利用评估时机的选择""因国有土地的不作价处置""因国有资产评估的不规范""因不规范的送配股行为""因国家股股权'虚置'、国家股代表不明""因国家股不能上市流通"六个方面提出具体建议措施，以防止造成国有资产流失⑦；冯霞在分析国有资产流失原因的基础上，提出"防止存量资产流动、重组造成国有资产流失""在证券市场上制定相关法规保证国有资产的保值增值""建立国有资产管理新制度，解决国有股权'所有者虚置'、国有股代表不明而引起'内部人控制'问题""发挥金融机构在国有资产的保值增值中的作用"等措施以加强对国有资产的保护⑧⑨。

　　吴宣恭赞成经济理论界提出的一些建议，但他认为，经济理论界虽对股份制试点中存在问题提出一些具体的解决措施，但未能抓住解决问题的关键，主张应先从解决问题中最迫切、最紧要的关键点入手，一时顾不过来的，慢慢进行梳理，中肯地提出有效的解决措施。

---

① 肖英鸿. 第四讲股份制试点企业的国有资产管理 [J]. 上海会计，1992 (2).

② 余水平. 对国有股权代理人进行有效管理 [J]. 改革，1992 (6).

③ 赵琦. 股份制企业要维护国有资产权益 [J]. 经营与管理，1993 (12).

④ 蒋福光，王俊莲. 对股份制企业国有资产折股标准的思考 [J]. 中国城市金融，1993 (2).

⑤ 刘云礼. 股份制企业必须维护国有资产权益 [J]. 中州审计，1994 (6).

⑥ 胡定核. 股份制企业如何加强对国有资产的保护 [J]. 经济管理，1995 (2).

⑦ 胡晓登. 试析股份制企业如何防止国有资产的流失 [J]. 贵州社会科学，1996 (3).

⑧ 冯霞. 目前股份制改造中防止国有资产流失的对策 [J]. 广东行政学院学报，1999 (1).

⑨ 限于篇幅，不详细列举。

（二）抓住解决问题的关键点，较早地提出中肯、有效的解决措施

吴宣恭较早就开始对股份制进行研究，他不仅研究股份制的基本理论，还关心股份制改革进程的健康发展。1993 年，面对股份制实践中出现的问题，他发表文章①，在揭露国企改制过程中国有资产流失现象的基础上，对改制中维护公有资产的合法权益提出建设性建议，为股份制的健康发展提供了科学的意见。

对于解决股份制试点中存在的问题，吴宣恭认为应根据事态的轻重缓急，先从既具有重要性、严重性，又具有紧迫性的问题出发，建议从管好股票发行和分配这两头工作开始，其余地可以慢慢进行梳理和解决。首先，要抓好股票发行，处理好四个方面的工作：一是由股份公司资产评估不规范，造成国有资产的严重流失，应准确了解公司的资产，科学、严格地搞好资产评估，提出国家可以通过颁布有关资产评估的法律和实施细则和加强对评估组织和人员进行培训、考核，明确责任，强化监督，以把好评估关。二是区别对待，正确处理好溢价发行的利益归属。对已经营一定时间并取得较好业绩的公司，在募集新股，溢价所得利益是公司经营的成果，应归公司所有；对刚组建的新公司，在募集新股，溢价所得利益实质是商誉收入和预期收益，是原企业经营成果形成的资产，应归原企业所有。三是正确制定职工股的价格，不能因为照顾职工情绪或影响面不大，而将属于全民所有的股权以低于市场发行价出售职工，这是一种化公为私的做法，应坚决制止。已经发生的，应予以纠正。四是在股票发行过程中坚持公开、公平、公正原则。应杜绝通过关系或其他手段获得股票，并通过提高原有企业无形资产评估，相应提高股票发行价格，根据股民发放等量申请表，以维护公有产权。其次，他认为管理股份公司收益分配，应处理好三个方面的工作：一是加强财务监督，确保国家税收，保证合理分配；二是贯彻同等股权获得同量股息和红利的利益分配原则，保障公有股的利益；三是要维护公有股红利再投资的合法权益，把留存在公司的公有股红利当作再投资，相应扩大公有股的比例，并增大的公有股分配红利，以防止公有股利益流失。

第三节　国有经济产权制度改革

改革开放以来，国有经济改革一直是我国所有制领域改革的重中之重，历来

---

① 吴宣恭. 在股份制试点中必须维护公有资产权益［J］. 国有资产管理，1993（6）.

为社会各界所关注。而国有企业应如何进行改革，理论界形成了多种不同的主张，产权改革论就是其中一种。吴宣恭就是产权改革理论和实践探索的佼佼者。自国有企业扩大企业自主权改革以来，吴宣恭就一直积极探索和实践国有企业的产权制度改革，提出了许多具有建设性的建议和意见。这些建议和意见为党和政府所采纳，也经受住了实践的检验。

一、国有经济产权制度改革的必要性[①]

1978～1994年，我国国企产权制度改革虽经历了完善经济责任制、承包制、利改税及建立现代企业制度等改革，国有企业也从过去消极被动，国家计划调控发展到具有一定自主权的经济主体。通过扩权，国有企业有一定的自主权力，有一部分利润留成，有了一定的激励作用；在市场的引导下，企业开始了自主经营活动，取得一定成效，但仍存在许多弊病。吴宣恭在对传统公有经济的产权结构分析研究的基础上，认为传统公有经济是国有经济存在的根本弊端。他指出，第一，现阶段的产权制度超越当前的领导管理水平、群众觉悟水平及生产力发展水平，国家虽颁布了相关法规[②]，但由于落实不够彻底、不均衡，导致部分企业得不到应有的独立经营自主权及对应的利益，乃至普遍的政府行政干预，都使企业无法依据市场需求自主经营，既损害了企业的权利，又挫伤了企业及广大职工的积极性。第二，国家颁布的相关法规虽对国家和企业之间的产权进行划分，但在实际操作过程中，各级政府与企业、各个部门与企业之间的责、权、利之间缺乏统一、对称的关系，所有制内部的产权配置的模糊导致不同主体间的权利互相侵犯，主体权能无法得以充分发挥，经济利益也未能得到充分保障。第三，部分产权主体的代表不明晰，无法落实到具体某一机构或具体个人。比如，在所有权上，各级政府或各级部门，都以国有资产所有者身份对企业决策进行干预，使企业缺乏自主权而无所适从，而一旦企业出现困难，又弃之不管；在经营权上，产权主体代表随着企业的扩权而越不明确；在资产保值增值上，又未能确定真正的责任承担者与监护者，导致国有资产大量流失。[③]

此外，吴宣恭还十分重视所有制对生产关系其他方面的基础作用，他认为企

业产权制度，即所有制的具体化，是一定所有制条件下对相关主体财产权能和利益结构的基本安排和规定，是人们获得权力和利益的前提条件，关系人民的根本利益，制约着企业与企业所有者、经营者和劳动者的主动性与积极性。可以说，改革国企的产权关系，是对国家、企业和劳动者对企业财产权能和利益格局的调整，有利于国家、企业和劳动者能动作用和企业运行机制的发挥，起着至关重要的作用。所以，必须高度重视产权制度的改革，通过必要的试点，慎重地、有步骤地进行，以解决国企改革过程中出现的问题。

二、国有企业产权制度改革的形式

（一）坚持批评理论界的一些错误认识

国有企业经过改革，虽发生了巨大变化，但理论界对国有企业产权改革还存在一些错误的看法，如不加以澄清，仍将影响国有企业改革的推进。吴宣恭坚持以严谨的学术精神和批判精神，运用扎实的产权理论功底，对理论界的错误认识进行澄清。当时理论界主要有三种错误的观点。

一是批评了"量化产权以明晰国有产权"的观点。他指出，这一观点错在误解了产权关系特点及产权明晰化。我国的国有经济是全民所有制。其特点是生产资料归全体劳动人民共同所有，全体劳动者的代表国家行使所有权。所有者是明确的，且受法律确认与保护。全民所有制的财产和劳动产品由全体劳动者共同创造且归全体劳动者共同所有，既增进人民福利，又消灭剥削基础。全体劳动者是社会和经济的共同主人，其权利和利益并非虚无、抽象而是实实在在存在。同时为适应社会化大生产建立的全民所有制客观上也要求共同所有。而也正是共同所有，保证了劳动者在生产资料和生产过程中的平等地位，既避免因生产资料占有份额的不同而产生利益分歧，也避免个人所有导致生产资料的个人集中，并从根本上化解两极分化。产权明晰化只是要具体界定主体的责、权、利，明确主体间的关系，不是产权量化到人。所以，对于全体劳动者共同拥有生产资料的全民所有制，只要明确界定责、权、利和产权主体代表，就是产权明晰的表现。

二是批评了"把产权主体多元化作为产权改革目标"的观点。他指出，这一观点错在产权概念的模糊。作为一定财产权能的担当者，产权主体包括所有者、使用者、占有者。国有企业的改革实践证明，我国已实现产权主体的多元化，但如果主张所有者多元化，其实质是将股份公司当作国有企业的最佳模式。西方股份制改革已证明股份制是无法从根本上解决资本主义的矛盾，只有以全体劳动者共同所有代表多元化所有者，才使全民所有制突破私有制的局限，具备私有制所不具有的优越性，是社会进步的表现。而且国有企业产权制度改革是为了解决内部责权利配置不够合理、产权主体不明确的弊病，而不是解决产权所有者单一的问题。

三是批评了主张"国有企业产权流动性越强优势越明显"的观点。他辩证地指出，产权具有一定的流动性，是有利于盘活资产存量和利用生产要素，但不是流动性越强越好。因为企业产权关系复杂，影响面广，转让产权必然产生一系列问题，有可能引发社会的不稳定。同时，任何一种产权制度都有与之相配套的管理、监督制度和组织机构，企业产权流动越强，产权主体变更也就越频繁，必然造成配套的制度和组织机构无法适应新的秩序，不利于企业的管理与发展。

（二）辩证地提出产权明晰与配置合理相结合的改革观

对有人将明晰产权作为国企改革的唯一目的的错误观点，吴宣恭予以质疑，辩证地提出产权明晰与配置合理相结合的改革观。他指出，产权是以一定形式的财产为客体，有具体的当事者。产权主体在一定的约束下，承担应负的责任，对特定客体拥有一定的行使职责的排他性权能并获得相应的利益。在现代产权关系中，不存在可以滥用或不受约束的权力，也不存在无权获利或履责无利的情况。且产权是一个复杂的体系，它可以是内涵周延完整的产权，可以是组合的产权，也可以是单项产权。在行使问题上，完整或复数的产权可以集中由一个主体行使，也可以相互分离，组合，单项产权还可以劈分或衍生出更细小的产权，归不同主体行使。对于多种不同的产权组合，配置或结构是否合理，对人们的行为将产生极大的影响。所以，产权明晰和合理配置，既相互联系，又缺一不可，如果配置不合理，产权再明晰也达不到改革的目的。同时，产权明晰和配置合理是不同性质的两个问题，且在一定程度上，产权合理配置的实现程度更为困难。因此，在完善国有产权制度过程中，要完善国有产权制度，必须使产权主体的责权利互相对称，互相制衡，相互促进。①

（三）对完善国有企业产权制度改革提出具体的、具有很强操作性的对策

20世纪80年代以来，随着我国实行放权让利的改革政策，我国国有企业逐

---

① 吴宣恭. 国企产权制度改革既要产权明晰又要配置合理［N］. 经济日报（"名人百家谈"专栏），1995－08－28.

步改变传统产权高度集中的格局，渐渐脱离了过去无权、无利、无责的状态，初步具有独立自主经营的条件，激发前所未有的生机和活力。而自上而下的国有资产管理机构，使国有企业有了明确的代表，国有资产的监督管理也进一步加强。但仍存在许多问题。如在国家和企业产权划分上，有些权利边界还不够清楚、稳定；有的权利主体尚未明确落实；政府与企业、企业与劳动者间的责权利不明、不对称等；而理论界也存在一些错误认识，如主张产权量化到个人以明晰国有产权；主张扩大个人股，缩小公有股以推进股份制改革等。社会主义全民所有制是人类社会崭新的制度，它不同于资本主义社会，具有独特的产权特点和优越性。改革是为了完善全民所有制，使之更好实现其应有的优越性。这是一项创举，没有现成或成功的经验可以学习借鉴，完全是摸着石头过河。这需要经济学家深入地进行研究、探索，寻找一条适应我国国情的改革之路。吴宣恭运用扎实的所有制与产权理论功底，对完善国有企业产权制度改革进行深入的研究，并提出了具体的、具有很强操作性的对策，为国有企业改革提供理论借鉴和实践指导。

吴宣恭认为合理配置和明晰国有企业产权，要做好四个大方面的工作：一是要落实政企分开，加强督促检查，贯彻落实已颁布的相关法规，建立现代企业制度，明确划分国家与企业产权，严格分开政府管理职能与国有资产所有者职能，以维护企业法人财产权，确保企业能自主经营和自负盈亏，并提出具体的解决措施；二是要明确企业产权内部配置与监督管理间的关系，落实产权主体具体的责、权、利，解决产权不清问题，并提出具体的解决措施；三是要明确划分国有制内部产权以明晰产权边界，具体确定产权主体的负责机构与代表，并提出具体的解决措施；四是要加强国有资产产权管理与监督机制建设，使之与分权、放权配套。同时，对于法制建设对策不够详细、具体问题，1997 年，吴宣恭又发表文章进行具体的细化。关于产权立法方面，吴宣恭提出至少要制定 8 个方面的法律规范，即是"有关产权主体的法律""明确界定具体的产权法律""处理相关产权主体之间的关系的法律""有关维持产权秩序的法律""有关投资、破产以及建立、改变和结束产权关系的法律""有关政府机构管理产权关系的行政权力、职责的法律""有关环境保护和社会保障与产权之间的相互关系的法律""有关确保市场经济体制的法律"。① 关于产权保障体系方面，要"建立完备、灵敏的产权监管体系""建立、健全严格公正的法纪检察系统""建立权威、公正、严格的司法执法系统"。②

---

① 吴宣恭. 国有产权制度改革 必须适应全民所有制的本性 [J]. 中国人民大学学报, 1996 (3)：5.

② 吴宣恭. 建立完善有效的国有产权制度 [J]. 中国经济问题, 1997 (2)：5－9.

可见，吴宣恭所提出的解决对策，既详细又具体；既有一定的高度，又有很强的操作性，为当时我国正在进行的国有企业产权制度改革提供了科学的实践指导，使我国在探索国有企业改革道路少走了弯路。实践也证明，吴宣恭提出的改革措施是正确的，有效的。

三、国有经济的战略性调整问题

(一) 战略调整思想的形成背景

党的十五届四中全会首次对壮大国有经济的重要性进行全面论述和反复强调，指出国有经济是国家引导、推动和调控国民经济及社会发展的基本力量，是实现广大人民群众根本利益和共同富裕的重要保证。为此，壮大国有经济是做强国民经济的根本保证。但是，因为未能按照国有经济应占有领域进行科学的布局，使得现有的经济结构出现不合理状态，如战线过长，布局过宽，几乎涵盖各行各业，甚至一些与国有经济职能无关或关系不大的行业所占的比重过大；规模过小，产业不集中，甚至未能进行应有产业定位，致使国有经济面面俱到，普遍发展，虽数量上去，但企业资金少，规模小，技术水平低，市场竞争弱等弊病；企业间专业化协作能力弱，缺乏科学合理的分工协作，大而全、小而全的现象普遍存在；地区产业结构也趋于相同，大多数是全能型企业，生产社会化程度低；一些行业由于国家垄断，而缺乏竞争性，而一些重点行业国有经济的主导地位又太弱；一些企业虽推进股份制，但受传统思想束缚，大都采取国家独资形式，非公有性质或集体性质的产权主体介入较少；等等。这些弊病不仅极大地降低整个国有经济的运行质量和大大削弱国有经济的主导作用，而且也给人们带来一定的误导，一些人搬用西方现代产权理论，以公有产权势必造成低效益为由，呐喊国有企业必须全部退出一切竞争性领域行业，仅从事自然垄断性行业或公共物品的生产。鉴于国有经济的战略地位，国有经济的战略性改组问题成为众多经济学家一直研究的重点课题。这些学者从各种不同的角度对推进国有经济战略性调整进行探索和研究，尤其是党的十五大以后，理论界开始聚焦国有经济战略性调整的研究时，吴宣恭率先把国有企业改革与国有经济改组结合起来研究，先后发表文章提出国有经济战略性调整的具体措施和有效的实施方式，切实为国有经济的战略性调整提供了理论指导和实践依据。

（二） 始终坚定地宣传和解读党的十五届四中全会精神，辩证看待国有经济发展战略观

对于党的十五届四中全会精神，吴宣恭有更深层次的认识。他不仅坚定地认为《决定》① 对深化体制改革及发展壮大国有经济具有重大作用，而且强调《决定》是推进国企改革与发展的纲领性文件②。针对经济学界内扬言国有经济应退出一切竞争性领域行业的错误观点，吴宣恭以高度的政治责任感和严谨的学术态度，坚决予以批评，并从实现《决定》提出的战略目标，辩证地看待国有经济"有所为有所不为"的关系，坚决主张国有经济的改革不是对它的消除，而是生产关系的自我完善，坚决反对"公有经济退出一切竞争性领域"的主张。

批评了理论界只看到"有所不为"而忽视"有所为"的看法。他在深入分析国企改革后所取得成效的基础上，对国有经济的广阔前景持肯定态度。吴宣恭指出，当前国有经济存在的问题缘于其介入的行业或领域过广，战线过长，且资源十分分散，不仅影响效率，而且限制其在重要部门或领域的发挥。实行"有所为有所不为"，退出当前一些不需要或不适宜参与的行业，科学配置资源，集中力量关注一些重点领域或行业，形成一批社会化、专业化的生产协作体系与规模经济，以配合国有企业的结构调整和产业结构的改善，促进国民经济更加合理和科学，进一步提高国有经济的整体素质。总之，有所不为是为了改善条件，以带动国有经济更好发展、壮大，更有作为，而非是消极退却。所以，有所不为是一个"以退为进，进退相济"的战略措施。③

批评了扬言国有经济要退出一切竞争性行业的错误看法，认为这种观点违背了《决定》的文字表述与基本精神④。他指出，党中央第一次在党的重要文件中多角度地阐明国有经济的重要地位与作用。这是《决定》对理论界错误认识的摈弃。"竞争性"只是相对意义，如果我国从所有竞争性领域退出，像以美国为主的资本主义国家一样，凡是有利可图的，都可以由竞争性的私有制企业经营，那不仅会陷入资本主义社会发展误区，而且社会主义生产关系也会失去它的基础，且无法保证沿着社会主义方向发展。《决定》既明确界定国有经济经营范围，也明确提出可以进行重组和结构调整的行业和领域。对于国有企业经营的支柱产业和高新技术产业，他辩证地提出可以由非国有制或非公有制涉足。吴宣恭正确解

---

① 《关于国有企业改革和发展若干重大问题的决定》。
② 吴宣恭. 积极推进国有经济的战略性改组 [J]. 中国经济问题，2000（2）：1.
③④ 吴宣恭. 积极推进国有经济的战略性改组 [J]. 中国经济问题，2000（2）：2.

读《决定》精神，澄清了理论界关于要退出一切竞争性行业的认识误区，统一了思想认识，有利于推进国有经济战略性调整的进行。

（三）对国有经济战略性调整提出建设性的措施和实施方式

党的十五届四中全会强调"到 2010 年，国有企业改革基本完成战略性调整和改组，形成比较合理的国有经济布局"①，明确地对国有企业改革提出了改革进程的时间表。国有经济的战略性改组是一项关系重大而又复杂、艰巨的任务，要在 2010 年实现国有企业的目标，需要科学的理论指导和具体的改革措施及实施方式。十五届四中全会以后，吴宣恭对国有经济战略性调整进行了探索和研究，在科学认识"有所为有所不为"关系的基础上，对国有经济战略性调整提出具体的、具有建设性的改革措施和实施方式。

为解决国有经济分布不合理的状况，吴宣恭认为应将产业结构的优化升级和所有制结构的调整完善结合起来，从战略上调整国有经济布局，提出 3 条 15 点的建议，要求要在调查研究基础上，制定与国有经济相适应的产业规划；要在弄清全国国有企业基本情况基础上，着眼国有经济的整体，结合产业结构的升级、优化，制定改革、解困与发展相结合的规划；要抓住机遇，发展高新技术产业等建议。② 这些建议对不同地区、不同行业、不同规模的企业提出详细、具体而又具有很强指导性的建议，为各级政府制定调整策略提供了实践指导。

国有经济战略性改组，吴宣恭认为产权制度创新与产权关系调整涉及人们最根本利益，决定着人们的一切行为举动，为此，在进行国有经济战略性改组时要慎之又慎地做好调查，掌握充分材料，充分研究，制定比较完善的规划，有计划、有步骤地逐步推进。他提出搞好国有经济战略性改组，除了要采取合适的、有效的调整方式，关键在于明确产权，以发挥投身国有经济布局调整和产业结构调整的积极性。关于战略性调整的有效方式，吴宣恭提出要根据不同企业的不同条件，采取不同方式的产权调整；要坚持基本经济制度的基础上，鼓励和支持其他所有制的发展，发挥其他所有制的作用，借助多种所有制力量，盘活存量资产，实现实业转移和结构调整；要在保证政府宏观调节作用的基础上，充分发挥市场作用，利用市场自愿互利、等价交换的原则，确保国有企业和非国有企业互相参股公平、公正。为发挥两个结构调整的积极性，吴宣恭提出要"在调整过程中，切实尊重各个产权主体的权利和利益""坚持政府分开，充分发挥企业的作

---

① 《中共中央关于国有企业改革和发展若干重大问题的决定》。
② 吴宣恭. 积极推进国有经济的战略性改组［J］. 中国经济问题，2000（2）：4-5.

用""建立和完善国有资产经营管理机构""加强政府的国有资产管理部门，使之在国有经济结构调整中发挥更大作用"① 等建议，以维护主体产权及人们的利益关系，切实发挥各阶层的积极性。

（四）探索了流通领域国有经济的战略性结构调整的有效方式

我国流通领域的国有独资企业多，覆盖面大，整体规模小、素质不高，在国有经济战略性调整过程中，一些人把流通领域的各个行为简单地看作是一般性竞争行业，更多地考虑如何将其有序退出。对此，吴宣恭批评了这种观点，在客观分析了在流通领域发展国有经济中重要性的基础上，辩证地提出"国有经济不能从领域全部退出"而应"集中力量，搞好大型国有商业企业"② 的科学论断。他指出，在流通领域发展国有经济中具有重要作用：第一，在社会再生产的过程中，生产和流通是相互作用，互相促进的。因为有效的流通不仅有利于产品价值的快速实现，而且有利于加速生产经营资金的周转和增长，进一步促进企业再生产。同时，流通使产品顺利进入消费领域，能满足各种消费的需要。所以，谁控制流通领域，就掌握了影响整个国民经济的巨大能量，在流通领域发展国有经济，有利于发挥流通在再生产过程中的作用。第二，在流通领域中发展国有经济不仅有利于引导非公有制企业朝着为社会主义服务方向发展，防止跨国公司对我国流通领域的控制与垄断，进而攫取高额利润，而且有利于维护正常市场关系和市场价格保，保护广大消费者的利益和引导健康的消费方向。第三，经济全球一体化的发展趋势，国外的大型工商业涌进将严重地冲击着我国的中小型商场、百货乃至新建大型超市或仓储式商场。且为适应激烈的国际竞争环境，我国无论是生产企业还是流通企业都必须走出国门，在国际市场上积极拼搏，以占据一定的国际市场。为此，在流通领域发展国有经济，既有利于保护和支持我工商业的发展，也为走出国门的企业创造国际竞争条件。对此，吴宣恭提出必须坚持有所为有所不为的方针，贯彻抓大放小的原则，逐步从物流部门和商业部门的中小企业退出，通过整顿、重组、优化配置国有的存量资产，辅以新增投资的方式，办好一批大而强的流通企业，并就整顿和重振批发商业，建立现代化的物流企业，组建大型或超大型商场提出建设性意见。

对于调整流通结构，吴宣恭认为必须做好五个方面的工作，第一，根据需要和具体条件，集中各种资源，通过不同重组方式或经营方式深化产权制度改革。

---

① 吴宣恭.积极推进国有经济的战略性改组［J］.中国经济问题，2000（2）：7.
② 吴宣恭.流通领域国有经济的战略性结构调整［J］.上海商业，2001（10）：14－16.

在具体产权制度上，可以采取多种的所有制实现形式；在资产重组中，建立现代企业制度及法人治理结构，以明确各产权主体责、权、利及各产权主体之间的关系，不断完善企业经营机制。第二，加强资产与经营方面的分工合作，既要进行流通部门内部的联合和合作，也要开拓和发展流通部门和生产部门之间的联合和合作。在加强联合与合作过程中，要妥善处理好各方之间的关系，尤其是利益之间的关系，既要按照市场原则，进行互利互惠，利益共享，又要着眼长远，服从大局。同时在规模经济集中形成过程中还要注意防止"大而全"或"大而无当"。第三，要主动应用现代电子信息、以计算机应用为基础的现代管理、现代物流等最新科学技术，使调整或改组、重建后的流通企业，能适应现代技术发展的需要。第四，建立健全科学严谨的管理制度，根据布局调整与产权重组实际，按照简单、易行、高效的原则，精简机构，下岗分流，提高劳动效率。第五，加快政府职能转变，一方面要加强对宏观调控，为结构调整创造良好的外部环境；另一方面要减少企业的行政干预，使之能根据市场氛围规律、变化自主经营、自负盈亏。①

四、国有资产管理体制的改革

（一）改革背景

我国原有的国有资产管理体制是为适应计划经济体制建立起来的，国有企业分归各个部门管理，政府对国有企业采取高度集权。随着我国经济体制改革的推进，为调整政府和国有企业之间的关系，并相应地调整企业与企业、员工、社会的关系，国有资产管理体制改革也拉开序幕。1988年，第七届全国人民代表大会首次提出要专门设立国有资产管理体制。同年9月，国有资产管理局的组建，标志着宏观层面的国有资产管理体制进入初创阶段。此后，各省、市政府也先后设立管理国有资产的机构。但由于传统国有资产管理体制对国有资产实行归口分级管理，管理主体多元。导致权力分散，多头管理，形成政企不分、政资不分；加上中央和地方政府的权责不清，责任约束缺乏，致使国有资产处于无人负责状态；等等。这些弊病已影响到国有企业的进一步改革，迫切加大改革力度，建立政资分开的国有资产管理体制。2002年，党的十六大报告明确提出"改革国有资产管理体制……建立中央政府和地方政府分别代表国家履行出资人职责，享有

---

① 吴宣恭. 流通领域国有经济的战略性结构调整［J］. 上海商业，2001（10）：10-19.

所有者权益，权利、义务和责任相统一，管资产和管人、管事相结合的国有资产管理体制"[1]，对建立各级国有资产管理机构及其责、权、利做出全面的、原则性的阐述。党的十六大对国有资产管理体制做出具体、创新性部署，引起界内的广泛关注，分别从各个角度对国有资产管理体制改革展开理论研究与实践探索，并提出自己的创新性见解。

(二) 经济学界对管理体制改革的理论研究和实践探索

对于管理体制的改革，历来备受学者的关注，也取得了较为丰硕的成果。从 2002 ~ 2014 年，以"管理体制改革"为题的文章，平均每年都超过 200 篇，数量庞大，内容丰富。通过分析，这些学者研究和探索的方向主要涉及两个方面[2]：一些学者从微观角度进行探索和研究，如刘会生 (2002) 探索了人民法院的管理体制改革、毛程连 (2002) 从符合公共产品理论要求的角度提出国有资产管理体制的改革设想、黄文 (2002) 研究了港口方面的管理体制改革、傅磊 (2002) 从企业财务角度探索了管理体制改革、刘国臻 (2003) 探索我国土地管理体制改革、麦庆荣和秦荔 (2003) 对我国高校国有资产管理体制改革进行研究、郭云涛 (2004) 提出加快能源管理体制改革的建议、王毅昌和蒋敏元 (2005) 对我国黑龙江重点林区的管理体制提出改革设想；等等。一些学者从宏观角度进行探索和研究，如杨励和孔祥云提出要在纵向上以出资人为依据，对中央与地方的国有资产范围进行合理划分，并授予完整且统一的权利和责任；在横向上以不同类型国有资产为依据，建立专门的国有资产管理机构，进一步健全竞争性国有资产经营体制的改革措施。[3] 余佳群从"建立多层次的国有资产管理体制，建立国有资产代表选派和考核制度，建立资本经营责任制，建立由国有资本管理、服务、监督三大内容构成的营运体系，实施相关的配套改革，建立国有资本监管体系"[4] 等方面提出相应的改革对策。李荣融 (2003) 对国有资产管理体制改革的目标和途径展开研究。姜林和常俊祥从"完善法律法规、企业经营业绩考核体系、人事管理制度、国有资产监管、国有经济布局和结构调整"[5] 五个方面提出改革措施。

---

① 《全面建设小康社会　开创中国特色社会主义事业新局面》。

② 由于研究管理体制改革的学者数量大，内容丰富，无法进行全部举证，仅选取早期的部分以作代表。

③ 杨励，孔祥云. 论深化国有资产管理体制改革 [J]. 中国特色社会主义研究，2002 (6)：60 - 61.

④ 余佳群. 关于国有资产管理体制改革的思考 [J]. 辽宁工学院学报 (社会科学版)，2002 (1)：46 - 47.

⑤ 姜林，常俊祥. 借鉴国际经验　深化我国国有资产管理体制改革 [J]. 华东经济管理，2004 (5)：57 - 59.

刘智升从"国有资产的所有制形式、国有资产管理模式"① 两个方面提出具体的改革设想等。

吴宣恭和其他学者一样，时刻关注着我国国有企业的改革。党的十六大报告对我国国有体制改革提出创新性部署后，吴宣恭敏锐地认识到这些创新性部署对完善国有资产管理体制，推动和加速我国国有经济的战略性调整和国有企业改组具有重大意义，他认真领会十六大报告精神，结合我国实际，以高度的政治责任感和学术敏锐性对完善我国国有资产管理体制提出中肯的、具有建设性的意见。

（三）对完善国有资产管理体制提出中肯的、具有建设性意见

吴宣恭从五个方面对加强和完善我国国有资产管理体制提出中肯的、具有建设性意见，他指出，第一，要发挥中央与地方管理国有资产的积极性。党的十六大初步梳理了中央与地方政府在国有资产管理体制上的关系，较好地克服以往实行国有资产归中央所有，地方分级管理体制和对"所有"和"管理"职能缺乏准确界定所带来的弊病。对此，应在坚持国有的前提下，充分发挥中央与地积极性，管好国有资产。第二，要建立统一的有充分权力的国有资产管理机构。改革开放以来，我国虽也设立国有资产管理机构，但只是财政部门的附属机构，在结构上、职能上各有不同，且多头管理、无统一独立职能，无法发挥其应有的作用。对此，应明确划分中央和地方政府履行出资人职责时的产权。第三，应明确国有资产管理机构的责、权、利，以解决权限太窄，职责不明，责、权、利不均等弊病，同时加强对下级机构的监督与管理，及时发现和解决出现的问题，以防止下级机构越权造成国有资产的流失。第四，要制定和贯彻国有资产管理的法律法规，使国有资产管理机构有法可依。第五，要在坚持政企分开的条件下，积极对国有资产经营体系进行科学探索和合理构建。除了应从国有资产营运体系中行政管理层面解决政府内部国有资产所有者代表与各级政府之间的关系，还要合理构建好国有资产与国有资本经营者之间的关系，使国有资本经营者能按市场规律，真正成为自主经营、自负盈亏的市场主体。②

---

① 刘智升. 试论国有企业管理体制改革 ［J］. 经济师，2005（12）：280.
② 吴宣恭. 完善国有资产管理体制 ［N］. 福建日报，2003 – 01 – 14.

五、现实影响

马克思主义是关于全世界无产阶级和全人类解放的学说，是马克思、恩格斯在批判地继承和吸收人类思想史上优秀成果的基础上创立的，是指导社会主义改革、发展的科学理论。产权理论作为马克思主义理论的重要组成部分，是历史唯物主义理论的主要内容。早在 1982 年，吴宣恭便开始运用马克思主义产权理论研究和探索中国经济体制改革，是马克思主义产权理论的较早的研究者与传播者和实际运用者与创新者。他运用马克思主义产权理论的基本观点、立场和方法，探索我国所有制改革出现的新情况、新问题，发表大量改革文章，改革内容涉及所有制内部产权分离、国有经济战略调整、所有制实现形式、国家所有制改革形式、社会主义所有制结构改革、国有企业产权制度改革、国有企业劳动产品归属、国有企业改革资产维护等方面问题，研究方向广，内容丰富；所提出的改革建议，既有高屋建瓴的宏观鸟瞰，又有潜海寻珍的微观探索；既站位高远，又切合实际；既具有一定的理论高度，又具有很强的操作性。许多科学的建议为党和政府所采纳，成为推进我国所有制改革尤其是国有企业改革的科学理论和实践指导依据。至今，吴宣恭的许多改革思想仍具有借鉴意义，如所有制改革方向、所有制改革应遵循的基本原则、所有制结构改革思想、国有经济战略调整的改革思想、国有企业产权改革的产权明晰和配置合理的改革思想，关于混合所有制的改革思想，等等。掌握吴宣恭的改革思想，对于贯彻党的十八届三中全会关于全面深化改革具有重要的理论和实践意义。为此，可以说吴宣恭是马克思主义产权理论的实践先锋。

第四节　所有制实现形式问题的研究

党的十一届三中全会以来，我国所有制结构发生了巨大变革，不仅出现家庭联产承包经营责任制，国有企业承包经营责任制、租赁制，而且还出现合作制和集体股为主的股份合作制、股份制。所有制多元的实现形式大大增强了全民所有制企业的活力，调动了广大职工的劳动积极性。鉴于所有制实现形式的重要作用，早在 1983 年，吴宣恭就开始了公有制实现形式的实践与研究。党的十五大后，当经济理论界的视野开始聚焦实现形式问题时，吴宣恭又发表文章①提出自己创新性观点。这些观点在理论界引起较大反响，其中《积极探索效益优良的公有制实现形式》还获国家第七届精神文明建设"五个一"工程论文奖。

一、理论界关于所有制实现形式内涵的学术探讨

（一）理论界对所有制实现形式的不同理解

党的十五大明确提出"公有制实现形式可以而且应当多样化"②。这一创新性观点的提出，引起众多学者对公有制实现形式内涵的广泛研究，形成了不同的理论认识，主要体现在以下几个方面：

一是侧重生产资料的营运效率及剩余产品的索取，如吕政认为公有制的实现形式指的是"社会或劳动者集体支配、经营生产资料并对产品进行分配的具体方式，核心是生产资料的营运效率及对剩余产品的索取问题"③；徐桂华和郑卒认为所有制实现形式的实质是解决"有关生产资料所有权、占有权、支配权、使用权、得益权和处置权的动作和实现问题，其核心是生产资料的营运效率及对剩余产品的索取问题"④；吴立平认为所有制实现形式指的是"所有者对生产资料的占有、支配、使用、收益的方式，具体表现为所有者投资企业的财产组织方式、企业的组织形式和经营方式，其核心是生产资料的营运效率及对剩余产品的索取问题"⑤；陈士奎认为所有制的实现形式是"生产资料占有形式在出资关系、财产组合、支配方式、治理结构等社会微观层次的具体体现……实现形式的核心是生产资料的营运效率以及对剩余产品的索取问题"⑥；崔朝栋认为所有制的实现形式指"在生产资料归属既定的条件下，如何占有支配和使用生产资料，为所有者的利益服务的问题……核心问题是生产资料的营运效率及对剩余产品的索取问题"⑦；等等。

二是侧重资产（财产）的组织形式和经营方式，如银温泉认为所有制的实现

---

① 指《论公有制实现形式及其多样化》与《积极探索效益优良的公有制实现形式》两文。
② 《高举邓小平理论伟大旗帜，把建设有中国特色社会主义事业全面推向二十一世纪》。
③ 吕政. 公有制与公有制实现形式的联系与区别 [J]. 当代财经，1997（10）：10.
④ 徐桂华，郑卒. 公有制实现形式研究 [J]. 毛泽东邓小平理论研究，1998（4）：23 - 24.
⑤ 吴立平. 公有制实现形式：理论依据与现实依据 [J]. 北方论丛，1998（5）：49.
⑥ 陈士奎. 关于公有制实现形式的几个问题 [J]. 思想战线，1998（10）：4.
⑦ 崔朝栋. 关于公有制的含义及其实现形式的思考 [J]. 经济经纬，1999（4）：20.

形式是"在一定的生产资料所有制前提下财产的组织方式"①；李成龙认为所有制实现形式是"一种所有制为实现自己所采用的具体的资产组织形式和经营方式"②；李风圣认为所有制的实现形式指"生产资料的占有关系、财产组织制度形式、支配方式、经营形式等。这几种具体形式之间是有逻辑联系的"③；孙伯良认为"让公有资产得以存在和实现的组织形式和经营方式，是公有制关系的外在形式，即公有制的实现形式"④；等等。

三是侧重主体实行占有的实现形式，如周克任认为"正因为所有制的核心是占有基础上形成的所有权，所以，所有制的实现形式实质上是所有权的实现形式；脱离所有权来谈所有制的实现形式是错误的"⑤；董瑞华认为所有制的形式是"主体实行占有的具体形式、模式与方法，是十分具体的所有制表现"⑥；等等。

四是侧重劳动者与生产要素的结合，如韩庆华认为所有制实现形式指"在一定的生产所有制的前提下，如何实现劳动，资本等资源要素的组合，以及人们的经济权限、责任和利益的结合，使所有制关系得到具体体现"⑦。

综合以上学者的论述可以看出，他们对所有制实现形式的内涵多数从效率和分配出发，模糊地谈论所有制内部职能，笼统地从形式、模式或途径、方法来论述所有制实现形式的内涵。吴宣恭却运用所有制内部产权结构理论，从所有制内部各种权能集中、分离、拆细或重组形成的产权配置格局的角度准确地阐述所有制实现形式的内涵。他指出："通过一定的划分、配置、管理、监督去具体组织和实施某一所有制内部的各项权利，是这种所有制的产权主体履行其责任，实施其权能，体现其利益所必需的。离开具体的产权配置和组织方式，所有制内含的财产权利就无法实施和体现出来。所谓所有制的实现形式，指的就是一种所有制在其内部具体配置、组织和实施各项产权的格局或方式。"⑧ 可见，这种具体分析所有制内部产权结构和各种产权间关系，进而阐明所有制实现形式的内涵的方

① 银温泉．积极探索公有制的有效实现形式 [J]．宏观经济研究，1999 (12)：13.
② 李成龙．对公有制实现形式的探讨—适应改革实践发展的重大理论创新 [J]．学术交流，1999 (3)：13.
③ 李风圣．论公有制的实现形式 [J]．求是，1998 (6)：22.
④ 孙伯良．公有制实现形式的辩证思考 [J]．复旦学报 (社会科学版)，1999 (4)：103.
⑤ 周克任．论社会主义公有制及其实现形式 [J]．山西财经大学学报，1998 (5)：8.
⑥ 董瑞华．马克思主义所有制形式理论在当代的发展 [J]．韶关大学学报 (社会科学版)，1999 (3)：8.
⑦ 韩庆华．当代中国马克思主义所有制理论的新发展 [J]．中国软科学，1998 (11)：118.
⑧ 吴宣恭．论公有制实现形式及其多样化 [J]．中国经济问题，1998 (2)：3.

式，无疑更具有理论的系统性和科学性。

（二）准确阐述所有制实现形式的科学内涵

吴宣恭从人类历史长河中所有制的变化发展及其与具体产权制度之间关系对所有制实现形式进行深入阐释和探索，进而对所有制实现形式的科学内涵进行系统而准确的界定。他指出，党的十五大对所有制实现形式的科学论述是马克思主义所有制理论在社会主义实践中的重大发展。在所有制关系初期，各种财产权利虽集中统一归同一主体行使，但随着社会分工和经济关系的多样化，各种主体所有制主体的权能发生改变。出现了多种可能：一种是各种财产权利中的某些权能可以细分、劈分或派生、衍生出新的权能；一种是不同的主体权利可以互相分离；一种是几个不同的权能进行重新组合，如占有权、使用权、支配权（全部或部分的）可以进行组合，形成人们所说的经营权。所以，"一种所有制在建立以后，它内部的产权结构绝非一成不变，可能出现各式各样的产权配置格局。通过一定的划分、配置、管理、监督去具体组织和实施某一所有制内部的各项权利，是这种所有制的产权主体履行其责任，实施其权能，体现其利益所必需的。这些产权配置的规范化、制度化，就是产权制度或所有制实现形式"①。

二、多种所有制实现形式出现的原因与作用

（一）运用矛盾分析法准确分析多种所有制实现形式的基本原因

根据马克思主义矛盾理论，任何事物的发展都是矛盾运动的结果。多种所有制实现形式也不例外，它的出现也不是一蹴而就，而是矛盾运动的最终结果。对此，吴宣恭认为所有制多种实现形式的形成是生产力与所有制关系矛盾运动的结果。他指出，生产力的性质和水平决定所有制关系。当生产力的水平和生产社会化程序提高一定程度时，就会超出原所有制关系的束缚，生产力决定所有制关系的基本规律就必须迫使社会以各种方式变革原来的所有制关系。当生产力有可能突破原来的所有制关系时，既得利益阶级必然采取各种方式或手段去维护旧的所有制，其方法之一是，保持原有的归属权和与之联系较紧密的权利不动的情况下，调整其他产权配置，在不同的产权主体间进行部分权力和利益的再分配，以缓解所有制关系与生产力的矛盾，维护旧的所有制。这就是所有制出现多样化的

① 吴宣恭．论公有制实现形式及其多样化［J］．中国经济问题，1998（2）：3．

实现形式的根本原因。

对于我国所有制出现多样化的实现形式的基本原因，吴宣恭认为是生产力的发展水平落后所建立的所有制关系。他指出，我国在建立社会主义公有制时，由于步伐太快，片面追求纯粹公有制，普遍采用只适用生产力水平和生产社会化高度发展的所有制关系。这种所有制不仅不符合初级阶段生产力发展水平，而且严重脱离政府、企业及管理者的经营管理能力，导致一些能起很大积极作用的资源无法利用，也严重地挫伤了广大劳动者的积极性，致使企业缺乏发展动力。在这种情况下，为了保证公有制的主体地位，除改变部分不适合归全民所有或集体所有企业的所有制性质外，最好的方法就是调整所有制内部产权配置，合理划分国家、企业及劳动者之间的权益关系，以增强企业和劳动者的主动性和积极性，提高经济效益，使之适应生产力发展的要求，在一定程度上缓和它与生产力的矛盾。此外，吴宣恭还从"所有制的范围和所有者的经营管理能力""收益和风险的顾虑""投资主体多元化和投资方式多样化""不同部门和产业的生产经营条件"① 四个方面阐述了造成所有制实现形式多样化的外在因素，全面地分析了多种所有制实现形式出现的原因。

（二）实行所有制多种实现形式的积极作用

吴宣恭通过对所有制与产权理论的研究，较早地对所有制多种实现形式在所有制改革中的积极作用进行科学分析，这对增强人们改革自信和顺利推进经济体制改革具有重要的意义。他指出："社会主义公有制建立适合的生产力状况的实现形式，就能在不同方面发挥许多积极的作用"，具体表现在以下六个方面：一是有助于在不同主体间组织合理和有效的分工，进而提高效率；二是有助于明确各主体之间的责、权、利关系，激活产权的激励功能，以更好地调动企业与劳动者等主动性与积极性；三是有助于推进生产要素的合理流动和公有资产的重组，实现现有资源配置的进一步优化；四是有助于采取新的管理方式和管理体制，实现经营机制的转变；五是有助于各种不同所有制之间资产的融合，强化他们之间的联系与合作，更好地发挥各产权主体的作用；六是有助于在国有经济内部培育新的、独立的产权主体，以形成真正的商品交换关系。②

---

①② 吴宣恭. 积极探索效益优良的公有制实现形式［N］. 福建日报（理论版），1998 – 10 – 29.

三、中肯地提出探索公有制实现形式的注意事项

吴宣恭在把握公有制实现形式科学内涵的基础上，准确地分析了我国全民所有制旧管理体制的弊病，辩证地看待承包经营责任制、股份制等实现形式的作用与局限，中肯地对所有制改革提出七点注意事项，为党和国家推进所有制改革进程提供了积极建议。这些建议符合所有制改革规律，也经受所有制改革实践的检验，证明是正确的。

吴宣恭认为要探索和转换公有制的实现形式应注意七个方面的问题：第一，要基于我国实际，坚持三个有利于，大胆尝试，并及时总结经验和加以推广。第二，要坚持公有制的性质。探索和转换公有制新实现形式的目的是调整和完善所有制内部产权结构，非改变公有制，这是体制改革遵循的前提条件。为此，探索、转换公有制的实现形式必须在改革过程中坚持做到使劳动者确实成为共同所有者和经营者的一员和使劳动者能够享有共同劳动成果两个方面。第三，要根据不同条件选择合适的实现形式。我国所有制企业行业多、分布广，生产力水平和社会化程度差别大，经营状况不一，应根据行业和企业的特点，实事求是，区别对待，分别选择不同的实现形式，切忌搞"一刀切"和"随大流"。第四，要全面协调，实行配套的改革措施。所有制实现形式的转换涉及面广，要切实有效地推进转换，需要全面协调好各方面的工作。第五，要高度认识探索与转换公有制有效实现形式这一任务的艰巨性和复杂性，着眼于全局和长远的发展。要深入细致地搞好调查研究，针对不同地位、不同行业和企业，制定可行的改革方案，循序渐进、积极稳妥地推进改革。第六，要具体、明确地界定各产权主体对国有资产的责、权、利。要改变过去由于产权集中造成产权配置不合理，产权边界不确定，产权主体不明确的弊病，科学合理地选择有效的实现形式，合理调整、配置各个主体的产权，使责权利平衡，主体间相互配合和制衡，以起到激励和约束的双重作用。第七，要注意防止公有权益的流失。① 吴宣恭特别指出，虽然公有制实行多种实现形式只是其内部权利的具体配置，不会改变所有制的性质，但是，量变到一定程度就会发生质变是事物的普遍规律，所有制也不例外。在私有制的社会里，私有财产的产权明晰，既有明确的主人时时守卫，也有严厉法律和统治者政权机器严格保护。在这种情况下，改变其性质往往要经过暴力革命或付出极其高昂的代价方能实现。公有制与之相比则缺乏这么强大的防护机制，这是因为

---

① 吴宣恭. 积极探索效益优良的公有制实现形式［N］. 福建日报（理论版），1998 – 10 – 29.

公有产权结构的特点所致。大多数所有者代表对社会公有财产的关切度不高，甚至对造成公有财产损失也不会产生切肤之痛，常常会因为认识或其他因素而对所有权的维护有所忽视，往往可能只需一纸公文或一句许诺，导致各种公有权利有意或无意地被放弃。当所有制关系局部质变累积到一定程度时，一旦再有归属权转移或公有成分所占比重降低事件发生，那么所有制性质就会发生蜕变或者私有化便水到渠成或者在无声无息中完成。这种蜕变绝非是理论上的推断，古时已有原始公社所有制变为私有制的历史可作殷鉴，今日在改革中也有许多事例足资见证。因此，必须高度警惕在经济改革中确实存在着的这种可能性，切实担负起维护公有制的崇高职责。①

四、现实影响

（一）进一步丰富和发展了马克思主义关于所有制理论

在马克思、恩格斯的经典著作中，对社会主义公有制的使命及理论内涵都做了明确的表述，如指出"共产主义的特征并不是要废除一般的所有制，而是要废除资产阶级的所有制……共产党人可以把自己的理论概括为一句话：消灭私有制"②，强调无产阶级的使命是建立社会主义公有制，"把资本变为属于社会全体成员所有的公共财产"③，并由"一个自由人联合体……并且自觉地把他们许多个人的劳动力当作一个社会劳动力来使用"④……但唯独没有提及所有制实现形式。这是客观原因所造成的，他们在当时的形式下，没有并且也不可能对公有制的实现形式进行有效的探索或做出先验的规定。同时，马克思认为未来社会设想的越具体，就越容易陷入空想。

中华人民共和国成立之初，由于在所有制问题上缺乏科学的理论指导，出现简单地借鉴苏联发展模式，陷入教条式的理解和运用马克思关于社会主义公有制理论来指导实践，造成改革开放前建立起一整套僵化的计划经济管理体制，使企业缺乏活力，效益低下、生产力发展滞缓。党的十一届三中全会以来，以吴宣恭为代表的经济学家筚路蓝缕、孜孜不倦地投入所有制改革探索的征程。吴宣恭将

---

① 吴宣恭. 论公有制实现形式及其多样化 [J]. 中国经济问题，1998（2）：5.
② 马克思恩格斯选集（第 1 卷）[M]. 北京：人民出版社，1972：265.
③ 马克思恩格斯选集（第 1 卷）[M]. 北京：人民出版社，1972：266.
④ 马克思恩格斯全集（第 23 卷）[M]. 北京：人民出版社，1972：95.

所有权结构理论充分地运用到所有制改革，较早地探索和实践了股份制和承包经营责任制的所有制改革的具体形式；在提出所有制内部存在产权分离的基础上，科学提出所有制实现形式的可能，并在正确把握所有制变化规律及其与具体产权制度关系基础上，系统而准确地界定所有制实现形式的内涵，并运用矛盾分析法准确把握多种所有制实现形式出现的原因，分析了实行所有制多种实现形式的积极作用，指出在（狭义）所有权不变的情况下，根据条件的变化对其内部产权关系自觉进行局部调整，采用新的实现形式，能使这种所有制更加适应生产力发展的要求，维护自身的存在并不断完善。强调国有经济改革的正确途径就是在保证国家所有权不变的前提下，积极探索效益优良的实现形式，并就转变公有制实现形式提出重要的注意事项。吴宣恭对所有制实现形式的深入阐释和探索，形成了自己一系列独到的理论见解和实践探索，极大丰富和发展了马克思主义所有制理论，使我国所有制改革实践有了正确的理论依据。

（二）所有制实现形式理论研究和实践探索的先行者

改革开放以来，我国调整了所有制结构，逐步形成了以公有制为主体，多种所有制结构共同发展的格局。但这更多的是在所有制之间，在公有制之外。比较而言，国有企业的改革相对滞后。受传统计划经济体制的影响，我国国有企业遍及国民经济各行各业，战线过长，整体素质不高，资源配置不合理，加上国家财力无法支撑过于庞大的国有经济，使得国有经济在企业制度及其运行机制与市场经济的矛盾日益尖锐。如何解放国有经济，使之更加适应市场经济的要求，必然要深化国有企业改革，构建合理、有效的所有制形式已成为经济学家的责任所在。

早在 1983 年，吴宣恭就发表《国营企业的经济改革和全民所有制内部关系的调整》，分析经济改革和生产资料所有制变化的关系，对不同规模的国营企业提出了具体的、可操作性的改革设想，开始了国有企业改革实现形式的实践探索。随后几年，他发表了系列文章，分别对承包制、股份制等国有企业的具体实现形式进行有益的探索。1987 年，发表《股份化和全民所有制企业的改革方向》，在批判理论界存在的"一股就灵"的错误认识后，仍肯定地提出股份制的积极作用；1990～1991 年，分别发表了《承包经营责任制的产权关系和深化改革的方向》、《完善承包制的对策》和《经营承包制现存的问题和解决途径》文章，较为全面地阐述了承包制的产权关系、改革对策、存在问题及解决办法；1992 年，发表《全民所有制实现形式的比较研究》，从商品经济运行的角度，对当时所有制改革运行的承包经营责任制和股份制进行了分析比较，提出承包制是国有大中型企业的产权实现方式的比较合理的选择这一科学论断；1993年，发表《探索全民所有制的有效实现》，在准确把握旧管理体制弊病的基础上，高瞻远瞩地提出了全民所有制改革的基本原则，并科学地研究了承包制和股份制的产权特点、作用及局限，正确地预测了深化全民所有制改革的趋势；1998年，发表了《论公有制实现形式及其多样化》和《积极探索效益优良的公有制实现形式》，在正确认识公有制采用多种实现形式的积极作用基础上，科学地提出转换所有制形式的建议。可以说，吴宣恭对所有制实现形式有较深的理论研究与实践探索，推动了国有企业改革，为国有企业改革和发展提供了理论依据和实践指导，也为深化经济体制改革奠定了社会主义市场经济的微观制度基础。

第五节　国有产权制度改革需注意的几个方面

改革开放后，国有企业的产权结构发生巨变。国有企业产权内部经历了产权的分离、拆细与重组，形成了以公有制为主体，多种所有制共同发展的新产权配置格局。对于产权结构的新变化，理论界出现了"官本经济""民本经济""间接所有制""国退民进""国进民退"等私有化改革论调，若不加以肃清，势必造成思想混乱，乃至偏离社会主义的改革方向。吴宣恭运用扎实的产权理论，对照社会现实，在坚持正确的改革方向和原则的基础上，对私有化改革舆论进行有力的分析和反驳。

一、改革的方向和坚持的基本原则

（一）明确改革方向

1. 主张国有产权制度改革必须适应社会主义全民所有制的本性

吴宣恭认为不同所有制的调整和改革都有一个由所有制本性决定的限度，不存在划一的或统一的模式，主张国有产权制度改革必须适应社会主义全民所有制的本性。他指出，西方国家的企业制度是建立在私有制的基础上，资本主义的基本矛盾促使资产阶级不断改革企业的产权结构，以适应大生产的要求，但无论产权关系如何调整，只能在一定程度上缓解私有制同社会化大生产的矛盾，使生产力得以继续发展，却没有改变私有制的性质。所以，资本主义企业产权制度改革的局限性无法从根本上解决社会与企业内部的矛盾与利益冲突。社会主义全民所有制是全体劳动人民共同拥有生产资料，全体劳动者是生产资料的主人，从根本上解决了资本主义的基本矛盾，具有显著的优越性。社会主义国有企业产权制度改革必须服从全体劳动者的根本利益，以更好发挥社会主义公有制的优越性。对此，可以从是否合理配置产权、能否最大限度地调动广大劳动者生产积极性与主动性、是否提高企业、社会经济效益并为广大人民谋福利三个方面来衡量国有企业的改革效果。①

2. 主张所有制改革必须坚持公有制的主体地位

马克思曾指出，"共产党人可以把自己的理论概括为一句自话：消灭私有制"②；邓小平同志也曾指出，"一个公有制占主体，一个共同富裕，这是我们所必须坚持的社会主义根本原则"③。可见，社会主义的本质特征是生产资料公有制。这也是吴宣恭一贯坚持的主张。他在客观分析的基础上，明确地提出坚持公有制主体地位"关系到社会主义前途的根本大事，是分析评判改革成功或失败的最重要的标准"④。他指出，社会主义初级阶段具有很强的过渡性质。在此阶段，我国的基本经济制度使社会主义公有制同资本主义私有制两种性质互不相同的所有制并存，并为谋求自身最大利益而不断发展、变大，力争压倒对方而占据主体地位。鉴于此，在社会主义初级阶段，社会的发展仍存在沿着社会主义方向前进或沿着资本主义社会制度倒退的双重可能，马克思主义理论工作者应时刻保持清醒认识，确保公有制的主体地位和坚持社会主义方向，防止社会主义倒退或资本主义复辟。

（二）提出全民所有制改革应遵循的原则

公有制经济是社会主义经济的主导，对巩固社会主义生产关系和发展国民经济都具有重要的作用。所以，所有制问题是我国由计划经济向市场经济转型过程中面临的最重要的理论与实际问题。经过多年的改革实践，我国所有制结构虽有了很大的改善，但由于旧体制积重难返，改革实践中仍出现许多问题，只有继续推进所有制改革，不断完善所有制结构，才能适应社会主义市场经济和建设有中国特色社会主义的需要。

---

① 吴宣恭. 国有产权制度改革　必须适应全民所有制的本性［J］. 中国人民大学学报，1996（3）：2.
② 马克思恩格斯选集（第1卷）［M］. 北京：人民出版社，1972：265.
③ 邓小平文选（第三卷）［M］. 北京：人民出版社，1993：111.
④ 吴宣恭. 所有制改革应保证公有制的主体地位［J］. 管理学刊，2011（10）：5.

早在1993年，吴宣恭在探索全民所有制的有效形式时，较早地提出所有制改革应遵循的原则，高瞻远瞩地为所有制改革指明了方向。他指出，深化全民所有制管理体制改革，除必须根据发展生产力的要求和生产社会化程度，维护全民所有制的性质和基本特征外，还应遵循五条基本原则①：第一，必须有利于全民所有制的巩固和发展。改革的目的是自我完善，而不是废弃。全民所有制是适应高度社会化的生产的需要，为解决生产力与资本主义所有制之间矛盾而建立的，所以改革必须遵守巩固和发展全民所有制这个基本前提，离开这个基本前提必然背离改革的社会主义方向，这是社会主义社会所不允许的现象。第二，必须有利于充分调动最广大劳动者的积极性，这是改革的首要原则。劳动者是最基本、最活跃的生产力。全民所有制改革关键不在于实行计划经济，而在于劳动者能力的充分发挥，进而释放劳动者这一生产力束缚，促进生产力的迅速发展。为此，能否调动劳动者和生产积极性与主动性已成为一种所有制是否促进生产力发展的检验标志。改革前，由于全民所有制的权力和利益支配过度集中在国家手里，收入分配的"平均主义"使劳动者的主人翁地位无论从国家与企业的关系还是从企业内部的关系来看，都体现得很不充分，大大妨碍了劳动者积极性的发挥。要最大限度地激发劳动者的主人翁意识，提高劳动者积极性、主动性和创造精神，促进生产力发展，就必须通过所有制改革来实现。第三，必须有利于资源合理配置。要通过市场调节和计划调节，合理配置资源以达到社会生产的按比例发展。要实现这个目标，一是必须使企业拥有足够的经营自主权和一定的利益，使企业能够根据市场变化，迅速做出反应，灵活做出决策；二是加强国家的宏观调控，以降低因市场自身弱点和消极方面带来的负面影响，即除了经济、法律手段以外，利用一些行政手段，加强计划调控，以实现调控目标。这是全民所有制经济所具有的优越性特点，应在改革中全面考虑合理配置资源的要求，以发挥这一特有优势。第四，必须有利于建立合理的企业经营机制。企业是一个生产经营单位和独立的市场主体，必须具备自主经营、自我发展、自我约束的机制。实现这个目标必须处理好国家与企业之间和企业内部之间的关系。处理好国家与企业的关系必须合理划分和明确各自的产权，即要让国家保留必要的宏观调控权力以加强对企业的检查、监督和进行必要的宏观管理与调节；要使企业摆脱国家机构的任意干预，明确企业的责、权、利，使企业成为自主经营、自负盈亏的经济实体和法

① 参见：吴宣恭. 探索全民所有制的有效实现形式［M］//吴宣恭文集（下）. 北京：经济科学出版社，2010：415-422；吴宣恭. 深化全民所有制的改革 充分调动劳动者的积极性［J］. 高校理论战线，1992（3）.

人。处理好企业之间的关系，关键是要建立企业的领导和管理机制，实行岗位责任制或内部承包，创造条件使企业职工参与企业管理。第五，必须从实际出发，坚持长远的发展方向。改革前，旧的管理体制脱离生产力实际水平，产生了一系列弊端。改革后，党和国家纠正过去急于求成、盲目求纯的做法，结合我国当前的具体实际，形成以公有制为主体、多种所有制经济共同发展的基本经济制度，这是在今后相当长的一段时期内改革所必须坚持和遵循的原则。但坚持从实际出发，还必须放眼长远，朝着马克思提出的社会主义和共产主义的设想，继续前进。要坚信一个由社会占有全部生产资料，由社会中心自觉组织社会生产的经济高度发达阶段必定会实现。

二、国有企业的社会职能[①]

（一）准确定位国有企业的社会职能

党的十五届四中全会第一次在党的重要文件明确界定和说明我国国有经济的地位，这一界定无论在我国国有企业发展史上，还是我国国有经济发展史上，都是一个重要的里程碑，既推动了国有企业的改革进程，也对国有经济的发展壮大产生巨大的推动作用。吴宣恭以其广博的学术视野和敏锐的学术洞察力，从国有经济存在和发展的必要性及其全民性质出发，将国有企业置于国民经济之中加以客观、全面地审视，准确地定位国有企业的社会职能。他指出，社会主义公有制代替资本主义私有制，一方面是为了调动全体劳动者的主动性和生产积极性，更好地发展社会生产力，以消灭剥削和两极分化，最终实现共同富裕；另一方面是为了克服私有制追求剩余价值唯一目的的局限，协调好再生产各个环节及各类生产者与消费者之间的关系，提高社会资源的配置效率。当前，国有经济只占国民经济的一部分，国有企业也存在许多问题和困难，效益不够好，要全民履行社会宏观调控还有很大的困难，但仍具有承担宏观调控任务的条件，如"拥有大量的自然资源和资本、人才、技术及信息优势""全民所有制的特点，使国有经济内部及国有经济与社会之间拥有共同的利益，能较好调和国家、企业及劳动者之间的关系及利益矛盾""国有经济与国家存在天然的联系，可通过国家财政实现国

---

① 本点阐述的经济思想均参见：吴宣恭. 正确认识和发挥国有经济的双重职能［J］. 开放潮，2001（1）.

家的宏观调控"等有利条件，致使国有经济有发挥双重职能的必要和可能，即国有经济既要努力提高效率，生产更加丰富的产品，创造更多的价值和利润，充分满足社会的需要，还必须积极承担社会责任，配合国家在国民经济的宏观调控方面发挥应有的积极作用。

（二）对发挥国有企业社会职能提出中肯的建议

在充分阐明国有企业发挥双重职能的必要性与可能性的基础上，吴宣恭又分别从不同的类型、经营层次和运用不同的经营形式三个方面对发挥国有企业社会职能提出中肯的、具有建设性的建议。他指出，要让国有企业担负额外的双重社会职能，不仅会影响企业对基本任务的完成，而且不可避免地降低自身的经济效益。要解决以上两难问题，有三种途径可行：第一，要区分不同类型的国有企业，明确经营目标，并分配不同的任务；第二，在国有经济不同经营层次之间适当分工，使它们在承担双重职能时各有侧重，第三，适当利用资本经营形式、资产经营和产品经营形式的特点，分别由不同的经营层次和企业承担不同的宏观调控任务。与此同时，吴宣恭对三条解决途径还提出具体的、强操作性的实施办法。他指出，在社会主义市场经济条件下发挥国有企业的社会职能是一个崭新的问题，需要不断地在实践中研究和探索，并尝试不同的解决办法，以解决国有经济发展过程中出现的各种问题。对不同类型的企业，要给予不同任务。如对自然垄断行业、基础设施、提供公共产品及服务的行业，以完成满足社会需要的生产任务为主；对高科技、高风险产业、基础工业、对国家产业结构调整有重大影响的产业，以提供国民经济发展必要产品为主；其余企业以生产多且好产品，为国家提供更多发展资金为主；这三类企业内部还可进行细分，承担不同的社会职能。如一类企业，可分为免费和收费两类；二类企业，可根据不同行业特点、规模、作用区别对待；三类企业，在追求利润的同时，争取为社会发展做出力所能及的支持；等等。对不同经营层次的国有经济，如高层次的国有经济可多承担一些宏观经济调控任务，而低层次的则少承担；在经营上，国有资产经营管理公司主要以资本经营为主，基层企业则主要进行资产和产品的经营，依靠市场机制的作用，生产社会需要产品，创造利润，积累资本，以谋求更好的发展；等等。对不同经营形式的国有经济，"国有资产经营管理公司主要进行资本经营""基层企业则主要进行资产和产品的经营"等。

三、对私有化理论的批判

（一）批判把国有经济污蔑为"官本经济"的私有化理论①

1. 对歪曲公有制本质的"民本经济"的批判

有种观点主张"社会投资以民间投资为主，经济形式以民营为主""民有、民营、民享"的"民本经济"。吴宣恭从我国社会的现实出发，揭穿此观点假借"民"的招牌宣扬资本主义私有化。他指出，高尚全所谓的民间投资，其主体不可能是个体生产者或工人，因为这些主体的力量单薄，收入不高，总量不大，地位不稳，积累不多；且大量的工人长期处于靠低微工资维持生活，积蓄不多，根本无法筹集投资所需资本。为此，民间投资只能是资本家的投资，他们积累了大量必需的资本额。高尚全"民间所有、民间积累、民间投资、民间经营为主要经营方式"的实质是由资本家投资、经营，归他们所有、积累和享受，以资本主义私有制为主体，背弃我国的基本经济制度。他所谓的民享，在私有制为主的条件下，只能是资本家的享受。在我国，随着资本主义经济成分比重的增大，社会财富正在加速集中在富人手中，如果听信高尚全的谎言，实行私人投资、私人积累，财富流向少数人手中将进一步加剧，必将导致一边少数人过着穷奢极侈的生活；另一边的广大工人只能靠微薄工资，维持起码生活。

批判了"三民经济"会出现全民积极性的错误观点，认为这种观点是对那些没有经济学常识的人的哄骗。吴宣恭指出，生产资料所有制是生产关系的基础，既对人们在生产过程中的地位及相互关系起决定作用，也对劳动成果的分配起决定作用。资本家投资的企业，其企业的资产归资本家所有、占有、使用，所创造的产品和价值也归资本家所有；而受雇佣的广大工人，在资本家的监督下，按照资本家的意志进行劳动，除微薄工资外，什么都没有得到。广大工人完全失去主人翁地位，迫于生计而干活，无法激发内在动力和创造力。

邓小平曾指出"某些人所谓的变革，应该换个名字，叫作自由化，即资本主义化。他们'改革'的中心是资本主义化……这个问题还要继续争论"②。吴宣恭认为"三民经济"倡导者就是邓小平所指的"某些人"。他指出，"三民经济"

---

① 本点阐述的经济思想参见：吴宣恭. 评对"抗官本经济"的"民本经济"论 [J]. 马克思主义研究，2008（9）.

② 邓小平文选 [M]. 北京：人民出版社，1993：297.

是资本家所有、经营和积累、享受的经济，而非真正的老百姓经济。同时对"中国下一步改革的突破点在于民本经济"的观点，如不加以批判，必然会造成资本主义的全面复辟，改革所取得的成绩也将丧失殆尽。

2. 对所谓"官本经济"的批判

把社会主义的国有经济诬称为"官本经济"并等同于俾斯麦和希特勒的"国家社会主义"、歪曲恩格斯对俾斯麦国有化的批判来反对国家所有制。吴宣恭对这些恶毒的攻击加以驳斥。他分析了社会主义国有经济的地位、性质和作用，说明社会主义国家所有制与资产阶级国家的国有化的根本差别，指出，高尚全找不出足够的理由去批判社会主义的国家所有制，只好抬出臭名昭著的俾斯麦和希特勒的国有化，将它们等同于社会主义国家所有制，然后一起搞臭，是一种应用影射方法进行迂回攻击的卑劣手段。他还指出，以高尚全的工作经验和理论水平，不可能不明白我国国家的性质，不可能不理解国有经济性质，在这种情况下仍把它与资产阶级的国有化混淆在一起加以反对，实质上正像高尚全本人所说的"有人是故意借机攻击党的改革路线和方针政策"。

3. 对"市场经济"理论的批判

某种所谓"市场经济"理论强调民本经济是市场经济、竞争经济，吴宣恭对这种"市场经济"论述进行分析并加以驳斥，揭露其故意篡改我国市场经济的性质。他指出，社会主义市场经济体制的建立，目的是在国家宏观调控下，充分发挥市场对资源配置的基础性作用。我国的社会主义市场经济之所以有别于资本主义市场经济，并具优越性，关键在于其是建立在公有制为主体、多种所有制经济共同发展这一基本经济制度的基础之上。而避开不谈我国基本经济制度与国家在市场经济中的作用，其真实目的是歪曲社会主义市场经济的性质，主张不加引导，放任私有经济自由发展，这是一种新自由主义经济学观点。他还驳斥"批判新自由主义是'否定改革'会引起'灾难性后果'"的观点，指出批判新自由主义是为端正思想，确保改革朝正确方向发展和完善社会主义制度。

4. 对所谓"以民为本"的批判

吴宣恭对所谓的"以民为本，立足于民，民有、民营、民享的经济"进行驳斥，认为是对党的十七大报告提出的"以人为本"内涵的篡改。他在分析"以人为本"的真实内涵的基础上，指出与所谓"以民为本"观点无论是在内涵上还是在理论上都全部不同。把"以人为本"篡改为"以民为本"，实质是抄袭商业上假冒伪劣商品"傍名牌"的恶劣行径，以达到迷惑人民群众的真实目的，为推行新自由主义制造假象；是为博取同情，营造"官"与"民"对立理论，离间人民与政府、国家之间的关系；是假借人民群众名义以包装他个人的新自由主义主张，以推行私有化。

综上所述，吴宣恭对所谓"三民经济"的观点进行全面的、客观的分析，有力地驳斥了所谓"三民经济"的种种错误观点，揭露了其把"以人为本"改为"以民为本"，制造"官""民"对立，离间国家、政府和人民的关系，推进新自由主义的真实本质，既使人们再次清晰地认识我国社会主义基本经济制度和社会主义市场经济的性质，又看清了"以民为本"的真实本质；既使人们认识了国有经济和非国有经济的性质、地位、作用等问题，也统一了国有企业改革的指导思想，对贯彻和落实党的十八届三中全会关于全面深化改革精神，进一步推进我国国有企业改革具有重要的指导意义。

（二）批判"国退民进""国进民退"私有化理论

1. 学术界的不同观点

2008 年国际金融危机爆发后，我国政府的经济刺激政策推动国有经济的发展，有些国有企业对陷入困境的民营企业进行兼并和重组，更是引发人们对"国退民进"和"国进民退"问题的激烈争论。

一些学者放言国有企业改革应"国退民进"，营造私有化舆论，认为"国进"是对市场化的背离，主张"国退民进"以保证社会经济的正常运行①；认为"国进民退"潜藏着很大的风险与危机，是一场危险游戏，会极大地冲击着我国的经济发展与社会稳定②；认为第二次世界大战后的多个社会主义国家与第三世界一些国家国有化改革的失败与非国有化的推进证明"国退民进"才是不可抗拒的历史潮流，而"国进民退"却是逆社会之潮流③；认为"中国未来几年要做的第一件事就是国企私有化，国有企业已经成为未来中国进一步成长的最主要障碍之一"④；认为"国企定位于准公共物品的提供上……国有企业的做大做强是在不公正的规则下，是'与民争利'，颠覆了政府的公正性质"⑤。但也有一些学者持反对意见，认为"经济理论界存在贬抑和否定公有制经济、特别是国有经济在社会主义经济中的基础性地位和主导作用是错误观点"⑥；认为改革的"目的是

---

① 汪洋，徐枫. 关于国有资产转移中的资产流失问题研究［J］. 经济纵横，2005（9）：24－25，48.

② 杨速炎. 危险的"国进民退"［J］. 上海经济，2010（1）：36.

③ 曹思源. "国进民退"不是好现象［J］. 成都大学学报（社科版），2010（2）：17－20.

④ 张维迎. 中国未来几年要做的头等大事就是国企私有化［EB/OL］. http://finance.ifeng.com/news/special/zgfzlt_2012/20120317/5764651.shtml.

⑤ 盛洪. 民企本就有权进入所有市场［EB/OL］. http://www.dfdaily.com/html/113/2012/5/15/791482.shtml.

⑥ 卫兴华. 警惕"公有制为主体"流为空谈［J］. 经济学动态，2005（11）：15－18.

搞好国有企业，不是私分、吃掉、削弱，更不是消灭国有企业"①；认为"即使在竞争性领域，保留和发展有竞争力的国有及控股企业，这属于增强国有经济控制力'底线'的范围，也是'正当的选择'"②；认为"'国退民进'、'国有企业退出一切竞争性领域'和'民营经济为主体'，是违反党中央文件精神的错误思潮"③。

在界内的激烈争论中，吴宣恭旗帜鲜明地提出自己的观点。他准确揭露了"国进民退""国退民进"私有化舆论的实质，坚决反对"国退民进"的改革态势。他指出，"国有经济……目的是要加强而不是削弱国有经济的主导作用。因此，有些人把所谓'国退民进'说成是所有制改革和国有经济调整的定势，只许私有经济不断扩大，国有经济继续萎缩，不准国有经济根据经济发展的需要有所加强，是与改革目的背道而驰，真正逆社会主义潮流而动的"④。而对国企改革的方向问题，吴宣恭较早地做出明确回答。2000年，吴宣恭就发表文章提出要树立正确的国有企业"进退观"⑤，并就国有经济的战略性调整提出科学而有建设性意见。次年，吴宣恭再次发表文章，对流通领域的发展国有经济、如何发展国有经济，提出自己的见解。

2. 准确揭露"国进民退""国退民进"私有化舆论的实质

吴宣恭从经济关系的真实状况和"国退民进""国进民退"争论的实质两个方面，揭露了私有化鼓吹者的手法，并从理论和实践分析了他们的错误认识，再一次明确了坚持公有制为主体的改革目标⑥。

吴宣恭批判和揭露了"国""民"对立论的"造舆论"手法，他指出，在我国，"国"指社会主义国家，"民"指劳动群众为主体的人民。我们的国家是人民共同建立的国家，是属于全体人民的，也是人们财产权益的坚实保障。不存在"国"与"民"之间的对立。私有化鼓吹者为掩盖资本主义私有经济的实质，将非国有经济讳称"民营经济"，并将国有经济与非国有经济篡改成"国"与"民"的关系，甚至一些别有用心的人把"国"改为"官"，一方面美化私有经济，从表象上掩盖了私有经济剥削本质，另一方面蔑称国有经济为"官本经济"，把它等同于俾斯麦和希特勒的"国家社会主义"，甚至还扣上连

① 苏文忠，郭凯. 未来国企改革路径分析［J］. 中国石油企业，2005（10）：116-120.
② 刘国光. "国退民进"争论的实质与发展私营经济的正确道路［J］. 南京理工大学学报（社会科学版），2008（3）：4.
③ 程恩富，胡乐明. 遵循经济规律做强做优国有企业［N］. 人民日报，2011-11-16.
④ 吴宣恭. 所有制改革应保证公有制的主体地位［J］. 管理学刊，2011（5）：3.
⑤ 吴宣恭. 关于国有企业战略性改组的几个问题［J］. 福建改革，2000（1）：10.
⑥ 坚持公有制为主体的改革目标在本章第一点将进行阐述，这里不再赘述。

资本主义都不如的"权贵经济"与"权贵资本主义"，这样私有经济鼓吹者就可以脱掉支持资本主义剥削的本质，假借"人民"招牌，误导舆论和群众，打压国家所有制。这种假借"人民"招牌，掩盖私有经济的剥削本质，夸大国家、个人利益判别，以抹黑国有经济和离间人民群众与国有经济之间的血肉联系，进而制造"国"与"民"的对立论，实质便是私有化鼓吹者公然掩护和支持私有化的手法。

对于"国退民进""国进民退"喧嚷的实质，吴宣恭从理论和实践上进行分析和论证。他指出，企业"放权让利"以来，企业摆脱无权、无利、无责状态，增强了活力。企业和劳动者的积极性、主动性也得以激发。但私有化鼓吹者不满意，认为这种改革方式无法从根本上解决国有企业固有弊病，主张国有企业的狭义所有权都转变为私有。在这种舆论的影响下，大批国有企业被贱卖，国有经济大幅度萎缩，私有经济快速增长。[①] 20 世纪 90 年代中叶，私有化鼓吹者趁中央做出国有经济战略性调整之机，进一步煽动"国退民进"歪风，旨在逼迫国有经济退出一切竞争性领域。党中央和广大理论工作者及时纠正私有化的舆论主张，党的十五届四中全会通过的《中共中央关于国有企业改革和发展若干重大问题的决定》从多角度反复强调国有经济的地位与重要性，对国有企业改革做出创新性部署，以发挥国有经济主导作用。党的十六届三中全会、十七大报告，以及吴邦国同志对私有化鼓吹者提出的违背中央精神的"国有企业要从一切竞争性领域退出"的主张，坚决加以纠正。但私有化鼓吹者仍未反思，矢志不渝地通过各种方式制造舆论，对党和政府施压，一些部门也迫于舆论压力，出台了一些倾力扶持私有经济的政策。2008 年，在国际金融危机的影响下，一些私有企业有的破产，有的被收购兼并，有的被实行产权结构调整。面对这种形势，伺机已久的私有化鼓吹者再次捏造"国进民退"，对党和政府施压，即借莫须有的"国进民退"以肯定"国退民进"的合理与合法，通过炒作，意欲使"国退民进"成为改革的定势和准则。他们又运用"无中生有"和"偷梁换柱"的手法，一方面捏造莫须有的"国进民退""罪责"，加以渲染、炒作，制造声势，另一方面隐瞒、歪曲事实真相，骗取社会同情，佯守为攻[②]，这实际是私有化鼓吹者的新一轮欺骗手法，其目的是加快推进私有化。同时，私有化鼓吹者又利用分配不公等社会矛

---

① 这一点在吴宣恭提供的《1985～1992 年国家所有制和非国有制在国民总产值和社会商品零售总额中的比例》一文得以证明。

② 这一点吴宣恭选取了国家统计局公布的 2009 年与 2005 年工业、私营经济的发展数据、全国工商联主席黄孟复公布的国有、国有控股企业和民间投资数据，进一步批判了"国进民退"的错误观点。

盾，谎称国有垄断是我国分配不公的"祸首"，其目的是将民众的不满情绪转向国有经济，以实现全面私有化。

综合所述，吴宣恭从理论上分析了私有化鼓吹者制造"国"与"民"的对立论、煽动"国退民进"歪风、捏造"国进民退"、谎称国有垄断是我国分配不公的"祸首"的真实本质，从改革实践数据暴露了私有化鼓吹者的欺骗行径和理屈词穷的囧状，指出学术界关于"国""民"进退的争论的实质，这对人们看清"国退民进""国进民退"实质，坚定公有制为主体的改革方向都具有重要的意义。

（三）批判美化资本主义私有经济的"间接所有制"①

2008 年，理论界有人提出所谓"间接所有制"。吴宣恭运用马克思主义产权理论，对照社会具体实际，分析了所谓的"间接所有制"错误认识和存在的欺骗性，进一步指出杜撰出"间接所有制"是对产权理论的无知，其立论的真实目的是美化资本主义私有经济，贬低社会主义公有经济，为推进私有化制造舆论。

批判了"不能只重所有制之'名'，更要重所有制之'实'"的错误观点，认为这一观点错在对所有制本性及其真实内涵的不了解。吴宣恭指出，在现实的实际操作过程中，权能和利益相互依存，不可分割，不存在仅有法律条文的名义称谓。现实生活中经济权利和法律称谓是相互依存，不可分割，即"名"与"实"是互为存在的。而认为"产权不是实体，而是规范人们以一定的经济物品为媒介所实施的相互关系行为的规则"，实质是否认所有制与产权客观存在关系，是将所有制的"名"与"实"的割裂，这种观点不符合所有制的基本原理和历史唯物主义。

批判了"我们既要注意终极所有权，更要注意实际收益权，因为后者是所有权的最终实现"的错误观点，认为是似是而非的观点。吴宣恭指出，这一观点是"名实"分离的核心。从权能和利益内在统一的关系上看，权能和利益是分不开的，拥有权能是为获得利益，但只有掌握和实施一定权能才能取得利益。所以，收益权离不开所有权而单独存在。把"终极所有权"与"实际收益权"分开，进而相较两权的重要性，目的是营造收益权可以脱离所有权并比所有权更为重要的权能这一假象，实质是为其主张的"间接所有制"观点编织"国王外衣"。同

---

① 本点阐述的经济思想均参见：吴宣恭. 评美化资本主义私有经济的"间接所有制"[J]. 毛泽东邓小平理论研究，2013（2）.

时吴宣恭还对"终极所有权"进行批判，认为所谓的"终极所有权"的概念也是不科学的，是对表示归属关系的所有权的误称。

批判了"所有制问题的实质，是资产为谁所用、为谁谋利，这才是问题的根本"的错误观点，认为是对所有权体系中各种具体产权的结构和层次不懂所造成的。他指出，所有权是一个复杂的体系，可以是包括归属、占有、支配和使用等四种具体层次的产权，也可以引申、分细。但无论产权如何界定，具有归属意义的所有权是产权最重要、最核心的权利，财产归谁所有，为谁谋利，归根结底要归掌握归属权的所有者决定。为此，掌握归属权才是所有制的"根本"。上述错误观点实际上是颠倒了主次，搞乱了所有制内部各种产权关系。

批判了以"真正用于企业主私人消费的部分只占很小的比例"为由断言私有经济实质是为社会所用，进而主张私有经济不能只姓"私"的错误观点，认为这种观点是不懂经济学的基本常识和马克思的积累理论。他指出，生活消费和投资是收入的两个重要组成部分，是消费或是投资只是收入所有者在用途上的不同，它不会改变产权主体。可见，私营企业主无论是用于消费还是投资都无法改变私营经济姓"私"的问题。同时，私营企业主省下消费用于扩大投资，把自己的资本给社会"使用"，不为"行善"，也非"节俭"，实质是将省下消费的部分转化为资本，以扩大投资规模和攫取更多的利润。这一点由马克思多次批判资产阶级学者将资本积累说成是资本家节欲的谬论已得到论证。为此，说资本家将自己多数财产用于社会是为"社会所用"的观点是"极其荒谬"和无知的。

批判某些对"间接所有制"下的定义，认为这一定义是不懂得产权理论的外行话，是以"讲点产权之类的东西"当作"理论"去忽悠和欺骗人，是贴着产权理论标签哄骗没有生产资料的广大劳动者的伪范畴。他指出，不管是马克思主义产权理论还是西方现代产权理论，没有生产资料归属权或占有权，却要享受其效用，至少应具有生产资料的使用权。而要判断使用权的主体，其关键是看产权实施体现谁的意志，实施权能产生利益归谁所得。在资本主义生产过程中，资本家拥有生产资料和劳动力的所有权，雇佣工人受资本家驱使，按照资本家的意志进行劳动，劳动成果归资本家所有。而工人在出卖劳动力以后，自身劳动力使用权及劳动产品都归资本家所有，所以，雇佣工人只是生产资料的直接操作者，不是生产资料的使用者，资本家才是生产资料的使用者。这一点马克思已明确阐述过。所以，不拥有实际的产权就决不能获得任何意义的效用。

此外，以"真正用于企业主私人消费的部分只占很小的比例，实际上是

'为社会所用'"为由来断定私营经济不能只姓"私"的观点，吴宣恭列举现实生活中的大量经济数据，对这种论调的虚伪和欺骗性进行充分揭露。他指出，资本家投资兴办企业，雇佣工人，不是"为社会所用"而是为牟取利益，实现自己的逐利盘算，为自己所用；资本家私人消费部分占很小部分，不是他们节俭，而是他们获取的利润够多，虽只使用小部分，但仍过着极其奢侈的生活，使普通人难以望其项背，提出这个观点的目的是美化私营企业主而罔顾事实的虚假说辞。

总之，吴宣恭对所谓的"间接所有制"的种种谬论进行严谨、全面的分析，并从理论和实际两方面对种种错误的观点进行驳斥，揭露了"间接所有制"的错误和欺骗性的实质，捍卫了马克思主义所有制理论和产权理论，为进一步深化所有制改革具有重要的意义。

四、现实影响

虽然我国所有制结构发生巨大的改变，确立了公有制为主体，多种所有制并存的基本经济制度，但由于种种原因，我国的基本经济制度经历了不小的冲击，资本主义私有经济所占比重迅速增长，社会主义公有经济日渐萎缩。纵观思想领域关于私有化的声浪，不论是对"官本经济""民本经济""间接所有制"还是对"国进民退""国退民进"，都涉及公有制的主体地位、国民经济的总体布局和战略性调整及非公有制地位等经济发展问题，涉及我国的经济基础乃至根本。对于这些旨在引导走向私有化道路的改革舆论，若不加以批判和澄清错误，将影响着所有制改革进程，甚至将动摇社会主义制度。江泽民同志也曾指出："社会主义公有制的主体地位决不能动摇，否则我们党的领导地位和我们社会主义的国家政权就很难巩固和加强。"① 作为一个坚定的马克思主义者，吴宣恭始终保持着清醒的头脑，旗帜鲜明地对思想领域界的私有化理论等错误思潮进行批判，揭露其推行资本主义私有化的真实本质，充分体现了一名马克思主义者捍卫真理，态度分明的应有本色。

反思私有化理论批判背后，其意义远远超出国有经济和民营经济的博弈，已演变成国有经济战略性和全局性的取向和发展趋势的博弈。吴宣恭适时地运用马克思主义所有制与产权理论，从理论和实践上分析私有化理论的错误，揭露私有化鼓吹者制造"国""民"对立论、掩盖资本主义私有经济的实质、离间人民和

---

① 江泽民．论有中国特色社会主义（专题摘编）［M］．北京：中央文献出版社，2002：51.

政府、国家之间关系的本质，指出社会主义初级阶段的过渡性质，强调所有制改革应突出公有制的主体地位和国有经济的主导作用的前提下，以完成初级阶段历史任务为目标。吴宣恭的这些思想发聋振聩，不仅让人们清醒地认识私有化鼓吹者的丑恶面目，明确改革方向，更好地维护社会主义社会性质，而且时刻提醒改革者对正在进行的国有企业改革的方向把握，这对贯彻落实全面深化改革具有重要的指导意义。

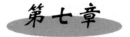第七章

商品经济与市场经济的研究

　　作为一名出色的马克思主义经济学家，吴宣恭教授始终坚持把马克思主义所有制与产权理论与中国经济的具体实践相结合，以其独有的观察力、分析力、判断力和敢于捍卫真理的批判精神，从我国实际出发，融理论分析于改革实践中，把对马克思主义所有制与产权理论的独到见解，贯穿于我国商品经济和市场经济分析之中，以创新的思维，严谨而富有说服力的论述，深入研究中国社会主义建设和改革过程中出现的诸多理论和实际疑难问题。他关于公有制与商品经济的关系、改革的"市场导向"、市场经济形成、基础和特点等一系列问题的经济学术思想，是其思想体系的重要组成部分。研究吴宣恭关于商品经济与市场经济的思想，对进一步深刻理解和贯彻落实十八届三中全会提出"健全社会主义市场经济体制"论断具有重要的理论与实践意义。

第一节　公有制与商品经济的关系

　　在社会主义建设和改革过程中，我国所有制结构发生巨大变化，这些变化使我国改革取得巨大成就，但也出现许多经济问题。理论界学者在冷静反思中，对公有制与商品经济是否兼容问题展开各种争论。吴宣恭抓住问题的实质，率先从所有制关系着手论述了两者间的关系。

一、社会主义初级阶段公有制与商品经济的关系

（一）学术界的不同观点

长期以来，经济理论界对公有制与商品经济是否兼容问题展开了大讨论。

一些同志认为公有制与商品经济是对立的，认为它们之间互不相容。如林凌认为国有制与商品经济间相互矛盾，互不相容，要发展商品经济，必然要对国有企业的所有制进行改革，使企业内部财产关系由一元变成多元①；汪青认为只有彻底的企业所有制形式才适合有计划商品经济发展，这时企业不仅拥有生产资料的物质使用权和价值占有权，而且是完成独立的经济实体②③；华生、张学军和罗小朋认为社会主义改革运动的矛盾在于把马克思看来逻辑上相互对立的商品货币关系与普通全民所有制、按劳分配硬塞到一个社会框架中，这必然造成剧烈的冲突④；胡钧和侯孝国则认为两者间是对立和矛盾，无法兼容的⑤；申善情认为两者是不相容的，除非改变公有制，才能进行相容⑥；苏绍智也是这一观点的倡导者，他甚至断言我国商品经济的不发达，根源在于公有制，即两者是无法相容⑦；而李义平（1991）、付军（1991）也认为公有制和商品经济在本质上是不相容的或对立的⑧；等等。

也有一些人认为公有制与商品经济是可以兼容，可以进行结合。如胡培兆认为两者间虽结合不好，但不存在对抗性矛盾，如处理得当是可以结合的⑨；方恭温认为在社会主义社会里，公有制与商品经济并不排斥，是可以相互容纳的⑩；张永惠（1991）认为公有制与商品经济虽隶属不同经济范畴，但两者结合是历史的选择，且两者结合是商品经济要适应公有制的要求和公有制要适应商品经济发

---

① 林凌. 从承包制到股份制—从企业经营形式到财产组织形式的转变［J］. 经济体制改革, 1988 (5).

② 汪清. 创造适合有计划商品经济发展的公有制形式［J］. 华中师范大学学报（哲学社会科学版）, 1998 (2).

③ 关于企业所有制形式吴宣恭早有批判，认为是私有化的一种体现。

④ 华生, 张学军, 罗小朋. 中国改革十年：回顾、反思和前景［J］. 经济研究, 1988 (11)：22.

⑤ 胡钧, 侯孝国. 对公有制和商品经济兼容问题的思索［J］. 中国社会科学, 1989 (6)：39.

⑥ 申善情. 当前经济理论界提出的若干争议性观点概论［J］. 社会科学述评, 1991 (5).

⑦ 杭之. 公有制是中国商品经济不发达的根本原因吗？［J］. 学习与研究, 1991 (10)：63.

⑧ 李斌. 社会主义公有制和商品经济结合理论讨论会综述［J］. 中国社会科学, 1991 (5)：82.

⑨ 胡培兆. 公有制与商品经济结合是历史的联姻［J］. 学术月刊, 1991 (8)：6.

⑩ 方恭温. 论社会主义公有制与商品经济的结合［J］. 中国社会科学, 1991 (3)：41.

展的需要①；张林忠、王登成认为社会主义经济是公有制基础上的有计划商品经济，两者是可以相互兼容的②；赵振英（1991）从语义学角度认为公有制和商品经济虽是两个含义不同的经济结构，但在社会主义条件下可以结合③；李学昆（1991）认为两者的结合虽存在一定的矛盾与困难，但结合是为了使矛盾处于优化状态④；张淑智和赵晓雷（1991）、李斌等学者们则认为公有制与商品经济是矛盾性和相容性的统一，是对立统一的关系⑤；等等。

而关于公有制与商品经济是否兼容问题，吴宣恭提出不同的看法。他不同意"结合论"的提法，准确地摆正社会主义初级阶段公有制与商品经济的关系。他指出，提出公有制与商品经济"结合论"的观点，是把公有制和商品经济当成两种不同的经济范畴。客观上，只有逻辑上互相分离、互不相同的两种事物，才有可能结合。而公有制与商品经济是同一种经济关系的基础并在这一相同基础上建立起来的经济联系形式的关系，不是两种不同的经济关系。为此，社会主义初级阶段的公有制和商品经济不存在是否兼容问题，实际上，"公有制是商品经济的基础，两种存在着内在的统一性"⑥。

（二）坚持在批判中澄清公有制与商品经济的关系

1. 澄清理论界的错误认识

批评了"国家所有制内部的产权关系不明，不具商品经济发展条件"错误观点，认为把因找不到谁是企业所有者，而断定全民所有制产权不清，无论是在理论上还是具体实践上都不能成立。吴宣恭指出，国有企业是全民所有制实现形式之一，其所有权属于全体劳动人民共同所有，并由全体劳动人民的代表—国家作为全民所有者代表代为行使所有权。古往至今，由一定的代理人作为所有者代表代理行使所有者权利比比皆是，也不会发生产权归属问题，国有企业也一样。国家已建立专门管理国有资产的机构，弥补过去国有资产管理体制及产权不清的缺陷。而通过国有企业尚非法人，不具有真正法人所有权这一理由断定全民所有制产权不清问题，是不符合我国法律的实际。目前，我国国有企业大多已实行两权分离，国家与企业之间的产权以法律和契约的形式，进行明确的界定，国有企业虽没有拥有完整的财产所有权，但所具有的责、权、利以法律或合同的形式进行

① 方恭温. 论社会主义公有制与商品经济的结合 [J]. 中国社会科学, 1991 (3): 37－48.
② 张林忠, 王登成. 对公有制与商品经济兼容问题的探讨 [J]. 阴山学刊, 1991 (1): 25－32.
③④ 李斌. 社会主义公有制和商品经济结合理论讨论会综述 [J]. 中国社会科学, 1991 (5): 81.
⑤ 李斌. 社会主义公有制和商品经济结合理论讨论会综述 [J]. 中国社会科学, 1991 (5): 81－82.
⑥ 吴宣恭. 现阶段社会主义公有制和商品经济的内在统一 [J]. 学术月刊, 1991 (8): 5.

明确的规定。为此，从法律角度上看，不能说国有企业不是真正的法人，缺乏独立性。即使是西方的股份公司也一样，公司的董事会掌握的也并非完整的所有权，公司的股东才掌握所有权。可见，股东并非放弃对公司的管理权，董事会只不过是资产的占有者对资产的经营管理权而已。全民所有制实行两权分离体制，目的是在保证国家掌握必要的支配权，以更好发挥调节作用，确保国民经济协调发展的基础上，使企业享有法定的产权，成为独立的法人，得到相应的利益。

批评了"因弄不清国有企业间产品的所有权是否发生转移，而对社会主义全民所有制与商品经济的兼容问题产生疑惑"错误观点，认为是不了解全民所有制产权的内容导致。吴宣恭在分析产权的概念和内涵①的基础上，指出在社会主义初级阶段，全民所有制内部实行两权分离，其产权关系也复杂化。从归属意义的产权关系看，各个国有企业的所有者是一致的，进行产品交换，产品的所有权没有发生转移，都是属于全体人民所有，但归属意义的产权即狭义的所有权只是产权的一部分，经过交换，产权的其他部分已发生变化。因为企业作为独立法人，有自己的权力和利益。从各个企业自身来看，交换是否遵循等价原则，关系自身利益是否实现。可见，从广义所有权来看，产品一旦经过市场交换，企业内部的产权关系必然发生改变，并直接反映到企业相应的经济利益上。从交往关系看，产品交换都属于商品交换，属于真正意义的商品。为此，国有企业的产品无论是与哪一种性质的企业进行交换，都必须遵循等价交换的原则，有偿进行，以实现在产品中的劳动价值，是真实的商品关系，而不是只具有商品的外壳。

2. 科学认识社会主义公有制与有计划商品经济的内在统一性

对商品交换的所有权变化问题，马克思曾指出"在每一次买和卖的行为上，既然有交换过程发生，就一定有物品被让出去。所售物品的所有权总是要被放弃，但人们不会放弃它的价值"②。可见，商品的不同所有者要互相买卖商品，就必须遵循商品交换的"永恒规律"，将自己商品的所有权让渡给对方，以获得对方的商品，否则交换将无法进行。商品交换结束后，就商品物体而言，商品的使用价值归买者所有，所有权已转移到买者手中。吴宣恭抓住这一本质关系，在学者们仍沉浸于公有制与商品经济是否兼容的争论时，率先运用马克思主义所有制与产权理论予以科学分析和解答。他指出，不能只把私有制当作商品经济存在的唯一条件。在公有制的社会里，商品的交换关系也有可能发生，而不同经济权力和利益的所有制主体是否存在才是决定关键。在我国经济体制改革下，全民所

---

① 吴宣恭关于产权的概念和内涵思想在第二章已详细阐述，这里不再赘述。
② 马克思恩格斯全集（第25卷）［M］. 北京：人民出版社，1974：386.

有制企业实行所有权与经营权适当分开这一制度以后，公有制内部就出现了具有不同经济权力和利益的产权主体，即便是国有企业间的产品交换，也必须遵循商品交换的"永恒规律"，通过市场进行价值的等价交换，以实现劳动者为生产产品所付出的劳动。可见，国有企业间的产品交换，部分所有权已发生转移，是否遵循等价交换与企业的切身利益直接攸关，它们之间已然具备真实的商品关系，而非只是具有商品的外壳。所以，经过改革形成一定独立产权的公有制与商品经济不是能不能兼容的问题，实际上"社会主义初级阶段的公有制是商品经济的基础，两者存在着内在的统一性"①。

二、理论意义

（一）敢于直面质疑，坚持用马克思主义观点纠正传统经济理论的错误

20 世纪 90 年代初，经济理论界在面对我国出现物价上涨、通货膨胀、国民经济宏观失控等问题时，把注意力引向社会主义公有制与商品经济的兼容问题。在激烈的争论中，理论界形成了多种不同的认识，有互不相容的对立论，有两种经济范畴的结合论，尤其是对立论这种错误思潮下，一些人主张非国化或私有化，一些人将市场经济视为私有制独有，不赞成在社会主义制度下搞市场经济。吴宣恭以其独特的分析力、判断力，对理论界出现的错误或者片面的观点，甚至是斯大林因受客观条件限制而产生的重大理论缺陷，也旗帜鲜明地站出来加以驳斥，亮明自己的观点，绝不含糊遮掩，坚决用马克思主义观点纠正了传统经济理论的错误，超越了"结合论"的局限，科学界定公有制与商品经济的内在关系。这充分体现一位马克思主义者敢于捍卫真理、激浊扬清的严肃学术态度和极大的理论勇气。

（二）抓住问题本质，率先论述公有制与商品经济之间的关系

公有制与商品经济关系是否兼容问题的争论，一方面表明它不是一个可以简单做出结论的问题，需从理论上加以分析；另一方面表明人们尚未抓住问题的实质，未从根本上加以论证。吴宣恭正是准确地把握住公有制与商品经济的内在本质关系，科学运用马克思历史唯物主义方法论，从所有制与产权理论出发率先对

---

① 吴宣恭. 现阶段社会主义公有制和商品经济的内在统一 [J]. 学术月刊, 1991 (8): 6.

公有制与商品经济之间关系进行界定，正确地提出公有制与商品经济之间存在着内在的统一性。这一论断不仅丰富、发展了社会主义市场经济理论，而且进一步为人们探索和实施社会主义市场经济体制改革提供科学的理论指导。同时，吴宣恭这一重要观点也被党中央所认可和采纳，党的十四大报告中提出了"建立和完善社会主义市场经济新体制"① 改革目标，既是为理论界的争论给予了肯定的回答，也再次证明了吴宣恭关于公有制与商品经济学术思想的正确性和科学性。

第二节　市场经济形成与改革的"市场导向"问题研究

随着我国所有制结构的巨大改变，市场经济是否决定我国经济的发展？弄清这一问题对于进一步深化所有制改革，发挥市场在资源配置中的作用具有指导意义。吴宣恭从所有制关系的分析中为人们找到了正确的答案，科学地提出商品经济和市场经济与公有制关系的新认识，为进一步推进我国全面深化改革提供了科学的理论依据。

一、社会主义公有制下市场经济的形成

（一）弄清了公有制条件下产生商品经济的根本原因

吴宣恭准确把握了不同的生产方式下商品经济的共同特征，正确认识商品经济存在的条件。他指出，不同的生产方式下的商品经济，只要都具备社会分工与反映不同的经济利益所有制主体这两个最一般的条件，就必然要通过商品间的交换建立经济联系。已被历史所证实是客观存在的社会分工，作为生产力发展到一定阶段的产物，是理论分析的既有条件，可存而不论。而另一个最一般条件"反映不同的经济利益所有制主体"，在不同所有制条件下则各有不同。如在私有制下，商品经济是最常见的经济形态。作为各自财产的私人所有者，在交换产品时必然遵循等价交换，以实现自己的价值。可见商品生产者是不同私有者，商品经济是私有制下的特定形态，但私有制却不是商品经济的唯一条件。原始社会末期，集团虽然实行财产公有，但不同集团在经济利益上却是互相分离的所有制主体，不同集团之间在相互交换所需劳动产品时，也只能通过市场交换，遵循等价

---

① 中共中央文献研究室编．十四大以来重要文献选编（中）［G］．北京：人民出版社，1997：1145.

值原则进行。同时，在公有制的条件下，也存在可能发生商品经济关系的不同经济利益的所有制主体。在社会主义初级阶段公有制下，由于实行所有权与经营权的分离，从占有权角度看，就出现了多个不同所有制主体，这些不同的所有制主体各自占有生产资料并具有相对独立和局部的经济利益，这些不同所有制主体在交换所需劳动产品时，也必然要求通过市场交换，遵循等价值原则进行。此外，吴宣恭还指出要从"不同的所有制权能的分离"或"不同层次"① 界定不同所有制主体，如社会主义公有制下不同利益的所有制主体是同一个所有制主体下的不同层次而已。

（二）明确指出公有制下劳动产品具有商品关系

吴宣恭在准确把握所有权的内涵的基础上，科学分析了公有制下所有权转移的可能性，正确认识了社会主义公有制下劳动产品与商品的关系，认为公有制下劳动产品具有商品关系，不是只有商品的"外壳"。他指出，私有制不是商品经济存在的唯一条件，在社会主义公有制下也可能发生商品交换这一关系。产权是一个复杂的体系，所有制的权利可以统一于一个主体，可以劈分、拆细，分散、独立到不同的所有制主体；也可以进行组合，重新合成另一种产权，实施的所有权与经营权的适当分离；甚至分散、独立到不同的所有制主体的权能还能派生出其他不同的权利，且这些派生的权利还有可能再次进行细分和组合。我国经济体制改革，实施所有权与经营权适当分离的产权制度改革以来，拥有归属权的所有制主体把占有权、使用权和部分支配权划分给各个不同的国有企业，这样，不同的国有企业便成为具有自身权益的所有制主体。在这种情况下，国有企业在让渡自己劳动产品时，必然计较劳动产品间的劳动耗费。这就要求企业间的劳动产品的交换遵循等价交换原则。而商品交换结束，商品的使用价值必然让渡给交换方，实现权利的转移。可见，所有权与经营权的分离，使所有制内部出现了具有自身权能和利益的产权主体，这为商品经济的形成提供了基础条件。为此，国有企业的产品无论是与哪一种性质的企业进行交换，都必须遵循等价交换的原则，有偿进行，以实现在产品中的劳动价值，是真实的商品关系，而不是只具有商品的外壳。②

---

① 吴宣恭. 公有制产权与有计划商品经济 [J]. 学术月刊，1992（1）：39.
② 参见：吴宣恭. 公有制产权与有计划商品经济 [J]. 学术月刊，1992（1）；吴宣恭. 现阶段社会主义公有制和商品经济的内在统一 [J]. 学术月刊，1991（8）.

（三）科学分析社会主义公有制下市场经济的形成

1. 准确界定社会主义经济制度发展阶段

社会主义经济制度不是一蹴而就，而是经历一个曲折的过程。吴宣恭准确地分析了我国社会主义经济制度建立和完善所经历的三个主要阶段。他指出，中国经济的发展主要经历三个主要阶段，一是"社会主义经济制度的形成时期"[①]。这一时期，国家通过没收官僚资本主义企业建立了国家所有制，并在此基础上，又通过对民族工商业的社会主义改造和通过农业合作化方式建立社会主义集体所有制，最终废除资本主义私有制剥削，实现建立公有制占主体地位的社会主义经济制度。二是"社会主义经济制度改革全面发动时期"[②]。这一时期，国家以所有制改革作为突破口，一方面打破单一所有制的僵化模式，由补充转向共同发展，鼓励和支持非公有制发展。另一方面从调整和完善公有制内部产权结构入手，理顺国家与企业、企业内部的产权关系，在归属权不变的前提下，将部分权力下放给企业，即在农村实施家庭联产承包经营责任制；在国家所有制方面，从"放权让利"开始，即 1978～1984 年，实行扩大企业自主权；1978～1993 年，实行两权分离；1994～1997 年，现代企业制度初步建立。这一时期，出现各种形式的经营责任制、股份制、公司制。三是"完善社会主义初级阶段基本经济制度的时期"[③]，这一时期，党中央在不改变我国社会性质的前提下，主动根据我国具体实际和发展方向，确立了以公有制为主体，多种所有制共同发展的基本经济制度。在这一基本经济制度下，由于所有制改革的进一步深化，先后出现了资本市场、证券市场、知识产权市场、土地使用权市场等多种所有制经济。

2. 正确认识公有制下市场经济的存在条件

在正确认识和准确把握社会主义经济制度三个阶段的基础上，吴宣恭进一步分析了公有制下商品经济存在条件。他指出，"社会主义社会必然存在商品经济关系"[④]。经济体制改革前，国家所有制和集体所有制的实施，使两种性质的企业存在着两种不同经济利益的所有制主体。不同的所有者，必然要求全民所有制企业之间、集体所有制企业之间及其全民所有制企业与集体所有制企业之间在买卖相互所需的劳动产品时，必须遵循市场原则进行等价交换，以维护自身权益，最终实现自身劳动价值。社会主义经济制度改革全面发动时期以来，国家为解决

---

① 吴宣恭. 从生产关系的主导因素探讨中国经济学的主线 [J]. 政治经济学评论, 2010 (1): 26.
②③ 吴宣恭. 从生产关系的主导因素探讨中国经济学的主线 [J]. 政治经济学评论, 2010 (1): 27.
④ 吴宣恭. 所有制理论与社会主义政治经济学创新 [J]. 东南学术, 1999 (2): 38.

生产关系不适应生产力发展矛盾，通过调整国家所有制内部产权结构，以解放束缚生产力发展桎梏。所有制改革首先从"放权让利"开始，解决公有制产权过度集中、企业无权、无利又无责弊病。这一时期，国有企业不仅有权、有利、有责，而且这些责、权、利得到国家法律的确认和保护。至此，社会形成各种形式的经营责任制、股份制、公司制，出现多种不同利益的所有制主体。这一情况的出现，为商品经济存在提供了前提条件，即不同的企业之间在相互交换自己所需的产品时，必须遵循市场规律进行等价交换，以获取自身的经济利益；而不能像过去那样完全依靠国家无偿、统一调拨，导致劳动者缺乏生产主动性和积极性。

二、改革的"市场导向"研究

（一）经济理论界关于市场经济改革目标的观点

早在改革开放初期，经济理论界学者对于改革目标展开讨论时，就出现主张市场作为改革目标，如薛暮桥在1980年起草的《关于经济体制改革的初步意见》中提出要"按照发展商品经济的要求……把单一的计划调节改为在计划指导下充分发挥市场调节作用"；杜润生广泛吸收现代经济学的理论成果，主张全面建立社会主义市场经济体系[1]。实施体制改革以来，我国所有制结构已然发生重大的改变，但仍有一些学者把经济体制改革过程看成是为实行市场经济而改革的过程，即市场经济的形成是人们设想的结果。对这种以"市场导向"的改革观，吴宣恭持不同的观点，他认为这种改革观是"不符合历史唯物主义的基本理论和基本方法"[2]，是"违背辩证唯物史观的"[3]。

（二）吴宣恭关于我国经济体制改革的观点

所有制是生产关系的基础，对各个生产领域中人们之间的关系起着决定作用。所有制的变化，必然使生产关系的其他方面随之发生改变。对此，吴宣恭不同于市场经济改革目标的观点，认为"所有制是我国经济改革的核心、关键和首要任务"[4]。他指出，公有制为主体，多种所有制经济共同发展这一基本经济制度的建立，多种所有制经济并存取代单一的公有制经济，使得市场作为一种资源

---

① 范永进，朱瑶翠. 经济体制改革和股份制实践［M］. 上海：上海社会科学院出版社，2012：14.

②④ 吴宣恭. 所有制改革应保证公有制的主体地位［J］. 管理学刊，2011（5）：4.

③ 吴宣恭. 从生产关系的主导因素探讨中国经济学的主线［J］. 政治经济学评论，2010（1）：28.

配置为主要手段的经济形式而存在。市场的特点由所有制决定，社会主义市场经济是建立在我国基本的经济制度基础之上，不是哪一种理论的高明主张，而是社会主义公有制所赋予。① 所以，市场经济体制的形成是所有制改革和调整的自然结果，以抽象的市场经济的发展作为我国体制的目标，势必模糊改革方向，将改革引向资本主义的歧途。为此，要正确把握所有制与市场的关系，将"经济改革的重心放在所有制的改革上"②。

（三）改革"市场导向"的质疑

对于理论界普遍认为"经济体制改革是以市场经济为改革目标，把市场经济的形成看成是人们预计目标"的"市场导向"改革观，吴宣恭表示怀疑，他展开分析了我国所有制内部产权关系的变化情况，旗帜鲜明地提出"从计划经济转变为市场经济是经济发展的自然进程，不以人们的意志和愿望为转移"，而对这转变过程起决定作用的是"所有制改革"③所造成的。他指出，我国的经济体制改革是以所有制关系为突破口展开，其改革目的是解决高度集中、单一所有制不能适应生产力发展，调动企业和劳动者生产积极性和主动性的需要。改革的方式是先从"放权让利"开始，那时尚未提出建立市场经济的目标，更无所谓的"市场导向"问题。沿着调整公有制内部产权结构及允许多种所有制经济并存和发展的改革方向，所有制结构发生重大变化，尤其是1984年，国家开始确立了两权适当分开的产权制度，国家所有制采取了多种实现形式，部分国有企业改制成为股份公司或股份责任有限公司，出现出资者所有权与公司法人财产权相分离的公司制企业。至此，国有企业与外部经济组织或企业之间，实质上的商品经济就必然存在。④ 而商品交换一旦成为普遍的经济关系，不同企业间在相互交换自己所需的产品时，必须遵循市场规律进行等价交换，以获取自身的经济利益；而不能像过去那样完全依靠国家无偿、统一调拨。这样，当企业真正成为商品生产者、经营者和独立的市场主体时，为求得企业生存与发展，就必须按照市场状态调节生产经营活动，通过市场买卖实现互相间的经济联系，企业行为就要转为服从价值规律和市场机制的权威。在这种情况下，"市场机制必然成为调节社会资源配置的根本手段和方式，计划经济便自然而然地逐步被市场经济所取代，市场

①③　吴宣恭.从生产关系的主导因素探讨中国经济学的主线［J］.政治经济学评论，2010（1）：28.
②　吴宣恭.所有制改革应保证公有制的主体地位［J］.管理学刊，2011（5）：5.
④　吴宣恭关于商品经济形成的具体思想，本节第一大点已详细阐述，这里不再赘述。

经济就水到渠成了"①。所以,"市场是资源配置的方法和手段,是处于经济运行层次的关系,要受到根本的制度,即所有制关系的制约,不能反过来以市场经济为改革导向,按市场经济要求去改造公有制,去规划社会发展的方向"②,"从计划经济过渡到市场经济是所有制变革的必然结果"③。

三、理论意义

党的十一届三中全会以来,随着改革的深入,人们逐渐摆脱市场经济是资本主义的产物,而计划经济是社会主义经济基本特征的观念束缚,形成了新的理论认识。例如,在党的十二大上,中央创新性地提出计划经济为主,市场调节为辅的论断;在党的十三大上,中央再次强调社会主义有计划商品经济体制是计划和市场内在统一的体制;1992年,邓小平在视察南方时进一步指出"计划经济不等于社会主义,资本主义也有计划;市场经济不等于资本主义,社会主义也有市场。计划和市场都是经济手段。计划多一点还是市场多一点,不是社会主义与资本主义的本质区别"④的科学论断。党的十二大以来,计划经济与市场经济认识的不断深化,尤其是邓小平同志的谈话,使我们党对市场经济的认识有了新的、更深的认识。经济体制改革是有其内在的循环演化先后次序的,谁先改怎么改,并将朝向何处去,都受"产权制度改革"这一内在动力机制影响,甚至决定着。吴宣恭客观分析改革后公有制内部产权关系的巨大变化及内部产权关系,提出"商品经济与市场经济与公有制不仅存在内在统一的关系,而且是公有制经济发展的客观必然要求"⑤、"国有企业独立产权的出现,还为实现市场经济的要求提供了客观条件和现实可能性"⑥、"市场经济体制的形成只是所有制改革和调整的自然结果……它们决定了不同市场经济具有不同的性质"⑦等科学论断。这些新的理论认识既是对邓小平关于社会主义市场经济理论的丰富和发展,也为我国进行市场经济体制改革提供科学的理论依据。党中央正是基于这一理论机理的认识,创造性地提出"建立社会主义市场经济体制"改革目标,计划经济体制才得以顺利过渡到社会主义市场经济体制。而党的十八届三中全会再次将经济体制改

①③ 吴宣恭. 从生产关系的主导因素探讨中国经济学的主线 [J]. 政治经济学评论, 2010 (1): 28.
② 吴宣恭. 马克思主义所有制理论是政治经济学分析的基础 [J]. 马克思主义研究, 2013 (7): 52.
④ 邓小平文选(第三卷)[M]. 北京:人民出版社, 1993 (10): 373.
⑤ 吴宣恭. 从生产关系的主导因素探讨中国经济学的主线 [J]. 政治经济学评论, 2010 (1): 29.
⑥ 吴宣恭. 所有制理论与社会主义政治经济学创新 [J]. 东南学术, 1999 (2): 39.
⑦ 吴宣恭. 所有制改革应保证公有制的主体地位 [J]. 管理学刊, 2011 (5): 4.

革作为全面深化改革的重点与吴宣恭倡导"经济改革的重心放在所有制的改革上"的思想是一脉相承的。大量经验事实表明，如果错误地将"市场导向"作为我国改革的目标，并以此引导所有制的改革，势必模糊改革方向，导致走入资本主义私有化的改革歧途，很大程度上将会动摇我国社会主义制度的根本，这是我国社会主义国家性质所不允许的。可见，吴宣恭"从计划经济过渡到市场经济是所有制变革的必然结果"这一经济学术思想对于深入领会、贯彻全面深化改革具有重要的理论和现实意义。

第三节 增强社会主义市场经济的特有优势

如何正确把握和处理政府与市场的关系、如何准确把握和更好发挥我国市场经济的特点及存在的优势，对于下一步深化改革都具有重要的意义。吴宣恭从我国社会主义市场经济实践出发，运用马克思主义所有制理论对计划和市场在社会经济制度中的地位及我国市场经济的特点进行分析，创造性地提出"计划和市场都只是资源配置的不同方法和手段"，是"马克思所说的，在最基本的、起基础作用的层次以外的'第二级和第三级的东西'，'派生'的经济关系"①，"发挥市场资源配置的决定作用关键在处理好我国市场经济中社会主义因素和资本主义因素的关系"②，准确地把握了社会主义市场经济的本质。

一、准确论述所有制与计划、市场在社会经济制度中的地位

党的十八届三中全会指出，经济体制改革的核心问题是"处理好政府和市场的关系，使市场在资源配置中起决定性作用和更好发挥政府作用"，并提出"必须积极稳妥从广度和深度上推进市场化改革，大幅度减少政府对资源的直接配置……弥补市场失灵"③ 重要决策。这些决策是我们党对市场经济地位和作用认识的不断深入。从"基础性作用"到"决定性作用"，这不仅仅是一个提法的改变，更是在强调在今后的改革过程中经济生活领域实行市场主导下政府的有

① 吴宣恭. 从生产关系的主导因素探讨中国经济学的主线［J］. 政治经济学评论，2010（1）：26.
② 吴宣恭. 增强社会主义市场经济的特有优势［J］. 毛泽东邓小平理论研究，2015（1）.
③ 中共中央编写组. 中共中央关于全面深化改革若干重大问题的决定［M］. 北京：人民出版社，2013：5.

效作用，而不再是以往政府主导下市场的有限作用。这一重大决策，一方面体现中央以更大决心和魄力推动政府向市场放权，理顺政府与市场的关系，全面推动市场化改革，另一方面体现中央的强大底气，底气在于我国实行的是社会主义市场经济体制。习近平同志就《中共中央关于全面深化改革若干重大问题的决定》在十八届三中全会作说明时指出："我们仍然要坚持发挥我国社会主义制度的优越性、发挥党和政府的积极作用，市场在资源配置中起决定作用，并不是起全部作用"，同时，他还强调："理论创新对实践创新具有重大先导作用，全面深化改革必须以理论创新为先导。"① 吴宣恭科学地认识了所有制与计划、市场在社会经济制度中的地位，创造性地提出"计划和市场是由基本经济制度决定的派生的次一级层次"的重要理论观点。吴宣恭关于经济关系的层次性理论创新，为党的十八届三中全会提出政府与市场的关系奠定的理论基础，为进一步把握全面深化改革指明正确方向，实际上也是践行习近平同志强调的"改革必须以理论创新为先导"的讲话精神。

马克思恩格斯十分重视生产资料所有制的地位和作用，并在许多著作中予以论述。如马克思在分析资本主义关系时，曾指出"资本主义生产方式的基础就在于：以资本私有制和土地私有制为其形式的物质的生产条件，掌握不在劳动者的手中，而人民大众则只有人身的生产条件，即劳动力"②、"劳动者对他的生产资料的私有权是小生产的基础"③、"土地所有权的垄断是资本主义生产方式的历史前提，并且始终是它的基础"④。同时，他还指出"生产者相互发生的这些社会关系，他们借以互相交换其活动和参与共同生产的条件，当然依照生产资料的性质而有所不同"⑤ 等。这说明，生产资料所有制是生产关系的基础，对生产过程的特点及再生产领域中人们的相互关系起决定作用。基于此，吴宣恭提出"所有制是社会经济最根本的制度，决定着其他经济制度和社会其他方面的制度，各种经济制度都会随着所有制的变革而变革"⑥，指出所有制是反映社会生产关系本质，起基础作用的层次。

马克思指出，除了最基本的、起基础作用的层次以外，经济关系本身不仅存

① 人民网. 习近平介绍为何改为市场起"决定性作用" [EB/OL]. http：//politics. people. com. cn/n/2013/1115/c1024 – 23559436. html.

② 马克思恩格斯文选（第2卷）[M]. 北京：人民出版社，1958：23.

③ 马克思恩格斯全集（第23卷）[M]. 北京：人民出版社，1972：830.

④ 马克思恩格斯全集（第25卷）[M]. 北京：人民出版社，1974：696.

⑤ 马克思恩格斯选集（第1卷）[M]. 北京：人民出版社，1972：362.

⑥ 吴宣恭. 从生产关系的主导因素探讨中国经济学的主线 [J]. 政治经济学评论. 2010（1）：26.

在着层次性，而且还存在着"第二级和第三级的东西，总之，派生的、转移来的、非原生的生产关系"①。邓小平同志也指出，"计划多一点还是市场多一点，不是社会主义与资本主义的本质区别。计划经济不等于社会主义，资本主义也有计划；市场经济不等于资本主义，社会主义也有市场。计划和市场都是经济手段"。并说："计划和市场都是方法嘛。只要对发展生产力有好处，就可以利用。它为社会主义服务，就是社会主义的；为资本主义服务，就是资本主义的。"②在这一理论的指引下，吴宣恭科学界定了计划和市场在社会经济制度中的地位。他指出，"计划和市场都只是资源配置的不同方法和手段，不属于社会基本制度范畴，不反映社会生产关系的本质，不决定生产关系的性质"。计划和市场"实际上是马克思所说的，在最基本的、起基础作用的层次以外的'第二级和第三级的东西'，是'派生'的经济关系"③。强调计划和市场只是资源配置的不同方法与手段，是由基本经济制度决定的派生的次一级的层次。在此基础上，他深刻分析和批判了"把计划和市场经济作为生产关系发展主线的"的谬误，强调不能颠倒经济制度的主要层次和非主要层次，将计划和市场经济的转换当成生产关系发展变化的主线，更不能认为所有制要根据市场经济的要求进行改革。

"计划和市场是由基本经济制度决定的派生的次一级层次"的科学论断，准确地反映了社会主义市场经济中计划与市场的作用机理。党和政府正是对社会主义市场经济中关于计划与市场作用与地位的理论机理准确回应，才创造性地提出应"紧紧围绕市场在资源配置中起决定性作用深化经济体制改革"④，把我国未来经济引向更加符合市场经济基本规律的发展道路，更好地指导社会主义市场经济实践。

二、探寻增强社会主义市场经济特有优势的根本途径

随着社会主义市场经济的进一步发展，已退出历史舞台的资本主义经济不仅重新出现，而且作用范围迅速扩大，影响和制约着社会主义经济作用的发挥。尤其在党的十八届三中全会中提出发挥市场的决定性作用的当下，如何更好地发挥政府与市场的作用，吴宣恭运用马克思主义的观点和方法进行了开拓性研究。他

---

① 马克思恩格斯选集（第2卷）[M]. 北京：人民出版社，1972：112.
② 邓小平文选（第三卷）[M]. 北京：人民出版社，1972：112、203.
③ 吴宣恭. 从生产关系的主导因素探讨中国经济学的主线 [J]. 政治经济学评论，2010（1）.
④ 中共中央编写组. 中共中央关于全面深化改革若干重大问题的决定 [M]. 北京：人民出版社，2013：3.

剖析我国市场经济的特点，认为当今世界各国普遍实行市场经济，唯独我国保持持续高速发展，主要依靠的是我国社会主义市场经济本身特有优势。然而，所有制改革，使我国从单一所有制向社会主义和资本主义两种性质不同的所有制并存转变。且在此基础上建立的市场经济中，社会主义和资本主义经济规律都在其中发挥着重要的作用。当社会主义经济规律发挥主导作用时，可以借助市场机制合理配置资源；反之，如果资本主义的剩余价值规律和社会生产盲目无政府规律起主导作用，就容易出现经济结构的失调，不利于国民经济的协调发展。务必使社会主义经济规律起主导作用，才能发挥我国市场经济的特殊优势。为此，在社会主义经济规律与资本主义经济规律博弈下，"要发挥市场的资源配置的决定作用关键在处理好我国市场经济中的社会主义因素和资本主义因素的关系"①。

在准确把握我国市场经济特点的基础上，吴宣恭从所有制关系出发，探寻增强我国市场经济特殊优势的根本途径。他指出，市场决定性作用的充分发挥，关键是要始终保持公有制的主体地位和国有经济的主导作用。只有保持公有制经济在国民经济中的主体地位和充分发挥国有经济的主导作用，才能充分利用国家所有制的力量，弥补国家宏观调控力量的不足，在较大程度上克服资本主义经济的逐利性、盲目性、自发性，及减少单纯依靠市场所可能产生的局限性，切实增强国家对宏观经济的调控力度，最终实现社会经济的协调发展和发展方式的转换。②对此，江泽民同志也曾强调，"我国经济体制改革的目标是建立社会主义市场经济体制，而不搞资本主义市场经济，重要的是要使国有经济和整个公有制经济在市场竞争中不断发展壮大，始终保持公有制经济在国民经济中的主体地位，充分发挥国有经济的主导作用"③。这有力地说明了公有制的主体地位和国有经济的主导作用，是发挥"市场在资源配置中起决定作用"的关键。可见，吴宣恭这一经济学术思想对于丰富和发展马克思主义市场经济理论，指导新一轮经济体制改革都具有重要的理论与实践意义。

所有制理论是马克思在科学分析资本主义所有制发展规律的基础上得出的科学成果，是马克思主义政治经济学理论体系中不可或缺的重要组成部分与理论分析基础。而马克思也正是充分掌握和运用这一理论武装，才对社会的经济关系和各种问题进行准确的分析和有着科学的认识。然而，改革开放以来，我国所有制结构发生巨大变化，在所有制变革的主导下，计划经济也向有计划的商品经济再到社会主义市场经济转变。社会主义市场经济与资本主义市场经济并存，虽符合

①② 吴宣恭. 增强社会主义市场经济的特有优势 [J]. 毛泽东邓小平理论研究，2015（1）.

③ 江泽民. 坚定信心，明确任务，积极推进国有企业改革 [N]. 经济日报，1995–07–13.

中国经济发展需要，但所有制结构的巨大变化也使我国经济、政治、文化、社会、生态文明等领域产生诸多亟待破解的突出矛盾，如产能过剩、资源浪费、产业结构失衡、两极分化、贫富悬殊、环境污染、生态破坏等问题，这需要用发展的马克思主义所有制理论予以分析和解决。邓小平同志曾指出："绝不能要求马克思为解决他去世之后上百年、几百年所产生的问题提供现成答案。"① 这要求马克思主义者要不断地进行理论创新，以适应不同时期经济发展需要。吴宣恭运用马克思主义所有制理论对"公有制与商品经济的关系""所有制与计划、市场在基本经济制度中的地位""社会主义经济形成条件及市场经济特点"分析和研究，形成了一系列创新性成果，并开创性地指出所有制对社会主义市场经济的决定作用，充分体现吴宣恭深厚的理论功底和高度的前瞻性。这些重要的理论观点和创新性成果是发展的马克思主义，是科学的理论体系，极大地丰富和发展了社会主义市场经济理论。习近平同志强调："系统掌握马克思主义基本原理，才能完整准确地理解中国特色社会主义理论体系，才能创造性地运用马克思主义立场观点方法去分析和解决我们面临的实际问题，不断地把中国特色社会主义事业推向前进。"② 无论是为全面深化改革提供理论指导还是科学分析和解决我国经济体制改革发展过程中出现的种种突出问题，都必然要求运用历史唯物主义基本方法，深入掌握和科学运用马克思主义所有制理论。质言之，贯彻落实十八届三中全会精神关键在于重视所有制对社会主义市场经济的决定作用。为此，分析和研究吴宣恭关于市场经济的思想，不仅有利于我们学会马克思运用所有制理论分析问题的历史唯物主义的基本方法，而且有利于我们运用马克思主义所有制理论对市场经济下产生诸多理论和实际疑难问题的分析和研究，并运用马克思主义方法对其中所取得的理论成果进行概括、提升，以丰富和发展马克思主义政治经济学理论，更好地指导经济体制改革的实践。

---

① 邓小平文选（第三卷）［M］. 北京：人民出版社，1993：291.
② 新华网. 习近平强调：不断推进中国特色社会主义事业 ［EB/OL］. http://news. xinhuanet. com/politics/2011－05/13/c_121414216. htm.

第八章

马克思价值理论的坚持与发展

　　马克思的劳动价值理论是马克思主义政治经济学的理论基石，它科学地揭示了商品生产的一般规律，并在此基础上成功地分析了资本主义商品生产过程，创立了剩余价值理论、资本积累理论、资本流通理论、生产价格和利润理论、利息理论以及地租理论等一套科学而系统的理论体系。可以说，没有马克思的劳动价值理论便没有马克思的政治经济学。而《资本论》问世后，马克思劳动价值论一直是理论界、学术界争论的焦点。新中国成立以来，我国理论界、学术界多次围绕劳动价值理论展开激烈的争论。在国内历次的学术争论浪潮中，吴宣恭始终挺身而出，运用马克思主义观点、立场、方法对错误观点予以严词驳斥，坚决捍卫马克思劳动价值论的科学尊严。

　　自1955年理论界对"两种意义的社会劳动时间与价值量的关系"争论以来，吴宣恭便对马克思的劳动价值论进行了深入的研究，形成了一系列研究成果。从吴宣恭已发表的有关文章来看，他的研究成果既坚持了马克思的劳动价值论，又在此基础上有所发展，在我国经济学界产生较大的影响。

第一节　劳动价值论研究

　　劳动价值论建立之前，资产阶级经济学家詹姆斯·穆勒就提出资本与劳动共同创造价值的二元价值论和萨伊提出劳动、资本、土地共同创造价值的三元价值论。20世纪90年代中叶，部分学者打着中央提出"重新学习和深化劳动价值论研究"的旗号，公然歪曲马克思主义价值理论，主张"生产资料也能创造价值""物化劳动也能创造价值和剩余价值"。至此，在国内学术界掀起了"价值创造源泉"的大讨论。一些学者坚持生产资料能够创造价值，乃至剩余价值。如钱伯海提出："先进设备之所以先进，就在于它能够提高效率，创造出比旧设备多得多的价值和剩余价值"[1]；李定中认为"新技术设备用于生产时，它就不仅转移了价值，而且还有条件地创造了价值"[2]；李运福通过对石化总厂聚酯车间的实证考察，提出"新技术条件下，产品的价值中应包括科学转移价值，并直接以新创造的价值表现出来。"[3]；等等。

对于上述违背马克思劳动价值论的观点，吴宣恭多次撰文予以批判。他分别在1995年和1998年发表文章，运用马克思主义劳动价值理论对错误观点进行驳斥，并就如何准确理解、坚持和发展马克思的劳动价值论提出自己的观点。他从劳动二重性理论出发，在对人和物的生产要素在产品价值形成上所起的不同作用进行分析的基础上，准确地揭示旧价值转移与新价值创造的关系，科学地提出"生产资料的价值只能借助于有用劳动转移到新产品中去"[4]"物化劳动不能创造价值和剩余价值"[5] 的科学论断。

一、价值量的决定因素

吴宣恭认为只有弄明劳动二重性才能正确理解马克思的劳动价值理论。为此，他在深入分析劳动二重性理论的基础上，准确阐述了价值实质及价值量的决定因素。他指出，社会分工让人们可各自生产出不同形态的使用价值，出现了交换的可能和必要。但各自劳动产品属于不同产权的独立经济利益主体，这使得他们在交换各自所需时必须计较得失，以维护各自利益。但不同形态的劳动生产出不同的劳动产品，无法进行比较，只能从千差万别的劳动产品中抽出相同的东西进行比较。这种同质的、可比较的劳动就是抽象劳动。所以，价值是市场上商品生产者交换或比较他们各自商品劳动耗费关系，其形成与实现是由商品社会的生产关系决定。在商品社会里，从不同角度观察劳动力的使用，其结果也不尽相同。从劳动过程来看，不同的劳动资料、劳动对象及生产方法，生产出的有用产品体现着不同形态的具体劳动的支出。这种情况下的劳动无法相互比较和相加，

---

① 钱伯海. 社会劳动创造价值之我见 [J]. 经济学家，1994（2）：8.
② 李定中. 关于先进技术创造价值的问题——兼与钱伯海同志商榷 [J]. 经济学家，1994（5）：106.
③ 李运福. 怎样维护劳动价值一元论——读苏星教授"劳动价值一元论"的一点感想 [J]. 学术月刊，1994（6）：41-48.
④ 吴宣恭. 价值创造和马克思主义的劳动价值论 [J]. 学术月刊，1995（9）：36-44.
⑤ 吴宣恭. 物化劳动不能创造价值和剩余价值 [J]. 经济评论，1998（3）：7-13.

但劳动产品质量及数量却成为它们作用大小及效率高低的衡量标准。所以，技术设备是否先进、原材料是否优良、生产工艺是否先进反映着生产产品的质量的优良及数量的多少，即体现产品使用价值质的优良与量的多少；从价值形成过程来看，则与使用价值形成过程全然不同。这一过程支出的是人类一般劳动力的支出，形成的是在质上相同，在量上可以相互比较和相加的价值。而价值量的衡量标准不再是产品质量的优良或产品数量的多少，而是耗费在劳动产品上同质的抽象劳动的多少。商品的使用价值与价值共同由具体劳动和抽象劳动决定，而具体劳动和抽象劳动虽存在于同一商品中，互相依存，但不互相决定，其价值大小各受不同因素制约。因为具体劳动是人们使用具体生产资料改造自然的能力，它决定着商品使用价值的质与量；而抽象劳动则不然，商品价值量是人们衡量和比较抽象劳动的关系，是一种社会关系。而且，在使用价值和价值的形成与生产上，也迥然不同。因为商品的使用价值被生产出来以后，生产过程就算结束，不再发生变化；但价值却是个人劳动转化为社会劳动及个人价值转化为社会价值的过程，即是由市场与竞争自发决定的过程，并随着社会必要劳动时间的改变而改变。为此，技术设备是否先进、原材料是否优良、生产工艺是否先进无法直接创造价值。[①]

二、准确分清活劳动和物化劳动在价值形成中的作用

对于价值源泉的错误认识，吴宣恭认为是混淆了活劳动和物化劳动在价值中形成的作用。他从使用价值的生产过程和价值形成过程两个方面分析了活劳动和物化劳动在价值形成中的作用。他指出，从使用价值的生产过程来看，人是无法离开生产资料而单独发挥作用。物的生产要素即生产资料——包括以生产工具为主要部分的劳动资料与劳动对象对生产过程起重要作用。人们使用劳动资料对劳动对象进行改造，以满足社会需要。在此过程，劳动对象是劳动客体，劳动资料是劳动中介物，而人们是积极、主动的劳动主体。如果没有劳动主体合乎目的的劳动，劳动工具不会自行劳动，劳动资料也无法转化为劳动产品。可见，生产资料只有在活劳动的注入下，才能从仅仅是可能的使用价值转化为现实的、起作用的使用价值，并以此为手段使劳动者自己成为现实的、实际的生产资料，否则不仅无法起作用，甚至会由于自然界的侵蚀而损坏或消失。所以，生产资料不可能成为使用价值的创造者。从价值的形成过程来看，价值是商品生产者之间相互比较

---

① 吴宣恭. 价值创造和马克思主义的劳动价值论 [J]. 学术月刊, 1995 (9)：36-37.

与交换他们各自产品所耗费劳动的关系，只有人类一般劳动力的支出即抽象劳动才是价值的实体，才能创造价值。生产结束后，由于劳动者有合乎目的和有用劳动的注入，一方面使原有物质形态的生产资料被消灭或被磨损，原生产资料的使用价值和价值因物质承担者的消失或磨损而不复存在；另一方面原生产资料的价值却因有用劳动的发挥而以一种新的物质形态保存下来。即生产资料借助于劳动对自身的有效利用和改造，转变成新的、有用的产品。可见，生产资料无法创造价值，且连它们自身原有的价值还要依赖劳动的能动作用方可在新产品中体现。①

吴宣恭在正确认识人和物生产要素在产品价值形成过程所起的作用不同的基础上，进一步强调"主张物化劳动能创造价值"的同志产生误解是因为"没有分清不同的劳动过程""看不到人和生产资料两种生产要素在价值形成中作用的差别""没有区分产品价值的组成部分和价值的创造者""把投于生产资料的资本能够带来剩余价值，当成为生产资料能生产、创造价值和剩余价值"②；是受资产阶级庸俗的"分配价值论"的误导，这必然导致对剩余价值的否定，进而掩盖资本家无偿占有工人劳动成果的不公平关系。③

三、物化劳动与价值、剩余价值的关系

（一）驳斥了物化劳动能创造价值观点④

有同志以一个不同劳动工具条件下的茶杯生产为例，如表8-1所示，论证物化劳动能创造价值。吴宣恭以子之矛，攻子之盾，对例证进行分析和细化整理，用这位同志的例证否定了其提出观点的错误，明确地提出物化劳动不能创造价值的科学论断，如表8-2所示。

通过数据对比分析，吴宣恭指出，无论科技是否进步，工具是否先进，在相同的劳动时间下，价值总量与单位时间创造的价值是相等的。生产资料的先进程度对劳动生产率起决定作用，但对每小时创造的价值量和每天创造的价值总量不起作用，因为根据劳动生产率和产品价值量成反比规律，只要投入的活劳动状况不发生改变，投入的物化劳动状况无论如何改变，劳动者在单位时间内创造的价

---

① 吴宣恭. 价值创造和马克思主义的劳动价值论［J］. 学术月刊，1995（9）：38-39.
② 吴宣恭. 价值创造和马克思主义的劳动价值论［J］. 学术月刊，1995（9）：39.
③ 吴宣恭. 产权、价值与分配的关系［J］. 当代经济研究，2002（2）.
④ 本点阐述的思想观点均参见吴宣恭. 物化劳动不能创造价值和剩余价值［J］. 经济评论，1998（3）.

值量是不会改变的，所以，物化劳动不能创造新的价值。

表 8 - 1 茶杯生产举例1

项目	日劳动时数	日产杯个数	必要劳动时间	剩余劳动时间	总价值量	每个茶杯的价值量
初始阶段	10	10	8	2	10	1
改进工具	10	16	5	5	10	0.625
机器生产	8	200	0.32	7.68	8	0.004

表 8 - 2 茶杯生产举例2

项目	日劳动时数	日产茶杯数	每小时生产茶杯个数	每个茶杯耗费劳动时间	每个茶杯的新价值	每小时劳动创造的新价值	创造价值总量
初始阶段	10	10	1	1	1	1	10
改进工具	10	16	1.6	0.625	0.625	1	10
机器生产	8	200	25	0.04	0.04	1	8
	10	250	25	0.04	0.04	1	10

注：吴宣恭为使人们看清问题本质，对例证另行整理。

此外，吴宣恭对表 8 - 1 例证的科学性还提出质疑，认为例证尚有一些不科学之处，即例证中列出的每个茶杯新创造的"价值"实质是指"个别价值"，而不是由社会必要劳动时间决定的"社会价值"。为此，为进一步论证物化劳动不能创造价值，不是新价值的源泉，他以社会上绝大多数的茶杯是由机器生产制造为条件，对例证不对之处重新进行科学设计，如表 8 - 3 所示。

表 8 - 3 茶杯生产举例3

项目	日劳动时数	日产茶杯数	每个茶杯的个别劳动时间	每个茶杯的个别价值	每个茶杯的必要劳动时间	个别价值总量	价值总量	个别价值得失
一类	10	10	1	1	—	10	1.239	- 8.67
二类	10	16	0.625	0.625	—	10	1.982	- 8.02
三类	8	200	0.04	0.04	—	8	24.72	+ 16.78
全社会	28	226	—	—	0.1239	28	28	0

通过表格数据分析，吴宣恭指出，价值是商品生产者之间相互比较与交换他们各自产品所耗费劳动的关系，其形成与实现是由商品社会的生产关系决定，即通过一定的市场机制实现的社会过程。社会通过不断的交换活动，最终承认各类条件下生产产品的价值，即由社会必要劳动时间决定茶杯的价值：0.1239。而设备的先进程度决定着社会必要劳动时间与这种条件下个别劳动时间耗费的接近程度，因此，使用先进设备的生产者能得到远大于自身个别价值的社会价值。首先，机器生产者所获得的社会价值不是由生产资料所带来的；其次，价值都是由活劳动创造的，而不是生产资料创造的。劳动的生产工具越先进，自身的劳动效率就越高，生产单个产品所耗费的劳动时间就越低，产品生产的个别价值就越低，根据价值由社会必要劳动时间决定规律，劳动者就能获得更多的社会价值。物化劳动只能提高生产效率，却无法创造价值。再次在市场竞争中，社会中的价值总量和个别价值总量是相等的，机器生产者获得的社会价值刚好是劳动条件较低的两类生产者个别价值的损失之和。所以，先进机器的使用无法增加社会价值，即物化劳动不能创造价值，也非新价值的源泉。

（二）对物化劳动能创造剩余价值观点的驳斥

有同志主张物化劳动能创造价值，主要是创造剩余价值。吴宣恭通过分析马克思的劳动二重性理论，论证了人与物的生产要素在产品价值形成过程中所起的不同作用，揭示了旧价值转移和新价值创造的关系，进而驳斥了该同志歪曲价值理论的观点。他指出，提出这种观点的同志主要是未能弄明马克思的劳动二重性。在生产过程中，物和人的生产要素在价值形成过程中所起的作用不同①，原生产资料在劳动者有效的劳动下，被改造成新产品。原生产资料的使用价值转化为新的使用价值，而用于制造新产品所消耗的必要劳动时间，一旦符合社会必要水平，将被社会所认可，并成为制造新产品社会必要劳动时间的一部分，这些生产资料的价值才从原生产资料转移到新产品中来，并得以保留下来，但这一部分转移过来的价值只是原生产资料消失的价值。这一过程是具体劳动有目的生产活动的特殊功能，它只生产形态不同的使用价值，只能在创造产品的质和量上进行比较而无法在价值上进行比较，所以，具体劳动不能使价值增值；而抽象劳动是人类一般劳动的支出，是制造新产品的价值源泉，能创造价值。在生产过程中，有效劳动的运用一方面在创造新的使用价值的同时，在新产品中加入新的价值，这部分价值不仅弥补消耗掉原生产资料的价值，还在新产品中增加新的价值。因

---

① 在本节第二点已详细阐述，这里不再赘述。

此，作为特殊有用的生产活动的具体劳动，把生产资料的价值保留下来并转移到新产品中去；作为人类一般劳动支出的抽象劳动在产品中加进新的价值，与被转移的生产资料的价值合在一起，形成新的产品价值。可见，只有活劳动能创造价值，而物化劳动无法创造价值，甚至连它们自身原有的价值还需依赖活劳动的能动作用方能在新产品中体现。①

（三） 对超额剩余价值和相对剩余价值由物化劳动创造观点的驳斥②

有同志举例论证工具进步能使剩余价值增值，进而指出超额剩余价值和相对剩余价值主要依靠物化劳动来实现。对此，吴宣恭运用马克思剩余价值理论予以质疑，认为这种观点严重歪曲剩余价值理论，是对几种剩余价值关系及剩余价值的实现、源泉无知的表现。他指出，采取先进工具能提高劳动生产率，缩短必要劳动时间，但这只是提高个体的必要劳动时间，只影响个体总劳动中剩余劳动所占比例，影响个体活劳动创造价值中剩余价值所占的比例，而无法改变社会总劳动中剩余劳动所占比例及社会活劳动创造价值中剩余价值所占的比例，不会增加新价值，且无论这个比例如何，必要劳动和剩余劳动都是工人活劳动中的组成部分，必要价值和剩余价值都不是物化劳动的投入，而是由活劳动支出创造的。

以举例茶杯生产的那位同志通过分析使用先进工具后剩余劳动与必要劳动的比例变化，进一步提出技术进步，绝对剩余价值存在少数，而大部分是相对剩余价值和超额剩余价值，且主要由物化劳动创造，进而得出物化劳动能创造剩余价值。吴宣恭从理论与实际予以批评，认为这种观点不仅错在理论论证，而且也不符合实际的经济生活。他指出，第一，要弄清两种剩余价值之间的关系。不论劳动生产率水平如何，剩余价值的产生必须是由剩余劳动创造，即工人工作时间远大于工人的必要劳动时间。从这一方面来看，相对剩余价值也是绝对的，是由工人的剩余劳动创造的。绝对剩余价值与相对剩余价值都是通过延长剩余劳动时间以增加剩余价值量，只是两者中劳动时间的必要价值和剩余价值的构成变化不同而已，绝对剩余价值是通过延长劳动时间创造的，相对剩余价值则是通过减少必要劳动时间创造的，而这两种剩余价值创造实质上都是由工人活劳动中的剩余劳动创造。无论通过什么方法扩大剩余价值，都无法改变这两种价值是由活动创造的事实。所以，不能割裂两种剩余价值，片面地认为物化劳动能够创造价值，以否定活劳动是剩余价值创造的唯一源泉和实体。第二，应搞清劳动力价值的决定

---

① 吴宣恭. 物化劳动不能创造价值和剩余价值 [J]. 经济评论，1998（3）：8－9.
② 吴宣恭. 物化劳动不能创造价值和剩余价值 [J]. 经济评论，1998（3）：10－12.

因素。劳动力价值并非由个别产品的价值决定的，而是由全部和生活资料生产有关产品的价值决定。虽说相对剩余价值要出现，只有通过提高劳动生产率进而全面降低生活资料，方能实现劳动力价值的降低，但现实生活中不同行业生活资料的降低也不尽相同，如工业劳动生产率提得快些，工业生活资料也降得快些；农业劳动生产率提高较慢，食品价值下降也慢，甚至会因为剪刀差的存在而上涨；还有一些必需生活资料如房屋价格受市场影响较大，不降反升。为此，简单地以技术的快速发展去否定绝对剩余价值是不符合生活实际。此外，劳动力价值会随着社会经济文化的发展进步而不断地提高，尚未达不到"绝对剩余价值不能讲没有，但为数确实很少"的情况。第三，要弄清活劳动与剩余价值的关系。不论剩余价值是以绝对剩余形式还是以相对剩余形式增加，都改变不了是工人的活劳动创造这一事实，即使是通过相对剩余形式创造，也不能笼统地认为剩余价值创造主要来自物化劳动。

四、社会必要劳动决定价值原理的认识①

（一）准确分析采用先进设备创造更多价值的源泉

对于界内疑惑采用先进设备为何能创造更多价值问题，吴宣恭从劳动复杂性及价值决定两个方面予以释疑。他指出，先进设备能创造出更多的价值，其源泉在于劳动者劳动的复杂程度不同，更重要的在于社会必要劳动与个别劳动的差额。价值是由人类一般劳动力的耗费，虽是无差别、同质的劳动，但商品价值量的比较或衡量则必须将复杂的劳动折合或转化为无差别、同质的简单社会劳动。通常，采用先进设备比一般设备更为复杂，这对工人的要求也更高，劳动的复杂程度也高。为此，先进设备需要复杂的劳动，能转化更多的简单劳动，其创造价值也就更大。更为重要的是，商品的价值并非由个别的社会必要劳动时间决定，而是由社会必要劳动时间决定。使用先进设备，劳动生产率高，单位产品耗费的个别劳动时间就少，个别产品价值就小，一旦个别产品价值被社会承认，其产品的总价值就多。

（二）提出准确理解社会必要劳动决定价值原理的五个要点

社会必要劳动决定价值是政治经济学的基本常识，理论界出现"生产资料能

---

①　吴宣恭. 价值创造和马克思主义的劳动价值论 [J]. 学术月刊，1995（9）：40 –42.

创造价值"的种种误解源于对这一常识的未完全掌握其内涵有关。吴宣恭提出要全面、准确理解劳动是价值的源泉和实体，必须掌握五个方面的内容：第一，要弄清个别劳动与社会劳动对价值决定的关系。价值决定是解决商品生产者关系的社会过程，即承认个别劳动占社会必要劳动总量中的比例。商品价值是由社会必要劳动决定，而非个别劳动价值决定。第二，要明白不同因素对劳动时间的影响。社会总体劳动者劳动水平受技艺熟练程度、社会发展水平、自然条件、生产资料规模与效能等不同因素的影响，在不同条件下，劳动水平的变化必然带来社会必要劳动时间的改变。同时个体劳动也受不同主客观条件的影响，也必然影响个别劳动时间，在社会必要劳动时间不变的前提下，个别劳动创造的价值也必然受到影响。第三，要弄明社会必要劳动的社会化过程。社会必要劳动的形成过程是市场自发地对不同条件下生产劳动耗费的平均化过程，单位商品的价值只是各种商品社会必要劳动总量的平均值。在价值的形成过程中，并非所有个体劳动都参与社会化的过程，有部分劳动得不到社会承认，也有部分劳动得到较多的社会认可，不被社会承认的个别劳动损失为另一部分人所得，在社会需求总量不变的情况下，个别劳动的总和等于社会价值的总和。第四，要弄明白竞争对社会必要劳动时间的影响。商品生产者为获得更多剩余价值，必然要争先改进技术，提高管理，降低个体必要劳动时间，使之低于社会必要劳动时间。当后来者赶超后，他们不仅无法获得超额价值，甚至可能自己的劳动耗费都得不到社会认可。为此，价值由社会必要劳动时间决定的永恒规律使商品生产者处于不断的竞争中，这必然带动生产条件的改善和技术设备的更新，社会必要劳动时间也必然在新条件下不断变化和形成。第五，要弄明白不同商品社会必要劳动与个别劳动的关系。只有存在于同一生产部门或同种商品间的社会必要劳动与个别劳动方能建立联系，不同部门或商品间不存在关系，即只有同种商品的价值量方能进行比较。

综上所述，吴宣恭提出物化劳动不能创造价值和剩余价值，活劳动是价值创造的源泉，是在完整而系统地理解马克思商品二因素、劳动二重性、一般劳动和价值形成过程的基础上的创新和发展，他既批判了"生产资料及物化劳动能够创造价值，乃至创造剩余价值"的价值理论歪曲，旗帜鲜明地捍卫马克思劳动价值论，又以其辩证的思维，严谨而富有说服力的论述，合理地解释了活劳动为什么和如何创造价值；既彻底揭开了困扰经济理论界"科技进步是否能创造更多价值"的谜团，又科学论证了科技进步对马克思主义的劳动价值理论的正确性的检验。可以说，吴宣恭对物化劳动不能创造价值和创造剩余价值方面的独到见解与精辟的论证，在我国经济学界、学术界引起较大的影响，成为

"价值创造的源泉"专题学术争论中几个重要学派之一，更是对马克思劳动价值理论的坚持与发展。

第二节　社会必要劳动时间与价值关系的研究

关于马克思劳动价值观，争议最多的是价值决定问题。商品的价值量由社会必要劳动时间决定，马克思这一科学论断在马克思主义经济学者之间似乎不存在争论，而争论的焦点在于如何理解社会必要劳动时间，尤其是怎么理解两种含义的社会必要劳动时间及它们与价值决定间的关系。20 世纪 20 年代，苏联经济学界就对此问题展开讨论。在我国，20 世纪 60 年代以来，经济学界对此问题也多次展开争论，看法都不一致，且这场争论在我国产生了较大的影响。对于社会必要劳动时间与价值决定之间，学界内形成几种不同的理论观点。

有一种观点认为第一种含义的社会必要劳动时间决定着商品的价值，与第二种无关，第二种只与价值实现有关。苏星是这种观点的主要代表，且他主张两种含义社会必要劳动时间共同决定价值容易在理论上否定劳动价值论①。李国忠②、李建松③、王积舒④及吴宣恭最早期时也持这种观点⑤。

有一种观点认为并不是由第一种含义的社会必要劳动时间决定着商品的价值量，而是由两种含义的社会必要劳动时间共同决定。何炼成是这一观点的主要代表，他在《试论价值、平均价值、市场价值几个范畴之间的联系和区别》《价值决定》《也谈劳动价值论一元论》等文章，都明确地提出两种含义的社会必要劳动时间共同决定价值的观点；赞同这一观点的还有韦奇⑥、何安⑦等学者。

还有一种观点认为商品的社会效用是价值形成和决定价值量大小的因素之一。如作沉认为"价值的形成和量的规定要受商品的社会使用价值或满足社会需要的程度所制约。因此，商品的社会效用是价值形成的一个因素"⑧。

---

① 苏星. 劳动价值论一元论 [J]. 中国社会科学，1992 (6)：7 - 12.
② 参见李国忠. 第二种含义的社会必要劳动不能参与价值决定 [J]. 财经科学，1983 (3).
③ 李建松. 第二种含义的社会必要劳动时间不参与价值量的决定 [J]. 经济问题探索，1984 (2).
④ 王积舒. 第二种含义的社会必要劳动时间不参与价值决定——兼与谷书堂、杨玉川同志商榷 [J]. 经济科学，1983 (6).
⑤ 吴宣恭，谷书堂，林兆木. 试论价值决定和价值实现 [N]. 光明日报，1963 - 01 - 14.
⑥ 韦奇. 关于两种意义的社会必要劳动统一决定价值的问题 [J]. 经济研究，1963 (3)：32.
⑦ 何安. 社会必要劳动与价值决定 [J]. 江汉学报，1963 (5).
⑧ 作沉. 对"价值是生产费用效用关系" [N]. 光明日报，1962 - 11 - 26.

对于上述观点，吴宣恭持不同看法，并较早就投入关于价值决定问题的论争之中。他一方面与经济学界内不同理论观点交锋，坚决维护马克思劳动价值理论的科学性；另一方面经过不断地探索、研究和思考，对两种意义的社会必要劳动与商品价值量的关系提出自己独到的见解。20 世纪 60 年代初，吴宣恭和谷书堂、林兆木共同发表《关于价值决定与价值实现的再认识》，对经济理论界所关注的第二种含义的社会必要劳动时间与价值量的关系进行探讨。随着讨论的深入和对马克思劳动价值论的学习、研究与思考，吴宣恭认为 1963 年发表的文章只分析了问题的一个方面，未能充分理解和掌握马克思劳动价值论的丰富内涵，1984 年，他在《江西社会科学》发表《全面认识两种意义的社会必要劳动的作用》，从劳动怎么形成价值和第一种意义的社会必要劳动的作用入手，通过四类供求关系不同的事例分析，进一步探讨两种意义的社会必要劳动如何共同决定商品的价值量，论述了第二种意义的社会必要劳动的特点及其在价值决定中的作用，说明了第二种意义的社会必要劳动参与价值决定不是"供求决定论"，解释了"虚假的社会价值"的内涵及源泉，指出社会上已经生产出来的全部产品并非都参与这个平均化过程，它必须以假定社会对该商品的供求是均衡的为前提条件。在供求严重脱离的前提下，第二种意义的社会必要劳动就对商品价格与价值的背离关系起着调节作用。吴宣恭这一思想正确地解释了马克思《资本论》中一些有争议的理论观点，为准确、完整地学习和理解马克思劳动价值论提供科学的方法论指导。

一、价值形成与第一种含义社会必要劳动作用[①]

劳动虽是价值的实体与源泉，但并非劳动就等于价值。同时单位商品的价值虽由社会必要劳动决定，但并非由个体无差别劳动耗费决定。吴宣恭研究了劳动怎么形成价值和第一种含义的社会必要劳动在价值决定中的作用，指出劳动创造价值，而价值量的多少是由社会承认生产它的必要劳动量，是商品交换过程中生产者之间的竞争形成的，其实质是一个社会过程。在商品交换过程中，商品的价值是经过买卖双方乃至内部多次反复的竞争与较量中，最终定格在劳动耗费的平均水平。无论个体生产者生产商品的实际劳动耗费有多少，社会最终只认可某一商品同量的一般劳动力耗费。这种同量的劳动耗费就是社会的平均必要劳动，也

---

① 本点阐述思想观点参见吴宣恭. 全面认识两种意义的社会必要劳动的作用 [J]. 江西社会科学，1984（2）：29.

就是马克思所界定的第一种含义的社会必要劳动。马克思在其经典著作中明确指出第一种含义社会必要劳动实质是社会所承认的经过竞争均衡化的平均劳动耗费。同样，超过这一平均劳动耗费则是一种浪费，是一种不需要和不被社会认可的，为此，这些浪费的也无法转化为社会劳动，更别说形成价值。但这种竞争均衡化了的平均劳动耗费只是商品生产者的劳动形成价值的过程的一个方面，任何商品要形成价值，还必须具有社会使用价值。只有在这个前提下，私人劳动才可被社会承认，才参与商品价值的社会平均化过程，此时的劳动也才能形成价值。与此同时，商品要具备价值还需要这一商品具有社会使用价值这一前提条件，即这一商品是社会所需的商品，且生产量符合社会的需要。不具有社会使用价值的商品是无法形成价值的。同样，生产的商品一旦超过社会需要量，也是多余的、无用的，耗费在这些商品上的劳动也是虚耗的。为此，吴宣恭提出"作为平均劳动耗费的第一种意义的社会必要劳动决定商品价值量是有条件的。离开这个条件（即假定社会对该商品的供求是均衡的—笔者注），它就不能发挥决定价值量的作用。"

二、两种含义社会必要劳动时间在价值决定中的作用

是否第一种含义的社会必要劳动时间全部决定着商品价值量？答案是否定的。因为社会上生产出的全部产品并非全部参加这个平均化过程。对此，马克思指出："假定市场上的每一块麻布都只包含社会必要劳动时间，即使这样，这些麻布的总数仍然可能包含耗费过多的劳动时间。……这就证明，在全部社会劳动时间中，以织麻布的形式耗费的时间太多了。其结果就像每一个织布者花在他个人的产品上的时间都超过了社会必要劳动时间一样。"[1] 同样，吴宣恭也明确地指出"作为第一种意义的社会必要劳动决定商品的价值量是有条件的，离开这个条件，它就不能发挥决定价值量的作用"[2]。马克思在研究现实市场价值时，为弥补这个局限性，就进一步对社会必要劳动进行规定。为了让人们对马克思关于社会必要劳动时间决定商品价值理论有更为清晰的认识，吴宣恭通过列举四类供求关系不同的事例，进一步对两种含义的社会必要劳动如何共同决定商品的价值量问题进行探讨。

① 马克思恩格斯全集（第 23 卷）[M]. 北京：人民出版社，1972：126.
② 吴宣恭. 全面认识两种意义的社会必要劳动的作用 [J]. 江西社会科学，1984（2）：29.

吴宣恭①指出，第二种含义的社会必要劳动是根据社会需要耗费在某一种商品生产上的劳动总量。它具有独特的特点。一是由于劳动总量是社会需要引起的，其必要劳动耗费必然由社会需要决定，不可能离开商品的交换而单独存在；二是由于社会为生产社会必需商品而耗费的必要劳动，必然要受制于商品生产条件。可见，第二种含义的社会必要劳动的形成是符合社会需要的所有商品个别劳动耗费的总和，这必然要经过符合社会需要的所有商品个别劳动耗费平均化才能参与这一商品价值的决定。这就决定了第二种含义的社会必要劳动只能成为第一种含义的社会必要劳动的补充。而社会的需要与商品生产者的商品生产并非完全一致的，它存在四种情况。

当供求一致时，此时社会某一商品已耗费的个别劳动总和等于第二种含义的社会必要劳动，即社会上存在的这类商品都是必要的，其劳动耗费也是必要的。这一情况下，社会上生产出的全部产品都参与商品价值的平均化过程，第一种含义的社会必要劳动与第二种含义的社会必要劳动决定的平均劳动耗费是相同的。

随着生产条件的改进，当出现供大于求时（以表8-4为例），社会需要的商品仅靠中等条件以上的生产就能满足，劣等条件生产的产品不再是社会必需品，实则是一种虚耗，既无法形成价值也无法参加价值决定。这时，中等条件与优等条件的劳动耗费的总和就等于第二种含义的社会必要劳动，即社会所需商品的市场价值就由优等和中等的商品量平均决定，劣等条件所产生的劳动耗费不参与价值决定，也无法形成价值。所以，这种情况下，第二种含义的社会必要劳动与社会实际需要为个别劳动的平均化规定了范围和界限。

表8-4 供大于求（以社会需要量为100万件为例）

生产条件	生产量（万件）	每件商品耗费的个别劳动（小时）	个别劳动总量（万小时）
优等	60	2	120
中等	40	3	120
劣等	30	4	120

当社会需要量与社会生产量未发生变化，但生产条件得到继续改进的情况下（以表8-5为例），此时，社会所需要的商品，仅靠优等的生产者就能满足，而中等条件以下生产的商品便成为多余的。中等与劣等两种状态下的劳动耗费不是

---

① 吴宣恭. 全面认识两种意义的社会必要劳动的作用 [J]. 江西社会科学，1984（2）：29.

社会所要的，既无法形成价值，也无法参与价值决定。这时优等条件生产者的劳动耗费，即社会所需商品的市场价值就由优等商品价值量决定，中等和劣等条件的所产生的劳动耗费不参与价值决定，也不能形成价值。

表 8 - 5　　　　供应大量超过需求（以社会需要量为 100 万件为例）

生产条件	生产量（万件）	每件商品耗费的个别劳动（小时）	个别劳动总量（万小时）
优等	100	2	200
中等	25	3	75
劣等	5	4	20

当社会需求量大大增加（如需 150 万件），出现供不应求时，如表 8 - 6 所示，此时，三种情况下的劳动耗费都产生价值，而社会上商品的价值由劣等条件下的劳动耗费来决定，而不是按实际耗费的个别劳动的平均值决定。在这种情况下，会产生马克思所称的"虚假的社会价值"，即社会必需商品价值总量（400 万小时）比社会实际耗费劳动总量（340 万小时）多出的劳动量。

表 8 - 6　　　　　　　　　　供不应求

生产条件	生产量（万件）	每件商品耗费的个别劳动（小时）	个别劳动总量（万小时）
优等	20	2	40
中等	20	3	60
劣等	60	4	240
全行业	100		340

三、第二种含义社会必要劳动在价值实现中的作用及意义

经过对供求四种情况下两种含义社会必要劳动对商品价值决定的分析，吴宣恭进一步提出在供求严重脱离的情况下，第二种含义的社会必要劳动就对商品价格和价值的背离关系起调节作用。他指出，第二种含义的社会必要劳动不能单独发挥价值决定作用，只能和第一种含义的社会必要劳动相结合，才能共同决定商品价值，这种价值决定一般通过个别劳动耗费与第二种含义社会必要劳动的社会平均来体现，在供求严重脱离的情况下，商品价值总量既可能与生产这种商品的实际劳动耗费总量不同，也有可能与第二种含义的社会必要劳动不同。这时，第

二种含义的社会必要劳动所起的作用也不相同：在实际劳动耗费总量和市场生产商品的价值总量区间，第二种意义的社会必要劳动起着价值决定的作用；超出这个界限的区间，第二种意义的社会必要劳动不能决定商品价值量，即每件商品的价值≠第二种意义必要劳动总量/实际劳动耗费总量。但对商品价格和价值的背离起调节作用。即当供不应求时，商品的市场价格会高于劣等条件生产的商品个别价值，甚至达到第二种意义的社会必要劳动决定的最高限；当供大于求时，商品的市场价格会低于商品社会价值，甚至达到第二种意义的社会必要劳动决定的最低限。

分析第二种含义的社会必要劳动的作用对解决争论具有重要的理论意义，为完整解释《资本论》中的相关争议论述提供正确的方法论指导。吴宣恭认为《资本论》中的许多论述之所以让人们摸不着头脑，往往感到自相矛盾，在于未能认清第二种含义社会必要劳动在价值决定和价值实现中的作用。如马克思在《资本论》中指出"如果这个量小于或大小对它的需求，市场价值就会偏离市场价值。第一种……如果需求和生产量之间的差额更大，市场价格也就会偏离市场价值更远，或更高于市场价值或更低于市场价值"①。这句话中马克思一会讲价格变动，一会讲价值决定，让人难以理解，如果运用第二种含义社会必要劳动的价值决定作用理论进行分析，不仅可能清楚地做出解释，而且还可感受马克思经济思想的博大精深。所以，应从马克思劳动价值理论整体出发，全面把握第二种含义社会必要劳动在价值决定和价值实现中的作用，这对深入学习和掌握马克思经典论著具有积极意义。

综上所述，吴宣恭对社会必要劳动时间与价值关系的探讨经历了两个过程，也经过了两种思想转变，说明他不仅敢于对误解马克思劳动价值论理论认识予以质疑，旗帜鲜明地提出自己的见解，而且敢于正视自身的观点缺陷，敢于为真理发出自己的声音，充分展示一位坚定的马克思主义者坚持真理、追求真理大师风范。两种含义的社会必要劳动时间既相互区别又相互联系，共同决定着商品的价值量，只有充分认识两种含义的社会必要劳动才能全面理解和准确把握马克思劳动价值论的思想内涵。吴宣恭正是看清这一实质，大胆地论述自己的理论观点和极具智慧的理论辩驳。这些见解也是吴宣恭在完整理解和准确把握马克思劳动价值论思想内涵基础上的理论发展与创新，不仅克服了传统一元劳动价值论的不现实性与狭隘性，而且澄清了两种意义共同决定价值、效用决定论和供求决定论的理论错误；既坚持了马克思的劳动价值理论，又合理地分析两种必要劳动时间在

① 马克思恩格斯全集（第3卷）[M]. 北京：人民出版社，1974：207.

商品价值决定中的作用。从吴宣恭关于价值决定方面的研究成果与学术界一些学者的研究成果上看，既反映了其研究成果的动态性、准确性和科学性的特点，又明显看出他比别人的研究前进了一大步，突破了理论界在这一领域研究的局限性，使马克思主义劳动价值理论更加完善、更加严密、更加系统和更加丰富。这也是吴宣恭对马克思劳动价值论这一基本理论研究上的一个贡献，对全面地掌握马克思劳动价值理论无疑具有重要的意义。

第三节　劳动生产率与价值量关系的研究

劳动生产率与价值量的关系是劳动价值论的核心内容之一，对于两者关系，马克思指出：“劳动生产力越高，生产一种物品所需要的劳动时间就越少，凝结在该物品中的劳动量就越小，该物品的价值就越小。相反地，劳动生产力越低，生产一种物品的必要劳动时间就越多，该物品的价值就越大。可见，商品的价值量与体现在商品中的劳动的量成正比，与这一劳动的生产力成反比。”① 他还说：“既然生产力属于劳动的具体有用形式，它自然不再同抽去了具体有用形式的劳动有关。因此，不管生产力发生了什么变化，同一劳动在同样的时间内提供的价值量总是相同的。”② 明确指出劳动生产率与单位商品价值量成反比，劳动在整个产品部门的提高，不会增大所创造商品的价值量。随着科技的进步，劳动生产率提高已成定局。这种情况下，劳动生产率提高与价值量的决定问题再次成为学术界关注的焦点。一些学者从各种不同角度对这一组关系进行重新研究，但论者见仁见智，观点也存在着较大的差别。围绕劳动生产率与商品价值量的关系，学术界存在六种具有代表性的观点。

一是关于商品价值量和劳动生产率一般关系的研究。如谷书堂和柳欣认为“应把劳动定义为由其生产的一定量使用价值所体现的或支出的劳动量，即劳动量＝劳动时间×劳动生产率”，并由此得出劳动生产力和价值成正比论断③；苏星认为“劳动生产率与商品价值量成反比的规律不能否定，混淆了……便走入歧途，把价值量和劳动生产率成反比改为成正比”④；徐素环认为“价值量的决定

① 马克思恩格斯全集（第23卷）［M］. 北京：人民出版社，1972：53.
② 马克思恩格斯全集（第23卷）［M］. 北京：人民出版社，1972：59－60.
③ 谷书堂，柳欣. 新劳动价值论一元论——与苏星同志商榷［J］. 中国社会科学，1993（6）：89－90.
④ 苏星. 再谈劳动价值论一元论［J］. 经济纵横，1995（7）：15.

是与劳动生产率成反比和成正比的统一……既定的外在力量发生作用时成正比"①；董书城认为"决定商品价值量的不是社会平均必要劳动时间，而是劣等条件下的劳动时间……劳动生产力与价值量的关系应该是商品的价值量与体现在商品中的对象化劳动成正比，与这一劳动的生产率也是成正比"②。

二是关于个别劳动生产率与商品生产者创造的价值量、单位商品价值量的关系研究。如丁堡俊和张洪平认为个别企业劳动生产率不会影响商品生产者创造的价值量③；赵爱清认为个别企业劳动生产率决定商品生产者创造的价值量④；谭跃湘认为个别企业劳动生产率与社会劳动生产率共同决定着商品生产者创造的价值量⑤；白暴力认为企业单位时间价值量的变化率取决于企业劳动生产率的变化率与部门劳动生产率的变化率之间的差额，而非取决于部门或企业劳动生产率的变化率⑥；孙连成认为客观和人的主观因素等方面会引起劳动生产率的变化，对企业创造价值量的作用也不尽相同。由主观因素引起的，企业会较一般劳动生产率企业创造更多的价值；由客观因素引起的，企业不会创造更多的价值量⑦。

三是关于部门劳动生产率与单位商品价值量的关系研究。如白暴力认为单位商品的价值量与部门劳动生产率成反比，且比例系数为1⑧；康秀华认为单位商品的价值量和部门劳动生产率成反比，但其幅度小于部门劳动生产率提高幅度⑨；邹新树认为单位商品价值量与部门劳动生产率并不是成反比关系⑩；而赵爱清认为部门劳动生产率与单位商品价值量之间存在着成正比、反比、不变等情况⑪。

四是关于部门劳动生产率与部门商品价值量的关系研究。如李仁君认为只要投入的劳动时间不变，部门商品价值总量不会改变⑫；赵爱清认为部门劳动生产

---

① 徐素环. 全面考察商品价值量与劳动生产率的关系——兼评谷书堂与苏星"劳动价值论一元论"之争论 [J]. 当代经济研究, 1997 (5): 52 - 53.

② 董书城. 价值的源泉——对象化的劳动 [M]. 北京: 中国经济出版社, 2000: 70 - 71.

③ 丁堡骏, 张洪平. 揭开劳动生产力和商品价值量之间关系之谜 [J]. 税务与经济 (长春税务学院学报), 1994 (3): 35.

④⑪ 赵爱清. 论劳动生产率与商品价值量之间的关系 [J]. 财经科学, 2001 (S2): 192.

⑤ 谭跃湘. 个别劳动的价值效应及其运行规律 [J]. 湖南师范大学社会科学学报, 1996 (5): 33 - 34.

⑥ 白暴力. 劳动生产率与商品价值量变化关系分析 [J]. 当代经济研究, 2002 (3): 11.

⑦ 孙连成. 略论劳动生产率与商品价值量的关系 [J]. 中国经济问题, 1963 (11): 29 - 33.

⑧ 白暴力. 劳动生产率与商品价值量变化关系分析 [J]. 当代经济研究, 2002 (3): 10.

⑨ 康秀华. 论劳动生产率的提高与商品价值量之间的关系——对商品价值量与劳动生产率成反比的传统观点的质疑 [J]. 沈阳师范学院学报 (社会科学版), 1998 (4): 10.

⑩ 邹新树. 单位商品价值与劳动生产率成反比吗? [J]. 经济学家, 2002 (2): 116 - 117.

⑫ 李仁君. 马克思价值决定的基本命题分析 [J]. 海南大学学报 (人文社会科学版), 2001 (3): 68.

率和部门商品价值量的关系，应要区分讨论，它存在着同方向变化、不变等情况[①]；而蔡继明则认为部门劳动生产率和部门商品价值量存在成反比或成正比等不确定的情况[②]。

五是关于社会劳动生产率与价值总量的关系研究。如陈孝兵和李广平认为不论劳动的生产率、生产数量、个别商品的价值变化如何，价值总量与劳动生产率没有关系[③]；刘解龙则提出价值总量和劳动生产率成正比[④]；李建兰认为劳动生产率与商品的价值总量呈同方向但不同比例的变化[⑤]；汪玉奇认为劳动生产率与价值量的关系依劳动的实际耗费不同，不仅存在反比关系，而且还存在正比、不变等多种情况[⑥]。

六是关于劳动生产率与国际价值量的关系研究。如陈琦伟认为劳动生产力和商品价值成反比关系。不发达国家的劳动生产力低，其制成品的国际价值就高，反之则低[⑦]；王天义认为国际价值与世界平均劳动生产率成反比，与国别劳动生产率成正比[⑧]；杨圣明认为世界平均劳动生产率和国际价值成反比，而商品生产者个别劳动生产率和商品生产者所生产的商品国际价值量成正比[⑨]。

基于对价值形成过程的全面把握和正确理解，1964 年以来，吴宣恭先后发表若干文章，分别对价值量的影响因素、劳动生产率与价值量的关系、国际关系中的价值决定与价值实现进行研究。他分别对社会劳动生产率和个别企业劳动生产率进行考察，指出它们对价值量起着相反的影响，为经济学理论界解决劳动生产率与价值量成正比或成反比争论问题点出了关键所在；此外，他还论证了科技进步对价值量的影响作用，提出"科学技术的发展证实马克思主义的劳动价值论的正确性"[⑩]。进入 21 世纪，他进一步论证了科技进步对价值量的影响，并根据马克思的国际价值理论解释了先进国家国民生产总值迅速增长与劳动价值论的关

①　赵爱清 . 论劳动生产率与商品价值之间的关系 [J]. 财经科学，2001（S2）：192.

②　蔡继明 . 关键是弄清非劳动生产要素的作用——也谈深化对劳动价值论的认识 [J]. 学术月刊，2001（10）：47 – 49.

③　陈孝兵，李广平 . "新劳动价值一元论"的迷失及其回应——关于商品价值量与劳动生产力辩证关系的重新阐释 [J]. 中州学刊，2002（3）：12.

④　刘解龙 . 全面认识劳动生产率对商品价值量的影响 [J]. 当代财经，1996（12）：17 – 18.

⑤　李建兰 . 从劳动生产率与价值量的关系深化对劳动价值论的认识 [J]. 中共四川省委党校学报，2002（1）：6.

⑥　汪玉奇 . 劳动生产力与商品价值量关系新解 [J]. 江西社会科学，2002（2）：109 – 111.

⑦　陈琦伟 . 国际竞争论 [M]. 上海：学林出版社，1986：154.

⑧　王天义 . 马克思关于世界市场与国际价值的理论 [J]. 理论前沿，2002（7）：23.

⑨　杨圣明 . 中国对外经贸理论前沿 [M]. 北京：社会科学文献出版社，1999：80.

⑩　吴宣恭 . 价值创造和马克思主义的劳动价值论 [J]. 学术月刊，1995（9）：43.

系，从价值与价格变化，阐明全球国民生产总值快速增长的原因所在，从而回答了有关马克思劳动价值论不适用于现代经济的诘难，彻底解决理论界困扰已久的难题。面对经济全球一体化，商品国际价值形成与实现的争论，他运用马克思主义劳动价值论的基本原理，分别从市场范围和劳动生产率论述国际价值形成与实现的关系，捍卫马克思劳动价值论的国际地位。

一、论证价值量的影响因素

（一）市场范围对价值量的影响

马克思主义认为价值反映着市场上商品生产者交换或比较各自商品劳动耗费关系，本质上体现着商品生产者之间的关系。劳动虽是价值创造的实体和源泉，但并非劳动就等价值。因为商品的价值并非由个别生产者生产商品的实际劳动耗费决定，而是由商品生产所耗费的社会必要劳动决定。然而在现实生活中，所谓的社会必要劳动无法通过计算，也非人们事先安排，而是市场上经过长期较量和竞争自发形成。吴宣恭正是清楚地认识到这点，明确地提出市场范围对价值决定起着重要作用，并进而分析了市场供求变化及区域市场范围乃至全球市场范围的形成对价值决定的影响。他指出，价值的形成过程实际是市场对商品生产者生产商品劳动耗费的承认与衡量过程。可见，劳动的平均化与抽象化是个别商品生产者生产劳动转化为社会劳动的特殊方式。市场供求变化①会影响价值量的决定，但商品价值并非供求决定，仍由社会必要劳动决定，只是社会需求与生产条件决定的商品关系影响着参与市场竞争的生产者的数量与商品数量，进而影响社会必要劳动平均化的范围，最终影响价值量的决定。同时区域市场范围乃至全球市场范围的形成，也影响着劳动平均化，进而影响商品乃至全球商品价值量的决定。因为任何市场都无不经历着从小到大的过程，这过程中的不同阶段价值水平的决定范围和差别也必然不同。初期时，地理上或规模上范围小，生产商品的劳动只需在较小范围内比较和衡量，价值形成也只需小范围的社会必要劳动决定，且不同地区价值各不相同，随着经济和社会分工的发展，市场在地理上或规模上逐步扩大，便形成不同区域的市场和市场价值，且不同区域的交易在不发达的情况下，区域的商品价值仍存在不同。随着经济发展至全国性市场，便形成全国统一性的市场价值。而当经济全球一体化时，国与国、地区与地区间的市场竞争更加

---

① 吴宣恭关于供求论不决定价值的思想前面已详细阐述，此处不再赘述。

直接与剧烈，必将市场劳动耗费的平均化范围扩大，进而形成全球性或区域性的国际价值。这时，世界范围的价值只能通过世界范围的劳动平均化决定。可见，国际价值的形成实质就是国际市场承认的生产商品所耗费的劳动的平均化过程。所以，国际价值的形成与实现完全符合价值由社会必要劳动时间决定的基本原理，是马克思劳动价值理论在国际市场的当代体现。①

（二）科技进步对价值量的影响

科技进步已是人类社会发展不可阻挡的时代潮流，并对人类起着多方面的影响。在马克思的经典著作中，就曾论证科技进步对价值量的影响，而且强调社会必要劳动决定价值的规律迫使商品生产者为夺取高额利润而展开竞争，竞相促进生产条件的改善和科技的进步。对此，吴宣恭说"科学技术的发展证实马克思主义的劳动价值论的正确性"②。随着社会的进步，科技创新更加全面、复杂。吴宣恭认为要研究科技进步对商品价值量的影响，应从多方面进行分析和区别对待。他指出，对于科学基本方法、科学规律、科学理论等方面的科技进步，对生产技术的发展有重要推动力，有利于提高劳动者的素质和能力，但对劳动生产率只起间接作用，对价值决定没有直接关系。对于产品发明与创新、生产工具、生产方法、工艺技术、原材料加工、信息传递、运输等方面的科技进步，对提高劳动生产率起直接作用。科技进步在现实生产过程中被使用，迅速转化为现实生产力，大大提高劳动生产率③，进而影响商品价值量的决定。

二、劳动生产率对价值量的影响④

（一）对孙连成⑤关于个别企业劳动生产率变化对企业创造价值量影响观点的商榷

关于价值决定问题的商榷。孙连成认为只要个别企业劳动耗费不变，即便客

---

① 吴宣恭. 国际价值形成和实现的几个问题［J］. 福建论坛（人文社会科学版），2007（2）：5.
② 吴宣恭. 价值创造和马克思主义的劳动价值论［J］. 学术月刊，1995（9）：43.
③ 吴宣恭关于劳动生产率对价值量的影响将在本节第二大点予以阐述，此处不再赘述。
④ 本点阐述的思想观点均参见吴宣恭. 个别企业劳动生产率与商品价值的关系［J］. 中国经济问题，1964（6）.
⑤ 以下阐述孙连成观点均参见孙连成. 略论劳动生产率与商品价值量的关系［J］. 中国经济问题，1963（11）.

观因素引起劳动生产率提高的企业，在相同时间内，所创造的价值总量不变。吴宣恭对这一观点存在疑虑，认为孙连成错在将个别劳动当成社会必要劳动，把价值决定曲解为个别劳动决定。他指出，马克思所指的商品价值并非个别价值，而是商品现实价值或社会价值，这一价值并非由个别劳动决定，而是由耗费在这一商品的社会必要劳动决定。价值是市场上商品生产者交换或比较他们各自商品劳动耗费关系，其形成与实现是商品社会的生产关系决定。社会对商品价值的衡量，实际是对生产商品的劳动占社会总劳动中比重的衡量，不能因人而异，有必要根据社会统一的标准，即经过复杂的社会过程转化或折合过的无差别的、同形式的、简单的社会劳动。所以，无论商品生产者个体耗费的劳动多少，同一种商品在市场上只有一个价值，即由社会必要劳动决定的价值。

关于价值与劳动关系的商榷。孙连成认为在同一时间内，由于个体商品生产者没有付出更多劳动，那么超过社会必要劳动时间的那些个别劳动耗费仍然能形成价值。吴宣恭认为孙连成错在简单地将价值等同于劳动。实际上，价值不简单地等同于劳动。他指出，从商品价值的实质看，并非有产生劳动耗费就能形成价值，它有两个前提条件，就是商品生产者生产出的产品在社会上发生交换关系，此时生产产品的劳动耗费才能转化为社会价值。可见生产者生产出的产品需具备使用价值和社会需要这两个前提，并通过市场交换才能形成价值。所以，把价值形成过程简单地看成劳动力耗费过程或一般的劳动过程，显然是违反了马克思劳动价值理论的基本原理。

关于价值决定与价值实现问题的商榷。孙连成认为劳动生产率高，其创造的价值就大，收入就多，且这些收入并非企业劳动创造，而是从劳动生产率低的企业转移过来的。吴宣恭认为孙连成的观点存在一定的片面性，是对价值规律的歪曲。他指出，价值决定和价值实现互相区别又相互联系，价值决定具有决定意义，是价值实现的前提。即价值运动虽要经过实现过程才最终完成，但价值并非形成于流通领域，而是由耗费在这一商品的社会必要劳动决定。可见价值实现是不能离开价值决定而单独存在。从量上来看，商品的价格要以价值为基础，受价值调节。在等价交换的条件下，要实现多少价值，必须创造多少价值。劳动生产率高的企业之所以能创造较多的价值，在于其他单位商品所耗费劳动低于社会必要劳动，且商品价值又以社会必要劳动来实现；反之，在于劳动生产率低的个别劳动耗费高于社会必要劳动，甚至个别劳动耗费得不到社会承认。所以，任何部分无论在什么时期，商品生产者的劳动生产率都是不均衡的，这是价值决定规律所致。

（二）对个别企业劳动生产率和社会劳动生产率与价值量关系的科学论证

劳动生产率与价值量成正比或反比一直是理论界争论的焦点，吴宣恭分别对个别企业劳动生产率与社会劳动生产率进行考察，指出它们对价值量起着相反的影响，为解决这一争论点出关键所在。他指出，要解决这一问题弄清整个产品部门劳动生产率和个别企业劳动生产率与价值之间的关系是关键。在商品交换过程中，商品生产者各自支出的具体劳动是无法相互比较，只能是抽象的在质上相同的劳动才能进行比较。商品价值就其实质来说，是被物掩盖着的商品生产者的相互关系，是商品生产者的劳动对社会总劳动的关系。在比较或衡量商品的价值时，主要是衡量商品生产者的劳动耗费在社会总劳动中所占的比重是多少。为此，单位商品的价值量是由社会必要劳动决定，而不是由个别劳动决定。从一种商品总体社会劳动上看，当劳动生产率提高，同量劳动生产的同种商品就越多，而平均到单位商品的社会必要劳动就越少，单位商品的价值量就越小；从同一商品的个别劳动来看，当个别劳动生产率高于社会劳动生产率时，社会必要劳动就高于个别劳动耗费，商品的社会价值就远高于个别商品的价值；同时个别企业的商品在出售时，以该商品的社会价值出售，则在同样时间内创造的商品价值量就大。为此，在社会必要劳动不变的情况下，社会劳动生产率同商品使用价值量成正比，同单位商品价值量成反比；个别企业劳动生产率同商品使用价值量成正比，同该商品的社会价值成正比。

三、国际经济关系中的价值决定与价值实现①

（一）科学论证了先进国家产值和全球国民生产总值迅速增长的实质

1. 解释了先进国家产值迅速增长与劳动价值论的关系

理论界一些学者困惑于"低收入发展中国家较多的劳动创造的价值低于先进国家较少的劳动"。对于这一困惑，吴宣恭运用马克思劳动价值论予以解释。他指出，这一差别是由高新技术产业发展于发达国家、价格垄断及国际市场竞争条

---

① 以下阐述的思想观点参见：吴宣恭. 国际价值形成和实现的几个问题［J］. 福建论坛（人文社会科学版），2007（2）；吴宣恭. 关于现代经济中价值决定的三个问题［N］. 人民日报，2002 - 04 - 14.

件下的国际价值形成过程等三方面原因造成先进国家产值迅速增长。一般而言，高新技术对劳动者的要求高，需要劳动者经较长时间的学习、训练，劳动者素质高，且其劳动属于复杂劳动，他们创造的新价值就更多；同时经济发展国家发挥科技优势在本土发展高新技术产业，而把一般产业转移至发展中国家，这样，发达国家因高新技术产业密集而创造远大于一般国家的价值。其次，国际价值的出现，商品价值在更大范围内平均化。发达国家凭借其先进设备与技术，劳动生产率远高于一般国家，使其生产商品的社会价值远低于国际社会价值，在同等时间内其创造的价值远高于一般技术创造的价值。最后，发达国家利用高新产业的优势，掌握与控制着先进技术和产品，对外实行价格垄断进而从不发达国家攫取大额利润。这些垄断利润的获得也成为国民生产总值的一部分，大大提高其增长速度。此外，经济发达国家产值的迅速增长还与国际汇率有关。

2. 从价值和价格变化，说明了全球国民生产总值迅速增加的原因

全球国民生产总值增加速度远高于劳动者与劳动总量的增长速度的社会现象让一些学者对先进技术是否创造价值、快速增长的生产总值是否劳动创造等问题产生质疑。对于这一困惑，吴宣恭从价值形成因素与价格变化两个方面予以解惑阐明了全球国民生产总值快速增长的原因所在。他指出，从价值形成方面看，随着社会发展，科技进步，极大地促进劳动者的业务素养、管理水平和创新能力等综合素质的提升，同时也极大地提高劳动者劳动复杂程度，使科学劳动的数量在社会劳动所占的比例大大提高。这些复杂的、高级的劳动是价值创造的最大实体与源泉。同时，虽全行业劳动生产率的提高不会增加商品的价值量，但科技进步、劳动者素质提高却能提高必要劳动对象的消耗，加速增加旧价值的转移，进而使价值总量（C＋V＋M）迅速增加。其次，价值与价格的关系、货币政策和纸币贬值及 GDP 的统计方法和口径等方面也将对全球国民生产总值产生影响。价值与价格方面，价格虽以价值为中心进行波动，但作为价值的货币表现，它不仅受市场供求关系的影响，在供求关系和商品价值不变的情况下，商品的价格还与货币自身的价值成反比。如通货膨胀，货币贬值，物价呈不断上升趋势。在统计指标方面，按可比价格统计的比实际价值量大；若按现行价格统计，在纸币贬值的影响下，比可比价格统计的膨胀度更大；等等。这些都将促进全球国民生产总值的迅速增长。

（二）准确而全面地解释了国际价值形成与实现

1. 关于劳动生产率对国际价值形成影响的分析

不同劳动生产率对国际价值的形成影响也不同，吴宣恭认为和个别劳动生产

率与全社会劳动生产率对价值创造的不同相关关系①一样，当个别劳动生产率 >
全球劳动生产率时，在相同时间里创造的价值就多，为此，个别企业或国家创造
的国际价值与劳动生产率成正相关关系。他指出，国际交往不发达时，尚未形成
国际市场与国际价值，各国（各地区）的社会必要劳动时间各不相同，形成一个
阶梯。随着全球一体化进程的深入，国际市场形成后，商品之间的交换必须实行
国际价值交换法则，即以全世界的劳动平均水平—国际社会必要劳动作为全球商
品衡量、比较的标准。此时，如个别国家某种商品的劳动生产率提高，并高于全
球同种商品的社会必要劳动生产率，那么该国家就能生产出更多的这一商品使用
价值，同一时间就能创造出更多的价值。

2. 国际价值的实现

随着交通、信息和经济的更大发展，世界经济交往日益密切，经济全球一体
化已经出现并逐步在扩展过程中。在这种背景下，吴宣恭认为国际价值处于初成
阶段，国际市场不规范导致存在许多价值规律违背现象，使得国际价值未能涵盖
全部的市场，未能完全实现对价格的决定和影响作用。他指出，国际价值未能发
挥其应有调节功能，主要由于发达国家利用其政治经济优势，实施霸权主义，扰
乱和破坏国际市场的有序进行。如一些经济发达国家通过各种不公正的手段对不
占优势的领域实施贸易壁垒，限制商品流通和分割市场，阻碍国际竞争的有序进
行；而当一些产品占优势地位或垄断地位时，则通过操纵市场与价格以达到赚取
高额利润和打击、扼杀发展中国家，维持霸主地位的目的；还有一些跨国公司则
通过控制国际销售渠道，大肆攫取发展中国家创造的价值；等等。这种国际不等
价交换称为"国际剥削"。为此，国际价值的形成与实现，特别是要建立流转畅
顺、平等竞争的国际市场，还需一系列必要的条件，经历一个漫长的时间。同
时，他还强调我国应高度重视并揭露国际这种不等价交换的"国际剥削"现象，
研究和采取对应措施，严阵以待，以建立公正平等的国际经济与贸易新秩序。

综上所述，吴宣恭是较早投入劳动生产率与价值量关系研究的经济学家。他
关于劳动生产率与价值量关系的观点和论述，是从整体理解和准确把握马克思劳
动价值理论的基础上进行的，不仅坚持和发展了马克思劳动价值论，而且捍卫了
马克思劳动价值论的国际地位，充分体现了前瞻性、准确性和科学性的特点。他
的这些研究成果，不仅为经济学界解决劳动生产率和价值量成反比或成正比争论
点出关键所在，而且正确回答了有关马克思劳动价值论不适用于现代经济的诘

---

① 关于社会劳动生产率与个别企业劳动生产率与价值量的关系思想在第二点已详细论述，这里不再
赘述。

难，解开了困扰经济理论界的一个困惑，进一步丰富和发展了马克思主义劳动价值理论。可以说，这也是吴宣恭在马克思主义政治经济学基础理论研究方面的又一个重要贡献，对全面、准确地掌握马克思的劳动价值理论无疑具有重要的意义。同时，他又科学地看待了科技进步对商品价值量的影响，明确阐明科技进步和经济全球化发展对我国经济发展的作用，这些前瞻性的见解对人类社会发展，尤其对我国实施科教兴国战略和人才提升战略，促进中国特色社会主义社会发展具有重要的指导意义。

第九章

马克思主义分配理论的
坚持与发展

　　历史唯物主义指出，不论物质生产的社会形式如何，都必须连续不断、周而复始地经过生产、交换、分配、消费四个互相依存、相互制约的过程或环节。其中，生产是主要的，对交换、分配和消费过程起决定作用；交换和分配是连接生产和消费的桥梁与纽带，影响着生产与消费，具有重要的地位；没有合理的分配，生产和消费就会脱节，社会再生产不能顺利进行，社会经济不能稳定持续健康的发展。可见，分配由生产决定，并反作用于生产。改革开放以来，我国在长期实行按劳分配的基础上，提出了以按劳分配为主体、多种分配方式并存的基本分配制度，同时还对按劳动分配与按生产要素分配相结合以及劳动、资本、技术和管理等生产要素按贡献参与分配进行探索。我国的分配理论也经历了一个不断发展和丰富的过程。作为一名心系民生的马克思主义经济学家，我国的分配关系也是吴宣恭重点关注的问题，并对此进行较为全面而深入的思考。

　　分配理论是马克思主义政治经济学的重要组成部分，也一直是我国经济理论界争论的一个焦点。1977年以来，吴宣恭就以追求科学真理的精神，对我国分配关系进行理论探索与追踪研究。"文化大革命"期间，我国长期实行的按劳分配原则被"四人帮"污蔑为"资产阶级法权"，是"产生资产阶级的经济基础"。"四人帮"散布了关于按劳分配问题的种种谬论，极大地混乱了人们的思想，也挫伤了广大干部和群众建设社会主义的积极性。粉碎"四人帮"后，吴宣恭就发表文章批判他们对按劳分配关系的攻击，阐明了按劳分配的实质和积极作用，科学地论证了按劳分配是社会主义关系而不是产生资产阶级的经济基础。[①] 这一论断与邓小平同志关于"按劳分配的性质是社会主义的，不是资本主义的"[②] 相一致，恢复了"按劳分配"的名誉，肯定了"按劳分配"在社会主义公有制中的地位，为经济领域解放思想，理直气壮抓经济建设提供了理论依据。

粉碎"四人帮"后，国内理论界多次展开关于"按劳分配"的讨论。对如何贯彻按劳分配原则问题，吴宣恭多次撰文，提出切合实际的建议。他主张"应当主要根据劳动的凝固形态（或物化形态）衡量劳动者实际提供的劳动的数量"，根据"凝固形态的劳动实现按劳分配"[③]。这一思想为贯彻执行按劳分配原则提供切实可行的建议，推动了我国所有制改革，提高了企业职工的生产积极性，有效地推进我国经济的快速发展。实行市场经济以来，尤其是按生产要素分配理论提出后，理论界展开了热烈讨论。吴宣恭运用所有制产权理论，坚持和发展马克思主义分配理论，就社会主义市场经济条件下的分配关系进行科学而又深入的探索，发表了一系列有创见和有价值的学术成果。其中许多观点和思想在我国理论界引起了强烈的反响和认可，成为该领域研究方面很有影响的经济学家之一。吴宣恭关于所有制对分配关系作用的研究是吴宣恭关于分配理论研究的核心思想，也是他经济学术思想的重要组成部分，为了更好地把握他的经济学术思想发展历程，全面反映他的经济学术思想，本章分三部分进行阐述。

第一节　所有权对分配关系的作用

党的十五大提出"在社会主义初级阶段，坚持按劳分配为主体，多种分配方式并存的制度，把按劳分配与按生产要素分配结合起来"[④] 后，我国学术界围绕"按生产要素分配"理论展开了争论，形成了截然不同的两种观点：一种认为按生产要素分配是根据各种生产要素的贡献进行分配，其中各种生产要素的贡献是要素所有者参与分配的经济基础，而生产要素的所有权只是要素所有者参与分配

---

① 吴宣恭，谢佑权. 按劳分配不是产生资产阶级的经济基础 [J]. 中国经济问题，1977（4）：29 – 36.
② 邓小平文选（第二卷）[M]. 北京：人民出版社，1994：101.
③ 吴宣恭. 根据凝固形态的劳动实现按劳分配的几个问题 [J]. 福建论坛，1983（5）：25 – 28.
④ 《高举邓小平理论的伟大旗帜，把建设有中国特色社会主义事业全面推向二十一世纪》（1997 年10 月）。

的法律基础，如蔡继明、王振中①等。吴宣恭则提出另一种观点，认为分配关系根本不能按照价值由谁创造去说明，更无法按照要素的贡献大小去衡量，而应以马克思主义的产权理论去科学认识和全面把握，按生产要素分配实质是按产权分配。② 这一观点也得到界内较多学者的赞同，如叶祥松、李晓蓉、郝鑫③等。

对于理论界出现所谓"理论发展"的观点，如把按要素分配的原因归结为各种生产要素都参与价值创造，吴宣恭认为要理清这一错误认识，准确把握按生产要素分配的实质，应科学把握产权、价值和分配三者之间的关系。2002 年，他发表《产权、价值与分配关系》一文，分析了劳动与产权、劳动与价值、产权与分配的关系，指出"谁劳动，谁所得"，看似天经地义，却是有条件的，只有当劳动者自己拥有生产所必需的物质资料时，他才能独立地进行生产和成为劳动产品的主人，否则就只能被生产资料的所有者雇佣，其创造的剩余价值也归生产资料的所有者占有；科学地提出"无论分配关系如何变化，都是由产权制度而非由劳动或价值创造决定的，按要素分配的实质是按产权分配"④。他对于所有制对分配关系作用的思想，主要可以概括如下。

一、劳动与产权关系

马克思主义认为生产资料所有制是生产关系的基础，具有决定性作用。不同的生产资料所有制决定着不同要素所有者在生产过程中的地位及其相互关系，进而决定着他们之间的分配方式和分配关系。吴宣恭以资本主义的分配关系为切入点，分析了劳动与产权的关系。他指出，在资本主义社会里，劳动者只拥有自己

---

①　参见：蔡继明. 非劳动收入的性质、来源及量的规定 [J]. 理论内参，1988 (8)；论社会主义初级阶段收入分配的价值基础 [J]. 中青年经济论坛，1989 (4)；按劳分配为主、多种分配形式并存的实质是按贡献分配 [J]. 经济学动态，1998 (6)；按贡献分配——社会主义初级阶段的分配原则 [J]. 人民论坛，1998 (4)。王振中. 论非劳动生产要素与价值决定的关系，政治经济学研究报告 [M]. 北京：社会科学文献出版社，2000；非劳动生产要素参与分配的价值基础 [J]. 经济研究，2001 (12)；非劳动生产要素参与分配不等于剥削 [N]. 中国改革报 (理论周刊)，2002 – 02 – 04；论价值决定与价值分配的统一 [J]. 政治经济学评论，2003 (1).

②　参见：吴宣恭. 所有制理论与社会主义政治经济学创新 [J]. 东南学术，1999 (2)；产权、价值与分配的关系 [J]. 当代经济研究，2002 (2)；关于"生产要素按贡献分配"的理论 [J]. 当代经济研究，2003 (12).

③　参见：叶祥松. 按生产要素分配的依据 [J]. 经济学家，2004 (2)；李晓蓉. 按生产要素分配的理论依据与实践意义 [J]. 生产力研究，2005 (1)；郝鑫. 生产要素所有权与按生产要素分配 [J]. 理论讨论，2012 (9).

④　吴宣恭. 产权、价值与分配的关系 [J]. 当代经济研究，2002 (2)：17.

的劳动力，由于没有生产资料，为了生活，只能出卖劳动力。而资本家拥有其他的全部生产要素，为了进行生产，在市场上购买劳动力，取得劳动力的支配、使用的权利。在生产过程中，劳动者在资本家的监督指挥下与生产资料相结合，进行生产，生产出的劳动产品全部归资本家所有。从产权关系上看，资本家拥有自己生产资料所有权和购买到的劳动力的使用权和支配权，劳动产品归他所有完全符合社会规范，公平、合理，遵循了等价交换原则和所有权规律。而劳动者在市场上出卖自身劳动力时，保留自身劳动力的归属权，并凭借它获得转化为工资的劳动力价值和价格。资本主义私有制使得商品生产所有权规律向无偿占有劳动者劳动的规律转化，打破了"谁劳动，谁所得"这看似天经地义的事。

二、劳动与价值关系

在资本主义社会里，一些资产阶级经济学家把分配形成的收入颠倒为价值的真正源泉。吴宣恭揭露了这一假象的实质，科学而严谨地提出"活劳动是价值的唯一源泉，产权和交换、分配过程不能创造价值，而只能把已经创造出来的价值转移给相关的所有者，成为他们的收入"①。他指出，企业的个别价值通过部门间竞争出现社会价值，一些企业创造的价值转移到另一些企业，造成先进设备也能创造价值的假象；而农业和采矿部门中，土地、矿藏等所有者不费吹灰之力就参与剩余价值分配，造成土地等自然力成为地租的源泉的假象。这些表面现象的出现，切断了各种收入同价值创造真正源泉的关系，误导出把各种收入当成价值创造的肤浅认识，形成生产要素创造价值的庸俗价值理论。它掩盖了整个资产阶级共同瓜分全社会工人创造的剩余价值的本质，实质上是一种"分配价值论"。以亚当·斯密为代表的古典经济学派也正是由于无法摆脱这种错误观念的束缚，最终导致古典经济学的瓦解。西方国家统计国民生产总值时广泛使用的分配法和收入法，正是资产阶级分配价值论的体现，而我国为了与国际接轨，也采用了这个统计方法，从而迷惑了一些人。为此，在价值决定上，要坚持活劳动是价值的唯一源泉，而不要将西方资产阶级庸俗的分配价值理论假充马克思的劳动价值论。在揭露"分配价值论"的错误之后，他还强调"今天在我国四处宣传的要素价值论，是二百多年前就已经出现并被马克思批判过的资产阶级的分配价值论的翻版，根本不是马克思主义劳动价值论的发展。以它冒充、偷换劳动价值论，

---

① 吴宣恭. 产权、价值与分配的关系 [J]. 当代经济研究，2002（2）：21.

是理论上的大倒退"①。

三、产权、价值与分配关系

（一）准确地界定产权与分配的关系

事实上，马克思早在一百多年前已详细地对产权与分配的关系进行了论证。吴宣恭引用他的大量相关论述，准确地阐明了产权与分配的关系，明确地提出"所有制决定分配关系的原理，是从各种不同的社会经济制度总结出来的共同规律，决不会随社会制度的变化而失效""按要素分配的实质是按产权分配"②。他指出，在私有制条件下，生产要素归不同主体所有，凡要进行生产的，只要承认要素所有权并在付出一定代价的前提下，征得要素所有者的同意，方能使用归所有者所有的生产要素。为此，拥有生产资料所有权的所有者无须劳动，仅凭生产资料所有权就能无偿地占有雇佣劳动者提供的剩余劳动。而马克思也正是通过劳动者和生产资料相分离，剖析雇佣劳动的特点，揭露了资本主义剥削的秘密，建立科学的剩余价值理论。同时，正确认识价值创造与分配的关系，才能科学认识技术、资本等不同要素所有者参与收益的本质，也就是要素所有者拥有生产要素的所有权。即使是科学技术发展迅速的今天，仍然无法改变依靠产权而获得部分利益的基本规律，特别是依靠资本而无偿占有雇佣劳动者无酬劳动的基本事实。党的十五大提出"实行按劳分配和按要素分配相结合的分配原则"，这是由我国公有制为主体，多种所有制并存的产权制度特点所决定。在完全的公有产权制度下，生产资料虽然归劳动者共同所有，但劳动者无法凭借这一特权获得利益，只能按照劳动付出的多少从而获取共同所有劳动成果中的部分；在以私有产权为基础的企业里，不同人所拥有生产要素的种类、数量各不相同，为维护要素所有者产权与利益，充分调动他们生产积极性和主动性，故而只能执行按要素分配；在公私产权兼有的企业里，要根据不同的结构结合，实行按劳动和按要素分配相结合的分配方法。可见，不管分配关系如何变化，都不是由劳动、价值创造决定，而是由产权制度决定。因此，在我国社会主义初级阶段，多种所有制并存制度的实施必然要求多种不同分配方式与之匹配，我国现阶段的分配方式必然是按劳动分配为主体，多种分配方式并存的分配制度。

---

① 吴宣恭. 产权、价值与分配的关系 [J]. 当代经济研究，2002（2）：17.
② 吴宣恭. 产权、价值与分配的关系 [J]. 当代经济研究，2002（2）：18.

（二）科学地把握价值与分配的关系

关于价值与分配的关系，吴宣恭分析了"资本得利息"和"土地得地租"的关系，明确地提出"利息是资本单纯所有权提供的剩余价值""地租是土地所有权在经济上的实现"①。他指出，产业资本家要利用货币资本家的货币，必须支付一定利息，征得货币资本家的同意，方可进行。而货币资本家获得利息，无须参加劳动或有关生产的职能活动，只需凭借货币的所有权，就可获得。可见，资本的借贷关系是发生在生产过程之前，且与生产活动无关的一种契约关系。土地与地租的关系也是一样。土地所有者获得地租，无须参加劳动或有关的农业生产活动，只需凭借土地所有权，就可获得活劳动创造的部分价值。所以，利息和地租与现实的生产过程无关，仅仅凭借生产要素所有权关系而坐享一部分剩余产品或剩余价值。这是生产要素所有者参与劳动产品或剩余价值分配的根源，与价值的创造没有关系。

纵观马克思的经典著作，马克思对产权与分配关系进行大量的论述。吴宣恭关于所有制对分配关系作用的认识是在全面掌握马克思关于产权与分配的关系的理论基础上的继承与发展。他以马克思主义的产权和分配关系理论为指导，坚持运用马克思主义的立场和观点，透过现象，抓住事物本质，一针见血地指出按生产要素分配绝非因为生产要素所有者参与价值创造，实际是按要素所有权分配，科学地揭示了按生产要素分配的实质，既有力地维护了各生产要素产权主体的合法权益，避免各生产要素的滥用和浪费，进而促进社会资源的合理、有效配置；又有力地平息了借口"发展劳动价值论"造成的分配理论的混乱局面，为制定完善保护财产的法律制度提供了理论依据，极大地促进了社会经济的发展。可以说吴宣恭关于所有制对分配关系基础作用的观点和见解既是对马克思主义劳动分配理论的坚持和发展，又在理论界也引起了很大反响，得到理论界的广泛认同。仅知网记录（截至2015年3月），对《产权、价值与分配关系》一文下载次数高达400次，被引用次数高达50次，在同一主题的研究中均排在首位。

第二节　对西方经济学分配理论的批判

自从党的十六大提出"确立劳动、资本、技术和管理等生产要素按贡献参与

---

① 吴宣恭. 产权、价值与分配的关系 [J]. 当代经济研究，2002（2）：19 – 20.

分配的原则，完善按劳分配为主体、多种分配方式并存的分配制度"① 后，部分人把"生产要素按贡献分配"称为我国在分配理论方面的发展，认为这一分配，是一种更全面、更高层次的收入分配原则，按劳分配不过是其中一个部分，主张用它来取代"按劳分配为主体、多种分配方式并存的制度"；甚至主张采用西方经济学中测定"边际生产力"的方法，以解决不同要素的贡献无法衡量与比较的问题。吴宣恭坚决反对这一观点，为澄清这一错误认识，2003 年，他在《当代经济研究》刊物上发表《关于"生产要素按贡献分配"理论》论文，明确指出按生产要素贡献分配理论并非我国发明，克拉克早在 100 多年前就提出了"按生产要素分配理论"，是这些观点的理论源泉。接着他从多方面批判了克拉克的"最后产品理论"及西方主流经济学根据克拉克的分配思想编造的"收入分配的边际生产力理论"，揭露了它们的提出是为了掩盖资产阶级的剥削，以论证资本主义分配制度的合理性。吴宣恭"关于西方分配理论的批判，揭示了'按生产要素贡献分配'理论作为唯一分配方式的谬误"的思想观点得到经济学界的广泛认同。仅知网记录（截至 2015 年 3 月），《关于"生产要素按贡献分配"理论》一文下载次数高达 430 次，被引用次数高达 39 次，在"生产要素按贡献分配"理论研究中均排在第 1 位。这一方面的主要具体论述可以概括如下。

一、对西方"边际生产力理论"的批判

关于西方的"边际生产力理论"，吴宣恭指出，1899 年，经济学家克拉克在《财富的分配》中阐述了按生产要素贡献分配理论，认为生产要素的贡献指的是各生产要素所生产的"最后产品"，并从庸俗的生产要素理论、生产率递减规律出发，指出在资本数量不变的情况下，在同一块土地或资本上依次投入的劳动，所得的产量和雇主的利润会同向逐步减少，当最后一个工人的产量等于工资时，最后增加的那一单位工人的劳动生产力最低。后来，西方新古典综合派把主观效用理论、均衡价格理论和边际理论等结合起来进一步解释了克拉克的分配思想。他们把"最后产品"改称为"边际收益产品"，杜撰出所谓的"收入分配的边际生产力理论"，并企图将之奉为分配理论的圭臬。其真实的本意，按克拉克的话说，是为了让人们感到按生产要素贡献分配是一种公平的分配方式，从而打消工人的不满情绪，进而替资本主义的剥削制度辩护。吴宣恭在全面评析了克拉克的分配理论的基础上，批判了"边际生产力理论"。第一，他批评克拉克对价值与

---

① 《全面建设小康社会，开创中国特色社会主义事业新局面》（2002 年 11 月）。

使用价值概念的模糊，颠倒、混淆了使用价值和价值，弄错了分配对象，必然导致"最后产品"失掉作为比较和衡量的手段；第二，他批评克拉克的理论是以庞巴维克的边际效用理论作为基础，将一种以变幻不定和主观的效用替代客观存在的价值，其自身就不可能存在进行统一衡量与相互比较的尺度。尤其是克拉克对活劳动是价值创造源泉的否认，将利润、利息与地租、租金说成是资本、土地和房产等物质资料自身创造的"产量价值"，并以它们直接对分配份额进行界定，以粉刷出社会各阶层都能得到各自产品的公平分配图景。第三，他批评克拉克的依据和前提，认为他借助"生产力递减规律"引出"最后产品"是片面的。因为把生产效率递减作为普遍规律是不科学的，以此作为理论基础必将产生系列的问题和矛盾。第四，他批评克拉克简单地看待实际的社会分配关系，界定所谓的"最后产品"的"剩余法""反过来说"等方法具有假想性、肤浅性和非科学性。同时批评克拉克对"利息、租金和地租"的概念认识是混乱的。第五，他批评克拉克在论证工资收入是由"最后产品"决定和由"劳动市场价格"决定的逻辑是矛盾的、错误的；同时批评克拉克"边际生产力规律"的衡量标准是虚构的，"最后生产力"最终是由劳动力市场决定，与要素在生产中的作用没有关系。

二、对西方"按要素贡献分配理论"的批判

对于有人将"生产要素按贡献分配"当成我国社会主义经济理论的创新①，吴宣恭就明确指出"按生产要素贡献分配的理论并不是我国的发明"②。早在200多年前，法国庸俗政治经济学的创始者和奠基人萨伊就明确地指出自然力（如土地）、资本、劳动等三种生产要素提供了"生产性服务"，共同创造了产品的价值，理应给予报酬。西方新古典综合派丰富和发展了这一理论。吴宣恭比较了西方新古典综合派萨缪尔森与马克思分配理论，对萨缪尔森的"边际产品原理决定收入要素分配"理论进行批判，明确地指出"只有马克思关于资本主义分配的理论才是客观的、科学的"③。第一，他批评萨缪尔森以收益递减规律断定剩余地租归地主所得是毫无依据，是一种强词夺理的表现；第二，他批评萨缪尔森将"边际生产力"与工资水平混在一起，是一种混淆概念的逻辑错误；第三，他批

---

① 参见：张卓元主编. 论争与发展：中国经济理论50年［M］. 昆明：云南人民出版社，1999：402；柳欣主编. 中国经济学30年［M］. 北京：中国财政经济出版社，2008：352；陈东琪主编. 中国经济学史纲（1900～2000）［M］. 北京：中国青年出版社，2004：17.

② 吴宣恭. 关于"生产要素按贡献分配"的理论［J］. 当代经济研究，2003（12）：13.

③ 吴宣恭. 关于"生产要素按贡献分配"的理论［J］. 当代经济研究，2003（12）：16.

评萨缪尔森将"劳动均衡价格"引进边际产品曲线，苦心编制的"边际产品、劳动力供求与工资"的图式是一种简单的拼凑，它本身无法论证"边际生产力决定工资"，却暴露了克拉克分配理论的不足。西方主流经济学的"生产要素按贡献分配"理论将各种要素的收入看成是要素自身对生产产品的贡献，实际上是一种虚假的说法。而马克思关于资本主义分配的理论科学地区分了劳动与劳动力。马克思指出，劳动虽是创造价值的实体与源泉，但劳动并非商品，无法进行交易。资本家在市场上购买的并非劳动而是劳动力，他们将购买到的劳动力与生产资料结合，驱使劳动者按照他们的意志进行劳动。劳动者通过劳动创造出比自身劳动力价值更大的价值，其价值差额就是剩余价值。而劳动者得到并非劳动价值（劳动价格），而是劳动力价值——工资，即劳动力价值与价格的转化形态，或劳动力价值的体现。生产资料只是进行劳动的条件，无法创造价值。而在私有制条件下，要素所有者能够获得劳动创造的部分价值缘于他们拥有生产要素。所以，地租、利息、工资和利润并非生产要素的产物，"资产阶级工资理论的根本错误在于混淆了劳动和劳动力"[①]。

三、正确理解"按要素贡献分配"

（一）坚持用批判精神澄清理论界错误认识

一些人从市场经济规律的要求对按劳分配与按生产要素分配制度的合理性进行解释，指出生产要素参与分配是优化资源配置的需要和市场原则的直接体现。吴宣恭批评了这种观点，他指出，市场规律是商品遵循价值由社会必要劳动时间决定规律进行商品交换，而市场不能产生价值的余额，无法成为要素参与分配的理由。按要素分配虽无法脱离市场经济而存在，如利息率的高低受市场货币供求关系影响，合理资源配置是市场经济产权发挥的功能之一，却不是这一分配制度的依据，其科学的依据是"社会主义初级阶段存在多种所有制和各种所有制都存在多种实现形式"[②]。每种产权都包括所有制主体对客体的权能和行使权能带来的经济利益。所有制主体权能与利益的内在统一性使得主体可凭借拥有的产权，得到自身应有的利益。在社会主义初级阶段，多种所有制并存，除了公有制外还有私有制、混合所有制，而公有制也实行多种实现形式，这些因素使得按劳分配

---

①　吴宣恭. 关于"生产要素按贡献分配"的理论［J］. 当代经济研究，2003（12）：17.
②　吴宣恭. 所有制理论与社会主义政治经济学创新［J］. 东南学术，1999（2）：40.

无法成为唯一的分配方式，还需按要素分配与之匹配。为此，我国的分配制度是由所有制关系决定的。

一些人认为生产资料也和活劳动一样共同创造价值，说明劳动以外的生产要素参与分配具有合理性；还有一些人认为非劳动生产要素虽然不直接创造价值，但对价值的创造作了贡献，并以此为按要素分配的理由。对于上述观点，吴宣恭坚持予以反对。关于吴宣恭指出"生产资料创造价值是违反马克思劳动价值论的谬误"，本书第六章已详细阐述。而对后一种观点，吴宣恭认为它"背离了马克思的所有制理论"①。他指出，马克思在论证独立小生产者能占有自己劳动产品而资本主义制度下劳动者却不能时，就明确指出关键在于生产资料的所有权，资本家因拥有所有权能无偿占有劳动者无酬劳动，而工人却由于没有生产资料而不能占有自己的劳动产品。所以，离开马克思主义的所有制理论去论证非劳动生产要素参与分配的合理性是非科学的。同时，以伦理标准来证明分配方式的合理性也是不科学的。因为人类社会不是以伦理标准来选择所有制及其生产关系，而是由生产关系决定人们的观念，即多种有制并存的所有制特点是社会主义初级阶段的客观条件决定。

（二）正确阐释了"按要素贡献分配"的科学内涵

那么，应该如何理解按生产要素贡献分配呢？经济学界出现多种不同的观点。第一种观点认为是依据要素对所创造的物质财富的贡献，即根据创造社会物质财富过程中发挥不可缺少作用的各种生产要素所投入的比例和贡献，如郭飞②；第二种观点认为是依据各种生产要素在社会财富即价值的创造中所做的贡献进行分配，如蔡继明、王振中③；第三种观点认为是依据生产要素的所有权。吴宣恭多次撰文，明确指出按要素分配实质是按要素所有权分配，并从三个方面予以分析，正确阐释了"按要素贡献分配"的科学内涵。他指出，第一，不能将按贡献分配理解为其创造的价值分配。生产要素的贡献并非指其创造的价值，因为活劳

---

① 吴宣恭. 所有制理论与社会主义政治经济学创新［J］. 东南学术，1999（2）：41.

② 郭飞. 生产要素按贡献参与分配原则新思考［J］. 马克思主义研究，2005（2）：26.

③ 参见：蔡继明. 非劳动收入的性质、来源及量的规定［J］. 理论内参，1988（8）；论社会主义初级阶段收入分配的价值基础［J］. 中青年经济论坛，1989（4）；按劳分配为主、多种分配形式并存的实质是按贡献分配［J］. 经济学动态，1998（6）；按贡献分配——社会主义初级阶段的分配原则［J］. 人民论坛，1998（4）；王振中. 论非劳动生产要素与价值决定的关系，政治经济学研究报告［M］. 北京：社会科学文献出版社，2000；非劳动生产要素参与分配的价值基础［J］. 经济研究，2001（12）；非劳动生产要素参与分配不等于剥削［N］. 中国改革报（理论周刊），2002 - 02 - 04；论价值决定与价值分配的统一［J］. 政治经济学评论，2003（1）.

动才是价值的源泉，物质生产要素不创造价值，且雇佣的劳动者也只获得劳动力价值，不是劳动所创造的全部价值。一些生产要素虽能促进劳动生产率的提出与产品数量的增加，但仍遵循社会必要劳动时间决定价值的规律。第二，不能将按要素贡献分配理解为按照各种要素所创造的物质财富进行分配。因为物质财富是各种生产要素共同作用的结果，每一要素创造的产品数根本无法分清，更别说衡量各生产要素的贡献。且由于物质财富的特殊性，处于形态、使用价值、价值上都不相同的异质状态，不具共同的衡量尺度，也无法对各自贡献进行评定。此外，在市场经济分配的是价值，物质财富是无法进行分配的。且价值和使用价值在数量的确定上各有规律，要把各不相同的使用价值转换为价值，必须遵循价值规律。而价值规律的形成过程和衡量标准有别于使用价值，也无法评定各自的贡献。第三，按要素分配是将产品分配给所有者，而非生产要素。因为劳动与生产要素的结合才能进行生产，而只有征得要素所有者的同意，允许要素所有者分享劳动创造的剩余价值，方可实现生产。可见，按要素贡献分配根本不是按要素所创造的产品分配，而是由于要素所有者为生产经营提供了必不可少的物质条件，为经济发展起了积极作用，可视为一种贡献。为激励要素所有者的投资积极性和有效性，可通过市场机制，给予这些贡献相应的利益回报。对劳动者而言，劳动者把自己劳动力交给企业支配和使用，就是按劳动力的价值实行等价交换。所以，"按要素分配不是按照它们生产出什么，而是按它们对要素的所有权"，按要素分配实质是指"各种生产要素的所有者凭借对要素的所有权，按各自拥有的要素份额参与分配社会新创造出的价值"。①

　　综观人类社会的科学史，一切从实际出发，执着追求总会结出丰硕果实。在对"生产要素按贡献分配"问题的研究中，吴宣恭正是秉持着这种科学态度。他在理解和掌握马克思主义分配理论的基础上，紧密结合我国现实，对"生产要素按贡献分配"进行客观而科学的研究，既批判了西方"要素按贡献分配理论"的局限性、狭隘性和不现实性，又澄清了我国经济理论界对"生产要素按贡献分配"内涵的错误认识，科学阐释了"生产要素按贡献分配"的实质。这种论证方式不仅在我国经济理论界产生了较大的影响，而且为我国分配制度的丰富和发展做出重要贡献。同时，吴宣恭"对于按要素分配是按所有权分配的实质"这一思想对于我国尊重劳动者权利及劳动、知识、人才、创造和培育社会主义要素市场具有重要的指导意义和政策意义。正确理解吴宣恭对于按要素分配是按所有权分配的实质这一思想有利于国家对市场经济条件下各种生产要素所有权存在合理

---

① 吴宣恭. 关于"生产要素按贡献分配"的理论［J］. 当代经济研究，2003（12）：19.

性、合法性的确认，在尊重劳动者权利的基础上，充分发挥劳动、知识、人才、创造在经济发展中的作用；同时也有利于鼓励各种要素所有者投资经济活动的主动性和积极性，更好地促进我国市场经济的健康持续发展。

第三节　对我国现阶段分配关系的研究

随着改革进一步深入，分配不公、贫富悬殊已成为我国当前公认的重大社会弊病。应该如何看待公平与效率的关系？分配不公的主要矛盾及其根源是什么？这些关系民生的重要理论问题成为学术界关注的焦点。吴宣恭多次撰文，准确地把握了我国现阶段分配不公的关键，并提出了中肯的诊断意见。吴宣恭关于分配不公问题的一系列研究，为对解决分配不公、贫富悬殊提供了理论依据，并为我国的分配制度改革的实践证明是行之有效的，对我国和谐社会的建设发挥了积极作用，在学术界产生了重大的影响。同时，吴宣恭这一领域的系列研究也被众多研究者下载和引用，仅知网记录（截至 2015 年 3 月），《实现公平与效率互相促进》一文下载次数达 347 次，被引用达 20 次；《分配不公的主要矛盾、根源和解决途径》一文被下载 854 次（如加上其他刊物转载的①，高达 964 次），被引用达 42 次。其具体论述主要如下。

一、公平与效率的关系

关于公平与效率的关系，无论是国外还是国内，都是学术界争论的焦点。西方经济学关于公平与效率的处理关系有三种理论观点：效率优先论、公平优先论和公平与效率交替论。在我国，关于公平与效率关系的认识也经历一个发展的过程。改革开放前，我国实行的是名为按劳分配实际是平均主义占主导地位的分配制度，严重地挫伤广大劳动者的生产积极性，阻碍了经济的发展。改革开放初期，邓小平同志认识到平均主义分配制度的危害，率先提出"让一部分人先富起来"的重要理论。1987 年，党的十三大提出"让善于经营的企业和诚实劳动的个人先富起来，……在促进效率提高的前提下体现社会公平"②。1993 年，党的十四届三中全会提出"建立以按劳分配为主体，效率优先、兼顾公平的收入分配

---

① 刊载于《当代社科视野》2011 年第 1 期，《我国收入和财富悬殊的主要根源》。
② 《沿着有中国特色的社会主义道路前进》（1987 年 10 月）。

制度，……走共同富裕的道路"①。2002 年，党的十六大在强调效率优先、兼顾公平的同时，提出"初次分配注重效率，发挥市场的作用……再分配注重公平，加强政府对收入分配的调节职能，调节差距过大的收入"②。但在我国收入差距不断扩大、分配不公、贫富悬殊的大背景下，经济界与经济学界无法回避现实不平等问题，对于如何看待公平与效率的关系问题，也引发了争论。

（一）学界对公平与效率关系的争论

学界对于公平与效率之间的关系的争论主要有三种观点：

第一种观点主张公平优先。如洪银兴认为任何时候，公平与效率不可兼得，只可能存在互相兼顾关系。原有体制效率低，理应以效率为先；而当前社会发展实践中发现不公平问题日益激烈，改革需转向以公平为先，以实现改革成果惠及全体人民的要求及构建和谐社会③；王常柱、武杰则认为"效率优先、兼顾公平"的原则虽创造丰富的物质财富，但也导致较为严重的分配不公，主张应"突出公平、追求效率，强调现阶段公平对于效率的优先性，以增强社会的价值认同、激发人民群众的积极性，……保证中国特色社会主义事业继续兴旺发达"④；邹广文认为公平与效率之间的关系，应倡导"公平优先，兼顾效率"，把公平正义放在首要的突出的位置，强调任何一个成熟的社会，社会公正无不处于核心地位，而仅非"兼顾"的位置⑤；等等。

第二种观点主张效率优先。如晓亮认为"效率优先，兼顾公平"就是要把发展生产力放在第一位，把追求效率放在第一位，在效率优先的前提下兼顾公平合理的分配⑥；黄范章认为效率优先是市场竞争规律所致，而非人们的主观意愿，要靠效率把"蛋糕"做大，以缩小差距，增进社会公平和促进社会和谐⑦；张民认为在当前及今后一个相当长的时期内都要坚持效率优先兼顾公平的分配原则，这是市场经济本身需要及我国基本国情的客观要求，决不能因为暂时的收入差距扩大而否定这一原则；相反，只有坚持这一原则，才能解决收入差距扩大的问

---

①　《中共中央关于建立社会主义市场经济体制若干问题的决定》（1993 年 11 月）。

②　《全面建设小康社会，开创中国特色社会主义事业新局面》（2002 年 11 月）。

③　洪银兴. 建和谐社会要坚持公平与效率［J］. 中国干部论坛，2005（3）.

④　王常柱，武杰. 试论现阶段公平对于效率的优先性——对"效率优先、兼顾公平"原则的反思［J］. 伦理学研究，2010，01：52 – 56.

⑤　人民网. 邹广文：不妨"公平优先，兼顾效率"［EB/OL］. http：//theory. people. com. cn/n/2013/0110/c112851 – 20158417. html.

⑥　晓亮. "效率优先，兼顾公平"原则过时了吗？［J］. 中国流通经济，2006（11）：8.

⑦　黄范章. 为"效率优先"辩——兼倡"效率优先，增进公平"［J］. 经济导刊，2006（7）：81.

题，实现共同富裕①；等等。

第三种观点主张公平与效率相互促进。如刘国光多次撰文主张应逐渐淡出"效率优先、兼顾公平"认识，实行公平和效率并重的原则②；卫兴华多次论述强调公平与效率关系在科学发展观下的统一，强调既要重视效率，更要重视收入分配关系上的公平，要两者并重，实现两者的统一③；程恩富认为公平和效率是相统一的，公平和效率之间具有"互促同向变动"的内在关联性④；纪宝成认为单纯"效率导向"已导致"两极分化"和"阶层固化"的冲突加剧，不仅严重侵蚀社会主义价值目标实现，也严重妨碍社会主义市场经济体制的完善，他反对"效率至上主义"与"公平至上主义"，主张扭转"公平导向"严重弱于"效率导向"的局面，促进效率与公平的统一⑤；马宏伟认为"效率和公平在很多情况下并非此消彼长的关系，而是可以相互促进、共同提高的"⑥；等等。

（二）吴宣恭的公平与效率观

关于公平与效率的关系，吴宣恭在剖析两者内涵与特点的基础上，明确提出处理两者之间的关系应是"更加注重社会公平，实现公平与效率互相促进、同向发展"⑦。

关于公平与效率的内涵和特点，吴宣恭指出，公平，从本质上看，是特定社会经济关系在人们思想意识上的反映，是以一定社会经济制度为基础，形成相应

---

① 张民. 效率优先兼顾公平原则过时了吗 [J]. 吉林省教育学院学报，2007（3）：64 - 66.

② 参见刘国光. 改革开放新时期收入分配问题 [J]. 百年潮，2010（4）；向实行"效率与公平并重"的分配原则过渡 [J]. 中国经贸导刊，2003（11）；进一步重视社会公平问题 [J]. 中国经贸导刊，2005（8）；重新审视社会公平问题 [N]. 北京日报，2005 - 4 - 25；历史全面地看待公平与效率 [N]. 中国经济导报，2005 - 6 - 21.

③ 卫兴华教授是公平与效率关系研究的集大成者，从2003年以来，卫兴华教授就开始研究个人收入分配问题，并多次发表关于公平与效率关系的观点，具体可参见卫兴华. 怎样把握现阶段的个人收入分配制度 [N]. 光明日报，2003 - 10 - 07；卫兴华. 我国现阶段收入分配制度若干问题辨析 [J]. 宏观经济研究，2003（12）；卫兴华. 实现分配过程公平与效率的统一 [J]. 价格理论与实践，2006（9）；卫兴华. 对中央有关效率与公平几种提法演变的解析 [J]. 理论视野，2007（3）；卫兴华，侯为民. 在科学发展观下坚持效率和公平的统一 [J]. 理论参考，2008（10）；卫兴华，孙咏梅. 效率与公平问题讨论的新认识 [N]. 人民日报，2009 - 04 - 21；卫兴华. 效率与公平关系的理论探索及科学定位 [N]. 光明日报，2012 - 08 - 17；卫兴华，胡若痴. 近年来关于效率与公平关系的不同解读和观点评析 [J]. 教学与研究，2013（7）；卫兴华，胡玫. 缓解贫富分化促进分配公平 [J]. 华南理工大学学报（社会科学版），2014（5）. 限于篇幅，卫兴华教授关于这方面文章不详细罗列.

④ 程恩富. 马克思主义经济学的五大理论假设 [M]. 北京：人民出版社，2012：191 - 235.

⑤ 纪宝成. 单纯"效率导向"导致冲突加剧 [J]. 人民论坛，2011（22）：22 - 24.

⑥ 马宏伟. 以更大视野看待效率与公平 [N]. 人民日报. 2009 - 04 - 21.

⑦ 吴宣恭. 实现公平与效率互相促进 [J]. 经济纵横，2007（1）：2.

的社会意识，受法律保护，并分别在地位、条件、机会、人际关系、处理原则、生活层次、收入、分配及消费等方面体现。它作为一种受价值主体的意识影响的价值判断，具有主体性、客观性、历史性、阶级性和相对性的特点。不同所有制对公平的内涵起决定作用，即不同的社会具有不同的与其经济政治制度相适应的公平观念和评价准则。效率，从宏观领域看，它包含社会各方面的发展及生态、环境的改善和人民生活质量的提高；从微观领域看，它又包含投入产出率、劳动生产率、收益率和人民收入的提高、福利的改善及人的全面发展，具有自然属性、社会属性的特点。而不同的社会有与其经济政治制度相适应的不同的公平观念和效率准则，它们不是永恒不变的。①

关于公平与效率之间的关系，吴宣恭认为它们之间虽属于不同范畴，但是辩证统一关系。他指出，首先，两者之间相互依存，互为前提。因为一种公平关系与观念是以一定的效率为物质前提；而效率也同样是建立在一定公平观上的效率。其次，两者之间相互促进。社会的公平会促进成员之间相互配合与协作，能更好地激发成员间的主动性与积极性，能更好地使用资源，提高效率；而效率的提高能增加物质生活资料，不断提供更多物质财富和改善劳动者的劳动和生活条件，进而催生新的公平观念。再次，两者之间相互制约。效率的提高取决于劳动者的积极性和主动性，而积极性和主动性的提高又取决于劳动者的收入公平。片面追求效率或漠视公平，不是削弱经济增长后劲，就是挫伤劳动者的生产积极性，进而破坏效率基础。最后，两者之间交互同向发展，共存于不同的层次，从公平与效率的特点及人类历史的长河中，两者之间是相互促进，同向发展。为此，正是由于相同的特定社会经济制度决定了公平与效率的辩证统一关系。

关于我国现阶段公平与效率的关系，吴宣恭认为邓小平同志已做出明确的回答。他指出，邓小平说"社会主义的本质，是解放生产力，发展生产力，消灭剥削，消除两极分化，最终达到共同富裕"②是很好地诠释了社会主义公平与效率相互促进的内涵。目前，我国正处于社会主义初级阶段，公有制为主体，多种所有制并存的基本经济制度，使得当前不能实行统一的公平准则，必须按照不同所有制形成的各自的公平准则运行，方能促进效率，发展生产。为此，他主张在社会主义初级阶段尚不能完全消灭剥削的前提下，可通过宣传、教育引导人民；通过在公有经济中坚持生产过程平等和按劳分配坚决制止那些违反社会主义公平行为；通过制止私有经济的不合法行为坚决制止损害人民和国家利益；通过提高劳

①　吴宣恭. 实现公平与效率互相促进 [J]. 经济纵横，2007（1）：2－3.
②　邓小平文选（第三卷）[M]. 北京：人民出版社，1993：373.

动报酬标准、制定最低工资水平、税制调节、建立健全社会保障体系等办法，在"全社会实现更高层次的公平，即社会主义公平"①。

综上所述，我们可以清晰地看出，无论是改革开放以来我国政策的实施，还是在学术界的争论，关于公平与效率的关系，效率优先的影响力最大，甚至在全社会形成一种价值准则和自觉行为。的确，改革开放以来，我国正是凭借着效率优先、兼顾公平政策，极大地推动生产力的发展和改善人们生活水平，对国民经济的发展起着重大的作用。但是，在新的历史条件下，继续采取效率优先似乎已无法跟上我国社会发展的步伐，甚至在一定程度上为社会发展造成了许多不可缓和的矛盾。而公平优先虽在某种程度上可以缓和当今社会贫富差距所带来的种种社会矛盾，增加社会的价值认同，但如果过分地强调公平，追求收入分配的平等，则必然会损害高效率一方的主动性和积极性，进而破坏效率的基础，不仅不利于资源配置的进一步优化，抑制经济效率的进一步提高，妨碍生产力的进一步发展，而且会造成新一轮的不公平，同样无法适应当前我国国民经济高速发展的步伐。可见，将公平与效率两者对立起来，轻言效率优先或公平优先都是不可取的。吴宣恭正是准确地理解和把握公平与效率的内涵及其内在的逻辑联系，才能根据我国国情和具体实际，从两者的内在逻辑关系中寻求适应当前我国国情的最佳模式。2007 年，党的十七大提出"初次分配和再分配都要处理好效率和公平的关系，再分配更加注重公平"②。2012 年，党的十八大再次强调"初次分配和再分配都要兼顾效率和公平，再分配更加注重公平"③。可以说，党的重大报告中关于公平与效率的提法，正是吴宣恭这一思想的具体体现。所以，吴宣恭关于公平与效率关系的思想，在理论上是科学的，在实践上是切合实际，并经得起时间考验的。

二、我国分配不公的主要矛盾和根源

马克思曾指出"人们奋斗所争取的一切，都同他们的利益有关"④。恩格斯也曾提出"每一既定社会的经济关系首先表现为利益"⑤。可见，分配问题涉及广大群众的切身利益，是关系国计民生的大问题。然而，随着改革开放的进一步

① 吴宣恭. 实现公平与效率互相促进 [J]. 经济纵横，2007（1）：5.
② 《高举中国特色社会主义伟大旗帜　为夺取全面建设小康社会新胜利而奋斗》（2007 年 10 月）.
③ 《坚定不移沿着中国特色社会主义道路前进　为全面建成小康社会而奋斗》（2012 年 11 月）.
④ 马克思恩格斯全集（第 1 卷）[M]. 北京：人民出版社，1956：82.
⑤ 马克思恩格斯选集（第 3 卷）[M]. 北京：人民出版社，1995：209.

深入，我国居民收入虽大幅提升，但分配不公、贫富悬殊等问题也日益凸显，已成为我国经济和社会发展中的一大突出问题，严重影响着我国社会经济健康稳定的发展，乃至和谐社会的建设。这一社会矛盾已引起了公众的广泛关注，而首先需要弄清楚的问题是，我国分配不公的主要表现和根源是什么。吴宣恭抓住这一焦点发表了振聋发聩的观点。

（一）学术界的主要观点

对于分配不公的主要矛盾和根源，学术界的学者分别从不同的角度进行了诸多分析，有些学者认为垄断是分配不公的主要根源，如康士勇认为收入分配不公是行业垄断、身份垄断的结果①；蔡继明认为政府的行政垄断，成为行业收入差距过大的主要原因②；华生认为权力垄断的自利、行政垄断的歧视、市场垄断的马太效应、资源垄断的暴发，是导致社会财富向少数人快速转移的第一推动力③；林毅夫认为造成收入分配不断恶化的最主要原因是非市场因素的行政垄断④。还有部分学者列举了诸多缘由，如王金燕认为市场经济体制不完善，导致一些人利用信息不对称或所处特殊地位和特殊关系非法牟取利益，这些是造成分配不公的主要原因。行政垄断使垄断行业获得高额垄断利润，并转化为高额收入和高额福利。税收制度不完善是造成分配不公的主要因素⑤；李金亮认为行政性垄断、腐败及税赋偏重造成国富民穷是分配不公的主要原因⑥；肖新怡认为非市场力量，如垄断、灰色收入和黑色收入等是造成收入分配不公的根本原因⑦；周为民认为特权、寻租、腐败和垄断等官商勾结、权资合谋的行为是导致社会贫富悬殊的根本原因⑧；张蕴岭认为部门垄断、非法收入，尤其是权力腐败是导致分配不公的根源⑨；宋则认为造成财产、收入差距拉大与两极分化的主要因素是破坏市场秩

①　康士勇. 对"十二五"期间有效治理分配不公的对策研究 ［J］. 北京劳动保障职业学院学报，2010（2）：12.

②　蔡继明. 我国当前分配不公的成因和对策 ［J］. 中共中央党校学报，2010（3）：13.

③　中国改革网. 华生：分配不公的症结究竟在哪里 ［EB/OL］. http：//www. chinareform. org. cn/society/income/Practice/201112/t20111221_130592. htm.

④　林毅夫. 改革收入分配，挖掘经济潜力 ［N］. 经济参考报，2012 - 11 - 22.

⑤　王金燕. 当前我国收入分配不公的制度分析 ［J］. 科技与管理，2010（4）：112 - 113.

⑥　李金亮. 分配不公问题的根由和出路 ［J］. 南方经济，2010（6）：82.

⑦　肖新怡. 非市场经济因素导致收入分配不公——"市场经济会导致收入分配不公"是误解 ［J］. 经营管理者，2010（14）：88 - 89.

⑧　周为民：何谓效率优先兼顾公平 ［EB/OL］. http：//news. sohu. com/20070323/n248933834. shtml.

⑨　张蕴岭. 分配不公的根源在哪 ［N］. 光明日报，2012 - 03 - 14.

序的权钱交易、行政垄断及种种潜规则，而不是市场机制①；等等。

(二) 吴宣恭的观点

吴宣恭质疑了界内列举的行政垄断、腐败、国家财政收入过高等分配不公的主要缘由，认为这些观点似乎是触摸到当前社会现实的一些情况，但仍无法找出社会财富高低悬殊的真正根源。他从现实出发，引用大量的实际资料进行分析、对比，以严谨的学术态度和批判精神，在澄清学术界错误认识的基础上，揭开了我国分配不公主要矛盾和根源。他对我国 2001 年、2002 年、2005 年和 2008 年行业平均水平的统计数据；中央统战部与全国工商联课题组发布的《2009 中国私营企业调查报告》数据资料；2010 年 10 月公布的《2010 胡润百富榜》等大量翔实数据进行整理、分析和对比，反驳了界内提出的错误认识，准确提出 "分配不公主要产生于初次分配领域" "我国分配和财富不公的主要矛盾根本不是垄断行业和一般行业的工资差别，也不是城乡之间收入的差别，而是私营企业主惊人收入和巨大财富与普通劳动者收入和财产的差别"。②

马克思在分析资本主义社会化大生产时曾指出 "社会的财富即执行职能的资本越大，它的增长的规模和能力越大，从而无产阶级的绝对数量和他们的劳动生产力越大，产业后备军也就越大……这种后备军越大，常备的过剩人口也就越多，他们的贫困同他们所受的劳动折磨成反比"③，说明私有化是分配不公的主要根源。当资本累积到一定程度，剩余劳动力的产生势必会对劳动力价值增长产生制约。可见，吴宣恭提出 "我国分配不公和财富差距悬殊是过度剥削的结果，其制度根源是资本主义私有制，或者说，是引导和监管不力的资本主义制度"④。这一论断正是在坚持马克思主义立场、观点和方法的基础上，透过社会重重现象，抓住事物背后的本质，准确了揭露社会分配不公的根源，对于党和政府制定解决对策，化解矛盾具有重要的指导意义。同时，实践是检验真理的唯一标准，一切理论分析只有从实际出发，切合现实情况，才能摆脱空洞与说教，真正解决经济发展过程中的实际问题。吴宣恭在剖析我国分配不公的主要矛盾和根源时，始终坚持从我国具体的社会实际出发，并在对各行各业平均工资的横向比较和对胡润富豪榜变化的纵向分析的前提下，揭示了我国社会分配不公的根源。可见，

---

① 财经网．宋则：分配不公的两大根源 [EB/OL]．http：//www. caijing. com. cn/2010 - 04 - 06/110410738. html.

② 吴宣恭．分配不公的主要矛盾、根源和解决途径 [J]．经济学动态，2010 (11)：16 - 17.

③ 资本论 (第 1 卷) [M]．北京：人民出版社，1975：707.

④ 吴宣恭．分配不公的主要矛盾、根源和解决途径 [J]．经济学动态，2010 (11)：18.

吴宣恭这一结论是在理论和具体实际相结合的基础上得出的，其在理论上是准确的，在实践上是经得起检验的。

三、我国当前经济问题与分配不公的关系①

我国经济发展过程中的一些现象，如垄断、腐败等，引起社会大众的严重不满，一些人利用这一点，企图将群众的愤恨引向国有企业，以达到排挤公有制、发展资本主义私有制的目的。吴宣恭始终保持清醒的头脑，敏锐地揭示了我国分配不公的内在根源，洞察这些人的真实目的，以马克思主义的立场、观点和方法对这些观点进行批判，扫除了理论上的迷雾。

关于垄断是不是我国分配不公平主要表现，吴宣恭引用大量的可靠数据进行对比和分析，得出有说服力的结论。他指出，从全国与部分行业的平均工资②进行比较，平均工资最高的行业虽是垄断的国企，但排在前面的却是非垄断行业；垄断行业中工资最高的与最低的，差距范围在四点多倍，其中最高的是航空运输业，其劳动者从事的是复杂劳动，其劳动力价值本身就比较高，而非垄断所致；位居次高的垄断行业与最低的，差距范围在 3～4 倍；从垄断行业与非垄断行业比较，平均工资约为 2～3 倍；非垄断行业中最高或次高工资与最低差距均达到五倍多，甚至高达 10 倍多；若将各收入层次按 10% 分组，2008 年城镇最高与最低的人均收入高达 26 倍（官方统计为 9 倍），而王小鲁推算同年收入最高的 10% 家庭收入占我国"灰色收入"中的 62.5%；这些数据均远远超出垄断行业与非垄断行业的收入差距；垄断行业几乎属于国家所有，非垄断行为大多数为私人所有，且国企工资是私企的两倍。大量的数据表明，垄断行业与非垄断行业收入差距根源在于私企工资总水平太低所致。在数据不难掌握，仍持这种观点，其目的不在于追根溯源，真正解决分配不公，实质是为反对国家所有制，以实现他们提出的"国退民进"，为私有经济挤占国有经济，牟取高额利润。

对于国家垄断国民经济命脉，吴宣恭指出，在所有实行市场经济的国家中，即使是西方强国，都过之而无不及。在我国当下阶段，对一些重要行业或部门实行垄断具有积极且重要的作用，即有利于保证国计民生和维护国家的经济安全；

---

① 本点阐述的思想观点参见吴宣恭. 分配不公的主要矛盾、根源和解决途径［J］. 经济学动态，2010（11）；再谈分配不公的主要矛盾和根源——兼答何炼成教授［J］. 当代经济研究，2011（8）.

② 吴宣恭摘引国家统计局数据库提供全国和部分行业平均工资表，具有真实性和可靠性。限于篇幅，不再引用，此处重点阐述分析行业垄断非主要矛盾的理由。

有利于对有限自然资源进行保护与合理利用；有利于建立引领与支撑强有力的经济发展基地以增强国家对宏观经济的调控能力；有利于对正在成长的民族工商业进行保护；有利于集中高利润行业以增加国家财政收入，更好地提高再分配能力、发展人们所需的公共与社会保障事业和提供更加稳定、充裕的物质条件；有利于应对日趋激烈的国际竞争；等等。对此，反对国家垄断不符合国家的经济利益，并背离人们的利益。倘若按照那些反对垄断的要求，国有经济退出一切竞争性领域、退出需要控制的行业和领域、放弃在关系国民经济命脉的重要行业与关键领域占支配地位的行业，那么，除去那些无法赚钱的公共品供应部门外，国有经济再也没有立足之地，反对垄断的一些人争取多时的目的便可超额实现。所以，反对国家垄断的观点实则是为实行私有制的资本家呐喊助威，"不仅歪曲了经济关系的实质，是不科学的，而且还带有蛊惑性和挑拨性，是有害的"①，也是明智者所不取也②。

面对我国连年税收增加，幅度较大的经济现象，一些人借机发挥，提出国家税收过高，是造成分配不公和国富民穷的根源，并提倡降低税负以解决问题。吴宣恭对 2015 年 5 月 18 日《人民日报》刊出的中华全国总工会提供的我国劳动收入、王怀祖与张熙悦提供的中美英个人所得税税率③、2003 年 12 月 22 日《中国税务报》提供的税负水平等权威数据进行整理、分析与比较，评析了上述观点，认为忽视国家的财政收入、税收对国家收入再分配的调节功能，既会削弱国家再分配功能，又不利于解决甚至会加剧贫富差距，强调一般性减税无助于解决分配不公。他指出，从初次分配领域来看，劳动收入从 1983 年的 56.5% 降至 36.7%，资本收入则上升 20%，劳动报酬占国民收入比重越来越低，且我国财政收入占 GDP 的比重远低于世界平均水平，即使在发展中国家也属中等偏低水平；从税负水平上看，从 2008 年起，我国企业最高的所得税税率比荷兰的 26% 低 1%、比英国低 3%、比德国低 5%、比美国低 14%、比日本低 17%；个人所得税方面，我国根据实际，执行九级超额累进税制，主纳税群体一般执行 5%、10% 两级税率；中等阶层税率是 9%～12%，远低于英国的 20%～21%、美国的 10%～15%；高收入群体（少数超过 10 万元/月）执行 45%，远低于瑞典（年收入 >27.38 万克朗为 51%、年收入 >41.42 万克朗为 56%）；显然，我国税负水平并非分配不公的主要原因。对于主张减少税收，增加国有企业利润上缴力

---

① 吴宣恭. 再谈分配不公的主要矛盾和根源——兼答何炼成教授 [J]. 当代经济研究, 2011 (8): 65.
② 吴宣恭. 分配不公的主要矛盾、根源和解决途径 [J]. 经济学动态, 2010 (11): 15.
③ 王怀祖, 张熙悦. 中美英个人所得税税率比较 [J]. 重庆工商大学学报（西部论坛）, 2004 (4).

度，透过减税让利于私营企业，为私营企业提升劳工工资创造空间，这种说法、做法明显与客观实际不符，是完全不顾事实的偏袒之言。我国的分配不公主要在初次分配领域产生，只有提高国家再分配功能进行调节，方能弥补初次分配的不足。此外，吴宣恭还对减税提出中肯的建议。他认为笼统地进行一般性减税并非解决分配不公的最佳途径，而应根据阶层的不同合理设计：一是调整税收制度，提高富人纳税水平及防止为拉拢投资而降低企业税收或低价出让资源行为。二是提高个人所得税起征点，减少或取消低工薪阶层的税负，禁止各种附加收费。三是开征财产赠予税、遗产税、高档商品和服务消费税、两套以上房产税、增值税、靠公司上市或"一夜暴富"的暴利税等税种；调整稀缺资源使用税等税种。四是加强监管、严格税法，堵塞漏洞，防止和严惩偷税、漏税行为。

　　一些别有用心的人，甚至境外媒体借机现存的官员与企业高管腐败现象，企图误导为财富悬殊的根源。吴宣恭强调当前职场、官场的腐败确实是新出现的一大弊病，不仅严重破坏市场秩序，伤害民众利益，而且也造成国有资产的损失，确实是分配不公的表现，但资本追逐最大利润才是政治腐败的真正根源，政治腐败只不过是资本攫取最大利润的必要工具。因为无论官商勾结是主动还是被动，都是在权力能为商人带来利益的前提下。而要形成官商的结合，必须以足够大的私人资本为基础，普通的劳动者或小生产者是无法实现。贪官污吏通过富有的财主，获得自身最大的经济利益；富有的财主通过贿赂得到的权利，通过私人资本的经营，获得更大的经济利益。为此，把官场、职场腐败列为财富悬殊的主要矛盾是看不起它的产生根源，是轻重不分，本末倒置。

四、解决分配不公的基本途径

　　吴宣恭在剖析我国分配不公、贫富悬殊根源的基础上，中肯地提出了抑制分配和财富悬殊趋势加剧的诊断意见。他指出，应从所有制去说明私营企业主与普通劳动者财富与收入的巨大差距。引导和监管不力的资本主义所有制是分配不公的根源所在。为此，在治理上，要坚持公有制为主体、多种所有制经济共同发展的基本经济制度；要辩证地认识和对待财产性收入；要建立最低工资确定与递增机制，不断完善公共与社会保障机制，进一步提高私企雇佣劳动者的收入和福利；要建立健全立法并严格贯彻执行，以维护劳动者的合法权益；要发挥工会、工商联的积极作用等五项改革建议，以改善社会收入分配格局，改变对资本主义私有制的引导和监管不力的偏差。

　　邓小平曾指出："社会主义有两个非常重要的方面。一是以公有制为基础，二是不搞两极分化。"① 可见，分配理论是社会主义经济理论的重要理论与实践课题。社会分配的公平与合理状况对社会再生产与社会的稳定发展具有重要作用，它直接影响着我国社会经济健康、稳定发展，还体现改革成果全民共享，是社会主义制度优越性的重要体现。吴宣恭关于分配不公的思考，立足我国的实际情况，既驳斥了理论界关于分配不公根源的错误认识，准确地抓住我国分配不公的根源所在，又以保障和改善民生、维护和促进社会和谐为根本出发点，科学地提出治理对策，为进一步丰富和完善社会主义分配理论，实现国富民强做出了积极的贡献，对建设和谐小康社会具有重要的指导意义。2012 年 12 月，党的十八大报告对劳动、资本、技术、管理等要素按贡献参与分配的初次分配机制、企业工资制度改革、居民财产性收入等方面进行顶层设计。2013 年 2 月，国家发改委、财政部、社会保障部联合发布的《深化收入分配制度改革若干意见的通知》，对中低收入职工收入、技术要素参与分配机制、居民财产性收入、再分配调节机制、完善收入分配相关领域立法等方面进行了方向性的明确规定。可见，党和政府在处理社会分配不公方面对私有制经济分配问题做出更加全面和有效的实施办法，也在一定程度上加强了监督和管理力度。显然，吴宣恭关于分配不公和财富悬殊的治理方法，有助于党和政府在这个问题上的方向把握和最终决策。此外，对于分配不公的思考，还渗透着吴宣恭对坚持公有制为主体的基本经济制度和反对"国退民进"的私有化理论的认识，对于深刻理解党的十八届三中全会决定中关于全面推进国家所有制改革，实现中国梦具有重要的理论启示和实践意义。

---

① 邓小平文选（第三卷）［M］. 北京：人民出版社，1993：138.

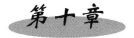

第十章

经济发展问题的研究

吴宣恭的学术研究，尤其是所有制与产权理论的研究取得了杰出的研究成果，在这些研究的基础上，他进一步分析中国经济发展中的现实问题与矛盾，从理论上进行准确的论证，提供中肯的建设性意见。这些意见指出我国经济改革发展的方向，并被我国深化改革的实践证明是行之有效的，在经济界和经济学界也产生了很大的影响。吴宣恭考察的领域广泛，本章着重叙述他在区域经济发展、世界经济危机、股票市场、住宅建设与经济发展和文化知识经济等方面的研究。

第一节　关于地区经济发展战略的研究

一、立足现实，探讨如何实施沿海经济发展战略[①]

（一）肯定了沿海经济发展战略在实现我国经济发展战略目标的地位和作用

1978 年，改革开放政策的实施，党中央启动了新一轮探索强国富民之路。在经济建设方面，中央根据经济发展状况与地理条件，改变优先发展内地和内向型经济战略，开始转向发展沿海地区经济。1984 年 10 月，党的十二届三中全会把对外开放和发展对外经济关系提到一个全新的战略高度。1987 年 10 月，党的

---

① 本点阐述吴宣恭的经济思想均参见：吴宣恭，林金锭．沿海经济发展战略的思考［M］//经济改革与理论思考．成都：四川人民出版社，1989.

十三大强调要从国民经济全局出发，开放地区应重点发展外向型经济。1988 年 1 月，中央按照党的十三大精神，正式提出加快沿海地区对外开放和经济发展的报告。这一报告得到了中央领导人的肯定与认可。1988 年 3 月，七届全国人大第一次会议首次提出"实施沿海地区经济发展战略"，并将其作为今后五年的重要任务。吴宣恭高瞻远瞩，早在沿海地区经济发展战略提出时，就高度重视，认为这一战略有利于实现我国经济发展战略目标，极力加以支持，并系统地论证了实现目标的一些理论和实践问题。他指出，要实现党的十一届三中全会以后，我国提出的新的经济发展战略目标，客观上要求一个有助于经济发展速度和经济效益协调与结合的战略。而沿海经济发展战略使经济发展速度与经济效益有了新的结合点，它不仅有利于摆脱我国发展资金不足的限制，而且有利于通过国际交换、国际竞争提高企业素质与生产技术水平，并将获得的先进技术、科学管理经验转移给内地，进而促进经济全面发展，提高全国的经济效益。

（二）准确把握实施沿海经济发展战略的关键，为实现我国经济发展战略目标和实现国家现代化指明了方向

随着沿海地区经济发展新战略的实行，我国开始对经济发展战略模式进行调整与变革。然而，改革不会一帆风顺，在实施过程中难免造成一些经济风险：第一，由于历史与自然原因，沿海地区经济较为发达，而内地特别是中西部经济较不发达。沿海发展战略的实施，势必拉大沿海地区与内地发展的差距，形成沿海地区与内地的二元经济结构；第二，实施沿海发展战略是国家根据当时发达国家出现产业布局变动，劳动密集型产业向发展中国家转移的背景下提出的。这对我国劳动力资源丰富、资金短缺、耕地不足、技术不发达的国情来说无疑是一个实事求是的选择。但是，"二战"后发展中国家的经验教训表明，按照"赫克夏—俄林定理"或"比较利益说"所建立起来国际分工、国际贸易秩序表明，发达国家搞资本密集型或技术密集型产业，发展中国家搞劳动密集型产业，造成发达国家与发展中国家的发展差距越拉越大，形成发达国家与发展中国家的二元经济结构。如果我国长期实施下去，不加以改变，势必造成我国经济结构失衡，产业结构单一，无法实现国家现代化和跟上世界发展潮流。第三，实施沿海发展战略是沿海加工业坚持"两头在外（原材料和销售市场放在国际市场），大进大出"的办法。这一办法的实施，可能使原材料和市场不受国家掌控，沿海地区经济受制于起伏波动的国际市场，从而带来风险。吴宣恭以发展的眼光进行科学的研判，在准确把握沿海经济发展战略实施关键的基础上，提出建立开放的二元经济结构、优化产业结构及走向国际市场等方面发展建议。他指出，面对开放的二元

经济结构，要充分发挥沿海与内地各自优势，相互提供资金、技术和人才，开展经济技术合作。政府除财政支持与减免税收外，要通过各种手段、政策，促使生产要素的有效结合和沿海与内地的经济协作关系，以沿海经济发展带动内地经济发展；在产业结构方面，要在无法逾越发展劳动密集型产业的阶段，充分认识科技进步在国际竞争中的作用，逐步将目光从一般加工业中转移出来，依靠科技进步和科学管理，不断优化产业结构，把廉价劳动力和先进科学技术结合起来，通过明确的产业政策引导资本、技术、知识密集型产业，特别是高新技术产业的发展，努力实现产业结构的合理化、出口商品的多元化。且要加强教育，不断提高劳动者的素质，使我国能跟上世界科学发展步伐。在走向国际市场方面，要有领导、有计划，有步骤。在国际上，要全方位地开拓国际市场，做到面面开花。要努力进入终极市场，减少中间商环节，扭转受人牵制的不利局面。要加大世界经济发展趋势研究，提高对市场的预测能力。在国内，要制定两套发展计划，做好两手准备，以防不测。要发挥内地经济作用，使之成为沿海地区对外开放的后盾和依托。要建立一个灵敏、开放的市场信息网络，打造一批国际惯例、业务精通，能力强的综合型人才。要加强国家的计划指导，发挥国家计划在外向型经济中的协调和指导作用，避免出现各种混乱、漏洞和不协调现象。要用好国家经济职能、价汇利税等经济、法律手段，制订相应的政策，对能源、电力、港口、交通等重大发展项目进行投资，并根据财力实际，有领导、有计划、有步骤地进行安排与指导，使沿海地区经济结构和经济布局更加合理化。

这些观点的提出对我国经济的发展战略具有超前的引领意义。1991 年 4 月，第七届全国人大四次会议强调要"积极调整产业结构……促进产业结构合理化并逐步走向现代化""正确处理并协调沿海与内地的关系""把发展科学技术和教育事业放在重要战略地位……转到主要依靠科技进步和提高劳动者素质的轨道"；对发展内地经济，要"发挥内地资源丰富的优势，……要注意发展本地有特殊资源优势、面向国内外市场的行业和产品"；对发展沿海地区经济，要"大力开拓新兴产业，发展知识技术密集型产业，加快产业结构合理化和现代化的步伐"[①]；1996 年 3 月第八届全国人大四次会议进一步强调要"坚持区域经济协调发展，逐步缩小地区发展差距""更加重视支持内地发展，实施有利于缓解差距扩大趋势的政策"[②]；2001 年 3 月第九届全国人大四次会议再次强调要"优化工业结构""加速发展信息产业""加强基础设施建设""实施西部大开发战略""推进科技

---

① 《中华人民共和国国民经济和社会发展十年规划和第八个五年计划纲要》（1991 年 4 月）。

② 《中华人民共和国国民经济和社会发展"九五"计划和 2010 年远景目标纲要》（1996 年 3 月）。

进步和创新""实施人才战略"①；2006 年 3 月第十届全国人大四次会议重点对"推进工业结构优化升级""促进区域协调发展""实施科教兴国战略和人才强国战略"② 进行部署。可见，自"八五"计划以来，中央和政府在处理沿海地区与内地的经济发展关系、产业结构合理化的部署、"两头在外"的国内制订的发展计划等做出了更加全面、有效的实施办法。吴宣恭对于沿海经济发展战略的思考，实实在在地从我国基本国情出发，抓住沿海经济战略发展的关键，高瞻远瞩地进行长远设计和规划，对中央和政府在沿海经济发展战略问题上的方向把握和最终决策起着重要的参考价值，在经济理论界也得到广泛的认可。他的论文《沿海经济发展战略的思考》获得"全国纪念十一届三中全会十周年科学讨论会"的入选论文奖。

二、立足现实，探讨促进地区经济迅速发展问题③

（一）较早地认识到市场在地区经济发展中的导向作用

社会主义市场经济的实行虽强有力地促进了我国经济的快速发展，但关于市场在我国经济发展中的地位和作用的认识，却经历了一个曲折的过程。1979 年，党和政府认识到计划经济和市场调节是可以结合的，但仍实行以计划经济为主，以市场调节为辅的经济管理原则；1984 年，党的十二届三中全会突破了传统计划经济与商品经济相互对立的观念，第一次明确地提出社会主义有计划商品经济理论；1987 年，党的十三大再次提出"社会主义有计划商品经济的体制，应该是计划与市场内在统一的体制"④ 论断，进一步拓展了社会主义市场经济理论；然而，1991 年 4 月的七届全国人大四次会议虽指出"计划经济与市场调节相结合"，但强调"计划的调节重于市场调节"⑤，实质上又回到了计划为主时期，加上 20 世纪 80 年代末 90 年代初，错综复杂的国际与国内环境，不少人思想迷茫，甚至对发展社会主义市场经济产生质疑。1992 年，邓小平以其伟大政治家的高瞻远瞩和非凡胆略，对改革开放、发展社会主义市场经济的质疑予以正

---

① 《中华人民共和国国民经济和社会发展第十个五年计划纲要》（2001 年 3 月）。
② 《中华人民共和国国民经济和社会发展第十一个五年规划纲要》（2006 年 3 月）。
③ 本点阐述吴宣恭的经济思想均参见：吴宣恭. 发挥优势，走向市场，促进地区经济迅速发展 [M]//走向市场：经济学家的思路. 长沙：湖南出版社，1994.
④ 《沿着有中国特色的社会主义道路前进》（1987 年 10 月）。
⑤ 《中华人民共和国国民经济和社会发展十年规划和第八个"五年"计划纲要》（1991 年 4 月）。

面回答。他指出，"计划多一点还是市场多一点，不是社会主义与资本主义的本质区别。……最终达到共同富裕"①。这一南方谈话为党的十四大召开及提出社会主义市场经济理论奠定了思想基础。之后，党的十四届三中全会的召开，明确地提出"市场在国家宏观调控下对资源配置起基础性作用"②。这一认识开拓了市场在我国经济发展中的空间。作为一名杰出的经济理论学者，吴宣恭较早地认识到市场在地区经济发展中的地位和作用，提出要发挥市场在经济发展中的导向作用。他在谈论地区经济发展时指出，制定地区发展规划从地区实际出发，虽是正确和完全必要的，但市场的需求和销售状况才是经济能否快速前进的关键。市场经济要求人们要转变观念，从"产、供、销"改为"销、供、产"；要主动开拓市场，以市场去促进生产，促进资源的开发利用。而建立区域性市场不能依靠地方行政手段，采取不正当的垄断方法，实行地方封锁、割据。对此，他认为一个地区能否迅速发展，很大程度上取决于能否根据市场的动向，利用本地的现实有利条件。这在当时人们思想意识还不清楚时，吴宣恭的这些前瞻性认识，是难能可贵的。

（二）为地区经济发展坐诊把脉，系统地提出发展地区经济的意见

进入 20 世纪 90 年代，党的十四大和十四届三中全会为祖国神州大地描绘了宏伟蓝图，全国各地掀起了奋力发展经济的浪潮，吴宣恭也积极为地区经济的发展"坐诊把脉"，提出比较系统的发展地区经济的建设性意见。他指出，要使地区经济在日益激烈的市场竞争中获胜，第一，要坚持市场的导向作用，把市场导向和利用地方优势结合起来。要加强市场的调查研究，掌握市场状况，预测市场动向；要强化联系网络，积极开拓市场，为地区产品创造所需市场；在市场开拓方面，要广泛了解市场状况，善于捕捉市场信息，以便迅速做出反应；且要追踪市场，预测市场，分析市场的长期走向。对于受到交通、信息条件限制的地区，要转变观念，树立统一的大市场观念；要积极适应市场需要，力争从小到大，先开发本地市场、初级市场，再开拓到全国统一市场。政府要加强宏观指导，尊重市场规律，主动走出封闭，不可依靠行政手段制造割据。第二，要增强自身竞争力，努力在生产和流通各个领域和环节下狠功夫，确实把地区优势转化为市场优势，争取市场、占领市场。在企业的产品竞争力方面，要做到人无我有，人有我优，人优我廉，即要根据社会需求和产品发展趋向，进行产品改良和创新；要讲

---

① 邓小平文选（第三卷）［M］. 北京：人民出版社，1993：373.
② 《中共中央关于建立社会主义市场经济体制若干问题的决定》（1993 年 11 月）。

求产品和服务质量，在质优的前提下，提高服务水平；要降低生产成本，以低廉价格吸引消费者。在流通领域方面，要做到人有我便，为自身发展创造优势，即要转变观念，树立消费者至上的理念；改善促销方式，开拓销售渠道，建立销售网络，提供便利的通讯、交通和运输条件，搞好售中和售后服务。第三，要更好发挥政府作用，打好基础工作，促进地区优势的实现。要搞好基础设施建设，改善投资和生产经营"硬件"环境；加强政府机关作风建设，提高工作效率；要重视和抓紧人的教育和培养，提高各方面人员的素质，营造良好的"软件"环境。第四，要深化经济体制改革，进一步完善微观经济基础，增强市场主体的生机和活力。要在贯彻落实《全民所有制工业企业转换经营机制条例》的基础上，放权于企业；在达到"三个有利"的前提下，进行国有企业的改革试验；要明确集体所有制企业的集体产权，恢复企业的集体所有性质，以维护劳动群众合法权益，调动劳动者积极性，转换经营机制，焕发企业活力。要转换对集体所有制单一模式观念，采取多种形式，建立不同公有化程度的合作企业；要采取适当的方式积极扶持个体经营和私营经济，发挥个体经营和私营经济的有益作用。要利用国家的优惠政策，积极吸引外资，创办合资企业，努力发展外向型经济。

综上所述，吴宣恭正确把握政府与市场、企业与市场的关系，立足地区实际，全面系统地提出发展地区经济的建设性意见，对地区发展和地方政府决策具有重要的理论指导和实践意义。天津市、湖南省、陕西省、山东省、海南省等省市在制定《国民经济和社会发展"九五"计划和 2010 年远景目标纲要》时，都对基础设施和基础工业建设、国有企业改革、发展和完善市场体系、转变政府职能、科技和教育领域、个体经济和私营经济发展领域等方面进行科学规划，这些规划的制定再次验证了吴宣恭关于地区经济发展思路的前瞻性和科学性。

三、关于发展企业集群和总部经济的有关问题分析

（一）探索了企业集群的优势及形成机理[①]

改革开放以来，中小企业发展已成为国民经济发展的重要组成部分。虽中央和政府重视中小企业的发展，无论从物质上还是从政策上，都给予极大的支持，然而由于中小企业具有企业规模小、经济力量薄弱、融资渠道少、人才储备不

[①] 本点阐述吴宣恭的经济思想均参见：吴宣恭. 企业集群的优势及形成机理 [J]. 经济纵横，2002（11）.

足、技术力量薄弱、信息资源欠缺等先天不足，其市场竞争力和经济扩张力受到严重限制。如何发挥中小企业优势，弥补单个企业力量不足，增强企业国内外市场竞争力，促进地区经济快速发展，已成为政府和广大经济工作者思考的重要问题。吴宣恭也积极参与献计献策，建议通过"企业集群或产业集群"产生的协作优势，弥补中小企业的弱点。他分析了企业集群的组织特征、形成途径、集群优势，通过外部经济效应和专业化分工等理论探索企业集群优势的形成机理，从宏观的角度评价"企业集群"对区域经济发展的作用，主张要提升一个地区企业的市场竞争力和经济扩张力，必须组织各种形式的企业集群。他指出，企业集群是介于纯市场组织和企业组织的一种中间性产业组织，具有"资源吸引效应""素质提升效应""提高资源利用效率"等方面的资源优势；"减少信息费用""降低劳动力成本""节省流通费用"等方面的成本优势；"创新的激励效应""创新的学习效应""创新的文化氛围""创新的服务体系""创新的人际环境"等方面的创新优势；"促进专业市场建设""促进品牌建设""有利于开拓国际市场"等方面的市场优势和"横向规模扩大""纵向规模扩张""整体合力扩张"等方面的扩张优势。根据马克思的分工理论，分工可分为社会分工和企业内部分工两种类型。社会分工是互相独立的不同产权主体之间的生产分工，且不同的主体之间须通过市场交换方能实现。而企业内部分工则是在同一产权主体下的生产分工，且企业内部不同劳动者无须通过市场交换直接进行分工与协作。社会分工与企业内部分工都能很好地促进生产效率的提高，不同的是，社会分工的这种利益是经济活动的一种外部效应，由外部条件决定。当市场规范、运行正常和履行协作契约有保障时，外部经济效应 > 外部负效应。企业集群就是在区域性专业化分工协作多于竞争的情况下，形成外部经济效应 > 负效应的。所以，企业集群是外部规模经济、范围经济集中在相对狭小空间的表现，是经济活动的外部效应与企业在地理位置上一定程度的聚集相耦合而产生的，归根到底则是区域性专业化分工协作的一种结果；其协作关系具有五个方面的特征：形成产业群具有强大合力，利于地区品牌打造与专业市场形成，便于合力开拓国内外市场；由于地缘和乡情的关系，集群企业的资信和履行契约的信任度高，利于更为紧密的专业分工和协作体系的形成；便捷的资源交流、低廉的运输、细化的分工、确定的交货时间及周全的配套服务，能较好地减少交易费用，提高协作效率；协作与竞争的相互转化，企业间的依存度高、协作趋势强，能较好地提高地区经济实力；市场的桥梁纽带作用得以发挥，有利于形成竞争性的分工协作体系。企业集群竞争和协作关系的特点致使企业集群兼有市场与企业组织的优势，不仅有利于发挥整体优势和规模效应，而且能建立"品牌"效应和扩大共同的知名度，进而实现内部资源共享与优势互补，产生区域的规模经济效益。所以，通过地区企业聚集，能做大规模，做强产业，进而推动企业的发展和地区经济的快速增长。

综上所述，吴宣恭运用产权理论，分析了企业集群的优势及形成机理，主张通过企业集群以增强地区经济的聚集优势，既为中小企业发展开辟了新的道路，又为地方经济尤其是县域经济的发展指明了方向。

（二）分析了发展总部经济一些相关问题

2003 年发端于北京的"总部经济"出现以来，总部经济已成为社会各界关注的焦点和热点。纽约、新加坡和中国香港地区总部经济的成功范例，对中国内地各地区和中心城市发展产生了重大影响，政府、学界和企业界开始关注和探索总部经济。然而，截至 2005 年，理论界对于总部经济这样一个崭新的经济学概念接触甚少。对它的形成机理、发挥作用、发展的条件的研究尚处于起步阶段，甚至对总部经济概念也未形成一个公认的定义。全新的概念，理论与实践探索的不足，使人们对总部经济的认识存在一些误区，一些人简单、狭窄、甚至错误地将发展总部经济当成建设总部大楼，认为总部经济就是楼宇经济；有的则不合时宜或在不具总部经济发展条件的情况下，在地区规划中提出发展总部经济战略。对于总部经济问题，吴宣恭也较早地进行研究。他全面而准确地界定总部经济的内涵，分析了总部经济对企业和城市的发展作用，并从微观方面提出促进总部经济发展的十条可行措施。

关于总部经济的定义，蔡来兴最早做出类似的定义。他认为在 21 世纪，上海将聚集一大批的跨国公司总部和全国大公司、大企业集团总部、地区总部，通过这些跨国公司、大公司或企业搭建的指挥与决策系统，可以发挥投资决策、产业配置和生产组织功能。[①] 蔡来兴的这种描述不够深刻，也不全面。随着理论界的深入探讨，总部经济形成三种有一定影响的定义：第一种是以赵弘、林文俏[②]为代表的结构说。他们认为总部经济是通过创造有利条件，吸引大公司、大企业、大集团总部入驻中心城市集群布局，而把生产或加工基地放在营运成本低的城市周边地区或外地，从而形成合理价值链分工的经济活动；第二种是以余钟夫为代表的团队说，他们认为总部经济是某一国内或国外带有总部派出或总部性质

① 蔡来兴. 上海：创建新的国际经济中心城市 [M]. 上海：上海人民出版社，1995：239.
② 赵弘. 论北京发展总部经济 [J]. 中国创业投资与高科技，2004（2）：11；林文俏. 发展总部经济阔步走向国际 [J]. 上海综合经济，2003（11）：8.

的各种经济组织聚集在一起形成的社会经济活动①；第三种是以赵慕兰为代表的决策说，他们认为总部经济实质是一种决策经济，是总部决策人对资源配置形成的一种自然集聚现象②。以上三种定义各有所长，也各有所短，吴宣恭结合相关经济理论，准确地界定总部经济的内涵。他认为总部经济是"数量较多的大型企业的高层经营管理机构、经济技术研发中心、物流中心以及各级政府、各种经济文化组织的代表机构，在企业或单位组织机构调整过程中，在区域规模经济和产业集群效应的吸引下，聚集在中心城市，建立比较稳定和合理的分工协作，形成有竞争优势和辐射能量的经济布局的一种经济关系"③。吴宣恭关于总部经济的认识，较前三种认识，更为全面和准确，为总部经济内涵注入更为实际和操作的空间。

在准确界定总部经济内涵的基础上，吴宣恭进一步分析了总部经济对企业和城市的发展作用，提出发展总部经济的具体建议。他指出，总部经济的出现是大型企业经营管理体制调整与产业结构变化的较高阶段相结合的产物，对企业与其所在城市乃至周边地区，都会发挥重大的积极作用发展，应努力创造总部经济发展条件，充分发挥总部经济的扩散、辐射作用，推动企业、中心城市乃至地区经济的快速发展。而发展总部经济不是只靠高档的楼宇、政策的优惠，关键应从根本条件上创造条件，即要提高对总部经济作用的认识，搞好集聚大公司总部规划，并根据不同类型企业、对所在地的不同要求，有针对性进行定位；要加强基础设施建设，形成配套完善、功能突出、分工合理、优势互补的产业空间，并优化生态与人文环境，为企业发展创造安定、宽松、和谐的条件；要鼓励制度创新与实施人才强国战略；要强化技术支持和中介、咨询、广告及相应的公共配套服务；要健全与完善相关的经济法律法规，不断营造安定的社会秩序和良好的信用制度环境；要切实转变政府职能，提高服务质量和办事效率；要不断强化信息产业建设，切实为企业提供快捷、便利、全面的资讯服务；要扩展对外联系的渠道，强化对外联系；要加强文化事业与文化产业建设，切实从文化领域创造吸引总部的条件。④

综上所述，吴宣恭对于发展总部经济的研究，无论在理论方面还是在实践方

---

① 天津招商网．余钟夫：总部经济大有可为［EB/OL］．http：//tj. zhaoshang. net/2010 – 09 – 20/7354. html.

② 总部经济中国网．赵慕兰：总部经济定义［EB/OL］．http：//www. zbjj – cn. com/news/detail. asp? id = 178.

③ 吴宣恭．关于发展总部经济的几个问题［J］．福建论坛（人文社会科学版），2005（10）：4.

④ 吴宣恭．关于发展总部经济的几个问题［J］．福建论坛（人文社会科学版），2005（10）：6.

面，都为总部经济政策的制订、企业的长期发展战略、相关区域或城市发展战略的制订提供了理论支撑，进一步推动了应用经济学的发展。

第二节　关于世界经济危机根源的研究

2007 年，美国引发的次贷危机席卷欧盟和日本等世界主要金融市场，逐渐演变为全球性的金融危机，引起世界的金融动荡不安，使整个世界经济陷入低迷之中。中外许多著名经济学家将这场危机视为 20 世纪二三十年代大萧条以来最严重的金融危机。中国作为世界贸易大国，也无法幸免危机的袭击。次贷危机发生后，国内外专家、学者纷纷对危机产生的原因进行分析，以期寻求解决办法。吴宣恭也十分关注这场危机，极力为党和政府寻求化解之道。他坚持马克思主义的观点、方法，以其独有的观察力、分析力和批判精神，把马克思关于危机理论及信用制度对危机影响作用的论述，贯穿到此次危机分析之中，以严谨而富有说服力的论述，揭开此次危机的根本原因，并从我国具体实际出发，提出六条应对经济危机的良方，为认识危机、化解危机提供理论论据和切实可行办法。他关于危机根源的推断和化解办法得到理论界、政界的广泛认可，知网数据显示，他发表于《经济学动态》的《美国次贷危机引发的经济危机的根本原因》，下载次数高达 1400 余次，被引用高达 60 余次，产生较大的影响。

一、中外经济学家进行的各种推断

美国次贷危机发生以来，中外的经济学家纷纷对危机产生原因进行分析。当时中外经济学家的各种推断主要有：新加坡国立大学陈仁宝博士认为是"三无"人员因利率上升，还款能力下降，无力还款而造成的一系列骨牌效应[1]；美国耶鲁大学陈志武教授认为用钱的人与提供钱的投资者委托代理链条太长是最主要原因[2]；中国农业银行副行长罗熹认为美联储的宽松货币政策是危机的重要成因，而多重环节的利益链断裂是危机的深层原因，对金融机构放松监管是危机的直接

---

[1]　网易财经网：美国次贷危机的影响及启示［EB/OL］. http：//money. 163. com/08/1206/19/4SGKFLT100252G50. html.

[2]　人民网. 次贷危机深化冲击全球市场　中国可能涌现断供潮［EB/OL］. http：//finance. people. com. cn/GB/70392/7807540. html.

原因①；2008 年首届陆家嘴论坛上，美国财政部副部长大卫·麦考密认为"次贷危机是由金融创新所引发，因政府监管与货币政策失误所造成的"；中国银监会主席刘明康认为根源是美国过于简单地告别了格拉斯—斯迪格尔法案规定的金融经营原则②；吴建环认为危机是根源于美国监管体制存在重大漏洞与监管机构的失职③；美国纳斯达克 OMX 集团首席策略官傅迪娜认为危机根源之一是美国金融市场资产定价的透明度和监管力度过低④；中国科学院杨多贵认为次贷危机的根源就是美国过度透支了国家信用⑤。有些人从道德缺失、漠视信用责任去探寻危机根源，如美国财政部前部长约翰·斯诺⑥、纽约银行梅隆中国合资基金管理公司总裁胡斌⑦。也有些人认为是新自由主义的资本主义造成，如美国马萨诸塞州立大学的大卫·科茨、耿步健、杨鹏飞等⑧。对于以上经济学家见仁见智的推断，吴宣恭认为他们较多地偏重金融领域，只停留在问题的表面现象展开分析，没有从资本主义生产关系的本质去探寻，未能触及危机的根源，他运用马克思关于经济危机的理论及信用制度对危机影响作用的理论进行分析，透过资本主义基本矛盾的现代表现，揭开了世界经济危机根源。美国次贷危机从根本上说是整个资本主义经济运行规律所导致的最终结果，不能简单地从操作和技术层面上去分析其深层原因，吴宣恭正是抓住了问题的关键，突破以上经济学家分析问题的局限，运用马克思主义的方法和理论进行深刻的理论分析和科学的阐释，得出马克思主义的结论。

二、运用马克思危机理论把脉危机的病根，得出马克思主义结论

吴宣恭运用马克思主义经济危机理论，从生产关系的角度对美国这场次贷危机的病根进行深刻的理论分析和科学解释，揭开了危机根源，得出马克思主义结

---

①　罗熹. 美国次贷危机的演变及对我国的警示［J］. 求是，2008（6）.

②　刘明康. 美次贷危机源于过于简单地告别了格拉斯—斯迪格尔法案［N］. 第一财经日报，2008 -07 - 21.

③　吴建环. 次贷危机真正根源究竟是什么［N］. 上海证券报，2008 - 10 - 20.

④　声音［N］. 国际金融报，2008 - 09 - 25.

⑤　次贷危机的根源就是美国过度透支了国家信用［N］. 中国青年报，2008 - 10 - 09.

⑥　新浪财经网：美国前财政部部长详解次贷危机原因［EB/OL］. http：//finance. sina. com. cn/j/20080507/12204840409. shtml.

⑦　曲德辉. 次贷危机根源动向惹中美专家京城"舌战"［N］. 期货日报，2008 - 03 - 03.

⑧　参见：［美国］大卫·科茨. 美国此次金融危机的根本原因是新自由主义的资本主义［J］. 红旗文稿，2008（13）；耿步健. "新古典自由主义"思潮与美国的金融危机［J］. 南京理工大学学报（社会科学版），2009（1）；杨鹏飞. 美国金融危机：新自由主义政策的必然结果［N］. 期货日报，2008 - 03 - 03.

论。他指出，资本主义生产相对过剩是此次危机的病根。资本主义生产社会化和资本主义占有间的基本矛盾是此次危机的社会基础与根源。在资本主义社会下，追求剩余价值是生产的目的，但资本主义占有决定的对抗性分配关系却限制着剩余价值的实现，导致生产与消费之间的矛盾不断积累，到一定程度便爆发经济危机。资本主义信用制度也对生产过剩和经济危机的产生和加剧起助推作用。在信用制度作用下，生产资本可追加投资，改进条件，扩大生产；商业资本可靠借贷，增加货存，扩充销售规模；而金融机构则可借入大量资金，实施投资或放贷，获取暴利。加上在信用制度下，货币支付功能的加强极大地加速资本的流动；此外信用制度还伴随着各种欺诈行为，增加资本主义潜在的各种矛盾。所以，"信用制度表现为生产过剩和商业过度投机的主要杠杆"①，一旦销售不畅，便会形成多米诺骨牌效应，造成市场崩溃。为了消除生产与消费之间的矛盾，无论银行还是商家都费尽心机地诱导居民挥金如土地举债消费；国家也想方设法地鼓励居民借贷与超前消费，这必然导致经济泡沫的产生；另外，美国政府及华尔街对产生的经济泡沫撒手不理，甚至不断制造经济泡沫转嫁风险与危机。为此，被美国信贷消费模式遮掩着的、生产无限扩大趋势和消费能力相对缩小矛盾的积累，才是此次危机最根本、最深层次的原因。② 即美国企图通过扩大信贷消费以缓解生产的无限扩大和有消费能力相对不足的矛盾，促进了金融泡沫与房地产的快速发展，经过长期的积累、发酵，最终爆发危机。

可见，美国次贷危机引发的世界性金融危机，引起人们对资本主义发展的新思考，马克思和马克思主义理论再次受到人们的关注，其中不仅有来自马克思主义者，也有非马克思主义者。作为一名我国著名马克思主义理论工作者，吴宣恭不仅透过现象看本质，对美国金融危机表现出的种种现象和问题进行科学分析，而且有效地运用马克思关于经济危机的科学理论对危机的根本原因做出了科学的阐释，揭示其内在规律，得出正确结论，再次验证了马克思主义危机理论的科学性和前瞻性，同时也让人们正确认识金融危机根源，为党和政府化解危机制定决策奠定了理论基础。

三、从我国当前实际出发，为化解危机提供了科学的药方

美国金融危机引发的全球性金融危机快速向实体经济渗透。对此，国内

---

① 马克思恩格斯选集（第2卷）[M]. 北京：人民出版社，2012：571.
② 吴宣恭. 美国次贷危机引发的经济危机的根本原因 [J]. 经济学动态，2009（1）：53.

外经济学家纷纷寻找危机原因，以期从根源上化解危机，减少损失。许多经济学家更多的是停留在从不同的角度分析危机的产生根源，如顾钰民用马克思主义理论科学阐释危机的原因①；耿步健分析了"新古典自由主义"与美国金融危机的相互影响②；王宇伟从马克思的《资本论》分析危机的原因③；白暴力等分析了经济危机的根源与集中强烈爆发的原因④；赵磊对比分析 1929 年危机与 2006 年次贷危机，反思美国金融危机⑤；何晓星从供求不对称方面解释危机的原因⑥；崔友平等从马克思经济危机理论研究了危机⑦；刘明远运用经济学分析现代资本主义经济危机的原因⑧。此外，有少数的经济学家在探寻根源的基础上，提出化解危机的具体办法，吴宣恭便是其中之一。他十分重视对现实经济的指导，在科学分析危机根源的基础上，从我国当前实际出发，科学地为化解危机提出了具体的对策和措施。他指出，危机不仅是威胁，也是机遇，应正确认识危机根源，总结教训，积极应对。第一，要防止经济大幅度滑坡。在保持一定水平投资的基础上，继续完善分配制度，缩小贫富差距，提高劳动者的收入，增强社会消费水平；同时在加强金融监管的前提下，利用信贷工具增大社会购买力。第二，要改变我国的经济结构。利用国际市场的变化，更新升级生产设备，减少夕阳产业；同时降低出口贸易依存度，扩大内需，且要改善出口布局，扩宽新的贸易伙伴，建立全方位的对外贸易市场。第三，要多向度地发展各种产业，以保证和扩大就业。发展能源产业与交通运输的基础建设、农村城市化建设、生态环境建设、科技文化教育事业及卫生事业等符合国情、有利于社会经济持续、健康及长远发展的各种建设。第四，要实行积极的财政政策与适度宽松的货币政策，继续完善金融管理体制，加强金融监管；同时应正确处理公平与效率的关系，妥善处理不同阶层的利益。第五，要合理和有效地使用国家的大规模投入，鼓励有利于技术创新和产业升级的关键产业和新兴产业，支持先进企业收购、兼并或重组困难、落

① 顾钰民. 用马克思主义理论科学阐释金融危机 [J]. 马克思主义研究，2009（1）.

② 耿步健. "新古典自由主义"思潮与美国的金融危机 [J]. 南京理工大学学报（社会科学版），2009（1）.

③ 王宇伟. 从马克思的《资本论》看美国的次贷危机 [J]. 当代经济研究，2009（3）.

④ 白暴力，刘永军，白瑞雪. 当前世界金融——经济危机的根源与集中强烈爆发的原因 [J]. 思想理论教育导刊，2009（5）.

⑤ 赵磊. 对美国次贷危机根源的反思 [J]. 经济学动态，2008（11）.

⑥ 何晓星. 供求不对称性质的新解释与当今世界经济危机 [J]. 湖北经济学院学报，2009（2）.

⑦ 崔友平，陈华，赵俊燕. 基于马克思经济危机理论的美国金融危机问题研究 [J]. 山东社会科学，2009（4）.

⑧ 刘明远. 政治经济学视野中的美国次贷危机 [J]. 马克思主义研究，2008（11）.

后企业，提高企业竞争力，发展社会保障事业，将改革成果惠及广大群众。第六，要建立合理的世界金融新体系，联合世界各发展中国家，通过国际谈判，建立合理的世界金融新体系，促进国际金融和国际贸易健康发展。①

综上所述，吴宣恭辩证地看待危机对我国经济的影响，为化解危机提出了针对性强、操作性强和具有长远打算的措施建议，在日后我国的经济实践中得到检验，切实为我国化威胁为机遇奠定基础。

第三节　关于股票市场的研究

1995 年夏，在海口举行的"海峡两岸经济发展高层研讨会"上，吴宣恭探讨了我国股票市场的发展战略问题，得到与会专家、学者乃至证券领域专业人士的一致好评。其递交的论文《试论中国股票市场目标模式和实现措施》随后又被《中国经济问题》刊物所刊载，引起较大的反响。②

一、研究背景

随着中国的股份制改革的进一步深入，蓬勃发展的股份有限公司推动着中国股票市场发展。1992 年，邓小平视察武昌、深圳、上海等地时强调"证券、股市，这些东西究竟好不好，有没有危险，是不是资本主义独有的东西，社会主义能不能用？允许看，但要坚决地试"③。同年 10 月，党的十四大明确提出要积极培育债券、股票等有价证券的金融市场。党和政府的高度重视，中国证券交易业迅速发展，尤其是国务院下发《国务院关于进一步加强证券市场宏观管理的通知》，标志着中国证券市场的管理进入规范化轨道。然而，中国的股票市场在起步后却多次经历了暴涨暴跌的剧烈震荡，尤其是 1993 年中央采取了从紧的宏观调控手段后，我国经济逐步摆脱以往一哄而上的虚假繁荣，股票市场随着国家经济的调整也进入了漫漫的熊市，深沪股市股价综合指数节节下滑，缓缓跌盘，特别是个股价格强烈波动，这些与当时中国经济高速发展、社会繁荣严重脱节，中

① 吴宣恭. 美国次贷危机引发的经济危机的根本原因 [J]. 经济学动态，2009（1）.

② 本节阐述的吴宣恭经济思想均参见：吴宣恭. 试论中国股票市场的目标模式和实现措施 [J]. 中国经济问题，1995（6）.

③ 邓小平文选（第三卷）[M]. 北京：人民出版社，1993：373.

国股票市场发展面临着何去何从的尴尬境地。早在 1990 年，吴宣恭就已经开始对美国一些大股份制公司进行考察和研究，并结合我国具体实际，发表支持所有制改革扩大股份制试点的看法和观点。而对于股票市场，他清晰地认识到股票市场是股份制的产物并且是为股份制的正常运行服务的，股票市场的发展状况影响着股份制公司的运行乃至股份制改革的顺利进行。面对跌宕起伏的股票市场，作为一名具有强烈社会责任感的经济学家，吴宣恭十分关心我国股票市场的发展，较早地对我国股票市场的长远发展进行深入的思考，并为股票市场健康发展提供了九条良策。

二、准确把握中国股票市场的特点和问题及产生原因，为中国股票市场的发展提出合理的目标模式

股票市场是我国金融市场的一个重要部分，也是我国市场经济的一个重要组成部分。股票市场成立以来，发挥了吸收社会闲散资金、拓宽企业融资渠道、转移消费基金为投资基金等功能，为促进国民经济的发展发挥着重大的作用。可见，中国股票市场能否良性发展，关系到我国社会主义市场经济体制的建立与完善。然而中国股票市场起步以来，还未呈现健康、良好的发展态势，仍存在许多与社会主义市场经济要求不符、亟待解决的问题。毫无疑问，中国股票市场起步晚，不可能像英、美等发达国家那样，经过几百年的反复磋磨冲击，自然演进、自发成熟，必须寻找一条适应中国特色社会主义制度的途径。吴宣恭清楚地认识到中国股票市场的特殊性，明确地强调探讨中国股市目标，不能就股市论股市，只看到股票市场本身的发展需要，而应从我国社会制度出发，考虑建立科学合理的经济管理体制的需要，尤其是壮大公有制的需要。他通过对比西方发达国家成熟股市特点及我国 1992 年以来的股票换手率、股票成交量、股市盈率、股票价格、股价波动等实际数据，认为中国股市存在投机性强、价格很不合理、价格波动剧烈等一系列特点和问题，这些突出特点和问题的根源在于股市的过度投机，而过度投机性的原因归根结底是由中国股份制发展过程的特点决定的。他指出，在股份制发展过程中，为发挥公有制的主体地位，大部分国有企业、集体企业的股份公司中的国有股股额大，且受国家政策的交易限制，客观上造成股票市场的残缺性，同时股票交易的主体不受任何限制，任何个人或机构都可进行股票交易，客观上造成股票发行和流通之间、股票市场客体和主体之间高度的不对称、不均衡。这些是造成股市严重投机性的主要原因。此外，股份公司建立时的国有股、法人股和公众个人股之间的股额比例悬殊，大多个人股东

处于无权状态；股市开放初期的股票发行制度和操作程序不规范、不健全；股份制的长远规划和目标模式研究不足，注重当前，就事论事；国家对各种游资的监督意识不够、管理不严。这些也加重股市的弊病，加剧股市的投机性和不稳定性。

在准确把握我国股市特点、问题及股票投机原因的基础上，吴宣恭继而提出我国股市发展目标模式的八条具体要求与条件："股票市场要同股份制试点的进程相适应""明确发展我国股票市场的基本目的是为了吸引投资、筹集资金，并为资金和股票的正常周转创造条件，以促进资源的优化配置，绝不是为了向股票投机者提供场所""平等对待已上市公司的各类股票，实现国有股和法人股上市流通""有利于股份公司出资者行为的合理化""保持市场吞吐和股票价格的相对稳定""有利于社会主义国家根据社会和劳动人民的整体利益以及市场状况，对股市进行必要的控制和调节""严格按照国家制定的法规进行动作，实现规范化、法制化""具有功能完善、运行有序、执法公正的股市监督、管理机构"。这一发展目标模式的提出，为我国股市的长远发展提供了理论依据与实践指导。

三、为中国股票市场的长远发展提出了有效的实施办法

股票市场作为证券市场、资本市场的一个重要组成部分，股票市场发育和健康良性发展与否不仅是现代市场经济发展的典型特征，更是国民经济运行状况的晴雨表。要建立符合社会主义市场经济要求的股票市场，对当时处于攻坚阶段的经济体制改革来说，意义重大。吴宣恭从法制、监管、自律、规范等方面提出了九条具体的实施办法："研究国有股和法人股逐步上市流通的方案并且有步骤地加以实施""继续改进和加强国家对股票市场的计划领导""提供多渠道的投资场所，适时发行其他形式的有价证券""吸取发达股市的管理经验，进一步制定和完善有关股份制和股票市场的法规""健全和完善股份公司的章程和条例，规范公司的行为，保证广大股民的合法权益""改进股票的发行方式、方法，利用市场机制形成合理的股票发行价格""对非金融、投资性的国有企业参加股票交易的活动进行一定的管理""完善股票市场的交易制度""运用国家税收杠杆遏制过度投机"。这些建议和措施为国家相关职能部门所采纳，并为日后的改革实践中所检验。

第四节　关于住宅建设与经济发展研究

一、较早地倡议将住房建设列为经济发展的支柱产业

住宅建设关系我国亿万人民群众的切身利益，党的十一届三中全会以来，尤其是 1980 年邓小平同志提出房改思路以来，各级政府纷纷对住宅建设做出安排，极大地加快了居民住房建设。虽然我国住宅面积迅速增加，城镇居民住房紧张情况得到一定的缓解，但无论是政界、学界还是业界，对住宅建设的发展问题更多的是从不同的方面探讨和解决城镇居民住宅问题。如建设部侯捷部长在 1994 年"世界住房日"的讲话中强调"要千方百计把住宅建设搞上去，解决好住房问题，使群众安居乐业"[①]；李振东同志在全国建设工作会议、贯彻《国务院关于深化城镇住房制度改革的决定》工作会议、全国房地产工作座谈会等多个场合中强调要继续推进城镇住宅建设，加快改善和解决人民群众的住房问题[②]；"八五"计划指出"要积极推进住房制度改革，逐步改变低租金、无偿分配住房的办法，促进住房商品化进程"[③]；"九五"计划指出"房地产投资重点放在城镇居民住宅建设上"，要"加快城市住宅建设，实施安居工作，大力建设经济实用的居民住宅"[④]。同样，从学界和业界的理论与实践探索来看，有从住房制度改革入手的，如 1994 年的张敬东、明子、刘志峰；1995 年的邓海乾、廖世伟、梁启峰；1997 年的高云和刘缉川。有从解决住房资金入手的，如 1994 年曹学忠提出建立房地产银行的设想；周世江（1995）探索了住房基金的来源、使用与管理；杨中和、邓卫东和周春花（1995）、茹英杰（1996）对住房抵押贷款进行探索；黄莺飞、庄少青（1996）探索了住房资金的筹集问题；有从金融市场入手的，如梁启峰（1995）、华明（1996）。还有一些人，如徐强和周伟（1994）、徐凤臣（1995）

① 侯捷. 加强法制　深化改革　加快住宅建设——在 1994 年"世界住房日"的讲话［J］. 中国房地产，1994（11）.

② 参见：李振东. 抓住机遇大力发展住宅建设——李振东副部长在全国建设工作会议上的讲话（摘要）［J］. 中国房地产，1994（6）；在贯彻《国务院关于深化城镇住房制度改革的决定》工作会议上建设部副部长李振东的讲话［J］. 中国房地产，1994（10）；继续推进城镇住宅建设加快解决城镇居民的住房问题——李振东副部长在全国房地产工作座谈会上的讲话（摘要）［J］. 中国房地产，1995（5）.

③《中华人民共和国国民经济和社会发展十年规划和第八个"五年"计划纲要》（1991 年 4 月）。

④《中华人民共和国国民经济和社会发展"九五"计划和 2010 年远景目标纲要》（1996 年 3 月）。

思考了住房的商品化问题；贾广葆、蓝萍（1994）分析了房地产开发误区及应采取的对策；谭术魁（1995）、丁文南和杨亚良（1996）探索了地方房地产业的发展问题。此外，第六届国际住宅问题研讨会、中国房地产及住宅研究会住宅建设委员会第八次、第九次学术研讨会也只围绕小区规划设计、住宅设计、旧房改造、住房制度改革、住宅管理、小区物业管理等问题展开讨论①，等等。而吴宣恭对于住房建设问题，却有更深、更前瞻性的思考，他不仅能深刻领会党和政府关心、重视人民群众的安居工程本意，希望住房建设能"以广大劳动人民为服务对象"②，而且又能跳出广大学界、业界的思考局限，站在时代和社会发展的高度，以其敏锐的洞察力、分析力和判断力，明确地指出住房建设对我国经济发展的重大作用，提出应把"住房建设作为国民经济持续快速增长的重要产业"③。吴宣恭在分析了住房建设对我国经济发展的特殊重要意义的基础上，也对加快住房建设的发展提出了切合实际、针对性强、操作性强的方针和配套措施。1998年，他又发表《集中力量解决主要矛盾，促进住宅建设》，在准确把握住房建设的形势和加速发展中存在的主要矛盾的基础上，提出了具体的解决办法。吴宣恭提出的措施和办法在以后的几年里陆续被相关职能部门所采纳，并付诸实施，促使房地产业快速发展，并推动了整个国民经济持续高速发展。吴宣恭关于住房建设的思想，具体如下：

（一）准确把握住房建设对经济发展的作用，创造性地提出住房建设应列为支柱产业

无论是报刊文章还是参加的经济发展规划会、战略研讨会，吴宣恭发现住宅建设的发展前景远远不如机械、石化、电子、汽车等行业热门，往往被人们所忽视，特别是1995年的房屋开建面积与竣工面积均同比下降，敏锐的洞察力、分析力和判断力让他觉得住房建设在我国经济发展中的作用尚未得以发挥。他分析了住房建设在美国、日本、俄罗斯、中国香港等国家和地区经济发展的重要作用和对我国经济发展特殊的重大意义，论证了我国加快住宅建设的必要性和可行性，以前瞻的眼光提出应将住房建设列为支撑我国经济持续快速增长的支柱产业。他指出，住房建设在一般的国家中都发挥着巨大的作用，成为促进国民经济

---

① 参见：纪晓岚. 第六届国际住宅问题研讨会部分观点综述 [J]. 中国房地产，1995（3）；霍瑞之. 中国房地产及住宅研究会住宅建设委员会第八次学术研讨会述要 [J]. 中国房地产，1995（1）；中国房地产及住宅研究会住宅建设委员会第九次学术研讨会在杭州召开 [J]. 中国房地产，1996（1）.

②③ 吴宣恭. 端正方向，加快住房建设，支撑我国经济持续快速增长 [J]. 中国经济问题，1996（4）：1.

增长的支柱产业，而对于人口众多，基础设施薄弱的中国经济发展来说，具有更为特殊的重大意义。它可以改善住房条件，提高生活水准，更好实现小康社会及社会主义生产目的；可以带动钢铁、水泥、石灰及住宅设备、家用产品等一系列产业发展，促进国民经济快速增长；可以正确引导居民消费基金，减少市场上热钱的冲击，缓解通货膨胀压力，确保经济可持续发展与社会秩序的安定稳定；可以带动我国第三产业的迅速增长，促进产业结构的合理化、高度化；可以发挥劳动密集型企业优势，创造大量就业机会及物质财富，以加速社会主义建设；并且加速住宅建设，对于我国来说完全是可能做到的，一是长期以来，我国劳动人民的住房条件很差，随着我国经济持续高速发展，人民群众的收入水平将不断增长，传统的勤俭节约，置业成家的习俗、购房保值及住房制度改革的逐步推进等因素，将形成旺盛的住房需求，住房消费市场广阔；二是当时的房价太高，资金不足限制住宅消费，只要出台妥善的运作措施，摆正方向，通过各种办法降低住房的造价和开发商的利润水平，开发经济实用的低价住宅和通过制定合理的住房信贷制度，克服购房资金问题，便能扩大住宅市场，促使房产业快速发展；三是我国经济的迅速发展，为发展住房建设的发展解决有关的资源供应问题，如素质强硬的工程技术队伍、廉价的劳动力资源、发达的水泥和石灰制造业、钢铁工业等；四是住房建设的发展不会像汽车工业那样引起其他社会问题；五是加速住宅建设利国利民，容易得到国家和广大干部、群众的支持，能形成以住宅建设为重要支柱的良性循环体系。①

（二）　为发展住房建设出谋献策，促进了我国房地产业空前发展

吴宣恭虽十分看好住房建设对国民经济发展的作用，但仍认识到加速住房建设将面临许多的问题和困难，他结合我国具体实际，提出了八条方针和配套措施：一是应端正方向，以服务广大劳动人民为目的，大力开发微利、低价住房；二要充分利用国家、集体和个人的资金，建立多元的融资和筹资体系，切实解决所需的建设资金；三是开展与扩大住房信用贷款，增强购房能力；四要在资金、政策方面对微利低价住宅与"安居工程"建设给予支持和优惠，并列为重点住宅建设；五要建立健全相关法律法规，加强监管和执行力度，保证住房建设和房地产市场的健康发展；六要加强地产开发研究，以增强住房功能，提高住房质量，节约能源、用地及成本，降低住宅价格；七要加强住宅建设规划，促使住宅建设和城市布局同步发展及房地产市场快速发育和健康发展；八要建立、发展专业化

---

① 吴宣恭. 端正方向，加快住房建设，支撑我国经济持续快速增长［J］. 中国经济问题，1996（4）.

与社会化的地产信息咨询、评估、代理等中介组织和物业管理机构，引入市场竞争机制，完善经营管理制度，提高居民居住质量。[①] 1998 年，在东南亚金融危机的影响下，吴宣恭提出"加速住宅建设是扩大内需的重要和可行的组成部分"[②]，再次为住房建设发展问题问诊把脉，为大力发展住房建设提出具体的解决办法和措施，既为党和政府应对危机提供良方，保持国民经济健康发展；又为国家解决了居民购房的实际支付能力和住房高价格的矛盾提供了良策，保证了房产价格的良性发展，扩大了住房需求和住房消费市场，促进了我国住房建设的健康发展。如今，我国房地产业的蓬勃发展再次证明了吴宣恭提出建议的前瞻性。他指出，加快住房建设最大的困难是居民购买力水平受限，应集中力量关注人民群众的安居工程，要重点开发中等面积和普通价格的住房，并采取多种方法削减建造成本，以降低住房价格：即可创办开发微利低价住房企业；允许有条件的单位自行集资建房；加速产业化、集约化住宅建设进程，改善经营管理，提高投资效率及劳动生产率，节约建造成本；要组织权威机构，废除不合理税费，减轻建房企业负担；要减少建设过程中的"黑色"负担，简化程序，防止权力"寻租"；要加强二级房地产市场与物业部门管理，防止房价、管理费用出现不合理现象；要利用产权功能，降低建房售房成本。[③] 吴宣恭提出的加快住房建设的许多措施，针对性强，操作性强，符合我国国情实际，陆续被党和政府采纳并付诸实施，并为日后实践所检验是正确的。

二、对实现经济增长方式转变提出精辟的见解和有益的建议

20 世纪 90 年代末，面对全球资源环境紧张和国内存在自然资源匮乏、资源利用率与经济效益低下、财力紧缺、劳动力过剩等压力，中央提出并实施了经济增长方式的转变。1995 年，党的十四届五中全会明确提出要实行"经济增长方式从粗放型向集约型转变"[④]；2006 年，党的十六届五中全会再次强调"必须加快转变经济增长方式"[⑤]，把转变经济增长方式提到国民经济与社会发展指导原则的高度。为此，转变经济增长方式成为 20 世纪 90 年代末以来各方面关注的焦

① 吴宣恭.端正方向，加快住房建设，支撑我国经济持续快速增长［J］.中国经济问题，1996（4）：7－9.
② 吴宣恭.集中力量解决主要矛盾，促进住宅建设［J］.经济纵横，1998（8）：8.
③ 吴宣恭.集中力量解决主要矛盾，促进住宅建设［J］.经济纵横，1998（8）：10－13.
④ 《中华人民共和国国民经济和社会发展"九五"计划和2010年远景目标纲要》（1996年3月）.
⑤ 《中华人民共和国国民经济和社会发展第十一个五年规划纲要》（2006年3月）.

点，也是中国经济发展中面临的关键问题，学者们也纷纷对其内涵、必要性、条件和困难、政府职能、结构调整、实现对策、实现途径及外国经济增长方式转变对中国的启示等方面展开研究、探讨。如左学金和刘焜松、张立群、吴敬琏、刘伟、卫兴华和孙咏梅等[1]研究了经济增长方式的内涵；周达开、李萍、李贤沛、左学金和刘焜松等[2]研究了经济增长方式转变的实现措施。[3] 吴宣恭也和以上众多学者一样，十分关注我国经济增长方式的问题，并进行独到的研究。当时，理论界对区分粗放型和集约型增长方式方面存在较大的分歧和错误认识，吴宣恭对这些错误观点逐一进行质疑。他认为经济增长方式转变的实现，首先应准确把握转变增长方式的任务，考虑它受什么因素影响，进而探讨通过什么途径，创造更好的条件，促进这一转变的实现。为此，他于1997年分别在《经济评论》和《大连大学学报》发表了自己对实现经济增长方式转变的许多精辟的见解和有益的建议。

（一）质疑了理论界对区分粗放型和集约型增长方式的错误认识，准确界定转变经济增长方式的任务[4]

理论界对区分粗放型和集约型增长方式存在较大分歧，甚至部分观点偏离正确轨道。吴宣恭质疑了理论界的错误认识，准确界定转变经济增长方式的任务。

有人从生产要素投入是资本、技术密集型或劳动密集型及资本有机构成的高低或使用的生产技术的高低来区分粗放型和集约型增长，吴宣恭以我国许多地区农民的小块土地的集约经营与美国多数农庄大面积土地的机械化经营为例反驳这种错误的认识，认为这种观点既不符合经济学使用的区分标准，也不符合社会技术发展的实际，强调以投入什么要素或要素技术水平进行区分是不科学的。

① 参见：左学金，刘焜松. 对加快转变经济增长方式的几点认识 [J]. 毛泽东邓小平理论研究，2005（12）；张立群. 我国经济增长方式转变的历程 [J]. 改革，2005（12）；吴敬琏. 经济增长模式的抉择 [M]. 上海：上海远东出版社，2006：116；刘伟. 经济发展和改革历史性变化与经济增长方式的历史性变革 [J]. 经济研究，2006（1）；卫兴华，孙咏梅. 对我国经济增长方式转变的新思考 [J]. 经济理论与经济管理，2007（3）.
② 参见：周达开. 充分认识转变经济增长方式的全局意义 [J]. 党政论坛，1995（11）；李萍. 从粗放到集约：经济增长方式转变的基本特征及其途径 [J]. 投资理论与实践，1996（12）；李贤沛. 集约化：经济增长的永恒主题 [J]. 政策，1996（8）；左学金，刘焜松. 对加快转变经济增长方式的几点认识 [J]. 毛泽东邓小平理论研究，2005（12）.
③ 限于篇幅，不详细列举。
④ 本点阐述的吴宣恭思想观点均参见：吴宣恭. 努力实现转变经济增长方式的任务 [J]. 经济评论，1997（4）.

有人把有无增加新的投入作为区分标准，吴宣恭同例反驳，认为这种区分标准是站不住脚。他指出，经济增长一般都需要一定的投入，即便是不是通过资金、设备的投入，要使经济增长，也需通过提高劳动生产率或改进生产经营方式方能实现，这种经济增长活动实际也是一种新增投入。可见区分标准不应是有无新增投入，而是要素投入方式的不同。如要素投入方式改变，生产要素生产率便能提高，即使有新的投入增加，仍是集约型的增长方式。

一些人以内含的或外延的扩大再生产作为区分标准，吴宣恭认为这种区分标准在理解上会产生偏狭。他指出，一般内含的扩大再生产能使相对投资减少，资金经济效益提高，属于集约型增长，然而一旦超出一定的限界，报酬递减规律就会起作用，降低要素的使用效率。这种情况下，内含扩大再生产比外延扩大再生产取得的效益低，此时外延扩大再生产则更符合集约型增长。

一些人以劳动生产率、产出效益、综合生产率或要素生产率等作为区分标准，吴宣恭认为这种认识虽接近理解的基本点，但仍未将增长方式结合起来看问题，易产生理解上的偏差，进而错将促进经济增长的一切因素看作是经济增长方式的转变，既突出不了中央决策精神，也无助于实现增长方式的转变。

关于经济增长方式，吴宣恭认为增长方式的转变，核心是改善生产要素的配置与投入，目的与衡量尺度是增长的质量与效益。他指出，不同生产要素存在多种不同选择的配合关系，这些选择的顺序是：先以不同生产要素进行组合后，然后再进行全面的配置。可见组合要素的不同，其效益也不同，这就存在效益最佳的问题，同样也是观察和区分集约型和粗放型增长方式的标准。所以，不论是土地、资金、技术等社会资源还是自然资源，都存在一个生产要素的最优组合问题。所以，转变经济增长方式的任务是要使各种要素都同与之结合的其他要素合理组合，通过正确投入和运用，取得较高的效益和较好的增长质量。

然而，经济增长方式的转变涉及多领域和环节，是一项复杂的系统工程，并不是一蹴而就，短期内就能完成。对于经济增长方式转变问题，吴宣恭还辩证地看待，他强调所谓粗放或集约不是一种绝对的、固定的水平、标准和界线，而是一种不断变化的过程，所以，经济增长方式的转变理应是全国长期的任务，各部门、各地区、所有企业乃至全社会都要实行这个转变。吴宣恭这些精辟的见解符合了我国国情和经济发展的需要的。国家领导人也在众多场合内提出要加快转变经济增长方式，如 2006 年 2 月的中共中央政治局集体学习时，胡锦涛总书记强调要加快转变经济增长方式；2010 年在省部级主要领导干部深入贯彻落实科学发展观加快经济发展方式转变研讨班开班式上，胡锦涛再次提出加快经济发展方式转变的八点意见；次年，胡锦涛在美国夏威夷州首府檀香山举行的亚太经合组织第十九次领导人非正式会议上再次发表题为《转变发展方式　实现经济增长》的重要讲话；2015 年，习近平总书记在与华东七省市一把手谈经济形势时表示，中国"十三五"时期要在保持经济增长和转变发展方式上取得明显突破等。国家领导人关于经济增长方式的讲话也再次说明吴宣恭关于经济增长方式转变的长远思想的前瞻性。

质而言之，吴宣恭突破了许多学者简单以要素投入、技术进步、提高产出效益或要素生产率等方面认识转变经济增长方式的局限，从集约型增长方式基本点出发，在准确把握增长方式与投入产出内在逻辑关系的前提下，科学地界定转变经济增长方式的内涵，既抓住了中央关于转变经济增长方式的决定的核心和实质，充分地显示了中央关于两个根本转变重要战略决策的精神，又符合马克思关于集约型经营的说明，为提出和实施实现转变经济增长方式途径提供了理论指导。

（二）抓住影响经济增长方式的关键因素，有针对性地提出实现转变经济增长方式的有效途径

对任何事情而言，解决问题关键在于抓住问题的本质。转变经济增长方式也不例外。国内许多学者也从不同的角度找寻问题的关键，如王德来认为影响经济增长方式转变的关键因素是产权不清①；唐曼程、张志敏认为影响经济增长方式主要是指导思想的失误和认识上的模糊及经济体制机制的制约②；楼贤俊从科技与经济关系出发，认为我国科技与经济脱节状况未根本改观，引进技术重复率高，仅把技术引进作为生产能力来对待，科技成果转化难以到位③；雷起荃、吴火星认为现实经济运行中存在不可忽视的扩张冲动惯性、人口多，就业压力大，形成对经济平面扩张的推力、整体技术水平低下、劳动力素质不高、经济体制改革未完成等是影响和制约经济增长方式的转变④；程选认为劳动力过剩、资金短缺、地区经济结构不平衡及资源约束和环境压力才是影响经济增长方式转变的因素⑤；臧跃茹、刘泉红认为生产力水平制约着我国经济增长方式的转变，工业化阶段和二元结构体制使经济增长方式转变滞后，加上转型经济问题，扩大经济增

① 王德来. 产权，效益与经济增长方式 [J]. 学理论，1996（8）.
② 唐曼程，张志敏. 试论我国经济增长方式的转变 [J]. 学理论，1996（3）.
③ 楼贤俊. 试论经济增长方式的转变 [J]. 浙江学刊，1996（2）.
④ 雷起荃，吴火星. 论转变经济增长方式 [J]. 财经科学，1996（3）.
⑤ 程选. 中国经济增长方式转变的难点 [J]. 生产力研究，2006（2）.

235

长方式转变的难度①；等等。这些学者见仁见智，各以一定的理论和实际资料为依据从不同角度分析和研究转变经济增长方式的困难，都具有一些合理性，但有的不够深刻，甚至有的未能抓住实现途径的关键点。吴宣恭则从最基本的生产力和生产关系两个方面出发，准确地抓住影响经济增长方式的关键因素，并提出实现转变经济增长方式的有效途径。他指出，转变经济增长方式的实现程度或结果受许多因素的影响，从生产关系看，主要是"企业产权制度是否合理、明晰""市场是否充分发育，市场体制是否健全、市场机制是否完善，市场规律能否发挥调节、引导作用，即能否顺利实现计划经济向市场经济转变""国家能否建立起有效的宏观引导和调控体系""能够建立起健全、有效的社会保障体系"，从生产力看，主要是"自然资源的禀赋和开发利用状况，工具、设备的更新……社会基础的建设和发展水平""信息产业的发展程度以及经济信息的传递、利用状况""劳动力的素质，包括社会和企业管理队伍和各种岗位上的劳动者的道德观念……技术熟练程度和积极性、主动性""企业能否不断完善管理制度……有序地进行生产经营""生产要素的集中程度和经济规模是否有利于各种生产要素的互相配合，充分发挥其综合效率"②。在准确把握实现经济增长方式转变影响因素的基础上，吴宣恭提出了切实可行、有效的十条途径：一要全体人民，尤其是政府与企业领导人要提高认识，更新观念，树立经济效益观点，合理配置生产要素，提高要素综合效率；二要建立合理、有效的产权制度，确保经营主体拥有实行转变增长方式的自主权利，自觉激起转变增长方式的内在动力；三要完善社会主义市场经济体制，不仅要打破地方、部门经济保护主义，建立统一开放的市场体系；而且要理顺市场价格体制，形成有序的价格体系。四是要建立有效的宏观调控体系，制定合理的经济政策，同时加强分析与指导，引导全社会自觉投入转变经济增长方式进程；五要建立有力的社会保障体系，既要确保劳动者的基本生活需要，又要遵循经济规律要求，合理使用劳动力，提高劳动生产率；六要制定合理的生产技术政策，建立必要的技术开发和技术改造基金，以加大科技投入，大力发展科学技术；同时根据各地实际，选择不同的技术改造策略，并加强科技的普及宣传，形成全民性的技术创新活动。七要实施"科教兴国"方针，加大教育力度，提高国民素质。八要发挥好丰富的劳动力资源。要结合各地实际，合理处理投入与报酬之间的关系，激起广大农民积极投入自然环境与生产条件活动的改造，进而提高土地丰度或保护更多稀缺土地资源，为进一步提高农业生产效率

---

① 臧跃茹，刘泉红. 经济增长方式转变滞后的原因与路径前瞻 [J]. 改革，2006 (1).
② 吴宣恭. 努力实现转变经济增长方式的任务 [J]. 经济评论，1997 (4)：31–32.

创造条件；九要实行行政官员、企业家、社会经济管理者的分流，加强培养，确实为转变经济增长方式打造一支企业家队伍与专业的社会经济管理人才；十要健全企业管理制度，改进企业的经营管理手段。此外，他还特别强调经济增长方式的转变是一项系统工程，应将这些措施合理组织，以达到相互配合，共同推进的作用。政府和企业负责人应因时、因地制宜，在有效测算各种生产要素投入组合效益的基础上，合理地选择最佳配置方式与投入方式。

综上所述，吴宣恭对于转变经济增长方式的建议，针对性强、操作性强，具有一定的前瞻性和科学性，对党和政府制定政策、采取措施具有较高的借鉴意义和参考价值。

三、考察了城市化发展道路，准确把握了加速城镇化进程的前提和关键

城镇化是现代化过程中极富生气和活力的社会现象，在国家社会经济全面发展过程中具有重大的促进作用，广泛地吸引了国内外社会学、人口学、地理学、城市规划、经济学、历史学等众多领域的专家、学者的研究。在我国，自 1999 年，国家第十个五年计划纲要中提出"提高城镇化水平，转移农村人口，有利于农民增收致富，可以为经济发展提供广阔的市场和持久的动力"[1]，将城镇化作为中国推进现代化进程的一个新动力源，列入国家发展的"六大战略"之一。这一战略举措的提出再次掀起国内各领域的专家、学者的研究，而经济学家们开始把城市化与经济可持续发展、产业结构转型、土地与劳动力市场等问题紧密结合，分别从不同角度对中国城市化发展道路提出许多理论创新观点与实际对策建议。吴宣恭也十分关注中国城市化发展道路问题。2001 年，他和其他学者近 200人参加"城市化：中国新世纪发展的挑战与对策"国际研讨会，提交了《中国城市化发展道路的探讨》论文，并在研讨会上阐述了自己的观点，得到与会的专家、学者的一致好评，而这一篇论文后又被收录在《中国城市化：实证分析与对策研究》一书。

对于中国城市化发展目标和战略问题，学者们见仁见智，争持不下。王放认为中国的城市化应当是兼顾经济、社会、环境、资源效益，大、中、小城市和小

---

[1] 《中华人民共和国国民经济和社会发展第十个五年计划纲要》（2001 年 3 月）。

城镇共同发展的策略①；刘家强认为中国适合走分散型城市化道路，关键和重点在于积极发展小城镇。应在可持续发展指导思想下，以适应人口城市化速度发展②；林毅夫认为提高我国城市发展水平，要结合我国要素禀赋结构的特点，根据比较优势的原则，大力发展劳动密集型产业，以降低农业人口比重，推进城市化；陈其林认为小城镇战略已不是我国现阶段城市化的最佳选择，今后应大力发展或扩展中小城市；周牧之认为中国城市化需要选择大城市圈发展战略，以赢得21世纪全球经济一体化背景下激烈的国际竞争；美国芝加哥大学约翰逊认为中国可创造大量非农业产业工作岗位转移农业劳动力以推进城镇化，而这些工作岗位在现有的大城市无法提供，可在众多小城市和农村劳动力大量聚集地附近的市镇中创造③；何慧丽提出城市化的发展道路应是强化大城市功能，积极发展中小城市，有选择地发展小城镇④；李中华和唐绍洪提出中国城市化发展道路必须坚持走大小城市发展的道路，不能再走小城镇发展为主道路⑤。对于学者们对中国城市化发展道路的分析，吴宣恭一方面持肯定的态度，认为都具有一定的合理性，另一方面用发展的观点思考了城镇化的发展道路。他对比分析了大城市、中等城市与小城镇优劣，探讨了城市化发展路径，认为加速城镇化进程的前提是产业的发展，关键是应从客观条件出发，结合历史性的社会发展需要，正确选择中国的城市化道路。吴宣恭指出，中国城镇化进程应实施多元化策略，选择从低到高、由易到难循序渐进的发展步骤。对经济落后、城市化水平较低的地区，可先建设具有一定产业集聚功能的小城镇为起点，解决大量剩余农业劳动力，有效需求低下，收入难以提高，制约国内市场规模等突出问题；接着逐步优化小城市、小城镇内部产业结构，进而扩大城市规模，完善城市功能，提高城市化层次，促使它们朝着更高水平方向发展。此外，还要重视大中城市发展，充分发挥大中城市更大的聚集效应与辐射效应，使之成为我国物质文明和精神文明建设的主要基地和经济文化繁荣发展的带动点。

对此，吴宣恭将中国城市化发展道路放在历史阶段和现实条件下，从社会发展的实际需要和具体情况出发，探讨和思考加速我国城市化发展道路，很好地化

---

① 王放．论中国可持续的城市化道路——兼论现行城市发展方针的局限性［J］．人口研究，1999 (5).

② 刘家强．中国人口城市化：动力约束与适度进程［J］．经济学家，1998 (4).

③ 林毅夫、陈其林、周牧之、约翰逊等观点参见陈甬军．中国城市化道路的新探索——"城市化：中国新世纪发展的挑战与对策"国际研讨会综述［J］．中国经济问题，2001 (6).

④ 何慧丽．城市化发展道路的选择［J］．小城镇建设，2003 (3).

⑤ 李中华，唐绍洪．中国城市化道路的世纪反思和探索［J］．内蒙古农业大学学报（社会科学版），2007 (2).

解了中国城市化道路选择的理论分歧，也为党和政府制定城市化道路方针、政策提供了理论依据。

第五节　文化知识经济的研究

众所周知，从西方斯密、李嘉图到凯恩斯的主流经济学理论，都一致地认为土地、资本和劳动是构成经济活动的基础，知识则被排除在外。然而，20世纪初，熊彼特、加尔布雷斯等经济学家的技术创新与经济发展理论，明确强调生产技术、技术知识、企业创新等对经济增长具有重大的意义；20世纪80年代，罗默提出的新经济增长理论，再次强调依靠知识、技术及人力资本对经济增长的作用。20世纪末，经济合作与发展组织发表了题为《以知识为基础的经济》报告中，将知识经济定义为"建立在知识和信息的生产，分配和使用之上的经济"[1]。这一概念的提出，迅速得到世界各国政府的重视和引起经济学界的浓厚兴趣。吴宣恭便是这一领域研究的佼佼者。1999年，他发表了《知识经济的特点及其挑战和机遇》，明确地提出"知识经济是紧紧依赖于知识的发展和利用的""知识经济的来临反映了人们对知识的重要性的认识和对知识的全面应用进入飞跃式的崭新境界"[2]，2006年，他在首届"海峡两岸发展论坛"和学习《关于深化文化体制改革的若干意见》座谈会上发言，引证国外的资料，强调知识在经济运行中的地位和作用，极力地呼吁发展文化事业和文化产业，明确提出"文化事业和文化产业对经济，对社会的发展具有极其重大的促进作用"[3]。这一观点在日后的经济社会实践得以验证。据国家统计局公布的数据，2008年，我国文化产业增加值达7630亿元，其增长速度相当于同期GDP的2.43%；2011年，增加值增至13479亿元，增长速度高于同期现价GDP年均增长速度4个百分点。2012年，文化部发布《"十二五"时期文化产业倍增计划》，提出"十二五"期间，文化部门管理的文化产业增加值年平均现价增长速度高于20%，文化产业增加值的预期目标为2.4万亿元左右，约占同年国内生产总值的4%。党的十八大报告又再次强调"要将文化产业发展成为国民经济支柱性产业"[4]。

---

① 陈世清. 超越中国主流经济学家［M］. 北京：中国国际广播出版社，2013：310.

② 吴宣恭. 知识经济的特点及其挑战和机遇［N］. 深圳特区报，1999 – 07 – 08.

③ 吴宣恭. 在2006年首届"海峡西岸发展论坛"的大会发言［M］//吴宣恭文集·下册. 北京：经济科学出版社，2010：768.

④ 《坚定不移沿着中国特色社会主义道路前进　为全面建成小康社会而奋斗》（2012年11月）。

一、把握知识经济发展趋势及其特点，主动迎接知识经济的机遇和挑战

世界各国，特别是发达国家都十分重视知识经济的发展。如美国总统克林顿提出的 1999 年财政年度预算草案中，最令人注目的是将教育和科技的投入放在重要的位置，其中教育开支增加 1/3，国家科研经费占整个开支的 4.5%；1996 年加拿大国家研究委员会发表的《2001 年构想》，强调要 "利用科技发展一个创新的知识经济"。邓小平同志在科学把握现代化科技革命发展轨迹的前提下，也准确地预测 "下个世纪（指 21 世纪）是高科技发展的世纪"①。随着科学技术的不断进步，及其在经济发展中发挥日益重要的作用，吴宣恭清晰地认识到知识经济新时代的到来将对世界经济格局和人类生活方式发生重大的变化，呼吁要主动迎接知识经济的机遇和挑战。他指出，知识经济是不同于农业和工业为基础的经济，具有一系列独特的特点。一是知识发展的无限性，使知识经济不受资源稀缺性的制约，能够持续快速地增长；二是知识的可复制性和共享性，使知识经济成为外部正效应为主的新型生产方式；三是获取知识成本的日益低廉，使知识经济成为边际效益递增的经济；四是知识经济是高新科技产品、精神产品和服务在人们生产、生活消费中日渐占重要地位的经济；五是知识的无地域性，使知识经济成为跨国、跨地区或全球性经济；六是知识的无污染性，使知识经济成为人类可持续发展的经济；七是知识的人类智慧的资源，使知识经济是建筑在高度发达的文化教育事业之上的经济；八是知识的可成长性，即不断更新的知识和不断创新的技术，使知识经济成为竞争激烈的经济。而且随着知识经济功能的充分发挥，以知识为基础的技术进步将在经济增长中发挥重大的作用，人类的生活和消费方式也将日益走向知识化和智能化。可以说，知识经济使人类社会的生产和再生产过程发生了巨大的变化。然而知识经济的来临，对发展中国家来说，既是机遇，也是威胁。它有助于缩短与发达国家的差距，争取达到后来居上目标；同时发达国家也可通过对知识产权的保护和执行有利的技术标准等方式实现加大剥削和掠夺的目的。为此，要 "切实掌握知识经济的特点，勇敢地迎接历史的挑战，并且根据我国的具体国情，认真研究对策，大力发展科学技术和教育事业"②。

---

① 邓小平文选（第三卷）［M］. 北京：人民出版社，1993：279.
② 吴宣恭. 知识经济的特点及其挑战和机遇［N］. 深圳特区报，1999 - 07 - 08.

二、深谙文化的重要性，呼吁协调发展文化事业和文化产业

随着经济全球化进程的不断加速，随着高新技术革命，尤其是信息技术革命的带动，文化产业成为席卷世界的朝阳产业，甚至成为很多发达国家和地区的支柱产业。如美国的文化娱乐业位居第一出口产品、日本的文化产业产值仅次于汽车业、加拿大的文化产业规模超过农业、交通、通讯和信息业。文化产业作为全球经济新的增长点已成为一种共识。在我国，党和政府纷纷出台相关政策法规，以加快文化产业的发展。吴宣恭在参加有关经济建设规划的一些会议时，感到当地的设想、规划对文化产业发展重视不够，文化发展相对滞后于经济发展，随后在多个场合中呼吁要高度重视和大力发展文化事业与文化产业，指出文化事业与文化产业，是一个国家的综合国力的重要体现，是国际上的重要竞争力，是加强国家和民族凝聚力，振奋民族精神的重要手段，是满足人民精神需要，提升人民素质，最终促进人们全面发展的重要条件，是国民经济的重要组成部分，是最具可持续发展的产业，对经济、社会的发展具有极其重大的促进作用。此外，福建省尤其是闽南地区发展文化产业，有利于进一步加强两岸经济、文化交流，促进两岸关系融洽，促进祖国的和平统一。而福建、厦门有着极其丰富的文化底蕴，具有发展文化事业和文化产业的巨大潜力，在福建省面临资源相对短缺的发展瓶颈时，发展文化产业是扬长避短的一项长远发展战略。对此，应拓宽思路，充分利用市场机制，将艺术思路和商业思路有机结合，积极打造闽台特色的"文化品牌"，促进文化资源转化为文化产品，必将取得喜人成果。[①]

对如何发展文化事业与文化产业问题，吴宣恭强调应坚持协调发展。他指出，改革开放虽使文化事业和文化产业迅速发展，也积累众多弊端，全面进行文化体制改革，是发展我国文化的当务之急。对于文化建设的方向问题，吴宣恭非常重视并强调发展文化事业与文化产业，必须坚持社会主义方向，加强党的领导；必须以社会效益为主，兼顾社会效益和经济效益，以促进文化事业和文化产业的协调发展。对于如何正确区分公益性文化和经营性文化问题，吴宣恭提出要充分利用市场机制，优化文化资源的配置，调动广大文化工作者的积极性，提高文化资源的使用效率，并提出发展文化产业和文化市场的七条建设性措施，即要转变政府文化管理职能，强化宏观调控；要鼓励和支持非公有资本发展文化产

---

① 吴宣恭. 在 2006 年首届"海峡西岸发展论坛"的大会发言 [M]//吴宣恭文集·下册. 北京：经济科学出版社，2010：772 - 773.

业，建立公有制为主，多种所有制并存的文化产业格局；要建立多元化的投资、融资体制，拓宽融资渠道，形成多元化的文化投资主体；要建立文化单位注册登记制，科学划分文化单位的类型和功能，实行分类指导；要推进经营性文化事业单位的企业化改造，真正实现政企分开；要完善文化知识产权保护制度，为文化产业发展创造良好的市场环境；要加强文化产品市场及资本、人才、信息、技术等文化要素市场的建设，培育统一、开放、竞争、有序的文化市场体系。①

---

① 吴宣恭. 在厦门市"学习《关于深化文化体制改革的若干意见》座谈会"上的发言［M］//吴宣恭文集·下册. 北京：经济科学出版社，2010：776－777.

第十一章

对我国现阶段经济社会关系的研究

任何一次改革都不可能是一成不变，而是变化发展的，这需要与时俱进的科学理论予以指导。我国经济体制改革也是如此。而敢于与善于根据具体实际变化、历史和实践发展的具体要求，不断推陈出新马克思主义理论，是每一位马克思主义理论工作者应尽的责任。我国改革实践的历史证明，不断推进理论创新，必须始终坚持马克思主义的基本原理与中国具体国情相结合，这是马克思主义发展的基本经验和基本准则。随着我国所有制改革的进一步深入，社会基本经济制度发生了重大变化，社会生产关系也随之发生巨变，我国社会涌现出许多新情况、新矛盾、新问题。诸如，阶级差别和阶级矛盾是否存在？社会主要矛盾是否发生变化？资本主义特有的经济规律是否重新出现？它对社会主义特有的经济规律会不会互相产生影响？……这些问题都迫切需要运用马克思主义中国化的最新成果从理论和实践上予以科学的分析，以增强马克思主义经济理论解释能力和解决改革实践中出现的现实问题的能力。胡锦涛指出："在新的历史条件下坚持马克思主义，关键是要及时回答实践提出的新课题，为实践提供科学指导。"① 吴宣恭关于经济规律和社会主要矛盾二元化的论述以及对当前阶级关系的分析就是他运用历史唯物主义科学方法，根据我国国情变化，对改革实践提出的新课题的重要理论创新，也是对马克思主义中国化的又一理论贡献。

第一节　所有制与阶级关系和阶级分析

改革开放以来，我国所有制的变革导致了经济结构和社会结构的巨大变化。

---

① 胡锦涛 . 在庆祝中国共产党成立 90 周年大会上的讲话 ［M］. 北京：人民出版社，2011：11.

原来的"两大阶级、一个阶层"的社会结构已发生改变，贫富悬殊、两极分化现象的加剧引发了人们的关注与困惑，也给经济学界的研究带来了新的课题。一些学者面对这些现象，不采用马克思主义阶级理论而是运用西方的分层理论加以粉饰。一些教材和论著不敢涉及阶级一词，甚至对资产阶级和剥削的存在讳莫如深，结果使马克思阶级理论成为我国政治经济学中最弱的理论部分。如杨供法认为社会主义制度建立后，由于缺乏基本的经济依据，致使在运用马克思的阶级理论分析中国社会性质时出现一定程度的混乱，倘若继续运用，加以分析，则将导致阶级斗争的扩大化，甚至沦为党内政治斗争的工具。[①] 张星炜认为既然党的十一届三中全会以来，已经废止"以阶级斗争为纲"口号，也应逻辑地不再适合于社会主义条件的马克思主义阶级分析理论。马克思主义阶级分析理论对正在进行革命，力争上升至统治阶段的无产阶级来说适用，但对于已上升统治阶级的政党、阶级，乃至以实现人民幸福富裕为根本目的的社会主义社会来说，并不合适。[②] 如此等等。这些说法在思想和意识领域方面给广大群众造成一定的负面影响，甚至一度激化了社会矛盾。针对政治经济学流行理论与中国具体的改革实践相脱节，吴宣恭毫无畏惧地站出来，坚决地捍卫马克思主义阶级分析理论在政治经济学中的地位。他发表了《阶级分析在我国政治经济学中的地位》[③] 文章，在肯定我国现阶段仍存在阶级差别和阶级矛盾的基础上，运用阶级分析方法合理地解释当前我国出现的诸多经济问题。他指出，阶级分析方法是马克思主义经济的重要方法，应正确认识和处理当前的阶级关系，并有针对性地进行疏导，以化解矛盾和改善各阶级关系，是社会主义和谐社会重要的构建前提。这一文章的发表，迅速在网络上引起众多读者的热议，大多读者对这一文章持肯定、支持的态度，认为文章写得好，分析得深刻；有人认为文章是值得认真学习和挖掘；有的认为终于有学界名人承认阶级和阶级差别存在，是对无阶级差别论者的反击；有人认为文章对阶级分析的地位和对现实现象的分析是比较正确的；有的认为是经济学领域学术期刊上关于阶级分析中见过最好的文章；等等。同时，这一文章在理论界、学术界也形成一定影响。在知网中，下载次数高达 231 人次，居于在该研究领域的前列。

---

① 杨供法. 从阶级分析到阶层分析——社会分层方法的转换与意义 [J]. 求实，2002（3）.

② 张星炜. 马克思主义阶级分析理论在社会主义社会的适用性问题探讨 [J]. 中共四川省委党校学报，2002（2）.

③ 刊登于《政治经济学评论》2011 年第 2 期。

一、学界内的不同观点

阶级分析理论历来是我国理论界研究的焦点，虽取得丰硕的研究成果，但也成为界内颇具争议的理论问题。理论界聚焦的方向一般有三：第一，聚集社会阶级与阶层问题。如邢林和，陶岳潮，张兴茂等认为经济因素对阶级划分上具有决定作用，是划分阶级的唯一标准[1]；洪韵珊，段若鹏，钟声和王心富等认为经济、政治因素共同决定着阶级的划分[2]；武俊平，陆学艺等则从不同的角度对阶层的划分标准进行界定[3]。第二，聚集阶级斗争问题。如雍涛，李以国，曲春郊等研究了社会主义初级阶段阶级斗争的根源[4]；曲春郊，许建军，张向，孟庆仁等探讨了阶级斗争的本质特征和规律[5]；陈苏民和王梦周分析了阶级斗争在社会主义初级阶段的新特征[6]；贾文炳，张纪等则分析了现阶段阶级斗争的主要内容和形式[7]。第三，聚集马克思主义阶级分析方法。如杨供法，张星炜，关晓丽，张鑫等[8]部分学者对这一分析方法持反对、消极态度，认为这一方法已经过时，或已经没有必要；而田心铭、段若鹏、钟声和王心富，吴忠民，李崇富，刘保国，吴

① 邢林和. "工薪阶层" 的提法不妥 [J]. 思想政治工作研究，1997（1）；陶岳潮. 关于阶级、阶层分析的思考 [J]. 浙江学刊，2002（6）；张兴茂. 坚持与发展马克思主义的阶级划分理论——兼论 "中产阶级" 的阶级属性 [J]. 社会主义研究，2008（2）.

② 参见：洪韵珊. 关于马克思主义阶级理论的几个问题 [J]. 社会主义研究，1999（1）；段若鹏，钟声，王心富. 中国现代化进程中的阶层结构变动研究 [M]. 北京：人民出版社，2002.

③ 参见：武俊平. 我是谁——当代中国人的社会定位 [M]. 呼和浩特：内蒙古人民出版社，1997；陆学艺. 当代中国社会阶层报告 [M]. 北京：社会科学文献出版社，2002.

④ 参见：雍涛. 我国现阶段阶级斗争问题的理论反思 [J]. 武汉大学学报（哲学社会科学版），1990（1）；李以国. 坚持人民民主专政正确认识阶级斗争的长期性 [J]. 云南社会科学，1990（1）；曲春郊. 关于我国社会主义时期阶级斗争的几个问题 [J]. 科学社会主义，1991（1）.

⑤ 参见：曲春郊. 关于我国社会主义时期阶级斗争的几个问题 [J]. 科学社会主义，1991（1）；许建军. 中国共产党在新时期的阶级斗争观 [J]. 毛泽东思想研究，1998（3）；张向. 简议我国当前阶级斗争的特点 [J]. 东北师大学报（哲学社会科学版），1982（6）；孟庆仁. 论阶级斗争的实质、规律和当代特点 [J]. 济南市社会主义学院学报，2003（3）.

⑥ 陈苏民，王梦周. 论我国现阶段阶级斗争的新特点 [J]. 社会科学，1990（2）.

⑦ 参见：贾文炳. 我国现阶段阶级斗争的主要表现 [J]. 理论导刊，1989（10）；张纪. "一定范围" 阶级斗争的现实思考 [J]. 长白学刊，1992（2）.

⑧ 参见：杨供法，从阶级分析到阶层分析——社会分层方法的转换与意义 [J]. 求实，2002（3）；张星炜. 马克思主义阶级分析理论在社会主义社会的适用性问题探讨 [J]. 中共四川省委党校学报，2002（2）；关晓丽. 从阶级分析到阶层分析是历史与现实的选择 [J]. 科学社会主义，2004（6）；张鑫. 马克思主义阶级分析理论的当代不适用性探讨 [J]. 河南师范大学学报（哲学社会科学版），2004（4）.

宣恭，周新城，陈跃、熊洁和何玲玲，刘洪刚，王传利等①大部分学者则持赞同、肯定的态度，并占主流地位。

吴宣恭站在历史高度，以马克思阶级分析理论的时代性与发展性为基础展开研究的。他不仅和大多数学者一样，对阶级分析理论持肯定、赞成的态度，而且还运用阶级分析方法，对我国出现的消费不足问题、官吏与企业高管腐败现象、日用产品价格飞涨等经济问题进行合理的解释，强调应恢复阶级分析方法在经济学中应有的地位。这一观点不仅丰富和发展了马克思主义阶级分析理论，而且有力地促进了政治经济学学科建设的发展。

二、吴宣恭对马克思阶级分析理论的认识

（一）准确把握所有制与阶级的内在逻辑关系，强调所有制是阶级产生的基础

马克思作为无产阶级学说的创始人，一直把阶级和阶级斗争这个社会事实作为自己的理论基础加以论述，也形成了丰富的思想体系。如他在《共产党宣言》中就明确提出"到目前为止的一切社会的历史都是阶级斗争历史。……而每一次斗争的结局都是整个社会受到革命改造或者斗争的各个阶级同归于尽"②；在《致·约魏德迈》信中提到"无论是我发现现代社会中有阶级存在或发现各阶级间的斗争，都不是我的功劳……资产阶级的经济学家也已对各个阶级作过经济上的分析"③；在《路易·波拿马的雾月十八日》写到"既然数百万家庭的经济生活条件使他们的生活方式、利益和教育程度与其他阶级的生活方式、利益和教育程度各不相同并互相敌对，所以他们就形成一个阶级"④；等等。关于阶级的观

---

① 参见：田心铭. 坚持马克思主义的阶级分析方法［J］. 马克思主义研究，2000（3）；段若鹏，钟声，王心富. 中国现代化进程中的阶层结构变动研究［M］. 北京：人民出版社，2002；吴忠民. 从阶级分析到当代社会分层研究［J］. 学术界，2004（1）；李崇富. 必须坚持和正确运用马克思主义的阶级观点和阶级分析方法［J］. 马克思主义研究，2008（1）；刘保国. 阶级观点和阶级分析方法的当代意义［J］. 马克思主义研究，2009（8）；吴宣恭. 阶级分析在我国政治经济学中的地位［J］. 政治经济学评论，2011（2）；周新城. 必须坚持马克思主义的阶级观点和阶级分析方法［J］. 政治经济学评论，2011（3）；陈跃、熊洁、何玲玲. 关于马克思主义阶级分析方法理论与现实的研究报告［J］. 马克思主义研究，2011（9）；刘洪刚. 理解马克思的阶级分析［J］. 当代世界与社会主义，2012（4）；王传利，把握当前世界依然离不开阶级分析方法［N］. 中国社会科学报，2015 – 02 – 09.

② 马克思恩格斯选集（第1卷）［M］. 北京：人民出版社，1995：250 – 251.

③ 马克思恩格斯选集（第4卷）［M］. 北京：人民出版社，1995：547.

④ 马克思恩格斯选集（第1卷）［M］. 北京：人民出版社，1995：677.

点在马克思的众多经典著作中多有体现。然而，什么是阶级，马克思、恩格斯却未曾下过简明的定义，只是将阶级斗争规律称为"历史运动规律"。

对于马克思的阶级理论，马克思主义者在理论和实践中不断地进行丰富和发展。如列宁对阶级的定义，指出阶级"就是这样一些集团，由于它们在一定社会经济结构中所处的地位不同，其中一个集团能够占有另一个集团的劳动"[①]；毛泽东在新民主主义革命时期就开始对阶级斗争理论进行分析、研究，很好地将马克思主义阶级斗争理论与中国的革命实践相结合，指导中国革命并取得革命的伟大胜利。在改革开放初期，邓小平指出"历史上的阶级斗争在社会主义条件下的特殊形式的遗留"[②]恰如其分地解答了阶级斗争是否存在的问题；江泽民也曾明确提出阶级分析的观点和方法"始终是我们观察社会主义同各种敌对势力斗争的复杂政治现象的一把钥匙"[③]。这些都极大地丰富和发展了马克思主义的阶级理论。吴宣恭根据新中国成立以来我国所有制变化与阶级关系变化的情况，科学阐述了所有制是阶级存在的基础。他指出，一定的物质资料是生产的基础，不同所有制条件下，人们在生产与劳动组织中的作用与地位不同。生产资料所有者凭借生产资料所有权而无偿占有他人部分劳动成果。这种存在差别的不同人群被称为阶级。新中国成立以来，我国进行了所有制的社会主义改造，实行全民所有制，私有制几乎被全部消灭，在所有制方面消除了阶级对立的根源，也无须运用阶级差别来分析不同人群的经济利益关系。改革开放后，公有制为主体，多种所有制并存的基本经济制度的形成，个体和私营经济、外资企业的引进，使得雇佣劳动制度复燃，经济领域方面也开始出现靠出卖劳动力的雇佣劳动者与靠剥削雇佣工人积累财富的私营企业主这一现象。现实阶级关系的重大变化，逐步影响人们在生产与再生产领域中的地位和相互关系，这必然形成新的矛盾与对立。所以，阶级差别与阶级矛盾是客观存在的，不是人脑臆想的产物，而是所有制变化的结果。[④]

（二）准确把握阶级分析在我国政治经济学中的地位，强调阶级分析是马克思主义经济学和科学分析我国许多经济问题的重要方法

鉴于不恰当地强调阶级斗争给我国造成社会秩序的破坏，党的十一届三中全

---

① 列宁选集（第4卷）[M]. 北京：人民出版社，1972：10.
② 邓小平文选（第二卷）[M]. 北京：人民出版社，1994：169.
③ 江泽民. 论有中国特色社会主义（专题摘编）[M]. 北京：中央文献出版社，2002：34.
④ 吴宣恭. 阶级分析在我国政治经济学中的地位 [J]. 政治经济学评论，2011（2）.

会停止"以阶级斗争为纲"的口号，在党的指导思想上进行了拨乱反正。党的十一届六中全会强调"在剥削阶级作为阶级消灭以后，阶级斗争已经不是主要矛盾。由于国内的因素和国际的影响，阶级斗争还将在一定范围内长期存在，在某种条件下还有可能激化。既要反对把阶级斗争扩大化的观点，又要反对认为阶级斗争已经熄灭的观点"①。对阶级斗争问题做出明确论断。可是，马克思的唯物辩证法告诉我们，在反对一种主要错误倾向时，可能形成另一种错误倾向。形而上学的思维往往对一些人产生影响，诸如，在"以阶级斗争为纲"的时期，部分人由于对阶级与阶级理论过于敏感，致使扩大了阶级斗争；改革开放后，却又造成了部分人对阶级和阶级观点麻木不仁，甚至无视客观存在的阶级现象，公开宣扬资产阶级自由化、私有化的观点。吴宣恭清醒地认识学界内鼓吹私有化理论的内在本质，他在多个场合发表文章予以批判，如《评对抗"官本经济"的"民本经济"》《所有制改革应保证公有制的主体地位》《我国收入和财富悬殊的主要根源》《阶级分析在我国政治经济学中的地位》等。而在后一篇文章中，他明确指出，对阶级关系的分析是马克思政治经济学基本理论和基本方法的重要组成部分，是马克思关于生产力与生产关系相互关系理论、所有制理论的自然延伸和运用，同时也是正确认识政治关系和社会经济的重要方法。只要阶级存在，对阶级关系的分析依然是研究社会政治、经济关系的有效方法。即使是对于资本主义国家，对阶级关系的分析仍然是正确认识资本主义社会政治、经济关系的重要方法。所以，建立在马克思主义所有制理论基础上的阶级分析方法是马克思主义政治经济学的重要方法。

改革开放一方面使中国经济蓬勃发展，另一方面也带来了许多经济问题，如财富悬殊、两极分化、官员腐败、内需不足等。这些问题的产生，在一定程度上激化了社会矛盾，甚至为一些鼓吹私有化理论的人创造了条件。不清除迷雾，找准问题的根源，必然妨碍社会主义和谐社会建设和"两个一百年"目标的实现。这必然要求我们运用科学的方法加以分析与解答。吴宣恭正准确地把握了这一分析方法。他指出，马克思主义有关阶级的理论不过是现存的阶级斗争、眼前的历史运动的真实关系的一般表述。只要存在阶级，对立与矛盾必然存在，也必然离不开运用阶级关系与阶级分析认识和处理社会出现的各种经济问题。② 接着，他以当下存在的消费不足、分配不公、财富悬殊、官员腐败、市场产品价格暴涨等

① 中共中央文献研究室编．十一届三中全会以来党的历次全国代表大会中央全会重要文件选编（下）[M]．北京：中央文献出版社，2000：286．
② 吴宣恭．阶级分析在我国政治经济学中的地位 [J]．政治经济学评论，2011（2）：11．

广大群众关注的经济问题为例，运用马克思主义阶级分析方法进行科学的解释。

对于内需不足的经济问题，吴宣恭质疑了一些人提出的居民生活消费不足是由信息阻隔、缺少一个强大中产阶级和税收过高等原因造成及中国未来内需主要靠民营企业的说法，指出我国投资需求长期处于亢奋状态，居民生活消费不足是生产快速增长与广大劳动者支付能力相对不足矛盾的反映，其根源是无法得到扶持的农村合作经济与公有经济不能给农民发家致富，而城市资本的介入又无偿占有农民的部分创造的价值。解决办法在于改变这种不合理的分配关系，提高农民收入，以提高其消费能力。对于官吏和企业高管的腐败问题，他指出，私人资本追逐最大利益是产生官商勾结、权钱交易的根源，且越是暴利行来，权钱交易越严重。所以，政治腐败已然是私人资本攫取最大利润、私人企业主暴发致富的重要工具与手段。对于农产品价格飞涨的问题，他指出，以供给不足为由，提倡奖掖生产平抑物价的做法，符合一定的经济原理，但不够全面。其根本原因是境内外的私人资本相互勾结，利用手中巨资，囤积产品、操纵期货市场、制造虚假交易和市场恐慌情绪等手段所造成的。

综上所述，吴宣恭不仅准确地论述了马克思阶级分析方法仍具有内在价值和强大的时代生命力，而且正是通过阶级分析方法，从当前我国发生的复杂的经济现象中发现了其社会根源，这也正验证了列宁所说的"马克思主义提供了一条指导性的线索，使我们能在这种看来扑朔迷离、一团混乱的状态中发现规律性。这条线索就是阶级斗争的理论"①。为此，吴宣恭关于阶级分析的思想再次验证了马克思主义阶级分析理论的科学性和准确性，是改革开放以来讳言阶级存在与阶级关系经济学理论的重要突破，它为我国社会主义经济改革与发展过程中出现的诸多新情况、新矛盾、新问题找到了科学的分析方法，清除了迷雾；为党和政府调整、优化我国社会阶层结构提供了理论依据和实践指导；也为构建社会主义和谐社会指明了方向。

马克思主义认为，在阶级社会里，生产力与生产关系和经济基础与上层建筑的矛盾对立运动发展到一定程度，必须会通过阶级斗争予以体现。可见，在经济发展过程中所出现诸多经济问题，必然要运用科学的阶级分析方法予以分析。当前，我国进入全面建设小康社会的关键时期和全面深化改革开放、加快转变经济发展方式的攻坚时期，资本主义私有化所带来的社会结构分层及阶级矛盾仍将存在，深层利益矛盾将可能在较长时期内存在，甚至愈演愈烈，这需要我们正确认识马克思主义阶级理论在政治经济学中的地位，准确把握这一科学的理论分析方

---

① 列宁选集（第2卷）［M］．北京：人民出版社，1995：426.

法，去发现和探究问题的实质，找准方向予以缓和或解决，以减少或祛除影响社会和谐和不稳定的因素，不断地推进社会主义和谐社会的建设。

第二节　对当前阶段社会主要矛盾的分析

社会主义社会主要矛盾理论是中国化马克思主义理论成果的重要内容之一，也是我国政界、学界分析、研究的焦点问题和重要课题之一。尤其是党的十一届三中全会以来，学术界、理论界对这一问题的探索和争论从未停止，各种观点不断地进行尖锐的思想交锋。学者们认为，随着改革开放的进一步深入，我国社会各个层面已发生深刻变革，社会主要矛盾也必然发生变化，并从不同角度探索了我国社会主要矛盾的阶段性特征。正是由于学界内对社会矛盾的不断争论、研究，才使得党和国家对我国现阶段的基本国情及阶段特征的认识和理解不断地深化、成熟，并在每一次重大历史关头中，都保持清醒认识，为党和国家制定准确的方针、政策。关于中国特色社会主义主要矛盾理论的研究，吴宣恭也做出了积极的贡献。面对着我国改革发展过程中出现的愈加凸显和尖锐化的各种社会矛盾及国内外大量媒体对我国存在社会矛盾严重性的着力报道，社会主要矛盾已变论的种种观点异常活跃。这不仅需要党和政府有清醒的、准确的认识，更需要学界内的学者用科学的理论予以剖析。面对现实中理论与实践的种种问题，吴宣恭始终保持清晰的认识，并从所有制关系入手对社会存在的矛盾进行分析研究，揭露其产生的根源，清除了缠绕在人们思想中的迷雾，为党和国家决定方针政策提供理论依据。2012 年，他发表了《根据所有制实际重新分析当前阶段的社会主要矛盾》文章引起了不少理论者的关注和社会的强烈反响，人民网、中国社会科学网、新浪网、国史网等众多网站纷纷转载，而在知网论文库中，也有近 400 人次下载文章。

一、社会主要矛盾的界内争鸣①

党的十六大召开以来，学术界、理论界对社会主要矛盾形成了众多不同的观点。如刘嗣明认为是日益增长的社会生产同人民物质文化相对需求不足之间的矛

---

① 作者主要分析党的十六大以来，我国学界对社会主要矛盾的主要研究。

盾①；张纪和来丽梅认为社会主义同市场经济的矛盾是我国社会各种矛盾形成和发展的总根源②；王勇认为我国当前社会主要矛盾不够全面，应日益增长的物质、文化及政治生活需要与落后社会生产间的矛盾③，杨迎春也持类似的观点④；赵科天主张主要矛盾发生具体形态的改变，认为社会主义阶级阶段的社会主要矛盾的基本形成没有发生改变，但具体运动形式却发生了重大改变，"原生形式"在经历"次生形式"与"再生形式"后，已进入"现实形态"⑤；黄涛主张我国经济社会发展过程中凸显的经济发展与人口、资源、环境之间的矛盾才是主导我国发展的主要矛盾⑥；迟福林、皇甫平、高尚全、杨鹏等为代表的则主张是人们快速增长的公共需求与社会公共产品严重短缺、匮乏的矛盾⑦；吕世荣提出公平和效率的矛盾是社会主要矛盾的集中表现形式⑧；等等。而党的十七大以来，学界内又出现了多种不同的观点：如刘国光认为社会需求大于社会生产，国家应在做大蛋糕的基础上，把蛋糕分好，应重点解决两极分化趋势问题，主张收入分配不公矛盾是当前的主要矛盾⑨；而陆学艺认为我国当前社会结构处于工业社会初期，但经济结构已步入工业社会中期，经济结构先于社会结构，致使经济社会发展的不协调是当前社会的主要矛盾⑩，汪仲启⑪也持这一类似观点；还有就是王长江、竹立家⑫政治体制滞后矛盾论的主要代表，他们认为"十二五"期间，改革进入深水区，不触及政治体制问题，是无法推进改革的深入，主张应从经济体制改革向政治体制改革转变。

毛泽东曾指出，"研究任何过程，如果是存在着两个以上矛盾的复杂过程的

① 刘嗣明. 中国社会主要矛盾与主要任务的新形态——相对需求不足与扩大相对需求 [J]. 江汉论坛, 2004 (6).

② 张纪, 来丽梅. 对当前我国社会主要矛盾的新认识 [J]. 理论探讨, 2004 (6).

③ 王勇. 社会主要矛盾的再认识——政治文明语境的解读 [J]. 甘肃社会科学, 2004 (6).

④ 杨迎春. 社会主要矛盾认识新探 [J]. 肇庆学院学报, 2003 (6).

⑤ 赵科天. 当前我国社会主要矛盾的阶段性特征 [J]. 长白学刊, 2011 (1).

⑥ 黄涛. 解决制约发展的主要矛盾 [N]. 人民日报, 2006 - 03 - 31; 迟福林. 我国社会主要矛盾的变化与再分配 [N]. 经济参考报, 2005 - 12 - 07.

⑦ 参见迟福林. 我国社会主要矛盾的变化与再分配 [N]. 经济参考报, 2005 - 12 - 07; 皇甫平. 改革不可动摇 [J]. 财经 (月刊), 2006 (2); 高尚全. 关于建设公共服务型政府的思考 [N]. 人民日报, 2005 - 10 - 07; 杨鹏. 中国社会当前的主要矛盾 [J]. 理论参考, 2006 (5).

⑧ 吕世荣. 关于社会主要矛盾及解决方式变化的哲学思考 [J]. 哲学研究, 2007 (2).

⑨ 刘国光. 社会主义初级阶段的主要矛盾问题 [J]. 河北经贸大学学报, 2010 (6).

⑩ 陆学艺. 当前中国社会生活的主要矛盾与和谐社会建设 [J]. 探索, 2010 (6).

⑪ 汪仲启, 陆学艺. 以社会建设为战略重点 [N]. 社会科学报, 2012 - 03 - 01.

⑫ "十二五"纵深改革再启程 [N]. 社会科学报, 2010 - 11 - 25.

话，就要用全力找出它的主要矛盾。捉住了这个主要矛盾，一切问题就迎刃而解"①。可见，要解决社会矛盾，首先是要找出社会的主要矛盾。学界内虽提出了许多观点，但不管是公平与效率矛盾论、经济发展与人口、资源、环境之间的矛盾，还是收入分配不公矛盾论、公共产品匮乏矛盾论等，这些只是我国改革开放和社会主义现代化建设过程中出现一系列理论和实践矛盾在理论上的反映，虽在一些主流意识中形成较大的影响，但并不能代表我国社会现阶段的主要矛盾。吴宣恭作为所有制理论的集大成者，他清醒地明白，生产资料所有制是生产关系的基础，具有决定性作用。任何一个社会都是生产力与生产关系和经济基础与上层建筑的对立和矛盾运动中发展，可见，从生产关系这一方上看，所有制才是一定时期一定社会基本矛盾与主要矛盾的根源所在。所以，他从所有制的发展变化着手，根据我国的基本国情和具体实际，重新分析了当前阶段社会的主要矛盾。他从我国当前阶段生产资料所有制和生产关系存在"二元化"的实际出发，区分在社会主义公有制和资本主义私有制基础上建立的生产关系，剖析这些生产关系形成的社会矛盾，科学地判断两类社会主要矛盾可能的变化和发展趋势，指出社会主义和资本主义两类社会主要矛盾并存，互相影响，其社会效应会随着两种所有制力量的竞争而变化，其前途最终要由占主导地位的所有制决定。当公有制力量足以控制社会经济时，社会主义的主要矛盾就起主导作用；反之，资本主义的主要矛盾就可能成为社会的主要矛盾了，社会发展的前途也会随之改变。② 吴宣恭这一观点，跳出了以上专家、学者的研究局限，从矛盾根源上分清基本矛盾和主要矛盾与其他各种矛盾的关系，为正确领会中央精神提供了理论依据。

二、从所有制在生产关系中的地位中，科学地分析了社会主义初级阶段的社会主要矛盾

毛泽东指出，"在复杂的事物的发展过程中，有许多的矛盾存在，其中必有一种是主要的矛盾，由于它的存在和发展，规定或影响着其他矛盾的存在和发展"③。这从逻辑上说明了主要矛盾和基本矛盾的关系，也为人们把握复杂社会矛盾提供了科学的方法论。吴宣恭正是在掌握这一科学方法论的基础上，从所有制在生产关系中的地位，准确地分析社会主义初级阶段的主要矛盾。他指出，改

① 毛泽东选集（第一卷）[M]. 北京：人民出版社，1991：322.
② 吴宣恭. 根据所有制实际重新分析当前阶段的社会主要矛盾 [J]. 政治经济学评论，2012（1）.
③ 毛泽东选集（第一卷）[M]. 北京：人民出版社，1966：295.

革开放以来，我国所有制结构发生极大的变化，存在性质完全不同的所有制，不同所有制带来的新的生产关系还会产生与之相应的上层建筑，这些必然产生不同的社会矛盾，所以，简单搬用半个世纪前存在的单一公有制去解析现阶段的社会主义主要矛盾，已远远不符合当前的实际，必须从复杂多变的现实中抓住最本质的关系去分析社会主要矛盾，这个本质的关系就是我国所有制的实际。

（一）反对以半个世纪前的所有制状况分析当前社会矛盾的做法

毛泽东在论述矛盾特殊性的几种情况时指出："不但事物发展的全过程中的矛盾运动，在其相互连接上，在其各方情况上，我们必须注意其特点，而且在过程发展的各个阶段中，也有其特点，也必须注意。"[①] 当前我国社会的主要矛盾是根据1956年社会主义改造后的所有制、社会生产与发展水平及形成的阶级状况确定的。改革开放后，我国所有制关系已经发生了重大变迁，不再是当时公有制占社会经济绝对统治地位的状况。为此，吴宣恭认为，简单地延续几个世纪前所有制状况分析社会矛盾的做法已不符合我国社会实际。他指出，改革开放以来，资本主义私有制不仅卷土重来，而且迅猛发展，当今已经坐拥半壁江山。在公有制与非公有制并存且相互影响下，在不同基础上所建立的生产关系的发展规律及生产目的各不相同，在此基础上产生的社会矛盾也各不相同，必须抽丝剥茧从复杂多变的矛盾中找出支配各种矛盾的社会主要矛盾。[②] 吴宣恭这一做法，既符合中国共产党人一贯遵行实事求是的原则，也符合马克思主义唯物辩证法。

（二）准确剖析了社会主义公有制和资本主义私有制下社会主要矛盾

毛泽东说过，"认清中国的国情，仍是认清一切革命问题的基本根据"[③]。可见，任何理论，只有从实际出发，方能找到分析的客观依据，否则得出的结论也不具科学性。改革开放后，我国所有制关系从建国初期的五种经济成分并存到"生产资料所有制社会主义改造"后单一公有制经济，再到改革开放后建立的以公有制为主体，多种所有制并存的基本经济制度。当前阶段，资本主义私有经济的力量迅速增大，比"三大改造"前还强大百倍。在公有制与非公有制并存的基础上，各自建立的生产关系及形成的社会矛盾互不相同，且相互影

---

①　毛泽东选集（第一卷）［M］．北京：人民出版社，1966：289.

②　吴宣恭．根据所有制实际重新分析当前阶段的社会主要矛盾［J］．政治经济学评论，2012（1）.

③　毛泽东选集（第二卷）［M］．北京：人民出版社，1991：633.

响。只有从影响和决定生产关系作用的所有制出发，方能科学分析当前我国社会的主要矛盾。吴宣恭就是从我国基本国情出发，科学地分析社会主义公有制与资本主义私有制生产关系之间形成的经济规律和社会矛盾，使得他所得出的理论有了客观依据。

对社会主义公有制下社会的主要矛盾，吴宣恭指出，社会主义国家所有制生产资料归全体人民共同所有、劳动成果实行按劳分配消除了奴役和剥削的根源，极大地提高了劳动者的积极性，劳动者之间建立平等协作关系，有利于资源合理配置，促进了生产力的迅速发展。但在社会主义初级阶段国家所有制还不成熟，形成了一系列的矛盾：第一，为调动人们生产积极性，形成的整体与局部，国家、部门与企业，部门，企业等之间的矛盾；第二，为增进企业活力，实施两权分离而形成政府与企业关于宏观调控、集中决策与分散经营等关系处理的矛盾；第三，企业经营者与劳动者之间在统一领导与民主管理所造成的矛盾；第四，加速企业生产与发展与扩大劳动者劳动报酬、福利及提高劳动者消费能力形成的矛盾；第五，按劳分配是权利平等与实际收入和生产水平差距所造成的矛盾。这些矛盾的解决需要有强大的物质基础，否则矛盾的处理便是无源之水、无本之木。因此，不发达的社会生产同劳动人民日益增长需要之间的矛盾是公有制经济的主要矛盾，大力发展生产才是目前发展公有制经济首要、当务之急。①

对社会主义非公有制经济的主要矛盾，吴宣恭指出，我国非公有制经济虽然存在于社会主义国家，受到国家和社会主义公有经济的影响，但它的本质没有改变，仍然是以榨取劳动者剩余劳动和追求最大利润为目的。因此，生产社会化与资本主义占有的矛盾仍然适用于我国当前私有经济的实际。而且，由于我国农村经济落后、剩余劳动力量大、资金紧缺、就业门路小、待业后备军庞大等特点，使私有经济的成长与发展比西方资本原始积累更加残酷。劳动条件差、劳动时间长、劳动待遇低已成为私有企业的常态。超重剥削已成为分配不公、社会两极分化的主要根源，也是资产阶级与雇佣劳动者之间的主要矛盾。在社会生产方面，由于我国宏观管理和法治建设的步伐跟不上市场发展，使得资本更加疯狂地追逐高额利润，对产业结构、生态保护、消费品质量和价格、资源利用、市场秩序和工程建设等方面造成一系列冲突和矛盾，充分暴露出深受私人利益局限的资本主义经济与整个社会生产协调发展之间的矛盾。在生产和需要关系方面，资本主义私有经济的快速发展，形成强大的生产力，生产出大量的消费品，但广大劳动者收入水平低下无力购买，形成大量剩余商品。这就形成了资本主义社会生产无限

① 吴宣恭. 根据所有制实际重新分析当前阶段的社会主要矛盾 [J]. 政治经济学评论，2012 (1).

扩大的趋势与劳动者有支付能力的需要相对缩小的矛盾。这些矛盾与资本超重剥削、劳资之间收入悬殊的阶级矛盾交相结合，形成资本主义生产关系的社会主要矛盾。

（三）准确把握了两类社会主要矛盾的相互关系

毛泽东指出："世界上一切事物无不具有两重性""对于任何一个具体的事物说来，对立的统一是有条件的、暂时的、过渡的，因而是相对的，对立的斗争则是绝对的"。① 因此，矛盾的斗争构成事物的矛盾运动，推动事物的发展。不同所有制下产生的社会矛盾也不是静止的、不变的，而是相互影响。吴宣恭辩证地看待现阶段并存的两类社会矛盾的关系，他指出，我国当前社会的基本矛盾主要存在于两个方面：从社会主义生产关系方面来看，是人民日益增长的需要同落后的社会生产的矛盾；但从资本主义关系方面来看，局限于私人利益的资本主义经济同整个社会生产协调发展之间的矛盾和生产无限扩大的趋势同劳动者低支付能力之间的矛盾，在我国社会已日益显现，且愈演愈烈。这两方面矛盾同劳资之间收入悬殊、资本超重剥削的阶级矛盾结合构成了资本主义生产关系的矛盾。这两类矛盾并存并相互影响，其社会效应会也将随着公有制与私有制这两种所有制力量的竞争而不断变化，并最终由占主导地位的所有制决定。当公有制力量足以控制社会经济时，社会主义的社会主要矛盾就起主导作用；反之，资本主义的主要矛盾就可能上升为主要矛盾。具体而言，社会主义的社会主要矛盾对资本主义经济的影响主要是：第一，国企中职工的地位、关系及收入水平对私有经济发挥着示范作用，有利于缓解劳资矛盾。第二，国有经济在贯彻落实国家方针政策、履行社会责任具有示范带动作用，能发挥国家宏观调控作用，对引导私企投资、缓解私企逐利行为同社会生产协调发展之间的矛盾和规范私企市场行为具有积极的促进作用。第三，国企上缴的税金，在充实国库的前提下，增加对国家对社会公共产品的供给，能缓解非公有制经济快速发展同劳动者低支付能力之间的矛盾。资本主义的社会主要矛盾对社会主义经济也起着重大影响。一是私有经济的逐利行为会引起官员的腐败现象，在造成国有资产流失的同时，也会加剧企业与个人、管理者与劳动者之间的矛盾，甚至同社会主义目的背道而驰。二是面对私有制经济的强大竞争压力，为壮大企业实力，国企的社会责任承担能力有所减弱；三是资产阶级的逐利冲动与社会生产协调发展间的矛盾会导致部分国企的投资不合理，进而加剧政府与企业在宏观调控与分散经营之间的矛盾。四是国有经

---

① 毛泽东文集（第七卷）［M］. 北京：人民出版社，1999：332.

济受资本主义经济的影响，无法更多地将剩余劳动创造的价值返还给劳动者，更明显地宣示按劳分配比按生产要素分配的优越性；五是劳动者有限的支付能力与生产无限发展间的矛盾也影响着国有企业产品的销售，导致产能过剩。社会主义与资本主义的社会矛盾互相影响，在公有制经济确实占主体地位的条件下，社会主义的社会主要矛盾对资本主义经济也将起着一定的主导作用。当具备这种条件和在这个意义上，仍然可以说它是整个社会的主要矛盾。①

三、为正确领会党的十八大精神提供理论分析

社会主义矛盾理论是我国社会主义初级阶段理论的重要组成部分，具有特殊而重要的地位和作用。在新民主主义革命时期，以毛泽东为主要代表的党第一代领导集体准确把握当时社会的主要矛盾，最终取得了新民主主义革命的胜利，建立了新中国；社会主义改造完成后的一段时期内，正确认识社会主义的社会主要矛盾，推动了我国经济的迅速发展，以后，由于对社会主要矛盾的错误判断，导致我国社会混乱，发展停滞。党的十一届三中全会以来，党和政府准确把握社会主要矛盾，科学制定了党的方针、政策，使我国社会主义建设取得了巨大的成就，社会也发生了翻天覆地的变化。纵观我国社会主义事业发展的历史和现实都清晰地表明，错误认识社会的主要矛盾会给国家带来沉痛的代价，反之，社会主义事业就会蓬勃发展。所以，对社会主义主要矛盾判断正确与否，不仅关系到我国未来党的各项方针、政策的制定，而且关系到我国社会主义宏伟事业的发展大局。吴宣恭科学分析了我国所有制变化对社会主义矛盾的影响，准确地把握了当前我国社会的主要矛盾，他指出，社会主义与资本主义两类社会主要矛盾并存并互相影响，其社会效应会将随着公有制与私有制这两种所有制力量的竞争而改变，其最终结果由占主导地位的那种所有制决定。他强调必须使公有制在国民经济起主导作用，努力发展生产，进一步解决落后的社会生产同人民不断增长的需要之间的矛盾。党的十八大报告指出："我国仍处于并将长期处于社会主义初级阶段的基本国情没有变，人民日益增长的物质文化需要同落后的社会生产之间的矛盾这一社会主要矛盾没有变。"② 吴宣恭关于社会主要矛盾的分析，为正确领会党的十八大的精神提供了理论依据。

---

① 吴宣恭. 根据所有制实际重新分析当前阶段的社会主要矛盾 [J]. 政治经济学评论，2012（1）：84 - 85.

② 《坚定不移沿着中国特色社会主义道路前进　为全面建设小康社会而奋斗》（2012 年 11 月 8 日）。

当前，国际风云变幻，世界局势跌宕起伏，尤其是金融危机导致资本主义强国经济萎靡不振，这在很大程度上影响着我国经济的发展。国内、国外的一些资产阶级为缓解自身由于经济危机压力，纷纷将矛头指向我国国有经济，妄图通过各种政治的民间组织或各类媒体迫使国家退出一些重要和高利润的国有经济领域。一些学者也充当资产阶级代言人，鼓吹私有化理论，积极为"国退民进"造势。可见，一旦国家经济制度私有化意图得以实现，必然实现两类社会矛盾转化，消除社会主义经济规律，而国家性质也将发生改变。为此，吴宣恭强调："经济力量强大的生产关系将对社会矛盾的变化起主导的作用"，"必须坚持公有制为主体，充分发挥社会主义国家的调控和引导作用，发展壮大社会主义公有制经济，减弱资本主义社会矛盾的影响力，保证我国沿着社会主义道路继续前进"。[1] 习近平强调"坚持和完善公有制为主体、多种所有制经济共同发展的基本经济制度，关系巩固和发展中国特色社会主义制度的重要支柱"[2]。党的十八届三中全会明确指出："必须毫不动摇巩固和发展公有制经济，坚持公有制主体地位，发挥国有经济主导作用，不断增强国有经济活力、控制力、影响力。"[3] 2014年以来，总书记多次明确指出："国有企业是推进现代化、保障人民共同利益的重要力量，要坚持国有企业在国家发展中的重要地位不动摇，坚持把国有企业搞好、把国有企业做大做强做优不动摇。"[4] "国有企业特别是中央管理企业，在关系国家安全和国民经济命脉的主要行业和关键领域占据支配地位，是国民经济的重要支柱，在我们党执政和我国社会主义国家政权的经济基础中也是起支柱作用的，必须搞好。"[5] 可见，吴宣恭强调公有制在国家的地位和作用的观点，完全符合党的领导人的思路。

第三节　提出我国所有制的二元结构，研究经济规律的二元化

最初由伯克提出的"二元经济"概念，经由刘易斯丰富和发展为"二元经

① 吴宣恭. 根据所有制实际重新分析当前阶段的社会主要矛盾 [J]. 政治经济学评论, 2012 (1): 89.
② 中共中央文献研究室编. 中国共产党第十八届中央委员会第三次全体会议文件汇编 [G]. 北京: 人民出版社, 2013: 97.
③ 中共中央文献研究室编. 中国共产党第十八届中央委员会第三次全体会议文件汇编 [G]. 北京: 人民出版社, 2013: 23.
④ 习近平: 2015年7月17日在吉林调研时发表的重要讲话.
⑤ 习近平: 2014年8月18日在中央深化改革领导小组第四次会议的讲话.

济"结构理论后,已成为世界各国研究传统与现代不同经济部门间经济关系的经济学理论依据。刘易斯的二元经济结构理论可以说是发展中国家微观经济的分析方法,然而对于中国社会主义国家来说,运用这一微观的经济分析方法并不一定能解决改革开放以来在我国产生的种种理论和实践难题。中国实行的是特色的社会主义,它与资本主义国家最大的不同在于,在社会主义条件下发展私有经济。改革开放后,多种所有制经济的发展,使我国社会生产关系发生巨变,出现了许多新情况、新问题,需要运用马克思主义经济学基本原理予以分析和解释。2013年,吴宣恭发表了《当前阶段我国所有制和经济规律的变化》一文,与时俱进地分析了所有制结构巨变带来的生产关系的重大变化及其对社会经济的影响,创造性地提出新的"二元"规律体系。他指出,改革开放以来,我国出现了日益强大的资本主义私有制经济,已退出经济领域的资本主义经济规律重新出现,并与社会主义特有的经济规律共同存在,相互影响,决定着我国经济的发展。[①] 吴宣恭这一思想比理论界备受关注的城乡"二元经济"结构理论对我国社会各方面的发展更具广泛性和影响力。深化对这一经济规律体系的了解与认识不仅有利于人们对当前存在的私有化势力保持清醒认识和应有的警惕,而且有利于巩固公有制在我国的主体地位,确保中国特色社会主义朝着正确的方向前进。

一、创造性地提出新"二元"规律体系[②]

马克思主义认为,经济规律是人类社会发展过程中各种经济活动之间的必然联系,是经济现象和经济过程中不以人们的意志为转移的、固有的、本质的、客观的必然联系。经济规律在一定的经济条件下形成并发生作用。马克思主义政治经济学的任务就是透过经济现象揭示经济发展过程中的本质与规律。吴宣恭运用马克思主义所有制理论,透过我国当前阶段种种经济现象,揭示了社会主义条件下经济规律的变化,强调经济规律都是在一定所有制基础上形成和发挥作用,要准确把握现阶段我国经济规律运行变化,必须从社会生产关系,尤其是从所有制关系着手进行分析。他指出,生产资料所有制是生产关系的基础,具有决定性作用。生产资料所有制不同,人们在生产过程中的地位不同,所结成的关系也各不相同。这些不同的生产关系又对人们交换过程与分配关系起着决定和制约作用。

---

① 吴宣恭. 当前阶段我国所有制和经济规律的变化 [J]. 经济纵横, 2013 (8).
② 本点阐述经济思想均参见:吴宣恭. 当前阶段我国所有制和经济规律的变化 [J]. 经济纵横, 2013 (8).

这些交换过程与分配关系互相作用,他们内部及其相互之间的变化必然要遵循一定的经济规律。为此,生产资料所有制也决定和制约着经济关系变化发展所遵循的规律,所有制是一切经济规律存在和发挥作用最重要条件。面对我国的实际,吴宣恭指出,所有制结构的巨大变化形成了社会主义经济与资本主义经济同时并存,打破了社会主义经济规律全面支配社会经济运动的状态,出现社会主义和资本主义两类性质不同的经济关系和不同的经济规律同时并存的"二元化"规律体系,共同影响和支配着我国经济的发展。①

二、从所有制关系阐明社会主义与资本主义特有经济规律及其影响

毛泽东指出:"规律存在于历史发展的过程中。应当从历史发展过程的分析中来发现和证明规律。不从历史发展过程的分析下手,规律是说不清楚的。"②这是把握当前阶段我国的经济规律的方法论。新中国成立以来,我国所有制经历了新民主主义社会的五种经济成分向单一公有制再向以公有制为主体多种所有制并存的基本经济制度转变。我国经济体制的变迁,使我国经济规律也发生了变化。吴宣恭从我国基本国情出发,运用所有制理论对这一变化进行了科学的分析。

对于单一公有制下经济规律,吴宣恭指出,社会主义生产关系下的经济规律随公有制经济发展而壮大,成为全面支配社会经济运动的基本经济规律。在这一时期,公有制占绝对地位,生产资料与劳动产品归全体劳动者共同所有,社会生产的目的不再是逐利,而是最大限度地满足全体人民不断增长的物质与文化需要。这一目的为社会主义生产发展提供了强大的内动力。与此同时,生产的快速发展在满足人们需要的同时又创造出新的需要,推进新的动力的形成。这两方面相互作用、互相促进,构成了社会主义生产关系的经济发展规律。所以,社会主义生产目的同生产不断完善、发展之间互相作用、互相促进的关系,决定社会主义经济发展主要过程及一切最主要方面,决定着社会主义经济的发展方向,是社会主义的基本经济规律。

马克思指出,剩余价值规律是资本主义经济运动规律。这对于资本主义条件的经济运动都适用。吴宣恭指出,改革开放以来,私有制经济的发展,不仅使退出经济领域的资本主义特有的经济规律重现,而且剩余价值规律在社会经济发展

① 吴宣恭. 当前阶段我国所有制和经济规律的变化 [J]. 经济纵横, 2013 (8): 1–2.
② 毛泽东文集 (第八卷) [M]. 北京: 人民出版社, 1996: 106.

过程中发挥着越来越大的作用。私人企业主为了攫取最大利润，大力掠夺劳动者的剩余劳动，不仅财富以惊人的速度向资本家聚集，而且也给社会带来了一系列的矛盾。如利用我国资本奇缺、人力资源过剩的机会，廉价雇佣劳动力，使资本主义生产迅速扩大趋势与劳动者有支付能力的需求相对不足的矛盾愈发凸显；对超额利润的追逐，造成社会盲目生产的无序状态，充分暴露资本主义矛盾；私有经济的不断扩张，收入差距不断扩大和经济乱象层出不穷，已是我国社会无法回避的矛盾，等等。且国家所有制内部产权分离制度的改革，虽没有改变国家所有制的归属关系，但国有企业已拥有一定的自主经营权利和相应的经济利益。这一改变，也使国有经济的运行规律发生变化，突破以往无偿进行劳动和产品的调配关系。价值规律和供求规律开始引导和支配国有经济的运转，市场机制取代计划机制，成为整个社会资源配置调节的基本方式和主导力量。这些变化局限和削弱了社会主义特有的经济规律作用范围与作用力度。①

在同一个社会形态中，不同的两种经济形态不是互不相干，彼此独立，而是互相影响。吴宣恭指出，社会主义公有制经济对私有经济起着重要的正外部性影响；而剩余价值规律和资本主义的其他一些规律对社会主义公有制经济及其规律产生了负效应的外部性。② 马克思说"在一切社会形式中都有一种一定的生产支配着其他一切生产的地位和影响，因而它的关系也支配着其他一切关系的地位和影响"③。在社会主义初级阶段基本经济制度下，两种不同性质的经济规律相互影响、互相对立。究竟哪一种经济规律居于主导地位，将影响和支配着我国经济的发展。吴宣恭指出，两类经济规律的作用范围和影响力如何，则取决于两类规律赖以存在的经济类型的实力。哪一类经济发展快、力量强，其形成的经济规律在社会经济中就起较大的作用，成为占主导地位的经济规律。

三、倡言巩固公有制的主体地位，维护我国的社会主义发展道路

党的十八大报告指出"实践充分证明，中国特色社会主义是当代中国发展进步的根本方向，只有中国特色社会主义才能发展中国"④。可见，始终坚持中国特色社会主义是保证中国社会主义国家性质的根本前提。吴宣恭认为所有制是社

① 吴宣恭. 当前阶段我国所有制和经济规律的变化 [J]. 经济纵横，2013（8）.
② 关于两种经济形态的互相影响在本章第二节两大社会矛盾的相互关系已作分析，此处不再赘述。
③ 马克思恩格斯选集（第2卷）[M]. 北京：人民出版社，1995：24.
④ 《坚定不移沿着中国特色社会主义道路前进　为全面建设小康社会而奋斗》（2012年11月8日）.

会主义社会经济规律发挥作用的关键所在，社会主义经济规律作用如何关键在于公有制的力量如何。能否坚持社会主义道路，与社会主义经济规律能否发挥主导作用、它的作用范围和影响力能否持续增大紧密相关。社会主义资本足够雄厚，社会主义经济的作用范围、力度越加强劲，社会主义经济规律作用就越大；反之，受到的限制就越大。一旦两类经济（指社会主义经济和资本主义经济）的力量对比超过一定的边际，主体地位发生逆转，资本主义的基本矛盾就会成为我国社会的主要矛盾。当下，我国正处于全面深化改革的攻坚时期、关键时期，亟须全体干部和群众充分认识公有制经济在我国基本经济制度中的地位与作用，不断强化国有经济的主导地位和作用，充分发挥社会主义特有的经济规律的正效应影响，削弱资本主义经济规律的负外部性。同时，国有经济战略性调整中"国退民进"的声音甚嚣尘上，这更应引起人们的重视，保持应有的警惕，辩证看待"有进有退"的进退观，准确把握国有经济调整的目标定位，使之适应我国经济快速提高的生产力与生产社会化要求，不断壮大发展。因此，我们应该了解这些关系，针对其发挥作用的根源考虑对策，发挥社会主义经济规律的正效应影响，减少资本主义经济规律的负效应影响，并在广度和力度上扩大社会主义经济规律的作用，巩固和加强国有经济的主导地位，进一步发挥公有制经济的优势，促进国民经济的持续发展。①

　　综上所述，吴宣恭关于我国"二元"规律体系的思想对于巩固公有制的主体地位，壮大国有经济，实现"两个一百年"目标具有重要的理论和实践意义。

---

　　①　吴宣恭.当前阶段我国所有制和经济规律的变化［J］.经济纵横，2013（8）：6.

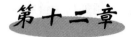

政治经济学学科建设研究

　　政治经济学是马克思主义的重要组成部分，是一门研究社会生产关系，揭示客观经济规律的科学学说，对人们认识世界、改造世界具有重要的指导作用。恩格斯在《卡尔·马克思〈政治经济学批判·第一分册〉》中说过："德国无产阶级的政党出现了，它的全部理论内容来自对政治经济学的研究，它一出现，科学的、独立的、德国的经济学也就产生了"①；列宁也说过，"马克思主义政治经济学就是马克思理论最深刻、最全面、最详尽的证明和运用"②。人们认识和研究这门学科越深刻、越全面，就越能利用这一科学理论指导实践，更好地实现经济利益，为人民大众谋福利。新中国成立以来，我国众多经济学家对政治经济学理论不断地进行探索、研究，为社会主义经济建设与发展出谋献策。吴宣恭便是经济学家中较早对政治经济学进行全面系统研究的马克思主义经济学家。自20世纪50年代初，吴宣恭就担任厦门大学政治经济学课程教师。70多年来，他对政治经济学基础理论进行孜孜不倦的研究，颇有建树，主编和共同主编政治经济学教材7部。其中，一部教材获国家级优秀教学成果一等奖，两部教材获国家级优秀高等院校教材一等奖。这些成果推动了我国政治经济学的建设，是吴宣恭经济学术思想中的一大理论构成。

第一节　关于政治经济学教材的编写

　　我国近代著名教育家、出版家陆费逵曾说：立国根本，在乎教育，教育根

---

　　①　马克思恩格斯选集（第2卷）[M]. 北京：人民出版社，1995：37.
　　②　列宁选集（第2卷）[M]. 北京：人民出版社，1972：588.

本，实在教科书。《政治经济学》教科书也一样。吴宣恭长期从事政治经济学理论教学和学术研究工作，既十分熟悉《政治经济学》的基本理论、学习的疑点、难点问题及《政治经济学》教学的任务、体系和方法，也十分熟悉大学阶段的学生身心发展规律及其学习特点，为他主编政治经济学教材打下坚实的理论基础。他与蒋家俊共同编写的南方 16 所高校《政治经济学（社会主义部分）》（五版）教材，累计发行 100 多万册，成为我国南方高等院校和机关党政干部普遍采用的教材和学习资料，深受读者喜欢，被称为社会主义政治经济学"南方本"，培育了一批批经济理论和实际工作的人员，为国家和地区经济的发展做出了应有的贡献。1993 年，吴宣恭和吴树青、谷书堂主编了国家教委组织的高校《政治经济学》（社会主义部分），初版印刷便被"抢购一空"，次年，被评为全国高校优秀教材，并获国家级优秀教学成果一等奖。1994 年，吴宣恭和蒋家俊根据党的十四届三中全会精神，又对《政治经济学（社会主义部分）》（南方本）教材重新进行修订，出版了《社会主义政治经济学新编》（以下简称《新编》）。这一教材适应了我国社会发展新形势，成为我国实行社会主义市场经济后第一部全国性政治经济学教材，也得到我国企业管理干部和国家机关经济管理各类干部的欢迎。时任北京市委决策研究顾问的杨时旺对这一教材给予高度评价，认为《新编》是当前既解放思想、勇于探索，又实事求是、不失稳健，有特色、有新意、有水平，集体智慧结晶的好教材。①

一、紧密结合中国具体实际，不断地丰富和完善社会主义政治经济学理论体系

社会主义是人类历史上前所未有的崭新制度，在建设中无先例可资借鉴，在其发展过程中所建立起来的经济形式及经济制度不可能是完善和成熟的。中国特色社会主义也是如此，必须不断地根据实际，及时地进行调整，以适应生产力的发展需要。恩格斯说过："我认为，所谓'社会主义社会'不是一种一成不变的东西，而应当和任何其他社会制度一样，把它看成是经常变化和改革的社会。"②同样，作为指导社会发展的科学理论也肯定不是一成不变的理论。社会主义政治经济学也是一样，它必然伴随着我国经济体制改革的不断完善和社会主义伟大事

---

① 杨时旺. 勇于探索推陈出新——评蒋家俊、吴宣恭教授主编《社会主义政治经济学新编》[J]. 世界经济文汇，1996（1）：67.

② 马克思恩格斯全集（第 37 卷）[M]. 北京：人民出版社，1971：443.

业的不断发展而逐步发展与完善。新中国成立以来，我国政治经济学的理论研究历尽不少曲折。在一些违背马列主义、否定客观经济规律和鼓吹主观唯心主义思潮的影响下，我国经济工作出现"左"的倾向，尤其是"大跃进"运动和长达十年"文化大革命"使马克思主义政治经济学，特别是社会主义部分遭受空前破坏。"文革"期间，"四人帮"在上海组织编写的全国性教材《社会主义政治经济学》，为极"左"路线服务，使政治经济学理论完全背离科学态度和研究。1978年，实践是检验真理的唯一标准的大讨论及邓小平发表的《解放思想，实事求是，团结一致向前看》讲话，极大地促进了人们思想的解放。在这样背景下，1979年，吴宣恭和蒋家俊主编《政治经济学（社会主义部分）》教材，是个极大的挑战。他们不仅要重新学习马克思主义政治经济学理论，摆脱"左"的错误思想的束缚，重新回到马克思主义的正确路线，而且要理论联系实际，重新梳理基本理论观点。他们以所有制为起点，以生产关系中的生产、交换、分配和消费四个环节为理论主体编写《政治经济学（社会主义部分）》（简称南方本）教材，成为全国有较大影响和较高声誉的社会主义政治经济学教材。

《政治经济学（社会主义部分）》教材出版以来，吴宣恭和蒋家俊坚持把马克思主义基本原理同中国具体实际相结合，分别于1982年和1983年进行补充修改。1984年，党的十二届三中全会明确提出，社会主义经济是建立在公有制基础上的有计划商品经济。这一科学论断摆脱了以往计划经济与商品经济相互对立的传统局限，是社会主义经济理论的一大创新和理论突破，不仅是指导我国正在进行经济体制改革，建设中国特色主义的纲领性文件，而且还极大地促进了马克思主义政治经济学的发展。1985年，吴宣恭和蒋家俊根据十二届三中全会的精神，对全书的体系结构和主要内容再次进行修改、完善。新版的教材改变前三版只有章没有篇的局限，将原有脉络分为五篇十六章，使体系更加完整，内容更加充实，层次更加分明。1992年，党的十四大确立的社会主义市场经济体制改革目标；次年，《关于建立社会主义市场经济体制若干问题的决定》的正式通过是社会主义经济理论的又一次创新和突破，再次为吴宣恭和蒋家俊修改、完善政治经济学理论体系提供了新的理论依据和指导思想。吴宣恭和蒋家俊为了使教材紧跟时代步伐，更好地反映我国社会主义理论与实践的最新成果，他们对《政治经济学（社会主义部分）》的指导思想、体系结构、文章内容等方面进行大幅修改，并将书名重新定为《社会主义政治经济学新编》（以下简称《新编》）。党的十四届三中全会后，全国高等院校的社会主义政治经济学教材正处于急待修改、青黄不接的关键时期，《新编》这一教材的重新问世，解决了这一燃眉之急。首都经济贸易大学杨时旺教授称《新编》是"推陈出新，系统成形，理论结合实际，少而精，启发式教材尚属少见"，"是一本颇有特色，富有新意的好教材"。①

二、抓住社会发展的基本矛盾，系统、完整地构建政治经济学理论体系

20 世纪 70 年代以来，我国政治经济学理论体系的研究开始进入了百家争鸣的时期，出版了一系列政治经济学教材和著作。在教材的体系结构方面：有的专家把国家、集体和个人之间的物质利益关系作为重要的线索贯穿全书的，如谷书堂、宋则行主编的《政治经济学（社会主义部分）》②；吴宣恭、蒋家俊主编的《政治经济学（社会主义部分）》③ 则以生产力与生产关系这一社会发展的基本矛盾作为教材的中心。马克思指出："一定的生产决定一定的消费、分配、交换和这些不同要素相互间的一定关系。当然，生产就其片面形式来说也决定于其他要素。"④ 社会主义生产关系是在生产资料公有制的基础上形成的生产、交换、分配和消费关系的总和，决定着社会主义生产关系的其他方面及其基本特征。可见，社会主义政治经济学就必然分析与阐述社会主义生产关系各个环节间辩证关系，以揭示它们之间存在的经济运动规律。毛泽东说过："我们要以生产力和生产关系的平衡和不平衡、生产关系和上层建筑的平衡和不平衡，作为纲，来研究社会主义社会的经济问题。"⑤ 这既对马克思关于社会发展内在动力理论的科学概括，更是指导社会主义初级阶段经济建设的重要思想。可见，以生产力和生产关系的矛盾来分析社会主义生产关系更加符合马克思主义基本原理，更能准确地指导我国社会主义经济的发展与建设。吴宣恭和蒋家俊正是遵循着这一思想编写教材。他们在马克思主义基本方法和理论的基础上，分析对比以往教材的基本观点和体系结构，确定以生产力和生产关系的矛盾作为中心。正是抓住这一社会发展基本矛盾，才使得他们构建的政治经济学理论体系更为科学。

吴宣恭和蒋家俊认为物质利益只是由生产关系，特别是所有制决定的结果，不适宜作为经济发展的主线。只有通过分析生产力如何引起所有制及其他生产关系的变化和生产关系如何反作用于生产力，方能正确地阐述社会主义经济的发展

① 杨时旺. 勇于探索推陈出新——评蒋家俊、吴宣恭教授主编《社会主义政治经济学新编》[J]. 世界经济文汇，1996（1）：78.

② 谷书堂，宋则行. 政治经济学（社会主义部分）[M]. 西安：陕西人民出版社，1979.

③ 吴宣恭，蒋家俊. 政治经济学（社会主义部分）[M]. 成都：四川人民出版社，1979.

④ 马克思恩格斯选集（第2卷）[M]. 北京：人民出版社，1972：102.

⑤ 毛泽东文集（第八卷）[M]. 北京：人民出版社，1999：130.

规律。为此，他们以生产关系为研究对象，以生产力和生产关系的矛盾为中心，以社会主义公有制的建立和发展及其对社会主义生产关系各个方面的影响为主线，以生产关系中的生产、交换、分配和消费四个环节的相互关系为脉络构建《政治经济学（社会主义部分）》的体系，铺陈教材的理论阐述。1982 年，他们根据教学使用过程中提出的意见及社会主义建设实践和经济理论的新发展进行调整、修改和补充，增加了《社会主义劳动和物质利益》《社会主义制度下的经济效益和经济管理》《社会主义的消费》，使教材从原来的十四章扩充为十六章。1985 年，他们将全书分为五篇十六章，使线索更加清晰、体系更加完整、层次更加分明。经过多次修改、完善，教材内容、体系更加科学，得到专家们的一致好评。专家们认为，"南方本"第一版"有利于学生比较具体地了解我国社会主义经济制度建立和发展的情况""比起过去出版的同类教材，有比较明显的进步"①；第四版是"内容充裕、理论联系实际、体系完整的政治经济学社会主义部分的教材"②；《社会主义政治经济学新编》"理论深湛且通俗易懂，观点新颖而分析科学，是马克思主义政治经济学和社会主义经济学理论研究和教学的重要成果"③。

第二节　政治经济学对象的研究

政治经济学研究对象是马克思主义政治经济学理论体系中的基础理论问题，也是学界历来争论的热门话题。关于政治经济学的研究对象，学者们有的从马克思的经典著作中寻找根据，也有的从中国的经济改革实践发展过程中寻找根据，形成了许多不同的观点：如有以孙冶方（1979）、洪远朋（1979）、刘诗白（1999）、吴宣恭（2013）等为代表的生产关系说；有以李平心（1959；1960）、熊映梧（1980）、张照珂（1980）、卫兴华（2008）为代表的生产力说；有以吴易风（1997；2003）、吴斌（1980）、孙立冰（2014）、邹晓青（2005）为代表的生产方式说；还有任保平（1998）的物质利益关系说，张仁德（1999）的市场经济关系说，顾钰民（2005）、朱晓平（2003）的经济制度说，马丽娜（1998）的经济体制、经济运行和资源配置方式说、王生礼（1999）的社会财富增进说，

① 吴树青，卫兴华. 试评三本政治经济学（社会主义部分）教材 [J]. 中国社会科学，1981（1）：78.
② 洪远朋，曾天章.《政治经济学社会主义部分》（南方本）四版评介 [J]. 学术月刊，1986（3）：7.
③ 程恩富，包亚钧. 评介《社会主义政治经济学新编》[J]. 中国经济问题，1996（1）：64.

尹世杰（1996）的人的全面发展和社会的全面进步说；等等。这些不同的观点形成的时代背景、理论依据各不同，也体现着各自不同的理论诉求。公有制为主体，多种所有制结构并存的经济制度促使资本主义私有经济的蓬勃发展，给人们的思想带来了一定的冲击。一些学者主张以生产方式为政治经济学研究对象，并指责所谓的"所有制崇拜"，明里暗里歪曲、攻击社会主义所有制理论。对于这一现象，吴宣恭深感忧虑，担心一些有心人根据生产方式的不同含义任意发挥，进而干扰、搅乱政治经济学的基本认识与基本原理，他发表文章①，准确解读马克思关于生产方式内涵，分析生产关系的主要组成部分及其相互关系，强调政治经济学必须以生产关系为研究对象，不要因概念理解的分歧，干扰、搅乱马克思主义政治经济学科学体系，希望求大同，存小异，坚持和运用马克思主义的立场、观点和方法，反击新自由主义资产阶级经济理论的进攻，共同进行政治经济学建设，促进学科的繁荣和发展②。

一、质疑政治经济学以生产方式为研究对象的观点，准确解读了生产方式的内涵

马克思在《资本论》序言中提道："我要在本书研究的，是资本主义生产方式以及和它相适应的生产关系和交换关系。"③ 这句话使一些学者把生产方式定作政治经济学的研究对象。诸如，吴易风认为政治经济学的研究对象是以人类社会各个历史发展阶段上的生产方式及和生产方式相适应的生产关系④；曾绪宜认为作为政治经济学研究对象首先是社会生产方式，特别是社会占统治地位的生产方式⑤；邹晓青认为把研究对象定为生产关系，曲解了马克思经济学的本意，马克思经济学研究对象的重点应该是生产方式的生产关系⑥；于金富、李静认为政治经济学的首要研究对象及主要研究对象是生产方式⑦；赵茂林认为把研究对象

---

① 吴宣恭. 论作为政治经济学研究对象的生产方式范畴［J］. 当代经济研究，2013（3）.

② 本节引用和阐述的思想观点除脚注特别注明外，均参见吴宣恭. 论作为政治经济学研究对象的生产方式范畴［J］. 当代经济研究，2013（3）.

③ 马克思恩格斯全集（23 卷）［M］. 北京：人民出版社，1972：19.

④ 吴易风. 论政治经济学或经济学的研究对象［J］. 中国社会科学，1997（2）：59.

⑤ 曾绪宜. 对生产方式概念和政治经济学研究对象的新思考［J］. 重庆社会科学，2000（6）：8－12.

⑥ 邹晓青. 对政治经济学研究对象的再认识——兼评西方经济学的研究对象［J］. 黔南民族师范学院学报，2005（2）：31.

⑦ 于金富，李静. 生产方式是政治经济学的首要研究对象——30 年来我国学术界关于政治经济学研究对象问题的探讨［J］. 经济学家，2009（4）.

定义为生产关系，是研究对象的狭窄化，使马克思主义理论经济学范式之争陷于先天的劣势。其研究对象应是生产方式以及和它相适应的生产关系和交换关系①；孙立冰认为政治经济学研究对象包括三个方面：生产方式构成研究对象的总体研究、生产关系与交换关系构成研究对象的本质研究、生产资料所有制构成研究对象的条件研究②；等等。生产方式作为政治经济学重要的理论范畴，在马克思经典著作中出现频率非常高、使用场合很广，但由于概念界定不够清楚，导致一些专家、学者对其含义的理解形成较多分歧。要准确理解马克思经典著作的理论范畴，应站在全局高度，全面地进行分析和解读，而不能简单地以马克思某一著作的一句话或几句话为依据。吴宣恭在研究政治经济学研究对象时，就是遵循这一科学的方法论。他质疑政治经济学应以生产方式为研究对象的观点，认为"生产方式最大量出现的含义之一是生产关系，即包括生产、交换、分配、消费关系的广义的生产关系，或者是马克思所说的'生产关系总和'、'社会生产关系'、'经济关系'，而不是仅在生产领域中发生的、与交换、分配关系并列的狭义的生产关系"，指出在马克思、恩格斯的诸多著述中，不同的论述场合，生产方式具有的含义也不同，这除了因为马克思、恩格斯所处的不同环境和叙述的对象不同外，还是马克思理论发展过程的阶段性结果和表现，马克思、恩格斯在许多地方讲到的生产方式实际上是指生产关系，如马克思在分析商品拜物教关系时，他要么直接生产方式是特定的生产关系，要么用括号标明生产方式是"社会生产关系"；在分析资本与雇佣劳动间的关系时，他将生产方式与社会生产关系当作相同含义的理论用语；在阐释资本主义本性时，他将资本主义生产方式作为资本主义生产关系的另一种表述用语；在阐述私有制与生产方式关系时，他强调资本主义私有制是资本主义生产方式的前提；等等。

马克思主义认为，任何事物都不是一成不变，而是变化发展的。科学史上的概念发展也是一样，都经后人不断研究、探索而不断地发展、丰富。马克思指出："物质生活的生产方式制约着整个社会生活、政治生活和精神生活的过程。"③ 表明物质生活资料的生产方式对人类社会的发展起着重要作用。所以，生产方式便成为马克思和恩格斯著作中论述较多的含义多样化的重要概念。后来，斯大林在继承马克思、恩格斯有关思想的基础上，把生产方式概念推向前

---

① 赵茂林．经济学或政治经济学的研究对象新探——兼论"中国经济学"的研究对象 [J]．陕西理工学院学报（社会科学版），2006（4）：16.

② 孙立冰．论政治经济学研究对象的创新与发展 [J]．社会科学辑刊，2014（1）：104.

③ 马克思恩格斯选集（第2卷）[M]．北京：人民出版社，1995：32.

进，界定为生产力和生产关系的统一。这使生产方式由多含义性概念变为一义性概念，成为我国出版的历史唯物主义和政治经济学教科书和辞典的标准定义，广泛地运用于教学、科研和分析实际问题。吴宣恭肯定斯大林关于生产方式概念的界定，十分赞同北京大学赵家祥的这种评价："斯大林将生产方式的定义界定为人们在物质资料生产过程中生产力和生产关系的统一符合马克思关于生产方式概念的基本内涵，是对马克思历史唯物主义理论的继承和发展。"[①] 他还摘引马克思、恩格斯明确认为生产方式包含生产力和生产关系矛盾关系的一些论述，进一步对生产方式概念定义做出解释和补充，指出马克思虽未直接说生产方式是生产力和生产关系的统一体，但斯大林的表述也未与马克思、恩格斯的理论精神相违背。斯大林的定义既能消除生产方式概念多、含义广的不利因素，也突出了经济生活中最关键的两极，有利于人们更简要、明确地把握社会发展动因及规律，进而弄清这一对立统一关系与其他非主要因素之间的关系，丰富和发展了马克思主义理论。

质而言之，吴宣恭一方面对生产方式概念明确化、规范化持赞成的态度，认为生产方式概念含义的一义性，是理论发展的必然趋势和结果，不仅有利于概念内涵、外延的确定及理论逻辑的严密，而且有利于理论原意的清晰表达和理论传播。另一方面，他又主张要辩证地看待这一规范化概念的运用，反对一些学者用后人规范化的概念诠释马克思在不同历史时期对生产方式理论范畴不同运用的做法，认为规范化的概念不符合马克思关于政治经济学研究对象表述中生产方式的语境，会造成错误的解释。同时，以规范化的概念去推断马克思的意见，也是片面的、非历史的。

二、质疑生产方式"中介说"的观点，准确把握生产关系的主要组成部分及其相互关系

在探讨政治经济学的研究对象时，一些学者如吴易风、陈招顺、李石泉等把生产方式看作生产力和生产关系相联系的中间环节，并摘引马克思著作中语录加以论证，说明马克思确实将生产方式列为政治经济学研究对象。吴宣恭质疑这一论证方式，认为仅凭马克思的这几句语录作为佐证是没有说服力的，无论是从生产方式的内涵还是外延来看，生产方式范畴都承担不了生产力和生产关系相联系的"中介"这一理论重任。他在分析生产关系主要组成部分及其之间的关系的基

---

① 赵家祥. 生产方式概念含义的演变［J］. 北京大学学报（哲学社会科学版），2007（5）.

础上，质疑了"生产方式是劳动过程或劳动方式"和"生产方式是劳动者和生产资料的结合方式"等两类影响较大的"中介说"主张，认为无论是劳动方式、劳动过程还是劳动者与生产资料的结合方式，实质都是以生产资料为基础的生产关系的组成部分，不论将生产方式定义为劳动方式、劳动过程或定义为劳动者与生产资料的结合方式，都不能说明生产方式是独立于生产关系之外，与生产力、生产关系并列且决定生产关系的中介环节。

对"生产方式是劳动者和生产资料的结合方式"的"中介说"，吴宣恭持怀疑的态度，他指出，仅凭摘引马克思关于生产力决定生产方式和生产方式决定生产关系的几段话，就推出以上结论，其论据的可靠性不足；"中介说"引用马克思说的"生产过程从属于资本"与"以资本和雇佣劳动关系为基础"话是无法说明生产方式是"中介"的独立范畴，它只能说明生产过程与资本的从属关系及生产方式的基础是什么。因为马克思在分析资本与雇佣劳动关系时就明确表明资本主义生产过程与资本主义生产关系的关系，即是资本雇佣劳动进行生产与积累的过程，是在生产关系范围内进行，也是其中的一部分。生产资料和劳动者的结合方式从社会关系来看，体现的是生产资料所有者与劳动者之间的关系，其自身实质上是一种生产关系或者是生产关系的一部分，它的基础是生产资料所有制。生产资料所有制是生产资料所有者这一主体对生产资料这一客体结成的关系，也是生产关系的组成部分，只是不同所有制，主体与客体的结合方式也不同。可见，劳动者与生产资料的结合方式体现生产资料所有者的意志与利益，是一定范围内通过特定途径相结合的关系，它不能脱离生产关系，并受生产资料所有制制约。另外，它们发生的时间不同，所有制关系是结合方式得以进行的前提，所以存在于生产过程之前，即结合方式之前；也只有所有制关系确定之后，生产资料和劳动者才能结合并进而进行生产。可见，生产资料和劳动者的结合是生产过程中人们相互关系的一部分，不能独立于生产关系之外，就无所谓的中介环节。

对主张"生产方式是劳动过程或劳动方式，且决定生产关系"的中介说，吴宣恭同样持怀疑的态度。他指出，劳动过程是人们使用劳动工具作用于劳动对象，生产出具有使用价值产品的过程，体现着人与物、人与人之间的关系。从人与物这一角度上看，它们具备不同社会形态共同特征，且随着生产要素的改变而改变，进而影响着这一过程人与人之间的相互关系；从人与人这一角度上看，即便是生产条件相同的情况下，只要生产资料所有制不同，各主体在劳动过程中的地位与关系及所具有的特点也不同。如资本主义制度下，雇佣工人没有生产资料，只能依靠出卖劳动获得基本生活资料；而资本家不但是生产资料的所有者，且获得从市场上购买劳动力的使用权与支配权。这一劳动过程的特点：雇佣工人在资本家的指挥、监督下，按照资本家意志进行劳动；劳动产品归资本家所有。可见，资本主义制度下的劳动过程实质是资本家剥削、奴役雇佣工人，无偿占有其劳动成果的过程，也是资本主义特有生产关系的体现。为此，劳动过程是生产关系的一部分，并不是独立于生产关系之外的因素。

三、强调政治经济学以生产关系为研究对象的重要性，有利于用科学的理论指导中国的改革开放事业

（一）强调政治经济学必须以生产关系为研究对象，维护公有制的主体地位

根据历史唯物主义的基本观点，社会主义取代资本主义后，必然要建立社会主义新型的经济关系。所有制作为生产关系的基础，必须放在生产关系之内加以研究，否则将难逃蒲鲁东的厄运。马克思、恩格斯非常重视所有制，多次强调生产资料所有制的基础地位和决定性作用。这一理论的正确性和科学性已被古今中外的实践所证实。所以，在政治经济学到底要不要以生产关系为研究对象这一问题上，吴宣恭给予了肯定的回答。他逐一质疑、辨析了界内存在的"广义和狭义生产关系内涵认识不清""以生产关系为研究对象必然陷入'唯心主义''形而上学'""诋毁'生产关系说'的政治经济学，反对公有制为主体的马克思主义理论""强调生产方式的重要以淡化生产资料所有制的作用"等观点，强调马克思主义政治经济学须以生产关系作为研究对象，如若轻易否定，不仅将极易导致否定社会主义公有制的错误，而且将损害建立已久，并为大多数人所接受与运用的马克思主义政治经济学科学体系，进而危害政治经济学的建设，必须高度警惕。他强调，是否承认生产资料所有制的基础地位是马克思主义学说与其他学说的分水岭。近现代西方经济学、新制度经济学都避开不谈资本主义社会生产关系、生产资料所有制，其目的是为掩盖资产阶级占有生产资料，剥削、奴役雇佣工人而无偿占有劳动成果的关系，这充分暴露出西方经济学的资产阶级属性。而对于我国经济建设过程中，是否坚持公有制的主体地位事关社会主义前途命运与发展方向。有人淡化、抹杀所有制，否认公有制为主体的必要性和重要性，或者以批判斯大林为掩护，指责所谓的"所有制崇拜"，实则是对马克思主义所有制理论的歪曲和攻击，为私有制的发展制造舆论。若否定所有制理论，便无法从根本上辨析不同性质的经济关系，无法把握它们发展变化规律，必然给反社会主义与非社会主义势力可乘之机，进而干扰和影响我国社会主义发展方向，也必将对

社会主义事业带来巨大的不良作用。

（二）辨析了界内存在政治经济学研究对象的错误认识

对有专家认为"将生产方式解释为生产关系，马克思在《资本论》序言中的那句话会犯逻辑混乱错误"的观点，吴宣恭认为这一观点是混淆广义和狭义生产关系的内涵，是把作为与生产力对应的广义生产关系同具体的生产过程中人们的相互关系相混淆。他指出，马克思、恩格斯的著作中，往往将生产关系同交换关系分配关系并列使用，表明他们讲的只是具体生产过程中的关系，是狭义的生产关系。只要区分广义和狭义生产关系的内涵就不难消除由于语义产生的分歧。

对"以生产关系为研究对象会导致'唯心主义''形而上学'"的观点，吴宣恭认为是混淆了学科研究对象和研究中存在的缺陷，是事物辨认上的逻辑错误。他指出，研究能否正确进行，除应明确研究对象外，还受研究方法、途径、条件等因素的影响。政治经济学研究对象中资本主义生产关系，就未发出因研究资本主义生产关系而陷入"唯心主义""形而上学"；我国以生产关系作为研究对象，除"文化大革命"时期外，基本方向都是正确的。随着改革开放的实施，传统体制缺陷暴露，以生产关系为对象的政治经济学论证改革开放的意义，分析现有生产关系变化及存在问题，不断解决现实社会生产关系的各种问题，以更好探讨我国经济的发展道路。

对称生产资料所有制是"虚幻关系和形而上学与法学幻想"的观点，吴宣恭持否定态度。他指出，马克思、恩格斯揭露的资产阶级法律与法学实际上强调的是必须将财产看作是人们的经济关系，而非纯粹意志的法律上的错觉与法学幻想；其次，这些人误解了马克思说的"要想把所有权作为一种独立的关系、一种特殊的范畴、一种抽象的和永恒的观念来下定义，这只能是形而上学或法学的幻想"的原意。这句话实际是针对蒲鲁东对所有制概念的错误认识，而不是针对所有制本身，有犯断章取义的错误。

综上所述，吴宣恭不仅准确地理解和把握马克思、恩格斯经典著作中关于生产方式的内涵，而且站在更高的视野，从马克思政治经济学的理论体系来研究和分析政治经济学的研究对象，跳出了部分学者以马克思、恩格斯的只言片语论证马克思主义政治经济学研究对象的局限，为学科建设与发展做出了积极的贡献。同时，他勇于直面界内的认识错误，敢于批评某些学者为搞所谓"发展""创新"而把马克思的论述碎片化，穿凿附会，断章取义的浮躁情绪，充分展现了一代经济学家运用马克思主义经济理论应对种种挑战的理论勇气和智慧。

第三节 从生产关系整体的角度分析
"重建个人所有制"的争论

　　马克思在《资本论》中文版第一卷中论述资本主义私有制的发展趋势时，出现了"重建个人所有制"的提法。① 长期以来，这一提法被当成马克思对未来社会生产资料所有制的正面论断，未被质疑过。改革开放以后，出于对改革方向的不同主张，理论界对"重建个人所有制"出现多达几十种的解读，也引起界内的广泛争论。近年来，主张"重建个人所有制"是生产资料所有制的声音日益高涨，许多人借这种解释篡改马克思的观点，宣扬自己对所有制改革的错误观点，大力鼓吹生产资料归个人私有。这种理论形势促使吴宣恭教授不能不加入这场争论，他通过全面分析各种不同意见，独排众议，提出马克思设想的未来社会不存在重建生产资料的个人所有制。②

一、运用经济理论和"否定之否定"原理，强调恩格斯的解释符合逻辑和历史唯物主义的基本原理

（一）评析否定恩格斯解释的错误观点

　　马克思在《资本论》第一卷对未来社会生产资料所有制和分配关系的意见遭到杜林的攻击，恩格斯运用唯物辩证法进行还击，并对马克思的"重建个人所有制"内涵进行解读，认为马克思设想未来社会的"个人所有制"，是建立在协作与生产资料公有制基础上的生产资料所有制。这一解释得到马克思的首肯，也得到国内外马克思主义理论界所认可。改革开放后，随着我国经济体制改革的不断深入，对"重建个人所有制"问题的理解再度引发学者们的争论。一些学者认为恩格斯的解释是一种误解，说马克思"重建个人所有制"的原意是指生产资料的个人所有，如张立宏（2005）、初玉岗（2005）、姜洪超（2008）、李惠斌

---

　　① 吴宣恭对照《资本论》的英文版和修改后的德文版，认为这个提法是中文版翻译者外加的，不是马克思的本意。参见吴宣恭. 对马克思"重建个人所有制"的再理解［J］. 马克思主义研究，2015（2）.
　　② 本节引用或阐述的思想观点除脚注特别注明外，均参见：吴宣恭. 对马克思"重建个人所有制"的再理解［J］. 马克思主义研究，2015（2）.

（2008）、胡吕银（2008）等；一些人甚至认为是生产资料人人皆有的私有制，如魏用中、陆红和孙宝庆（2006），谢韬和辛子陵（2007）等。吴宣恭归纳否定恩格斯解释的理由，并运用经济理论和"否定之否定"原理，对这些质疑理由逐一展开辨析，认为引发争论的命题根本就不存在，恩格斯将未来社会的个人所有制解释为生活资料所有制的观点完全正确，是符合辩证唯物主义与历史唯物主义。

对"马克思在考察社会变革时……不可能仅仅指消费资料所有制"的质疑理由，吴宣恭肯定马克思、恩格斯是以生产资料为客体设想未来社会所有制，但他强调马克思已清晰地表达生产资料归劳动者个人所有的私有制发展为资本主义私有制是第一个否定，而消灭资本主义私有制，建立全体劳动者共同占有生产资料的所有制是否定之否定。马克思在那段话所说的"个人所有制"是在否定之否定完成后建立的新生产资料所有制基础上产生的。其中谈及的所有制包含主次两层关系，第一个指新建立生产资料归全体劳动者共同所有的所有制，第二个则是在第一个所有制基础上形成的所有制。第一个所有制是第二个的基础，第二个所有制是第一个的从属，两个层次，一主一次，且主体与客体及其在生产关系中的地位和作用各不相同，所以，是以生产资料所有制为客体设想未来社会所有制，而非都是生产资料所有制。同时，吴宣恭还强调可以通过解读马克思关于未来社会生产关系的论述理解马克思关于"建立个人所有制"的设想。他指出，马克思关于"设想有一个自由人联合体，他们用公共的生产资料……这一部分要在他们之间进行分配"①。的论述已清晰地说明自主联合的所有劳动者是在生产资料公有制的前提下，共同占有、使用共同所有的生产资料，平等协作生产，共享劳动成果。并为保证持续社会生产，联合体共同占有、使用生产资料，但生活资料则归个人所有、使用。可见，从马克思这一基本理论可读出，归劳动者"个人所有"只能是经过分配的消费资料，而非生产资料。所以，马克思的这个设想与他关于生产关系组成部分及其相互关系的理论是一脉相承的。

对质疑这种解释"在逻辑概念上不一致"的观点，吴宣恭运用"否定之否定"原理进行辨析，认为不能用形式逻辑的思维看待唯物辩证法，简单地将否定之否定看成是最终阶段与最初阶段概念的完全等同。他指出，唯物辩证法认为量与质的变化是事物发展的体现，量到一定程度引起质的变化，但这不同于界限狭窄的形式逻辑，因为质变并非简单的否定或旧事物的彻底灭亡，新事物还会保留旧事物的一些特征或基因，多次的质变会形成相应的周期，而每一周期都会保留

---

① 马克思恩格斯全集（第23卷）[M]. 北京：人民出版社，1972：95.

上一周期的一些特征，从而构成从低到高、从简到杂周期性波浪式前进的事物发展过程。而每一过程都会形成正、反、合生生不息的曲折过程。唯物辩证法把这一事物发展的曲折过程称为否定之否定。所以，不能把否定之否定看成是原事物的简单再现或旧特征的简单恢复，更不能认为是最终阶段与初始阶段概念的完全同一。如蝶卵到幼虫至蛹再到蝴蝶的过程，形态完全不同，却自始至终都保持蝴蝶的基因；原始部落公有制到奴隶制到封建制再到资本主义制度，各个阶段都经历社会经济形态的否定之否定，后续社会的经济形态虽留有前一经济形态的某些特征，但不同阶段的称谓也不一定一样。

有人认为，资本主义制度下劳动者也有生活资料的个人所有制，就消费资料而言不存在否定之否定。吴宣恭认为以此作为质疑理由是片面的，他指出，不同社会的消费资料获得方式存在巨大的差别，奴隶社会的奴隶是奴隶主占有，如同奴隶主圈养的牲口，不能说是完整的消费资料个人所有制；封建社会的农奴虽可留下一些劳动产品，但仍处于依附状态，也不能说是完整的消费资料个人所有制；资本主义社会的雇佣工人虽能通过出卖劳动力获取劳动力价值以换取生活所需消费资料，但由于就业状况不稳定导致获取消费资料的基础不稳定。可见，在以往的社会里，由于所有制的不同导致劳动者获得消费资料的方式也有所差异，但仍可看作消费资料在获得方式上的否定之否定。生产资料公有制的出现，劳动者共同占有生产资料和劳动产品，劳动产品根据社会共同需要进行分配，而用于生活消费的部分劳动产品，则根据劳动者提供的劳动进行分配，则是更大的否定之否定。如果说马克思讲到未来社会要"重建个人所制"，这就是它的真正意义。

（二）对照原著，指出"重建个人所有制"一语为翻译中的误植

值得珍视的是，为了正确理解"重建个人所有制"的内涵，吴宣恭还对照《资本论》英文版和德文版的表述进行具体分析，指出马克思根本没有提出过未来社会要"重新建立个人所有制"。在马克思亲自审阅过的英文版，那段话是"This does not re-establish private property for the producer, but give him property based on the acquisitions of the capitalist era：i. e.，on co-operation and the possession in common of the land and of the means of production."[①] 他指出，在那段话中 re-establish（重新建立）只提过一次，针对的是 private property，指生产资料私有制；后半句提到的 individual property 是在生产资料公有制基础上"give"给个人的，

---

①　*Captital*，Vol. 1［M］. Foreign Language Publishing House，Moscow，1959：763.

根本没有再提"重新建立"（re-establish）一词。所以，那段话中并不存在中文版的"重新建立个人所有制"的说法，这个片语是中文版译者另外加上的，并非马克思的本意。他还指出，在德文版中，那段话只是在讲到私有制时才用"Diese stellt（建立）nicht（不）das Privateigentum（生产资料私有制）wieder her（重新）"的表述①，即"不是重新建立生产资料私有制"，但是在后半句却不出现动词"重新建立"（Diese stellt-wieder her）的字眼。后来恩格斯在德文修订版中，把那段话缺少的动词加上"给予或分配"，与英文版的措辞相同，恰好说明英文版所写的 give 给个人的财产指的是生活资料。如果外文版是这样翻译的，那么，去争论要不要"重建"个人所有制、重建的所有制是生产资料或是生活资料，都是对空作战了。

二、辨析争论中的错误观点，准确分析了生产资料公有制主体及其基本特征

人类社会发展实践证明，私有化的复辟是历史的倒退，中国不可能重建私有制，公有制才是中国社会最终的发展方向，才符合人类社会历史发展的规律。吴宣恭辨析了争论中的错误观点，认为马克思重建个人所有制这一问题要得到科学的答案，应准确认识公有制的主体和基本特征，他指出，公有制的主体不是单独、分散的个人，而应是联合起来形成一个社会整体的个人。过分强调个人所有，不利于正确认识公有制的特征。

针对有人引用原著的几段话佐证"个人所有制"是生产资料所有制的观点，吴宣恭认为其佐证不足。他指出那些引文涉及的所有制客体虽是生产资料，但关键在于拥有生产资料的所有制主体是谁；因为不同的主体，所有制性质也不相同。那些引文中清楚地表明未来社会生产资料所有制是联合起来的社会整体的个人，而非私有者单独的个人。这一观点在逻辑上犯了偷换概念的错误。

有人提出"重建'个人所有制'是指社会个人所有制，是社会所有与个人所有的对立统一"的观点，想以此解决"生产资料既是公有又是个人所有"的矛盾，吴宣恭认为这种意见回避不了语言上的逻辑矛盾，且用这一观点去表述公有制的主体或内部关系也过于简单。他指出，公共占有和个人所有是两个互不相同的范畴，公共占有是个人所有赖以建立的基础，是不同层次的经济关系，而不是同一概念的不同着眼点。全社会的生产资料所有制与其他所有制的区别，除了

---

① Das Kapital, Bd. I, Berlin：Dietz Verlag, DDR 1968, S. 791.

所有者根本不同以外，在所有权的结构与存在形式上具有四个特点，即所有权构成的直接社会性；权利享有的平等性；产权结构的统一性和产权存在形式的集中性和不可分性。而在所有权的行使方式上还具有整体性的特点。这些绝不是用一句"社会所有和个人所有的对立统一"所能概括得了的。

三、肯定争论中的有益观点，丰富和发展了社会主义公有制理论

在重建个人所有制的这场争论中，吴宣恭虽反对"重建个人所有制"是指生产资料的个人所有，但认为持有这种观点的有些学者用意还是好的，其本意是补充人们对公有制特点的正面理解，应从他们的陈述中吸取正面的有益的意见，这对正确认识和处理公有制及其内部关系具有重要启示，对坚持社会主义方向的改革同样具有积极的理论意义。

对认为"'否定之否定'后形成的个人所有制……所有者和劳动者是合一的、同一的"观点，吴宣恭认为它有益的启示在于这种观点指明了公有制的基本属性，强调维护公有制的联合所有，保证公有制的主体地位。对主张"个人权利愈是得到充分实现，公有制就愈加完善"及"未来社会的个人所有制……新的社会生产才谈得上是自由的平等的协作"的观点，吴宣恭认为有益的启示在于重视劳动者个人在公有制社会中作用的发挥。他指出，在过去一段时间里，我国未能正确处理个人与整体之间的关系，一般强调整体远多于个人。如很少提到确立和保护劳动者个人权利；也未从产权方面确立劳动者个人在公有经济中的权益；改革中虽常提对公有经济"产权虚置"问题的解决，但更多停留在公共所有权上，而忽视确立劳动者的个人权利；等等。这导致劳动者个人缺少实际参与占有和支配的权力及了解生产和分配状况的权利和监督权利，个人要求和愿望难以充分表达，往往弱化人们对公有制应有的认同感与信任，进而阻碍了公有制优越性的发挥。因此，应将是否充分发挥劳动者个人权利作为公有制是否成熟、完善的基本衡量标志，切实通过改革处理好个人、集体与国家的关系，明确劳动者个人的应有的权利，使身兼劳动者、经营者与所有者身份的劳动者充分发挥自身的热忱与才能，更有效地激发劳动者主人翁意识和主观能动作用。对强调要从劳动者得到自由的全面的发展去认识公有制，提出个人所有制就是生产资料归"自由人联合体"的所有制的观点，吴宣恭认为有益的启示在于它点明了公有制的特点与发展目标。他指出，社会主义公有制的特点及发展目标是劳动者是劳动过程的主人，能享受自己的劳动成果，劳动收入不断提高，生活逐渐改善，个人自由发展得以实现。但在现实生活中，人的发展的根本作用往往被忽略，未能将人的自由和全

面发展作为一切工作和生活的终极目标，这不符合"自由人联合体"的本性和根本要求。应通过体制改革，克服这些不足和缺陷，并从法规上对人的全面发展加以确定。党的十六届三中全会已将"以人为本"确定为一切工作的根本方针，这要求我们必须为实现人的全面发展目标不懈努力。

四、批判私有化主张，揭穿有人利用争论浑水摸鱼、贩卖私货的真实面目

马克思曾表示，如果从观念上考察意识形态，那么一定意识形态的瓦解足以覆灭整个时代。随着经济体制改革的进一步深入，我国意识形态领域出现了鼓吹私有化、否定公有制思潮，这一思潮如不加以警惕和制止，将影响我国经济体制改革的方向，进而改变社会主义性质，给国家、人民带来灾难。邓小平曾指出"中国搞资本主义行不通，只有搞社会主义，实现共同富裕，社会才能稳定，才能发展"[①]。可见，搞私有化，取消公有制在中国是行不通的。然而在"重建个人所有制"争论中，仍有一些想把公有经济私有化的人借机，篡改马克思的观点，大力宣扬各色各样的私有化主张。吴宣恭慧眼独具，揭露这些人浑水摸鱼，贩卖私货的目的，让人们看清这些人的真实面目。

对"主张重建个人所有制是生产资料'人人皆有的私有制'"的观点，吴宣恭予以严厉批判，认为这是不顾历史事实阉割马克思原话，背离了马克思主义的基本原理。他指出自从私有制出现以来，"人人皆有的私有制"根本就不存在，更多的是存在"部分人"的私有制，即使存在的小私有制也面临着被剥夺被消灭的危险。同时断言马克思在谈及未来社会未一概否定私有制的观点是片面的。马克思论证公有制必然取代资本主义私有制，在《共产党宣言》中就明确宣称共产党人的最终目标是消灭私有制。实际上，在现代生产力条件下，生产资料和生产已经高度社会化，再也不可能形成"人人皆有的私有制"了。从"否定之否定"基本原理看，资本主义之前"人人皆有的私有制"早就不存在，也不是否定之否定的初始阶段；消灭私有制后建立"人人皆有的私有制"也不是初始阶段的否定之否定，即不是社会发展的终极阶段。所以，这一观点篡改马克思的基本思想，目的是为反对公有制，实行私有化提供理论依据。

对"主张重建个人所有制是把生产资料量化给个人"的观点，吴宣恭以俄罗斯20世纪90年代初的国有资产改革为例，说明这种观点只会造就一小撮的富

---

① 邓小平文选（第三卷）[M]. 北京：人民出版社，1993：229.

豪，而不是造福广大群众。他希望要以此为鉴，不能轻易受这一观点的利诱，重蹈俄罗斯的覆辙。

首先，对"马克思设想革命胜利后建立社会主义经济体制道路两步走"的观点（即先将生产资料收归国有，再以一定形式将社会财富回归人民，重新建立个人所有制），吴宣恭认为是将观点提出者自己的妄想强加在马克思头上彻头彻尾的捏造。他指出，在马克思的论著中根本没有提及两步走设想，错误观点实际上是想把社会主义国家所有制说成是官有制，是"对包括工人阶级在内的社会各阶层的剥夺""政府成为高度垄断的总资本家，全国人民都成为政府的打工仔"是要不得的"俾斯麦的国有化"，挑拨人民对党和政府的关系，达到他们不可告人的目的。其次，硬说"股份公司的出现，使马克思不仅找到了把生产资料'当作共同生产者共有的财产，直接的社会财产'的形式，而且找到了'资本再转化为生产者的所有'，即'重新建立个人所有制'的形式，这就是股票。"吴宣恭还仔细地对照马克思恩格斯原著，揭露了观点提出者通过造假的拙劣手法，企图欺骗读者，指出马克思讲的是未来的联合生产者的财产公有制以股份公司作为"过渡点"，而不是股份公司本身。经过他们篡改，以个人私有为基础的资本主义股份公司却变成"直接的社会财产"，等同于未来社会的"个人所有制"了。此外，吴宣恭还指出，将马克思设想的"个人所有制"说成是股份制实质是偷梁换柱，胡乱推测。马克思在《资本论》中已明确判断了股份制的性质，股份制虽在形式上表现为一群人所有，但只是私有制的一种实现形式，仍未改变私有制的性质。在资本主义股份制企业里，雇佣工人即使购买股票，仍未能改变作为雇佣劳动者的地位。这并不存在资本主义私有制的"否定之否定"。试图以股份制作为马克思设想未来社会所有制的蓝本，实则是为了反对社会主义国家所有制。

对于"主张用现代合约经济学的人力资本去解读'重建个人所有制'"的观点，吴宣恭认为这是用西方经济学庸俗观点进行解释，是一种荒诞可笑的做法。他首先指出，人力资本本身就是一个自相矛盾的悖谬概念。个体生产者独立劳动，其过程不存在资本关系。在资本主义企业中，劳动力已经出卖给资本家，并且同资本家占有的生产资料相结合，成为资本的可变部分，生产资料和人力都是资本家的资本，为资本家牟取最大限度利润服务，根本不属于雇佣劳动者所有。所以，不管条件如何，人力都不可能是资本。[①] 同时，马克思也从没有提到劳动者拥有人力资本，反而揭露资产阶级经济学家回避资本是对劳动者无酬劳动的剥

---

① 对人力资本的批判详见本章第六节，此处不再详细赘述。

削关系，把它仅当作能够用来进行生产并获得更大价值的物，并进而把占有无酬劳动的功能荒谬地赋予提供无酬劳动和被剥削的对象身上。其次，吴宣恭指出，"企业是人力资本与非人力资本的特别合约"这种理论不过是西方经济学"企业契约论"的翻版，其谬误在于错识生产过程和流通过程联系和差别及混淆市场和企业内部关系的所致，无视雇佣工人与资本家在市场与企业地位及相互关系的变化，荒谬地把资本家在市场上购买到雇佣工人劳动力的使用权与支配权驱使雇佣工人的关系简单地看成是市场上的自由平等协商关系。这是对企业本质的歪曲，进而遮盖资本家运用资本剥削的真实本质。马克思对上述论调多次进行揭露和批判，而这些观点的倡导者仍不顾不同理论范式的对立，妄图用西方经济学庸俗观点去解读马克思的理论观点，这无异狗尾续貂，更加搅乱本已混乱不堪的"重建个人所有制"设想。

综上所述，"重建个人所有制"的争论涉及政治经济学的一系列重大理论，对它的分析具有重大的理论和现实意义。吴宣恭参与问题的讨论，不仅厘清意见分歧，而且分析了所有制与生产关系各个方面的关系，既是对马克思主义政治经济学的丰富和发展，也对政治经济学的建设做出积极贡献。

第四节　关于政治经济学结构和理论体系的研究

政治经济学作为一门揭示客观经济规律的科学学说，其重要任务就是通过正确反映社会现实、揭示经济客观规律，为人们的行动提供切实可行的理论指导。认清这一现实任务对分析经济学主线至关重要。但经济学界、理论界对我国经济学主线是什么仍存在一定的争议。吴宣恭历来重视政治经济学结构与理论体系的研究，他在正确认识政治经济学研究对象的基础上，根据马克思主义的基本理论和方法，联系我国经济改革与发展的实际，从生产关系的主导因素探讨中国经济学的主线，创造性地提出"我国所有制结构的形成和变化及其对经济关系各个方面的影响（包括市场关系、资源配置方式等的决定作用）是经济学理论体系的核心和主导逻辑，是中国经济学的主线"[①]。

---

①　吴宣恭．从生产关系的主导因素探讨中国经济学的主线［J］．政治经济学评论，2010（1）：29.

一、学界内对经济学主线的不同观点

（一）学界内的不同观点

党的十一届三中全会后，我国经济学主线研究也拉开帷幕，并形成不同的观点：曹元昌认为政治经济学应以社会主义基本经济规律为主线，即是社会主义生产目的及其实现目的的手段的规律[①]；戴震雷、吴克明和邵泉提出经济效益才是社会主义政治经济学的主线[②]；尹世杰和李新家主张消费需要的不断扩大及满足程度的不断提高是政治经济学社会主义部分的主线[③]；李玉根指出社会主义政治经济学的主线应是其核心范畴的矛盾、运动及转化的范畴体系，即由社会主义直接生产目的向最终目的运动和转化的范畴体系[④]；等等。

20 世纪 90 年代确立社会主义市场经济后，经济理论界又形成了许多观点，如陈霜认为社会主义政治经济学的主线应是一个能反映社会主义经济关系最本质特征，集中体现社会主义劳动者物质利益的经济范畴，而净商品即社会主义劳动者的剩余劳动创造出的商品就是这一经济范畴[⑤]；通河和郑云把效率与公平作为社会主义政治经济学的理论主线加以研究[⑥]；党的十五大邓小平理论被确定为党的指导思想后，崔朝栋、白雪锦等提出社会主义本质理论应成为社会主义政治经济学主线[⑦]。

21 世纪以来，经济学界的学者分析主线的范围更加广泛，如白永秀和任保平从创新角度提出政治经济学体系应不断地发展与创新，而公平与效率关系应成为政治经济学的新主线[⑧]；李欣广认为我国经济经历了计划经济体制向社会主义市场经济体制转折，劳动占有关系与劳动交往关系是整个社会历史发展的两根主

---

①　曹元昌.对政治经济学（社会主义部分）主线之管见［J］.山西财经学院学报，1983（1）：55.

②　戴震雷，吴克明，邵泉.经济效益应是社会主义政治经济学的主线——《资本论》的方法论对建立社会主义政治经济学体系的启示［J］.安庆师院学报（社会科学版），1985（2）：1.

③　尹世杰，李新家.消费需要是政治经济学的主线［J］.江汉论坛，1985（8）：19.

④　李玉根.社会主义政治经济学体系之我见［J］.天津师大学报，1986（1）：16.

⑤　陈霜.论社会主义政治经济学的主线与始点范畴［J］.红河学院学报，1990（1）：7.

⑥　通河，郑云.社会主义政治经济学理论体系的重新构建［J］.盐城师范学院学报（哲学社会科学版），1999（3）：66.

⑦　崔朝栋.创建社会主义政治经济学理论体系的几点思考［J］.经济经纬，2000（2）：17；白雪锦.关于创建当代中国经济学的思考［D］.郑州：郑州大学，2000：33.

⑧　白永秀，任保平.新时期政治经济学学科创新的基本思路［J］.经济纵横，2008（8）：17.

线，构成转轨经济的政治经济学骨架①；张芸主张应从政治经济学核心范畴出发界定主线。马克思主义政治经济学的核心范畴是剩余劳动，价值规律理应成为经济学理论主线②；白永秀、马小勇认为中国经济学主线是围绕经济体制的建立、改革及完善这一主线展开的，即经济学界围绕计划经济体制、市场经济体制的建立及其过渡进行研究的③。

（二）吴宣恭的观点

吴宣恭和多数学者一样，重视经济学主线的研究，但不同的是，吴宣恭是从生产关系的主导因素出发展开研究。他认为"经济学的主线同其他学科一样，是体现其理论核心和基本内容，贯穿于整个理论体系，支配理论体系其他方面的中心逻辑路线。它是由经济学的研究对象、研究任务和研究方法，更是由生产关系发展的主导过程决定的"④。

首先，从经济学的研究对象与研究任务上看，吴宣恭指出，经济学的研究对象是生产关系，是人们进行生产、交换、分配、消费过程的相互关系的有机整体，其中生产过程最重要，它决定着再生产的其他过程及其一系列关系。而生产资料所有制是生产过程中一切关系的基础，决定着生产过程的特点及这一过程中的相互关系。应该领会马克思所说的，经济关系本身存在层次性，除最基本、起基础作用这一层次外，还存在"第二级和第三级的东西，总之，派生的、转移来的、非原生的生产关系"⑤，遵循马克思关于应根据现实生产关系中的地位去安排经济学体系而非经济范畴在历史上起作用的先后次序的主张。经济学研究任务是透过经济关系表面层次研究它们的本质，揭示生产关系变化发展规律。马克思正是在资本主义私有制基础上，透过劳动力买卖揭开剩余价值的秘密及资本主义关系的实质。因此，以社会主义初级阶段生产关系为研究对象的中国经济学，应和马克思一样，"以生产力—生产关系的基础（所有制关系）—生产过程中人们的相互关系—再生产过程的其他关系依次展开的逻辑作为主线"⑥。

其次，从经济学的研究方法上看，吴宣恭指出，政治经济学的基本方法是辩

① 李欣广. 转轨经济的政治经济学：进展、任务与主线内容 [J]. 广西大学学报（哲学社会科学版），2002（3）：55.

② 张芸. 论马克思主义政治经济学的核心范畴与理论主线 [J]. 黑河学刊，2011（2）：2.

③ 参见：白永秀，马小勇. 新中国60年经济学研究主线的演变 [J]. 福建论坛（人文社会科学版），2009（11）；白永秀. 中国经济学60年的主线演变和发展阶段 [N]. 光明日报，2009-10-20。

④⑥ 吴宣恭. 从生产关系的主导因素探讨中国经济学的主线 [J]. 政治经济学评论，2010（1）：24.

⑤ 马克思恩格斯选集（第2卷）[M]. 北京：人民出版社，1972：112.

证唯物主义与历史唯物主义。马克思在分析生产力和生产关系对立运动和生产关系内部运动时，进一步提出了所有制理论分析方法。生产资料所有制是生产关系的基础，对各个再生产领域上人们的相互关系起决定作用；同时，它也是社会经济制度中最基本的制度，同样对其他经济制度及社会其他方面的制度起决定作用。为此，各种经济制度都会因所有制的变革而变革。"探索一定的所有制在什么经济条件下形成和演变……便成为研究和阐明生产关系发展规律的主要线索，也就是经济学的主线。"①

二、联系我国改革与发展的实际，强调我国经济学主线是随着由所有制改革主导的社会经济制度的建立和完善而展开的

有学者认为，中国经济学主线是从计划经济体制的建立和调整到计划经济体制向市场经济体制转变再到市场经济体制的完善进行的。②吴宣恭质疑这种经济体制建立、改革与完善的主线说，认为这只是看到表层现象而离开本质与主导关系，无法找到决定生产关系发展的基本规律。他指出，计划与市场只不过是社会资源配置的不同方法与手段，它既不是社会基本制度范畴，也不体现社会生产关系本质，只是马克思所说的"第二级和第三级的东西"和"派生"的经济关系。接着，他沿着我国所有制的演变过程及对经济关系各个方面的影响，准确地梳理我国经济发展的基本脉络，并详细分析了我国基本经济制度建立和完善经历的三个阶段及所有制变革造成计划经济向市场经济转变的过程③，明确指出从计划经济向市场经济转变是所有制改革的结果，中国经济学主线是随着所有制改革主导的社会经济制度的建立和完善而展开的④。

每个时代都给历史留下深深的烙印。社会主义政治经济学也是如此。关于政治经济学主线的研究，吴宣恭克服经济理论界停留在观察经济关系的表现形式上而得出的"社会主义本质""公平与效率""经济效益""消费需要""范畴系列""价值规律""两种经济体制建立与完善"等"主线说"的局限，以其洞察力和敏锐的思维，透过经济关系的表现层次，发现经济关系的支配性范畴及其如

① 吴宣恭.从生产关系的主导因素探讨中国经济学的主线［J］.政治经济学评论，2010（1）：24.
② 参见白永秀和马小勇.新中国60年经济学研究主线的演变［J］.福建论坛（人文社会科学版），2009（11）；白永秀.中国经济学60年的主线演变和发展阶段［N］.光明日报，2009-10-20。
③ 吴宣恭关于社会主义经济制度发展的三个阶段及计划经济向市场经济转变的客观原因，本文在第六章第二节已详细阐述，此处不再赘述。
④ 吴宣恭.从生产关系的主导因素探讨中国经济学的主线［J］.政治经济学评论，2010（1）：26.

何制约其他因素、环节和相互影响的本质，对处于社会主义初级阶段的社会经济运行进行了科学的概括并形成了起长期作用的有关社会主义市场经济运行规律及一般原理，即社会主义基本经济制度的建立和完善是由所有制改革主导。这一规律及原理是符合历史唯物主义的基本原理，是贯彻落实党的十八届三中全会全面深化改革的重要理论依据，也是我国进行全面深化改革能否成功的重要保证，对当前中国社会主义市场经济的良好运行及国有企业改革的顺利进行有着现实的实践意义。

第五节　强调所有制理论在政治经济学中的重要地位

邓小平的《解放思想，实事求是，团结一致向前看》讲话具有划时代意义，一方面使中国经济走上繁荣富强的道路，另一方面使学术探索与研究走上百家争鸣的局面。在学术争鸣方面，不同的思想观点争芳斗艳，理应受到欢迎和认可。然而也有一些学者、专家，甚至大家，受西方经济学思潮的影响，借我国改革开放之机，彼落此起地发出一些抹杀所有制重大意义的观点，甚至接连不断地批判和攻击社会主义国家所有制。对否定马克思主义所有制理论、反对社会主义国家所有制现象，吴宣恭极为关注。他先后撰写了《所有制理论与社会主义政治经济学创新》《马克思主义所有制理论是政治经济学分析的基础》《重视所有制理论研究创新》《重视所有制研究，学好用好政治经济学》等十余篇文章，强调所有制理论在社会主义政治经济学中的重要地位，主张在政治经济学的改革与创新中，必须重视和继续加强所有制理论的研究，建立正确反映客观实际的所有制理论，以增强马克思主义经济理论解释和解决现实重大问题的能力。

一、坚持马克思的历史唯物主义方法论，强调所有制理论在政治经济学中的重要地位[①]

（一）与否定所有制理论的观点进行交锋，揭露其掩护私有化的真实面目

吴宣恭在所有制理论的研究过程中，时刻关注经济理论界的研究动态，始终

---

①　本点阐述的思想观点均参见：吴宣恭．马克思主义所有制理论是政治经济学分析的基础［J］．马克思主义研究，2013（7）．

以敏锐的眼光，对否定马克思主义所有制理论、贩卖私有化的观点做出精细的判断，直指其荒谬之处。他回顾马克思对拉萨尔错误观点的批判，坚决与否定马克思主义所有制理论交锋，指明对待生产资料所有制在生产关系中的地位与作用的态度历来是马克思主义与其他学说的重要分水岭；指出资产阶级经济学乃至新制度经济学，同拉萨尔一样，极力避开资本主义最基本的生产资料所有制，只局限在经济运行表面层次或具体产权上做文章，其真实面目是为掩盖资本主义剥削根源及资产阶级利用占有生产资料剥削劳动者的关系；并直指鼓吹私有化浪潮的荒谬之处，强调要重视所有制对经济发展的决定作用，坚持公有制的主体地位。有的学者引用马克思批判普鲁东的某些话否定所有制的存在，认为"所有制是法学范畴，不属于经济关系"。吴宣恭质疑这种观点，认为这是没有弄明马克思对普鲁东批判的真正内涵。他指出，马克思批判普鲁东把所有制当成"独立"的关系，指的是普鲁东把所有制排除在生产关系之外；批判普鲁东"形而上学或法学幻想"，指的是普鲁东否认所有制的客观性。马克思主义的所有制理论同普鲁东的理论观点完全相反，它科学阐明生产关系的内涵，强调生产资料所有制是生产关系的基础和重要组成部分，揭示生产资料所有制和生产关系其他方面的内在本质联系，符合辩证唯物主义和历史唯物主义。应准确地解读马克思的原话，切不可断章取义，否定生产资料所有制的地位与作用。

一些学者引用马克思"私有制不是简单的关系……是资产阶级生产关系的总和"及"给资产阶级的所有制下定义……是把资产阶级的全部社会关系描述一番"[1] 宣称所有制是生产关系的总和，吴宣恭也认为这是曲解马克思的原义。他指出，马克思只是从所有制在生产关系中的地位和决定作用这一意义上称所有制是生产关系的自由化，是一种泛称或简明说法，而不是指所有制是再生产各个领域生产关系的简单相加或说两者完全相等。这是由于不同客体为对象的所有制在再生产的各个领域中活动，决定着各个领域的经济关系。弄明所有制这一理论范畴有利于对生产关系及其他方面的理解；或弄清生产关系的各个方面有利于准确掌握所有制的性质、特点与作用。这是马克思把所有制等同于生产关系的真正含义。恩格斯讲的"废除私有制甚至……最简明扼要的概括"[2] 就是最好的解释。所以不能以"总和论"去否定"基础论"，否则会在理论与实践上犯上一系列错误。

---

① 马克思恩格斯全集（第 4 卷）［M］. 北京：人民出版社，1958：352，180.
② 马克思恩格斯选集（第 1 卷）［M］. 北京：人民出版社，1995：237.

一些学者提出"所有制是生产的结果而非前提",进而否认所有制在生产关系中的基础地位。吴宣恭反对这种断章取义的做法,认为将马克思的原话进行割裂会犯形而上学的错误,不符合马克思的基本原理和社会实际;主张应从马克思的众多话语中分析马克思讲话的真正含义,个别摘引并不能成为佐证观点的理论依据。他指出,马克思虽有时提过生产资料分配形成的所有制是生产与分配的结果,但马克思的本意是为强调生产和分配及生产和再生产之间的辩证关系。这一关系的论述在马克思的经典著作中很多,如马克思说"生产实际上有它的条件和前提……对于前一个时期就是生产的历史结果"①就是此意。可见持这种观点的学者把真正的因果关系颠倒了,是错误的观点。

对有些学者掀起的所有制是目的或手段之争,吴宣恭则认为争论的主题是不科学的伪论题,其真正用意是通过对不同的关系混淆以否定所有制的客观性及决定作用,最终达到反对公有制的目的。他指出,人类社会的历史已证实,过去社会的统治者竭力维持的旧制度一般都会被新生产力的阶级代表冲垮,说明一种所有制的消亡或出现是不以人的意志为转移而是客观的经济条件变化的结果。所以,所有制是手段还是目的这种主观意愿的选择都是非科学的。同时,从生产关系主体活动上看,原统治阶级竭力发展和巩固原有的制度正是充分认识生产资料所有制的基础地位和作用,一旦这一基础改变了,生产关系也随之改变,统治阶级便失去他们的政治地位与经济利益。可见所有制的基础地位是一个阶级的基本利益所在,简单地看成是手段或目的将无法体现所有制在生产关系中的决定性作用此外,吴宣恭还质疑了"所有制只是手段,发展生产力才是目的"的看法,指出发展生产力不是目的,而是为获取发展生产力所带来的利益,如果没有利益所得,资本家必然会将促进生产力的发明束之高阁。而生产资料所有制是获得一切利益根源,其自身内含权能与利益,即拥有生产资料所有权,相应就能获得一切政治、经济乃至社会权利,失去了,则一无所有。可见在资本主义社会,资本家发展生产力是为了增加利润并巩固其优势地位;而在社会主义社会,发展生产力为提高劳动人民的物质文化生活水平,而要达到这一目的,只有维护和发展社会主义生产关系,坚持社会主义公有制的地位。所以,发展生产力才是一种手段而非目的。

对有些学者将马克思主义对生产资料所有制重要性的论述诋毁为"所有制崇拜",吴宣恭坚决予以批判,认为这种说法完全违背历史与现实,是极其错误的。他指出,所有制是客观存在的关系,强调它对生产关系其他方面的决定作用,是

---

① 马克思恩格斯选集(第2卷)[M].北京:人民出版社,1995:15.

人们经过长期实践总结出来的科学认知，与那些因人类受制于自然界而不知原委的神秘幻觉或拜物教是截然不同的。散布"所有制崇拜"，是对马克思主义的所有制理论的恶毒攻击，为反对公有制，实行私有化的目的服务。此外，对理论界出现的贬低国家所有制，鼓吹私有化的言论，如鼓吹国有经济"低效论""冰棒论""包袱论"；将资本主义私营经济称为"民营经济"，同时否认国家所有制的全民所有实质，盗"民"的称号归私有经济专用，将国有经济篡改为"官本经济"，制造"国""民"对立论；散播"所有制歧视"，为私有经济争夺资源和利益、高唱"不与民争利"，推进"国退民进"、鼓吹"领域分割"，要求"公有制退出一切竞争性领域"；虚构"间接所有制"论，美化资本主义私有经济、抛售"新公有论"，企图瓦解国家所有制；借呼喊"国进民退"，将"国退民进"确立为既定的改革原则；煽动"反国企垄断"，进攻国有经济的最后战略高地；散布"国有经济腐败"论，企图"全盘否定国有经济"；等等。吴宣恭都逐一加以批判，指出这些人不断转换口号，掩护其反对公有制及国家所有制，宣传私有化的行径，维护资产阶级利益。呼吁马克思主义工作要不断提高分析和辨别水平，增强理论能力，以捍卫社会主义生产关系；强调要重视所有制对经济发展的作用，坚持公有制的主体地位，维护劳动人民的利益。

（二）从马克思历史唯物主义方法论出发，准确把握所有制理论的地位与作用

在学习、运用马克思主义所有制理论过程中，吴宣恭充分认识到生产资料所有制在政治经济学中的重要地位和作用，并运用所有制理论分析在社会主义建设和改革过程中出现的理论和实际疑难问题。他引用马克思和恩格斯的著作，多方面论证生产资料所有制对生产关系起重要决定作用，是生产关系的基础。主张以马克思主义所有制理论作为社会主义政治经济学的重要分析方法。只有重视和运用马克思主义的所有制理论，才能比较有力地对政治经济学的系列疑难问题进行科学的解释。[①] 以下将详细加以阐述。

---

① 参见：吴宣恭. 所有制理论与社会主义政治经济学创新［J］. 东南学术，1999（2）；马克思主义所有制理论是政治经济学分析的基础［J］. 马克思主义研究，2013（7）；重视所有制研究，学好用好政治经济学［J］. 政治经济学评论，2015（1）。

二、坚持理论联系实际，呼吁重视所有制理论的研究和应用

（一）运用所有制理论分析在建设和改革过程中出现的理论和实际疑难问题

政治经济学是一门致用之学，它只有时刻关注现实经济生活中的重大问题，方能闪耀出灿烂的理论光辉。纵观古今中外经济学发展轨迹，探讨现实生活中重大疑难问题一直是经济理论创新和发展的原动力。马克思主义所有制理论是政治经济学理论分析的基础和基本方法，如果不能科学掌握这一理论并运用于实践，现实经济中的许多重大理论与实践问题便无法找到科学的解释。多种所有制并存基本经济制度确立以来，我国经济、政治和人们的生活发生翻天覆地的变化，社会主义的优势性虽得到体现，但仍出现一些重大理论和实际疑难问题，如产能过剩、分配不公、阶级差别、环境恶化、产业结构不平衡、资源配置不合理及市场投机欺诈、物价猛涨、假冒伪劣等，若不及时予以释疑，势必导致人们对马克思主义科学性乃至社会主义方向的动摇，进而造成思想混乱，不利全面深化改革的进行。吴宣恭作为马克思主义和社会主义的坚定拥护者和支持者，他时刻关心着人民，关注着现实生活。面对当前由于理论残缺而造成的现实问题的困惑，他坚持理论联系实际，以其深蕴的所有制理论功底，对当前现实生活中"分配不公""社会基本矛盾""二元经济规律""市场经济""多种分配方式并存的理论依据"① 等问题做了科学解释，破解了理论困惑，也为人们学好、用好政治经济学找到了思路。

（二）呼吁重视和加强所有制理论研究，注重政治经济学方法和体系创新

习近平同志曾指出，"创新是一个民族进步的灵魂，是一个国家兴旺发达的不竭源泉，也是中华民族最鲜明的民族禀赋"②。可见，创新对民族发展与进步具有重要意义。创新对于经济理论界也是一样，只有不断发展创新方能指导社会发展过程中时时出现的理论与实践难题。对于前述我国出现的重大问题所带来的

---

① 吴宣恭运用所有制理论对现实生产重大问题进行分析的思想在前几章均已详细阐述，此处不再详细赘述。
② 习近平：2014年1月6日在会见嫦娥三号任务参研参试人员代表时的讲话。

理论困惑，吴宣恭认为是当前政治经济学理论脱离现实，尤其是方法论的偏差所致，强调所有制理论有助于人们正确认识和把握社会主义各方面的经济关系，主张在政治经济学的改革、创新过程中，必须重视和加强马克思主义所有制理论的研究，坚持方法与体系上的创新，建立正确反映客观实际的所有制理论。

对于基本方法方面，吴宣恭认为学好、用好政治经济学关键在于理论联系实际，核心是方法与体系上的创新。他指出，第一，要在方法上创新。要肯定生产资料所有制的地位和作用，学习马克思运用所有制理论分析问题的方法，并将其作为分析问题的首要方法，全面地运用马克思主义所有制理论。当前，所有制关系正处于剧烈变革中，它不仅影响和改变着生产关系及其各个环节，而且有助于人们从所有制中找到现实问题产生的根源。二元所有制下，公有制与私有制的经济关系的相互作用、相互影响，只有正确认识和准确把握它们与所有制之间的关系，从产生的所有制基础入手方能找出产生问题的根源，得出与现实实际相符的马克思主义结论。第二，要在体系上创新，要结合我国二元所有制实际，改变以往社会主义与资本主义生产关系相脱离的分析体系，将这二元所有制及其基础上产生的生产关系各个方面研究一并融入现实中展开研究。同时分析、研究二元所有制下不同生产关系的相互影响，既研究它们相互支持、共同发展而又彼此争夺、竞争的关系，也要对它们展开对比，综合分析评述。此外，要坚持辩证唯物主义和历史唯物主义的方法论，客观分析所有制的变化动态，探索它们成长、成熟的变化发展规律及未来发展方向，为把握二元所有制关系，坚持公有制的社会主义道路提供科学的理论指导。①

在理论结构方面，吴宣恭认为不能像有些人那样主张用西方经济学取代马克思主义政治经济学，呼吁人们要重视、加强政治经济学的研究与创新。他指出，第一，要建立正确反映现实的所有制关系，不能将所有制关系简单化。所有制是主体围绕客体建立的责、权、利关系，是一个复杂的产权体系。所有制关系不同，其内部产权结构也不同。在归属权不变的前提下，所有制内部可形成不同的产权配置，即不同的所有制实现形式。所有制是最基本的经济制度，也是最根本的产权制度，对其他经济制度和社会其他方面起决定作用。所以，要对所有制的复杂性有充分的认识，从所有制主体、客体及不同主体内部、外部之间的联系去研究客观条件下的变化情况，建立正确反映现实的所有制理论。第二，要准确把握社会主义所有制的关系。社会主义是崭新的生产关系，它的建立、变化、发展与公有制的建立、发展、完善紧密联系；离开公有制去谈论社会主义经济关系是

---

① 吴宣恭. 重视所有制研究，学好用好政治经济学［J］. 政治经济学评论，2015（1）.

不现实的。同时，社会主义公有制仍处于也将经历较长的初级阶段，还要结合国情及具体实际进行不断调整和改变。当前非公有制的出现正是这一理论自我调节、自我完善的结果，政治经济学应全面深入地分析和研究不同所有制下生产关系其他方面及经济效率的影响。第三，在社会主义建设过程中，所有制结构发生巨变，所有制二元化使社会经济关系发生重变，而所有制理论某些程度上被搁置、迟滞于现实的发展，原有的所有制理论已无法分析当前复杂的社会生产关系和大量出现的资本主义生产关系及其产生的社会现象，一些诸如上述的重大现实问题也需要与时俱进的科学理论予以指导。第四，融合创新也是理论发展的重要途径，西方经济学的有益研究成果尤其是经济运行和提高资源配置效率的理论也需要政治经济学不断改造、吸收和丰富，以更加适应我国经济快速发展的需要。为此，要"以已经在中国扎根和发展了的马克思主义基本原理为指导，吸收西方经济学的科学成果，紧紧从我国社会主义初级阶段的客观条件出发，通过对以公有制为主体，多种所有制共同发展的基本经济制度的分析，全面研究社会再生产过程的各种关系及其运行规律"①。

综上所述，所有制理论是马克思、恩格斯科学分析资本主义社会经济发展规律得出的，是马克思主义政治经济学的理论分析基础和重要组成部分。科学的理论只有随着实践发展而不断创新才具有生命力，才能承担起指导实践的任务。当前，社会主义公有制与资本主义私有制并存符合我国基本国情，适应生产力发展的需要，是中国特色社会主义经济的重要体现。党的十八届三中全会发出了全面深化改革的号召，除了应肃清思想意识的错误观点外，科学的马克思主义所有制理论指导尤为重要。吴宣恭善于透过现象看本质，客观、准确地分析我国社会一些重大理论问题困惑的根源，揭露了某些反社会主义、反马克思主义的错误理论，提出了社会主义政治经济学创新的正确思路，为马克思主义政治经济学的建设做出了积极的贡献，具有重要的理论和实践意义。

第六节　对经济学错误范畴的批判

吴宣恭主张政治经济学建设除了要研究结构体系等方面的问题，还要摒弃错误的、沿袭资本主义经济理论的范畴，建立起科学反映客观关系的正确范畴。他在一些论文中就分析过"剩余索取权""剩余控制权"等范畴的错误，批评了不

---

① 吴宣恭. 所有制理论与社会主义政治经济学创新［J］. 东南学术，1999（2）：35.

恰当使用"租金""红利"范畴的说法,而他批判当前在我国流行的"人力资本"范畴,则是其深入辨析的典型一例。

一、学术界对"人力资本"理论的研究

随着先进技术和管理能力作用的不断提高,肇始于西方的"人力资本"理论日益引起经济理论界的广泛重视。我国不少经济学者盲目搬用西方人力资本概念,并错误地将其嫁接到我国理论经济学,使"人力资本"理论一度成为理论时髦。本书以中国知网(CNKI)论文数据库为工具,以"人力资本"范畴为题进行检索、统计,发现自西方"人为资本"理论范畴传入中国以来,学界学者对"人力资本"理论的研究无论在深度还是广度上都得以充分的发展,形成的观念之深、意识之广。从公开发表的论文研究数量来看(详见图 12 – 1,以吴宣恭发表文章时间为限),自 1993 年以来,每年的论文数逐年大幅度上升,到 2005 年,篇名中含有"人力资本"概念范畴的达 1238 篇,年均达 104.2 篇;关键词中含有"人力资本"概念范畴的高达 3930 篇,年均高达 327.5 篇。从研究内容来看,自 1993 年以来,"人力资本"研究内容涉及的范围越来越广泛,从最开始对"人力资本"理论的阐述及对我国经济发展关系及其作用的研究,如概念内涵、西方"人力资本"理论的体系、研究内容、发展历程等方面,到与具体改革实践的结合研究,如"人力资本"与经济增长、收入分配、体制机制转轨、人才竞争等方面,在内涵和外延方面上都得到全面的拓展。

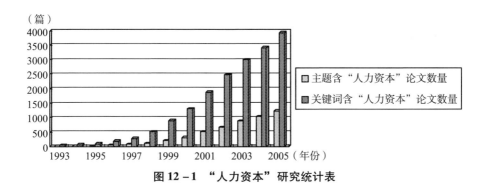

图 12 – 1 "人力资本"研究统计表

关于国内"人力资本"范畴广泛研究与应用的倾向,吴宣恭分别在《经济学动态》和《高校理论战线》等刊物发表文章予以评析。他首先肯定它论述人以及人力培育对社会经济发展的作用和意义,但坚决反对这些论述中把"人力当

作资本"的观点，并从理论与实践两个方面揭露了西方"人力资本"概念的悖谬，维护政治经济学范畴的科学性与严谨性，主张"为了建立科学的政治经济学，必须还给劳动力（人力）和劳动力要素、劳动力资源以本来面目"①。

二、科学地认识资本与劳动力的关系②

吴宣恭在科学认识资本与劳动力（人力）关系的基础上，准确评判了"人力资本"概念的悖谬。他从资本形成和运动过程入手，引用大量马克思的论述③论证劳动力资本的悖谬，指出资本是无偿占有工人剩余劳动的关系。独立的个体生产者虽然能够创造剩余，但它归劳动者自己享有，不介入剥削者，不存在资本关系；雇佣劳动者的劳动力，在生产过程中被并入资本家的资本，由资本家支配和使用，创造出的剩余全部归资本家所得，根本不可能成为劳动者的"人力资本"。

（一）从资本的形成过程科学地分析了资本范畴

劳动力能否是资本，关键要了解资本的本质。吴宣恭首先从资本的形成过程科学地论述了劳动力不可能成为劳动者的"人力资本"。他指出，第一，资本无法自行增值，而是通过无偿占有雇佣工人无酬劳动形成的。所以，劳动力能否获得自己无酬劳动是成为资本的关系，显然是不可能的。第二，资本是在买卖劳动力基础上形成的。这是由于劳动力商品的特殊性，它能创造出比自身价值更大价值。资本只有购买劳动力这一特殊商品方能实现自行增值。可见买卖劳动力是剩余价值形成的前提，也是资本实现增值基础。然而并非任何一个货币额都可以形成资本，它受货币数量的限制。即有一定货币的劳动者也不能成为资本家，受大生产的排挤及行业门槛的限制，他们多数最终走上雇佣之路。即使具有独立生产必需条件的劳动者，他们出于投入、产出比较也将无法逃避被雇佣之路。人力所有者与资本仍然是和生产资料相分离的劳动者，只能通过出卖劳动力获得劳动力价格或劳动力工资。这一点同样也是马克思所强调的。所以，资本形成是以劳动者与劳动实现条件所有权相分离为前提。劳动力要成为资本，劳动者就必须购

---

① 吴宣恭. "人力资本"概念悖论分析 [J]. 经济学动态, 2005 (10)：25.
② 本点阐述的观点均参见：吴宣恭. "人力资本"概念悖论分析 [J]. 经济学动态, 2005 (10).
③ 马克思关于劳动力与资本对立关系的论述，吴宣恭已大量摘引举证，限于篇幅，此处不再一一列证。

买、使用、支配与剥削劳动力，但劳动者自己购买、使用、剥削自己劳动力，即不具资本形成前提，无法形成资本。第三，资本是劳动力创造剩余价值后才转化而来的。资本家用货币在市场上购买生产资料和劳动力后，才成为生产要素的所有者，才具有生产要素的使用权与支配权。资本家驱使劳动者按照资本家的意志进行劳动，所生产出的劳动成果归资本家所有，即资本家是在消费、剥削劳动力的生产过程中实现了资本的自我增值。概而言之，在资本主义生产过程中，资本家的意志是主导，消费、剥削劳动力资本家，被剥削、处于被动、无权地位的是劳动者。所以，资本家才是实施资本权能并获得收益的主体，而非劳动者。劳动力要成为资本，必须是在劳动力被他人消费、剥削方能实现，但此时劳动成果却不归劳动力所有者所有。可见被他人剥削的劳动力能自行增值并转化为劳动力所有者资本显然是不现实的。

（二）从资本的运动过程科学地分析劳动力和资本的对立关系

吴宣恭在把握资本范畴的基础上，进一步通过资本的运动过程论证了劳动力与资本的对立关系。他指出，第一，从商品化过程看，劳动者由于丧失生产资料成为一无所有的雇佣劳动者，要想生存必须通过市场出卖自身劳动力，将劳动力让渡给资本家。根据商品交换的"永恒规律"，在商品买卖过程中，任何一方实现商品价值就必须放弃商品的使用价值。交换结束后，就无权支配卖出商品的使用价值及获得该商品所带来的利益。劳动者出卖自己劳动力后，就得让渡自身的劳动力使用价值，无权获得劳动力生产的产品和创造的价值。所以，商品的二重性决定着劳动力无法形成人力资本。第二，从资本运动过程看，资本既是一种关系也是一种过程。在流通过程中，当劳动者拥有劳动力所有权时，只是一个潜在的生产要素，仍是一件商品。只有在市场上进行交易时，才能与生产资料结合进入生产过程，并入劳动者购买者的资本，成为生产资本的一个器官，为资本家创造价值。可见，生产过程是资本各个要素融合在一起发酵进行增值的过程。这一生产过程和价值增值都归资本家所有。劳动者已交出劳动力的使用权与支配权，无法再独立化为资本。第三，从生产与再生产过程看，首先，劳动力和资本存在地位和利益的对立关系。在生产过程中，资本发展为对发挥作用的劳动力的指挥权，而资本人格化的资本家则监督工人有规则地在一定强度下劳动。此时，劳动者处于被资本支配、剥削的地位；且资本发展为强迫劳动者从事远超过自身生活需要的劳动的一种强制关系。同时，资本家还占有劳动者创造的产品和价值，并将剥夺的剩余价值异化为统治自己的力量。所以，劳动力和资本是相互对立的，即是各自作为对方的否定物而存在并发生关系的。劳动力与资本的统一关系是因为一方面劳动力对资本具有依附性。其次，劳动力与资本又存在统一的关系。这是劳动力对资本依附性的体现。在资本主义条件下，劳动力离开资本就会处于闲置状态，但一旦依附便被合并到资本中而无法独立，这使得劳动者处于一种屈从的地位，受资本的统治和剥削。同时，资本也离不开劳动力，它只能通过剥削劳动力所创造的剩余价值才能实现自我增值的功能，一旦分离，资本将不复存在。可见，劳动力与资本处于对立统一关系。劳动力资本是把劳动力当作能独立发挥作用和进行自我增值的资本，这是对资本只有靠剥削劳动力方可存在的认识无知的表现，是不懂得资本关系、资本本质才造成概念的悖谬。第四，从生产过程的资本要素组成看，是笨拙地歪曲马克思的可变资本理论。劳动者将劳动力卖给资本家后，在资本家意志的支配下，与生产资料结合才转化为资本，成为"资本的一种特殊存在方式"①。可以说劳动力只是资本家所有资本的一部分或资本的一种表现形式而已，不归劳动者所有，也不为劳动者自身创造剩余价值，对劳动来说无法实现资本的功能。可见，即劳动力只是生产要素之一，不是资本。马克思的论述中，虽根据劳动力与生产资料在剩余价值创造过程中的不同作用区分为可变资本与不变资本，但为避免误解和歪曲，他已明确表示劳动力和生产资料一样，只不过是原本就属于资本家资本的不同存在形式而已。为此，把马克思对可变资本理论的论述看作人力资本的依据是荒谬的，劳动力是不可能成为资本的。

三、科学地认识劳动与劳动力区别及剩余价值的产生过程②

吴宣恭重新学习马克思发表的《雇佣劳动与资本》，在阐述劳动与劳动力的区别及剩余价值产生过程的基础上，评判了"人力资本"概念，论证了劳动力（人力）是不可能成为资本的。他指出，劳动者出卖给资本家的是劳动力而非劳动。劳动与劳动力区别在于劳动力是依附在劳动者的身体里，且劳动是价值的实体与内在尺度，它不是商品，没有价值；且是在劳动力出卖给资本家后才和生产资料相结合进行的。此时，资本家拥有劳动者劳动力的使用权、支配权及创造的劳动产品。马克思对劳动与劳动力的科学区分，才揭示了劳动者工资的本质，进而发现劳动力创造的新价值大于劳动力自身的价值，为剩余价值理论奠定基础。马克思正是发现劳动力的特殊作用——能创造出比自身价值更大价值，才是揭示

① 资本论（第1卷）[M]. 北京：人民出版社，1975：370.
② 本点阐述的思想观点均参见：吴宣恭. 科学认识资本与劳动关系的重要理论——重温《雇佣劳动与资本》的启示 [J]. 高校理论战线，2008（5）.

剩余价值产生和资本增值的根源。劳动者为了生存，将自身劳动力与资本家的生活资料交换，劳动者获得生活资料，而资本家获得劳动者的创造力量——生产劳动。工人通过生产劳动创造了他们消费所需的生活资料，并创造出比他们自身劳动力价值更大的价值。这一价值比劳动力自身价值更大，这一价值差额且归资本家所有。资本家无偿占有这一差额——剩余价值，它们一部分作为资本家的生产消费，一部分积累起来，转化为资本，重新供资本家利用去支配工人的劳动并通过工人的劳动创造新的价值。可见，资本是靠支配、剥削劳动者剩余劳动创造的价值而增值的，体现的是一种无偿占有雇佣工人无酬劳动的关系。

在准确分析劳动与劳动力、剩余价值产生过程基础上，吴宣恭评判了"人力资本"概念，认为西方人力资本理论沿袭资料阶级经济学错误的资本定义，既存在内部逻辑悖谬，也与现实不符。他指出，从概念逻辑上看，雇佣劳动与资本是互相对立、互为存在的范畴。资本的形成过程是雇佣劳动、剥削劳动力的过程，即靠支配、剥削劳动力，无偿占有工人无酬劳动积累起来的。而劳动者不仅无法雇佣他人，也无法剥削他人或自己劳动力，无法占有他人或自己的无酬劳动，且处于被剥削对象；从现实过程上看，人力资本理论认为劳动力要成为资本是劳动者能获得自己创造的剩余生产物。要实现这一可能必须拥有生产资料。若有，则劳动者从事独立生产，不存在剥削、也不存在资本关系，也无法形成人力资本，可见，这是自相矛盾。反之，劳动者只能靠出卖劳动力方能生产和生存。而劳动力待售时，生产尚未进行，更别说剩余价值的产生，这是劳动力只是商品而非资本；劳动力出售给资本家并进入生产过程后，与生产资料一并成为资本家组织生产的资本，不仅归资本家所有、支配和使用，而且劳动者所创造的结果也归资本家所有。这样，劳动力（人力）始终处于出卖—被使用—出卖循环之中。所以，把人的劳动能力——劳动力当成资本是荒谬的，劳动力是不可能成为资本的。

四、揭露西方"人力资本"概念的谬误，维护经济学范畴的严谨性和科学性①

（一）评析经济理论界为"人力资本"提供的论据，论证人力不能成为资本

对一些人"以技术、专利或其他知识产权投资入股当成'人力资本'"的说

---

① 本点阐述的思想观点均参见：吴宣恭．"人力资本"概念悖论分析［J］．经济学动态，2005（10）．

法，吴宣恭分析了劳动力、活劳动和物化劳动的范畴，指出包含劳动者自身的智力、体力、素质等在内的，依存在劳动者身上的人力，是一种待发挥或潜在的劳动能力，这种能力的使用就是流动状态的劳动力或活劳动。而物化劳动则是与劳动者相分离、独立存在的东西，是劳动者劳动后创造的东西，包括专利、知识产权、技术等。可见，这一观点错在混淆了劳动力和物化劳动的概念范畴，把物化劳动构成的物质资本充当"人力资本"，是一种推销假伪理论产品的行为。

针对"人力能自行增值，产生剩余，具有资本特征"的论点，吴宣恭分析了性质不同的两种劳动过程创造剩余的情况，认为该论点站不住脚。因为，资本是无偿占有别人的剩余劳动的关系，仅从产生"剩余"不能使劳动力成为资本。他指出，独立的个体生产者虽能够创造剩余价值，但它归劳动者自己所有，其间不介入剥削者，不存在资本关系。雇佣劳动者的劳动力，在生产过程中被并入资本家的资本，由资本家支配和使用，创造出的剩余全部归资本家所得，根本不可能成为劳动者的"人力资本"。

有人提出"劳动力质量的形成和提高需要花费成本""教育是一种投资""教育是一种人力资本"等观点，吴宣恭认为它们具有双重错误。首先，对劳动力进行教育培训会使劳动力商品具有更大的价值，这一过程只是劳动力商品价值的形成过程而非劳动力创造价值的过程，劳动力不可能因为教育投资转化为资本。其次，劳动力投入生产过程是发挥劳动能力、创造剩余价值的前提，如果劳动者无法参加生产劳动，投入教育费用再多也没用，所以，无论是独立生产或被雇佣劳动，人力都无法转化为资本。

（二）分析西方的人力资本理论和经济生活现实，论证"人力资本"概念的悖谬性及危害

1. 剖析经济现实，批评对"人力资本"的肤浅和错误认识

比尔·盖茨从独立编写软件开始到微软公司，创造连续 13 年蝉联《福布斯》全球富翁榜首富、连续 21 年蝉联美国首富而风靡全球。一些人把比尔·盖茨建立资本王国当成"人力资本"的光辉典范而津津乐道。吴宣恭分析了比尔·盖茨的创业过程，认为他的发迹与"人力资本"风马牛不相及，把他看成是"人力资本"的典范是肤浅和错误的。比尔·盖茨和他的合伙人最初只是独立的个体生产者，其间不存在资本关系；后来，他们依靠出售自己劳动产品，逐步积累起必要数量的货币资本，雇用大量劳动者，获取别人创造的剩余价值，才成为资本家。所以，最初的比尔·盖茨和合伙人不是"人力资本"家，建立公司后，他们也非靠着他们自己的"人力资本"取得大量财富。微软公司、硅谷雇用的劳动者，虽是具有高度智力和技能的 IP 精英，也不过是被雇用的劳动者，只是因为他们的劳动力具备更高的素质而获得更高的劳动力商品价值。当美国出现经济萧条时，这些精英反而成为被削减工资或解雇的首要对象。所以，他们的劳动力也不是"人力资本"。

2. 揭露西方"人力资本"理论具有资产阶级庸俗资本观的共同弊端

20 世纪 60 年代，以美国经济学界的明塞、舒尔茨和贝克尔为主要代表对"人力资本"理论及"人力资本"对经济运行的影响展开研究。自此，"人力资本"理论体系初步形成。同时，舒尔茨和贝克尔因对"人力资本"理论研究给经济社会发展做出巨大贡献，分别获得 1979 年和 1992 年诺贝尔经济学奖，这使西方"人力资本"理论对世界经济发展产生了一定的影响力。吴宣恭客观地肯定了西方"人力资本"理论的历史贡献，但他认为这一理论范畴仍未摆脱西方经济学的错误资本观。[①] 他指出，亚当·斯密虽从经济关系认识资本，但未能将人与物及人与人之间关系的研究统一起来，给后继者造成资本是物的错误认识。而新古典经济学从技术角度描述资本，把资本定义为用来生产产品的要素，认为资本是用来生产产品和谋取利益的东西。这些观点就是西方资产阶级庸俗资本观。西方"人力资本"理论把劳动力当成资本，"回避资本是对劳动者无酬劳动的剥削关系，回避资本增值的根源，掩盖剩余价值创造过程的真实关系，并进而把占有无酬劳动的功能荒谬地赋予提供无酬劳动和被剥削的对象身上"，具有资产阶级庸俗资本观的共同弊端。

综上所述，吴宣恭对"人力资本"范畴的批判，是客观的，符合历史唯物主义的，是维护经济学理论的严谨性和科学性的典范，对马克思主义政治经济学的建设具有重要的理论和现实意义。

---

① 吴宣恭. "人力资本"概念悖论分析 [J]. 经济学动态，2005（10）：25.

第十三章

吴宣恭经济学术思想的贡献与价值

在 70 多年的马克思主义经济理论教学与学术研究中，吴宣恭始终坚持和运用马克思主义的立场、观点和方法，对中国社会主义经济建设进行卓有成效的理论、实践探索和开拓创新。通过对吴宣恭经济学术思想的探索、研究，不难发现，吴宣恭的学术生涯不仅包括了从微观经济到宏观经济的系统研究，从经济关系到经济理论和经济学的研究，而且善于从具体实际出发，融理论分析于改革实践中，根据对马克思主义经济理论的独到见解，以其洞察力、分析力、判断力，深入分析、研究我国经济建设和改革中出现的诸多理论与实际难题，在许多方面阐述了自己的独特见解，提出了一系列重要理论观点，形成了蕴含丰富内容的创新性成果。这些都充分体现了老一辈思想家、教育家笃行马列、追求真理、勇于探索、甘于奉献的胆识与品质。

回溯吴宣恭 70 多年艰苦探索的学术人生，感悟他敢于面对重重困难和挑战的理论勇气，领会他内涵丰富的思想精髓，我们在深深赞叹吴宣恭理论主张的深刻和科学的同时，也十分感谢他为中国经济建设和发展留下的宝贵财富。改革开放以来，我国经济体制改革取得了一定的进展，所有制结构发生了巨大的变化，极大地促进我国经济的繁荣与发展，积累了许多有益的经验和教训，但同时出现了许多突出矛盾和问题亟待破解。如何科学地总结改革发展的经验教训，保证经济体制改革的正确方向，都需要有科学的、正确的理论做指导。吴宣恭科学的经济学术思想对于巩固马克思主义的指导地位、加强当前社会经济建设和经济体制改革的理论指导、推进马克思主义政治经济学学科建设都具有重要的理论和现实意义。为此，我们要深入研究、继承和发扬吴宣恭的学术思想，进一步加强全面深化改革的理论研究，为加速社会主义现代化建设，为实现中国梦添砖加瓦。

第一节　吴宣恭经济学术思想的特点

科学、正确的方法是指导人们认识世界、改造世界的灵魂。没有科学、正确的方法，我们就无法正确地认识我们周围的世界，也就无法掌握和揭示经济事物的内在联系及变化发展规律。吴宣恭之所以在经济理论研究和实践探索颇有建树，得益于他研究方法的科学与正确。吴宣恭自觉地坚持和运用马克思主义的立场、观点和方法研究中国经济建设和改革实践过程中出现的新情况、新问题，在丰富和发展马克思主义经济理论的基础上，形成鲜明独特的思想风格。

一、坚定的马克思主义信仰者

吴宣恭亲身经历了国民政府统治下的旧社会和中国共产党领导的新社会，深深体会马克思主义对中国发展前途的重要作用，催生了吴宣恭把学习、宣传、运用马克思主义作为自身不可推卸的使命及人生价值之所在，紧紧地将马克思主义同自己的生命联系在一起，逐步把他培养成一名坚定的马克思主义信仰者。无论是他的学术观点、学术立场还是研究方法，都渗透着吴宣恭对马克思主义的忠诚信念和坚定信仰，同时也正是对马克思主义的信仰，鼓励着他终生奋斗求索不懈，在漫漫学术道路上不断攀越一个又一个高峰。

在意识形态领域，吴宣恭始终把坚持马克思主义作为与新自由主义、反马克思主义斗争的精神支柱。如对打着中央提出的"重新学习和深化劳动价值论研究"的旗号，公然主张"生产资料也能创造价值""物化劳动也能创造价值"以歪曲马克思主义价值理论；对极力宣扬西方"人力资本"理论，错误将其嫁接到我国理论经济学；对借改革之机，否定公有制，鼓吹私有化的主张；等等，吴宣恭始终运用马克思主义理论进行有理有据的批判和驳斥，不遗余力地捍卫马克思主义理论的科学尊严。在面对马克思主义被边缘化，吴宣恭虽内心焦虑，但坚定地拥护和支持马克思主义和社会主义，坚定地相信我国的胜利是在马克思主义指导下获得的。他曾写诗《书愤》："暖风薰人干戚埋，蠹旗偃息究堪衰。胸存浩气灵犀在，三尺书案亦轮台"，表达自己的愤慨，也坚定了他为马克思主义进行斗争的决心；在撰文剖析金融危机根本原因后，他写诗《马克思理论常青》："浊浪翻天摧万国，唯独华夏庆长青。风云变幻翁已测，百载雄文谁谓陈"，表达了马克思主义必将更加发扬光大，辉照全球的激动心情，同时也坚定地认为世界金融危机造成西方国家剧烈震荡，经济一片凋零，唯独中国经济一枝独秀，这是社会主义制度优越性的体现，坚信社会主义是人类社会发展的必然道路，坚信马克思主义仍然是剖析社会经济关系的锐利武器。他虽深入学习、了解西方经济学的一些论著，但未能改变他对马克思主义的笃信，反而使他更加深刻地感受到马克思主义方法的科学性和理论的深刻程度，更加坚定了他理直气壮运用宣传它的信心和决心，他所撰写的一系列论著充分体现了道路自信、理论自信与制度自信，坚信马克思主义真理是指导我国改革发展的科学理论，坚信马克思主义被边缘化只是暂时的。世界马克思主义经济学奖获得者卫兴华教授对此赞誉有加，认为吴宣恭"比我勇敢——在西方经济学盛行的今天，吴宣恭敢于站出来维护马克思主义理论，而且是'指名道姓地批评某些著名人物的错误思潮'"①。

在经济学领域的研究中，吴宣恭非常注重马克思主义立场、观点和方法的科学掌握和灵活运用。一方面，他坚持使马克思主义理论落地有声，如认为"对待生产资料所有制地位和作用的态度历来是马克思主义与其他学说的重要分水岭"②，在论述所有制的地位和作用的基础上，多次与否定所有制理论进行交锋，维护了马克思主义所有制理论的权威；等等。另一方面，他在注重运用科学的方法进行研究的同时，还善于掌握和运用马克思主义的唯物辩证法和历史唯物主义分析方法。如认为"唯物辩证法和历史唯物主义是马克思主义政治经济学的方法论基础"③，说"马克思运用所有制理论分析问题的方法"④是历史唯物主义的基本方法，强调要学习马克思运用所有制理论分析问题的方法正确认识社会主义的经济关系⑤；如运用矛盾分析法准确判断当前阶段我国社会的主要矛盾，运用量变到质变规律研判我国所有制变革规律，运用"否定之否定"原理科学解释恩格斯关于未来社会的个人所有制的正确性与科学性；等等。而吴宣恭关于马克思主义方法论的运用得到福建省发改研究中心原主任李闽榕教授的高度赞誉，称他为当代中国以马克思主义方法论研究社会主义理论而著称的著名经济学家。⑥

通过对吴宣恭经济学术思想的学习、分析和研究，我们可以清晰地感受到吴宣恭厚实马克思主义理论的功底，究其根源，是《资本论》等马克思主义经典著作时代意义和学术价值彰显，更是吴宣恭对马克思主义坚定的人生信仰的体现。

---

① 余峥. 不爱做官爱教书 婉拒担任副市长 [N]. 厦门日报，2010－11－21.

②④ 吴宣恭. 马克思主义所有制理论是政治经济学分析的基础 [J]. 马克思主义研究，2013 (7).

③⑤ 吴宣恭. 从生产关系的主导因素探讨中国经济学的主线 [J]. 政治经济学评论，2010 (1).

⑥ 贺东伟. "所有制和产权理论"学术研讨会暨吴宣恭教授从教60年庆典综述 [J]. 经济学动态，2011 (2).

二、坚持理论探索与实践指导的统一

理论与实践相结合，是一切科学研究的正确方法，也是马克思主义的基本方法。因为理论只有指导实践方能彰显魅力，实践只有在理论的指导下，才不会偏离正确的方向，同时实践又是检验真理的唯一标准。习近平同志指出："要学习掌握世界统一于物质、物质决定意识的原理，坚持从客观实际出发制定政策、推动工作。""要学习掌握认识和实践辩证关系的原理，坚持实践第一的观点，不断推进实践基础上的理论创新。"① 吴宣恭十分尊重与重视理论与实践的相合，始终把马克思主义经济理论的研究同中国经济改革发展的具体实践相结合，坚持实事求是，一切从中国具体实际出发，对社会主义经济理论进行深入而超前的理论探索和跟踪研究。首先，他十分注重将所有制与产权理论运用于指导经济体制改革具体实践需要。如提出了国家所有制产权分离的国有企业改革理论，为制定国家所有制所有权与经营权分离的改革方向提供了理论基础和实践依据；科学阐述了历史上占有与所有分离的三种方式及特点，论证了国家所有制产权分离这一"共主占有"方式的科学性与合理性，为选择国家所有制改革道路提出理论基础；根据实际情况，探索了租赁、承包、资产经营责任制、股份制等各种改革形式，为党和政府实施改革线路提供了积极的政策建议；出版《社会主义所有制结构改革》，总结所有制结构改革中形成的有益经验和存在的不足，探索解决问题的对策和进一步开展所有制改革的原则与路径，为党和政府推进所有制体制改革和实施所有制不同经营方式提供理论参考；在总结提炼所有制结构改革经验教训的基础上，预测了所有制社会结构的发展趋势，为我国确定基本经济制度奠定了科学的理论基础；较早地提出由不同性质产权主体组成的混合所有制，为国有企业的混合所有制改革提供理论支撑；探索了国有企业财产与劳动产品归属关系，维护了国有资产的合法权益，防止国有资产的流失；准确定位国企的社会职能，提出发挥国有企业职能的中肯建议；等等。这些理论都在国有企业改革过程中发挥着重要的作用。其次，十分注重对现实矛盾和问题的分析。他运用马克思主义所有制理论对我国当前的贫富差距、两极分化、物价上涨、市场乱象、社会主要矛盾等经济体制改革过程中出现的诸多突出矛盾和问题进行科学的分析和解释。再次，十分关注现实经济的发展，将经济理论融合于现实发展需要，为我国经济发展出谋划策。他运用马克思主义经济理论思考了地区经济发展战略、股票市场、

---

① 习近平在中共中央政治局第二十次集体学习时的讲话，2015 年 1 月 24 日。

住宅建设、经济增长方式、城市化发展道路、企业集群、总部经济、知识经济和文化产业发展等问题，并提出了许多具有启发价值的政策性、创新性意见，成为党和政府制定决策依据理论参考，有利于促进我国经济的快速发展。

几十年来，吴宣恭始终坚持从中国具体实际情况出发，以解决社会主义经济建设中的重大理论和实践问题为目的，不断加强马克思主义经济理论的学习与研究，始终面对我国现实经济问题的研究进行有益的理论探索和创新，并具体化为政策建议；同时又坚持不断地从改革实践经验中总结、提炼，概括为科学的理论，极大地丰富和发展了马克思主义经济理论，很好地将马克思主义经济理论和我国具体实践结合起来。这种理论与实践相结合的特点使吴宣恭成为一位造诣精湛的经济理论家，又是一位善于解决实际问题的实干家，在理论与实践的结合上堪称典范。

三、坚持革命批判与理论创新的统一

社会主义是人类历史上前所未有崭新制度，是在艰难与曲折中不断探索前进的，在建设和发展过程可资借鉴的经验非常有限。中国特色社会主义建设也是如此，邓小平同志将此比喻为"摸着石头过河"。因此，建立起来的社会主义经济制度、经济体系不可能是完善的、成熟的，需要人们根据实际，不时地进行调整、完善，以适应生产力发展需要。恩格斯说过："我认为，所谓'社会主义社会'不是一种一成不变的东西，而应当和任何其他社会制度一样，把它看成是经常变化和改革的社会。"[1] 1978年，邓小平同志作了《解放思想，实事求是，团结一致向前看》的重要讲话，解放了人们的思想，激活人们参与探索社会主义建设和改革发展的热情。在经济理论界，不同学派、不同学者的思想观点争芳斗艳，使学术探索与研究走上百家争鸣的局面。由于社会主义建设无史可鉴，给我国经济工作者以很大的理论研究和实践探索创新的空间，同时也出现了许多错误的观点、思潮。作为一名坚定的马克思主义信仰者，吴宣恭在积极参与社会主义经济改革与建设的理论研究与实践探索时，始终运用马克思主义理论武器勇于面对种种理论争论和挑战，切中时弊，直指其荒谬之处，开创性地提出自己的新观点、新思想。可以说，吴宣恭是在一次次与错误观点、思潮的争论中，坚持了正确的马克思主义方向，不断取得理论创新，逐渐形成理论体系，丰富了当代中国的马克思主义。对于吴宣恭经济学术思想中批判与创新的鲜明风格，卫兴华教授

---

[1] 马克思恩格斯全集（第37卷）[M]. 北京：人民出版社，1971：443.

高度赞赏吴宣恭难能可贵的批判精神，认为他对理论界出现的错误或片面的观点，都能马上旗帜鲜明地站出来加以驳斥，表达自己的观点①；田心铭教授也予以高度评价，认为吴宣恭的文章是理论批判和理论建设、破与立的统一。

真理的坚持需要大无畏的革命批判精神，理论的创新同样需要大无畏的批判精神。随着人们思想的解放和西方经济理论的渗透，一些人公然歪曲马克思主义或推行新自由主义主张，如热捧西方产权理论，否定马克思主义没有产权理论，拟将西方产权理论作为我国经济体制改革的指导思想；歪曲党的十五大到十六大中出现的分配制度提法，主张"生产要素按贡献分配"取代"按劳分配"制度；打着"新公有化"，企图将国有企业股权变卖给外资或私人企业；将国有经济和国家对国民经济的宏观调控称为"官本经济"，制造"官""民"对立理论；炮制所谓"间接所有制"，污蔑国有经济是"官有"，"损害所有人的利益"；喧嚷"国退民进"，反对"国进民退"，企图公有经济退出一切竞争性领域；等等，吴宣恭敢于站出来直面反驳、批判，旗帜鲜明地提出正确的马克思主义观点，坚决捍卫马克思主义经济理论的科学性和严谨性。② 可见，面对我国错综复杂的经济理论界，吴宣恭能始终本着高度的责任感、坚贞的学术良知和马克思主义者应有的本性，不徇情面、不惧风险、弘扬真理、排除谬误，充分体现了一位理论工作者应有的风骨遒劲及大无畏的批判精神。

新观点、新理论是建立在对旧观点、错误观点质疑、批评的基础上产生的。只有不断地进行思想碰撞，才能实现新观点、新理论的超越和发展，这就决定了新理论的形成过程要经受各方面的压力，要不畏困难和挑战，力排众议，迎难而上。经济理论的研究和探索从不缺乏争议，尤其是改革开放以来，随着经济体制改革的进一步深入，各种错误的理论与实践观点纷至沓来，有些专家、学者发表种种错误观点，吴宣恭始终挺身而出，运用马克思主义理论武器予以严词驳斥，并创新地提出自己的新观点、新理论。可以说，吴宣恭的学术创新道路就是在不断质疑、批评错误观点的基础上实现理论超越和发展的。

例如，面对一些人无法准确把握生产资料使用者，误用产权主体而产生有害结论，吴宣恭率先提出应从所有权的实施和利益的获得加以判断。面对一些学者认为"全民所有制产权虚置、产权关系不明""建立国有独资公司没意义"，主

---

① 贺东伟."所有制和产权理论"学术研讨会暨吴宣恭教授从教 60 年庆典综述 [J]. 经济学动态，2011（2）.

② 吴宣恭对歪曲马克思主义或推进新自由主义主张的批判，在每一章节均已详细阐述，限于篇限不作罗列。

张将国有独资公司转制为多元、多性质投资主体的有限责任公司或股份公司"片面夸大股份制公司作用，对法人财产权定义界定不清，认识模糊"等，吴宣恭都旗帜鲜明地予以质疑和分析，科学而准确地界定国家所有制改革各种改革形式的产权关系，既澄清了错误认识，让人们准确地认识了各种改革形式的优势和长处，又为体制改革的进行提供了理论支撑。正是在这种又破又立的基础上，形成了产权结构理论、三种占有方式理论、现代企业产权理论、所有制实现形式多样化等众多创新性理论；又如，在经济发展方面，面对中外经济学家侧重从金融领域、道德缺失、信用责任漠视等方面推断出的各种危机原因，吴宣恭在质疑的基础上，运用马克思经济危机理论，从生产关系角度准确地揭开危机根源，并为化解危机提供良方；面对出现的粗放型与集约型增长方式错误区分，吴宣恭予以质疑，准确界定转变经济增长方式的任务，中肯地提出实现这一转变的有效途径；再如，在政治经济学研究对象方面，吴宣恭质疑政治研究对象是生产方式及生产方式中介说的观点，准确解读和把握生产方式内涵与生产关系的主要组成部分及相互关系，强调以生产关系为研究对象的重要性。又再如，在"个人所有制"理论探索方面，吴宣恭独排众议，提出马克思设想的未来社会不存在重建生产资料的个人所有制；等等①。

综上所述，我们不难发现，吴宣恭始终在学术争鸣中坚持马克思主义的正确立场、旗帜鲜明、推陈出新。这种坚持革命批判精神与不断的理论创新相统一是吴宣恭经济学术思想充满生命力和活力的关键所在，也使他的经济学术思想对中国经济改革和发展产生了较大影响。

四、鲜明的阶级立场与严谨的治学精神的统一

马克思曾明确指出，"阶级的存在仅仅同生产发展的一定历史阶段相联系"②。经济体制改革以来，我国所有制结构发生了巨大变革，单一所有制结构向以公有制为主体，多种所有制并存的方向转变。资本主义私有制的重新出现，使我国社会存在不同利益集团，产生了不同的阶级差别和阶级矛盾。阶级立场的问题便成为经济学者开展科学研究无法避免的首要问题。习近平同志在 2014 年 2 月的省部级主要领导干部专题研讨班上曾指出："看待政治制度模式，必须坚持马克思

---

① 吴宣恭对界内错误观点的质疑在每一章节都均予以体现，限于篇幅，此处不作详细罗列。
② 宋士昌. 科学社会主义通论（第一卷）马克思恩格斯的科学社会主义与 19 世纪的国际共产主义运动 [M]. 北京：人民出版社，2004：245.

主义政治立场。马克思主义政治立场，首先就是阶级立场，进行阶级分析。"①
可见，阶级分析是科学认识与准确把握社会复杂关系的方法论。吴宣恭从没有回
避我国社会及经济学的阶级性，自觉地运用这一方法科学地分析和解释我国经济
建设和发展过程中出现的理论问题和实践难题。他指出："对阶级关系的分析是
辩证唯物主义和历史唯物主义这个政治经济学基本方法和基本理论的重要构成部
分""只要是存在阶级的地方，对阶级关系的分析仍然是研究社会经济政治关系
的有效方法""离开阶级分析，许多经济问题就无法找到合理的答案，正确认识
和处理阶级关系是构建社会主义和谐社会的重要前提"②。所以，如果说科学性
和阶级性的统一，在马克思主义政治经济学中得到充分的显示，在吴宣恭经济
学术思想中也同样得到充分的展现。他坚持和运用马克思主义的立场、观点和
方法研究所有制与产权理论问题、国有企业所有制改革问题、商品经济和市场
经济形成与发展问题、商品价值的形成与实现问题、社会主义分配关系问题、
我国经济发展问题、社会主义政治经济学理论体系建设问题，提出了一系列符
合国情的重要理论；面对一些错误言论，他发表诸多针砭时弊、振聋发聩的观
点。从他数十年如一日的理论研究可以看出，吴宣恭是一位坚持无产阶级立
场，唯真求实、坚决捍卫中国特色社会主义理论和实践的马克思主义经济学
家，为推进我国改革开放起着重要的影响作用。《高校理论战线》总编辑田心
铭教授对此给予高度的评价，指出吴宣恭教授的学术成就既有鲜明的阶级立
场，又有严格的科学精神，体现了马克思主义经济学所固有的阶级性和科学性
的统一、真理和价值的统一。

　　实际上，科学、严谨的治学态度在吴宣恭工作、生活中都得到充分的体现。
半路转行的局限使他在刚入行从事马克思主义理论教学时，出现一个将"农村"
说成"农业"的教学失误，这让他牢记一生，督促着他不断地学习、研究，也督
促着他数十年如一日地认真备课，严谨治学。如在指导博士生论文中，吴宣恭始
终一丝不苟，从论文选题、结构框架、内容观点甚至标点符号，都给予全面的指
导和修改，不允许学生有半点马虎。其培养的博士生林金忠（厦门大学教授、博
士生导师）至今收藏着吴宣恭对其博士论文的修改文稿，作为督促其严谨治学的
座右铭；在日常生活中，吴宣恭也始终保持严谨态度。一次与蔡卫红博士同行的
路上，吴宣恭也及时纠正学生说的"天气好冷，然后又下了雨"逻辑错误，提醒
学生不能颠倒因果，要保持严谨的态度。见微知著，正是吴宣恭在生活、治学、

---

① 习近平：在省部级主要领导干部专题研讨班上的讲话（2014 年 2 月 17 日）。
② 吴宣恭．阶级分析在我国政治经济学中的地位［J］．政治经济学评论，2011（2）．

研究上的科学、严谨，才使他在学术领域的研究与探索上取得丰硕的研究成果。

可见，吴宣恭始终恪守无产阶级的立场、严谨的治学精神和科学态度，在社会主义建设和改革发展的过程中，勤奋躬耕，身体力行，为社会主义经济改革与发展做出了很大的贡献。诚如吴宣恭所说"马克思主义是劳动人民谋求解放和发展的科学理论，是中国社会主义革命和建设走向胜利的正确思想方针"，"只有以马克思主义为指导，才有真正的社会主义，我国才能朝着正确的方向迈进"，"所以我不停地学习它，力图更好地领会它、传播它、弘扬它，将实现这个志向作为毕业奋斗的目标，在所有的论文中我毫不隐晦这一立场"。为此，唯真求实，始终保持鲜明的无产阶级立场、严谨的治学精神和科学态度是吴宣恭70多年学术人生的真实写照，也是他经济学术思想熠熠生辉关键所在。

综上所述，吴宣恭的经济学术思想特点是多方面的，它的内容充实，涉及问题广泛，但坚定的马克思主义信仰、坚持理论探索与实践指导的统一、坚持大无畏的革命批判与不断理论创新的统一、鲜明的阶级立场与严谨治学精神的统一应该说是其经济学术思想最基本、最核心的特点。可以说，这些特点使吴宣恭的社会主义经济理论独树一帜，在中国经济学界广受好评。

第二节　吴宣恭经济学术思想的学术贡献

吴宣恭从20世纪50年代开始至今一直坚持马克思主义政治经济学教学和研究，从教材编写至学习、研究、传播、运用和发展所有制与产权理论构成了他的学术人生轨迹。而理论界也因其学术成就与理论贡献，恭称他为"中国马克思主义经济学研究领域最前沿的、最有影响的前辈学人之一"[①]。在70多年的学术生涯的过程中，吴宣恭既兼顾宏观研究和微观探索，又注重理论研究与实践探索，始终做到精益求精，在诸多领域取得丰硕的学术成果，为社会主义事业的发展及马克思主义政治经济学建设奉献拳拳赤心，做出了无愧于时代的杰出贡献。

一、马克思主义制度经济学理论的积极探索者

吴宣恭在70多年的经济理论教学和研究工作中，一贯坚持马克思主义为指导，以马克思主义所有制和产权制度研究为基础，对社会主义经济建设进行了从

---

① 当代马克思主义经济学家吴宣恭［J］. 当代经济研究，2011（8）.

微观经济到宏观经济、从经济关系到经济理论的系统研究，涵盖了制度经济学的基本内容，在许多方面阐述了自己的创新见解，提出了一系列重要理论观点，形成了完整的马克思主义制度经济学理论体系。可以说，吴宣恭是当代中国马克思主义制度经济学的开拓者。

（一）对马克思主义所有制和产权制度进行长期的、创新性的研究，较早地提出一系列所有制与产权制度理论，丰富和发展了马克思主义所有制理论

早在吴宣恭从事教学工作之初，就经常带领学生下乡下厂参加劳动，到基层进行较长时期的实际调研。在中国人民大学当研究生时，还曾到北京近郊"四季青"公社劳动过半年。"文革"期间，他举家到农村劳动、生活一年多，甚至还带领民工到外地开建铁路，贴身地接触劳动者的劳动、生活和思想状况。身体力行使他深入了解社会生产过程和社会面貌的变化，也深深领会到所有制在生产关系和社会发展中的地位和作用，促使他以较多的精力学习所有制与产权理论。在生产资料所有制社会主义改造时期，我国由于缺乏经验以及对所有制理论认识不足，过度强调生产资料所有制公有化，在公有制内部过分集中产权制度，影响了国民经济的发展。改革开放以后，吴宣恭以马克思的经典著作为基，率先对马克思主义所有制与产权理论进行系统而深入的研究，较早地提出一系列所有制与产权制度理论。一是澄清了生产资料所有制、所有制与生产关系的不同内涵，阐明了所有制在生产关系中的基础地位和决定性作用，并就所有制发展变化规律做出科学的预判；二是运用主客体差别分析方法研究产权关系，简单明了地界定产权内涵，并从经济学和法学二维角度阐明了产权的性质；三是率先对产权体系的结构、财产基本权利、所有权与产权关系、归属权的地位和作用进行科学而准确的阐述；四是探讨了产权的分与合，准确地界定产权制度的内涵，并就产权制度与所有制关系进行论证；五是运用产权理论对我国全民所有制各种实现形式、股份公司、中小企业等产权关系进行开拓性分析与研究，并就法人财产权的内涵进行界定。吴宣恭关于所有制与产权基础理论的开拓研究及理论成果，丰富和发展了马克思主义所有制与产权理论，在理论界和学术界产生较大反响，而吴宣恭也一度成为所有制基础论的代表。

（二）对比研究了中西方产权理论，拓宽马克思主义制度经济学研究新领域

改革开放以来，随着我国所有制改革的进一步深入，人们在摸索改革实践过

程中不断探求科学的指导理论。20 世纪 80 年代，风靡全球的新制度学派的产权理论传入中国。伴随着西方产权理论的渗透，国内掀起学习、研究、运用西方产权理论的潮流，部分学者无视马克思主义产权理论的存在，以为依靠西方产权理论可以解决产权制度改革过程中出现的各种问题，将西方产权理论奉为圭臬，主张将其作为改革的基本指导思想，指导我国所有制改革。鉴于理论界对西方产权理论本质认识的不足，吴宣恭深入学习、研究了西方现代产权理论，就马克思主义产权理论与西方新制度学派的产权理论进行分析、比较，指出西方现代产权经济学理论的优点及不足。吴宣恭关于两种理论进行深入的、有说服力的比较分析，填补了我国理论研究的一个空白，在理论界引起较大反响，是理论界的一大贡献。同时，他还深入、具体地评析了西方现代产权经济学的基本理论，特别是"交易费用"理论、"科斯定理""企业契约论"及"利益相关者论"，准确地阐述了马克思主义的企业产权理论，进一步论证和彰显了马克思主义产权理论的科学性，为学习和把握马克思主义企业产权理论提供了正确方法和理论基础，也为我国的产权制度改革提供了理论依据。

（三）遵循历史唯物主义的基本方法，运用所有制理论分析和研究经济建设过程中的各种理论实践问题，开辟了马克思主义制度经济学研究新视角

所有制理论是马克思对人类社会发展规律系统分析的基础上的得出科学成果，是马克思主义政治经济学理论体系的重要组成部分及理论分析基础，马克思就是运用这一理论分析社会经济关系，揭示社会制度的变迁和发展。吴宣恭在准确掌握马克思主义所有制与产权理论的基础上，根据历史唯物主义基本方法，从我国具体实际出发，以其独特的分析力、判断力、洞察力及严谨的说服力，融理论分析于改革实践中，把马克思主义所有制和产权制度理论的独到见解，贯穿于国有企业改革、市场经济的形成与发展、商品价值的形成与实现、价值量与劳动生产率关系、公平与效率关系、社会分配不公的主要根源及按生产要素分配的实质、社会主义政治经济学理论体系建设等分析与研究之中，深入批判和辨析了多种错误的理论，科学地解释了财富悬殊、两极分化、官员腐败、内需不足等经济发展过程中出现的众多理论与实践难题，为马克思主义制度经济学的认识和研究开辟了新视角。

二、国有企业改革"两权分离"路径的倡导者和研究者

"大跃进""文化大革命"给国民经济带来严重的破坏，心忧国家前途命运的吴宣恭，即使远离国家政治、经济中心，也积极思考国民经济的发展道路，探求国有企业改革路径。他从我国具体实际出发，科学地运用马克思主义所有制与产权理论对国有经济发展进行探索和创新，创造性地提出"两权分离"的国有企业改革路径，并持之以恒地予以跟踪、研究和运用，为我国经济体制改革顺利进行和成功实践作出了积极的贡献。

（一）较早主张通过产权分离方式改革国有经济，为国有企业改革指明了方向

改革开放之初，中国经济体制改革旨在在不改变社会主义性质的基础上，探索一条既适应我国社会主义初级阶段基本国情，又符合生产关系适应生产力发展基本规律的改革道路。围绕这一改革目标，经济学界提出扩大企业自主权及建立市场经济模式改革道路。在理论界改革道路争论不已时，吴宣恭也进行卓有成效的改革探索。他认为在传统国有制下，产权高度集中，企业无权无利亦无责，市场信息对企业不起作用，贸然开放市场只会增加混乱，无益于调动企业和职工积极性，率先主张应先进行生产资料所有制的改革，这为国有经济改革找到最佳切入点。吴宣恭指出，所有制是生产关系的基础，国有企业改革应从所有制及其内部产权关系的调整入手，并创造性地提出在国家所有制内部也可能出现不同产权的分离和必要，主张国家在掌握（狭义）所有权的基础上，可将占有权、使用权和部分的支配权（合称为经营权）交给企业。两权分离的国有企业改革理论，既克服简单扩大企业自主权的局限，保证生产资料全民所有的性质不发生变化，符合中国国情的实际需要；又为开放市场树立了独立的经济个体，不仅焕发企业与职工的活力，调动他们的生产积极性，而且释放了生产力发展，促进经济发展，是提高国有企业的经营效率有效途径。1984 年，党的十二届三中全会正式确立了"所有权同经营权是可以适当分开的"改革路径。可以说，吴宣恭倡导"两权分离改革模式"并提供科学的理论依据是对国有企业改革道路的积极献策。

（二）提出关于产权结构的系列前瞻性、指导性理论观点，为经济体制改革提供科学的理论建议

任何一项改革都不是一蹴而就、一帆风顺的，国有企业改革亦是如此。对新

建立的社会主义全民所有制企业进行改革，是一个全新的课题，没有先行经验和理论可依。吴宣恭建立了产权结构理论，对国有企业产权制度不断地进行研究和运用，创造性地提出系列前瞻性、指导性理论观点，形成蕴含丰富内容的创新性成果，为国有企业改革的顺利实施提供科学的理论。一是科学阐述了历史上占有与所有分离的三种方式及其特点，论证国家所有制产权分离这一"共主占有"方式的科学性，为选择改革道路铺垫理论基础；二是系统地分析研究了租赁、承包、资产经营责任制、股份制等国家所有制的各种改革形式，为国家所有制改革提供积极的政策建议；三是科学研判了社会主义初级阶段所有制社会结构的发展趋势，创造性地提出由不同性质产权主体组成的混合所有制，为国有企业改革提供了改革新思路；四是科学论述国有企业财产和劳动产品的归属关系，准确定位了国有企业的社会职能，维护了国有企业的性质，强调国有经济的积极作用；五是率先探索国有经济产权制度改革的有效途径与方式，辩证地提出产权明晰和配置合理相结合的改革观；六是提出国有经济"有所为有所不为""有进有退，进退相济"的发展战略观，并对流通领域国有经济的调整和完善以及国有资产管理体制改革进行有效探索；七是科学界定所有制实现形式内涵，探索国有经济改革合理的所有制实现形式，明确了改革方向；八是提出马克思主义指导下国家所有制改革的基本道路。吴宣恭关于经济体制改革的理论探索和实践创新，充分表现出他在理论和改革实践的前瞻性和科学性，并为改革实践所证实，丰富和发展了社会主义国有经济改革理论。

三、中国 MBA 的首创者

工商管理硕士（MBA）以培养能胜任工商企业、经济管理部门高级管理工作需要的务实型、复合型、应用型高层次管理人才为目标，使学生趋之若鹜。1982 年，加拿大国际开发署开始资助中国发展管理教育项目，选拔一批优秀学生到加拿大攻读 MBA。厦门大学成为该项目 8 所中方大学之一，时任厦门大学副校长的吴宣恭兼任厦门大学"中国加拿大管理教育交流项目"的中方主任，成为我国第一批接触 MBA 教育的经济学家之一。当他目睹中国大批选送攻读 MBA 学位大学生大都滞留国外，仅有少数回国报效祖国时，下定决心要立足国内，为国家发展培养自己的 MBA 学员。在吴宣恭极力主张和推动下，率先组织专家学习国外 MBA 发展教育情况，多方论证开设和试办 MBA 的可行性，提出在厦门大学设置和试办 MBA 学位论证报告并多次多渠道向国家教委提出试办申请。1986年，在吴宣恭的积极组织和领导下，厦门大学工商管理教育中心这一全国第一个专门组织和开展 MBA 教育机构正式成立，并率先在全国招收中加联合培养的 MBA 研究生。MBA 教育中心的成立，在中国教育史上具有里程碑意义，它意味着高层工商管理教育的中国化，我国开始按照自己的需要和特点，培养企业高级管理人才。

在首批 MBA 教育过程中，吴宣恭发现，使用外国教材进行教学虽有利于较快接受世界前沿知识，但离中国改革实践仍有一定距离，遂萌发了编写适合我国实际的 MBA 教材的念头，并迅速付诸实施。他组织回国的年轻 MBA 教师编写与出版了国内第一套 MBA 系列教材，在国内引起了很大的反响。1990 年，厦门大学首届 MBA 完成学业，在举行毕业典礼的前一天，国家教委电报通知，同意厦门大学颁发工商管理硕士研究生毕业证书和学位证书。从此，厦门大学成为国内第一个颁发 MBA 学位的高校，创下了"成立全国第一个 MBA 中心""出版全国第一套 MBA 教材""授予国内第一个 MBA 学位""培养完整的 MBA 师资队伍"等四个全国第一。

当今，厦门大学 MBA 教育分别获得了 AMBA、EQUIS 两大国际顶级管理教育体系认证，其中 OneMBA 项目在 2013 年度英国《金融时报》（FT）全球 MBA 排名中名列 27 名，已成为 MBA 教育领域的佼佼者。这些辉煌成绩与吴宣恭当初的努力是分不开的，而吴宣恭也被媒体誉为中国"MBA 教父"。

四、教书育人的巨匠

伟大的教育家苏霍姆林斯基曾说过：教师，这是学生智力生活中第一盏，继而也是主要的一盏指路灯，是他在激发学生的求知欲，教会他们尊重科学、文化和教育。这就是吴宣恭投身教育的真实写照。而今高达 87 岁高龄的他，仍奋战在教育第一线，用他的智慧、他的精神、他的品德时时刻刻地影响和教育着一代又一代青年。无愧为学识渊博、造诣精湛、深谙育才之道、独具匠心的教育家。

吴宣恭在教书育人上的成就正像他在经济理论领域的贡献一样硕果累累，为党和国家建设发展培养了一大批杰出人才。他培养的博士生、硕士生和大量的本科学生也没有辜负老师的厚望，用获得的知识、养成的品德，在政界、学界、商界等各自岗位上为国家的强盛、社会的进步、人民的幸福做出贡献。

第三节 吴宣恭经济学术思想的当代价值

当前我国仍处于体制迅速变迁的转轨时期，仍需进行各种试验，摸索前进，由此引发许多理论和实践观点及政策的改变，有些观点虽风靡一时，却耐不住时间的考验。吴宣恭运用马克思主义所有制与产权理论对社会主义经济建设进行卓有成效的理论探索和开拓创新，提出了一系列富有前瞻性和指导性的重要理论观点，其中许多理论观点经受岁月考验和实践的检验，对当代中国经济的改革与发展仍具有重要的理论和实践意义。分析和研究吴宣恭经济学术思想，不仅有利于我们学会马克思运用所有制理论分析问题的历史唯物主义的基本方法，而且有助于我们运用马克思主义所有制理论分析和研究当今社会诸多理论和实际疑难问题，丰富和发展马克思主义政治经济学理论。可以说，吴宣恭学术思想、治学精神及高尚品格为我们留下宝贵的财富，对巩固马克思主义政治经济学的指导地位、经济体制改革、传承严谨的治学精神和高尚的品格、推进经济学学科建设都具有重要的启示作用，需要我们在实践过程中予以传播、研究和运用，在继承中发扬光大。

一、对巩固马克思主义政治经济学的指导地位具有重要的意义

当前，马克思主义政治经济学指导地位面临着严峻的考验。过时论、终结论乃至去马克思主义的声音甚嚣尘上，其指导地位弱化和被边缘化。如在教学领域上：许多高校经济学院不再开设《资本论》《马克思主义政治经济学》等基础课程；也有些学院开设高达18学分的《西方经济学原理》《宏观经济学》《微观经济学》课程，并花巨资采购西方经济学原著教材发给学生，而马克思主义政治经济学减为2~3个学分；北京某些大学的经济学院甚至取消马克思主义政治经济学课程，以西方经济学代替。在研究领域或宣传领域上，研究马克思主义理论的论文不仅难以发表，而且研究者还被看作"保守"派，某高校马克思主义发展史研究所所长应邀参加电视台活动时，主持人竟然希望改换头衔以吸引观众；张五常公开宣称马克思主义已经死亡，说他是在马克思主义棺材上面再加几颗钉子，这种大肆反马克思主义、反社会主义之人却在中国大陆走红，一些大学、政府机关乃至党校竞相邀请他去演讲；也有一些学者、官员公开宣扬马克思过时论，提出各种否定马克思主义的观点，某重点大学一位学者连续发表文章、出版书籍公

开否定和批评马克思主义及马克思主义政治经济学，更为可笑的是，这种学者还被提拔为学院的院长。可想而知，这种学院如何培养坚定的马克思主义者？在招生领域：某些财经类专业研究生入学考试取消马克思主义政治经济学，甚至有些马克思主义研究基地也陷入泥沼，摒弃马克思主义政治经济学科等。以上种种唯西方经济学马首是瞻，淡化、削弱马克思主义政治经济学的现象，理应引起党中央及理论界的重视和反思。

通过对吴宣恭经济学术思想的研究，我们可以发现，吴宣恭深谙马克思主义经济理论，并在此基础上丰富、发展和运用了马克思主义所有制与产权理论，为马克思主义理论注入了新的生机和活力。所以，在时下马克思主义被削弱或弱化的形势下，弘扬吴宣恭坚定的马克思主义信仰和对马克思主义政治经济学锲而不舍的发展和创新精神，对巩固马克思主义政治经济学的指导地位具有重要启示。

（一）传承终生不渝的马克思主义信仰

吴宣恭正是具有坚定的马克思主义信仰，才使得他毕生致力于马克思主义经济理论的学习、研究和运用，为中国经济的改革与发展做出了卓越的贡献，充分展现了老一辈无产阶级革命家、思想家、教育家笃行马列、追求真理、勇于探索、甘于奉献的高尚情操。当前，全球范围内各种思想文化交流、交融、交锋日益频繁，意识形态领域渗透和反渗透的斗争愈演愈激烈，尤其是我国正处于社会结构深刻变动、经济体制深刻变革、利益格局深刻调整和思想观念深刻变化的关键时期，道德沦丧、信仰缺失、善恶颠倒、是非颠倒、荣辱不分，各种非马克思主义的思想观念有所滋长。在这种严峻的形势下，更需要我们传承吴宣恭那种为共产主义奋斗终生的理想信念、敢于与反马克思主义做斗争的决心和勇气及终生不渝地追求真理、勇于探索、甘于奉献的崇高精神，为新一轮全面深化改革凝聚正力量，书写实现中国梦的新篇章。

（二）坚持运用马克思主义的立场、观点和方法来分析、研究中国经济改革发展过程中出现的理论与实践难题

邓小平在总结社会主义建设经验教训时强调："我们主要的是要用马克思主义的立场、观点、方法来分析问题，解决问题。"[①] 习近平同志也指出："系统掌握马克思主义基本原理，才能完整准确地理解中国特色社会主义理论体系，才能创造性地运用马克思主义立场观点方法去分析和解决我们面临的实际问题，不断

---

① 邓小平文选（第二卷）[M]. 北京：人民出版社，1994：118.

地把中国特色社会主义事业推向前进。"① 可见，马克思主义的立场、观点和方法是无产阶级世界观和方法论的辩证统一，是科学分析问题和解决问题的法宝。吴宣恭熟练使用这一工具，在熟练掌握马克思主义基本原理的基础上，灵活运用马克思主义所有制与产权理论对我国经济改革与实践进行了理论探索，提出了许多创新性观点和解决办法。我们要向吴宣恭等老一辈革命家学习，读通、读懂、读透马克思经典著作，真正掌握马克思主义基本原理，坚持从实际出发及辩证的思维，运用马克思主义的立场、观点和方法对经济体制改革过程中出现的突出问题、实践难题进行分析和研究。

（三）用发展的眼光看待马克思主义，与时俱进地发展政治经济学理论

任何事物不是一成不变而是永恒发展的，人们的认识作为对客观事物的反映也必然随着事物的发展而不断发展。马克思主义作为科学的理论体系也应如此。邓小平曾指出："绝不能要求马克思为解决他去世之后上百年、几百年所产生的问题提供现成答案，列宁同样也不能承担为他去世后五十年、一百年所产生的问题提供现成答案的任务"② 马克思主义作为科学的理论体系，只有随着时代的发展、社会的变化而不断地发展，方能展现其科学的魅力。当前，随着我国经济体制改革的进一步深化，所有制结构的巨大变化使我国经济、政治、文化、社会、生态文明等领域产生诸多亟待破解的突出矛盾，如产能过剩、资源浪费、产业结构失衡、两极分化、贫富悬殊、环境污染、生态破坏等问题，这需要我们用发展的马克思主义予以分析和解决。吴宣恭以马克思经典书籍为基，深入研究了所有制与产权理论，不仅丰富与发展了马克思主义所有制与产权理论，而且有效地运用它对国有企业改革、商品经济与市场经济、劳动价值、分配关系等领域进行创造性的分析和研究，科学地解释财富悬殊、两极分化、官员腐败、内需不足等经济发展过程中出现的众多理论与实践难题，形成了内容丰富、体系完整的马克思主义制度经济学体系。可见，吴宣恭经济学术思想是科学的、发展的马克思主义，同时也彰显了马克思主义经济理论的科学性和旺盛的生命力。我们要坚持用发展的眼光来看待马克思主义，与时俱进地提出更加符合时代与实践发展需要的科学理论，通过发展创新永葆马克思主义理论的生机和活力，更好地指导改革实

① 新华网. 习近平强调：不断推进中国特色社会主义事业 [EB/OL]. http://news.xinhuanet.com/politics/2011 - 05/13/c_121414216. htm.

② 邓小平文选（第三卷）[M]. 北京：人民出版社，1993：291.

践，以巩固政治经济学理论的指导地位。

二、对贯彻落实全面深化改革的启示

作为所有制与产权理论研究的集大成者，吴宣恭并非孤立地研究所有制与产权理论，而是与中国具体实际相结合，把对所有制与产权制度的独到见解，广泛贯穿于社会主义微观经济和宏观经济领域的分析与研究之中，并在所有制改革理论、产权制度改革理论及社会主义初级阶段经济理论等方面都有丰硕的成果，这些理论成果对当下的经济体制改革都具有长远的理论价值和实践指导作用。

（一）要始终坚持公有制为主体地位的改革方向

吴宣恭在深入研究所有制基本理论的基础上，准确界定所有制在生产关系的基础地位和决定性作用，强调坚持适应全民所有制及公有制主体地位的改革方向是关系社会主义前途命运的根本大事，是评判改革成败的最重要标准。国有企业经济体制改革以来，无论是学界还是政界，都存在部分学者或政府借改革之机，散布反对公有制特别是国家所有制言论或实施私有化改革之路，导致一度"国""民"关系紧张或国有资产流失，严重影响人们对社会主义公有制的信任，大大削弱国有经济在国民经济的地位和作用。全民所有制适应高度社会化的大生产需要，只是在成立之初还不够成熟和强大，改革的目的是适应生产力发展需要，而不是废除全民所有制。党的十八届三中全会高瞻远瞩地做出了全面深化改革的决定，2015 年 8 月，中共中央、国务院又对深化国有企业改革提出全面的指导意见，在未来几年里，国有企业改革无论在力度、深度、广度还是在强度上将是空前的，这必然要求我们无论在思想上还是在行动上都要始终坚持公有制为主体地位的改革方向。首先，理论工作者要始终保持清醒的头脑，坚决与攻击和反对社会主义国家所有制的言行做斗争，揭露私有化鼓吹者的真实面目和手法，为"坚持社会主义初级阶段基本经济制度，坚持社会主义改革方向"提供科学理论，指导国有经济改革，使经济改革沿着科学大道前进。其次，深化改革过程中，要在数量上和质量上保证国有企业的主导地位，进一步提高国有经济的质和量，始终做到"减量不减'价'""加量更加'价'"。

（二）要始终以壮大国有经济作为全面深化改革目标

吴宣恭在研究所有制与产权基本理论基础上，强调发展公有经济对促进生产力发展，解决社会主要矛盾，化解阶级矛盾具有重要作用，集中反映了壮大国有经济的经济学术思想。《中共中央、国务院关于深化国有企业改革的指导意见》中再次指出国有企业是推进国家现代化与保障人民共同利益的重要力量，是党和国家事业发展的重要物质基础和政治基础，强调要继续深化改革，扫除障碍，做大做强做优国有企业。可见，吴宣恭经济学术思想对当下深化国有企业改革，发展壮大国有经济具有重要的参考价值。第一，国有企业产权制度改革要敢于创新，继续探索有效的所有制实现形式。一个民族是否繁荣昌盛的关键在于创新，创新是一个民族的灵魂，也是未来的希望。国有企业产权制度改革亦是如此。吴宣恭强调"一种所有制在建立以后，它内部的产权结构绝非一成不变，可能出现各式各样的产权配置格局"①。这必然要求我们针对不同类型的国有企业，更加大胆地探索有利于促进生产力发展，有利于激发劳动者积极性，有利于提高企业和社会效益的公有制实现形式，积极推进国有企业产权制度改革。第二，优化组织内部结构，建立和完善现代产权制度。吴宣恭非常重视产权明晰和配置合理相结合的改革观。现代产权制度是构建现代企业制度的基础，它有利于发挥各种产权主体的作用，增强企业创新动力。为此，我们要合理配置国有产权，着力解决产权主体缺位问题：要明确界定中央同地方各级政府、政府内各经济管理机构自身权责范围，正确处理国有资产责、权、利之间的关系，确保国有企业真正自主经营、自负盈亏；要明确国有企业产权内部配置与监督管理关系，正确处理各产权主体责、权、利，着力解决产权边界不明问题：要明确界定各级政府与国有资产、政府内各个部门与国有资产管理机构之间及国有企业的责、权、利关系，确保企业的法人财产权；要根据经济发展实际及不同类型国有企业需要，合理设置国有资产管理机构下的管理层次，提高经营管理效率。第三，要健全和完善法人治理结构。要转变企业经营管理方式，优化企业股份结构；要严格执行所有权与经营权分离要求，正确处理股东、董事会、经营者、管理者之间的责、权、利关系，健全和完善企业激励和监督约束机制，激发企业管理者、经营者的内在动力，通过实施年薪制、参股制、股票期权制等方式，保持企业管理者、经营者干事创新的激情与动力。同时要通过制定科学、合理的考核指标体系，约束和惩戒不法行为或渎职行为。第四，培育具有现代意识的人才队伍。人才资源是企业发展的第一资源，搞好国有企业需要一批具有现代意识的人才队伍。从社会层面来说，要继续深化教育改革，创新教育方式，提高国民素质，形成育才、引才、聚才和用才的良好环境，培育一支具有国际意识和管理经验的人才队伍，为国有企业发展提供强大的人才支撑。从企业层面来说，要建立和完善企业人才培养机

---

① 吴宣恭. 论公有制实现形式及其多样化 [J]. 中国经济问题, 1998（2）: 3.

制，提高人才培养经费投入，拓宽人才培养渠道和加强企业内部人才培养软、硬件设施建设，切实通过内培外训方式，不断加强企业职工综合素质；同时要注重加强企业技能型和应用型人才培养规划和培养力度，不断提高一线劳动队伍素质。

（三）要始终以分享改革成果作为全面深化改革的落脚点

吴宣恭运用所有制理论揭露我国分配不公的主要根源，强调社会主义应实现公平与效率互相促进，同向发展，这一思想对当下解决贫富悬殊、营造和谐氛围，实现人民幸福具有重要的指导意义。党的十八届三中全会提出"要以促进社会公平正义、增进人民福祉为出发点和落脚点，让一切创造社会财富的源泉充分涌流，让发展成果更多更公平惠及全体人民"①。为此，我们要从吴宣恭经济学术思想中摄取营养，指导当下的改革。首先，要加强私有企业劳动报酬的监督管理。当下，私有企业劳动报酬与福利待遇普遍低下，不仅给劳动者的生活带来困难，妨碍社会的和谐、稳定，而且不利于劳动者积极性、主动性的发挥，进而影响劳动者生产效率与有支付能力，妨碍市场繁荣与内需的拉动，与中央政策不符。对此，应改革私有企业劳动者收入制度，建立和完善最低工资制度和递增机制，逐步提高私有企业雇工劳动报酬；要建立和完善私有企业劳动、生活、医疗等保障制度，不断提高私有企业雇工劳动福利水平；同时，要发挥工会、工商联的监督作用，监督和推动私有企业正确、严格执行各项劳动法规，维护私有企业雇工的合法权益。其次，要进一步改革国有经济收入分配格局，合理制定国企利润上缴份额，在不削弱国企竞争力前提下，提高国有资本经营预算收入分红比例，让更多收入通过国民收入分配体系解决；要改革国有企业工资制度，合理设计垄断性行业与一般性行业、国企内部高管与一般职工的工资福利水平，要根据按劳分配原则，加强薪酬收入的监督与管理，切实缩小垄断性行业与一般性行业、国企内部高管与一般职工的工资福利差距；同时，还要建立和完善薪酬福利激励机制，引导和激发国企管理层的生产、经营积极性，提高社会经济效益。第三，要发挥政府的公共职能作用，通过实施宏观调控和履行公共职能，坚持公平公正原则，为社会发展提供公平的竞争环境；要调节好利益分配收入，规范各类隐性收入，保障公民福利和缩短收入分配差距，切实解决教育机会不公，社会保障体系、财税制度、法律制度不完善，区域发展不平衡等问题，为社会弱势群体的生存与发展提供更多的机会。第四，加强法制建设。要制定和完善劳动、工资

---

① 《中共中央关于全面深化改革若干重大问题的决定》（2013 年 11 月 12 日）。

与社会保障等领域的法律法规制度，并认真贯彻执行，保护劳动者合法权益不受侵犯；要积极推进与经济基础相适应的政治体制改革，以有效地推进收入分配制度改革；要完善权力监督举报制度，严肃党规法纪，形成党员不敢贪、不能贪、不想贪的反腐机制，杜绝腐败现象的产生。

三、对吴宣恭严谨治学精神和高尚品格的弘扬与传承

一个人在事业上取得的成就与个人的品德是分不开的。品德有多崇高，决定着一个人取得的成就就有多高。而人最值得尊重的，也正是他在追求和奋斗过程中表现出的优秀品德。吴宣恭在教育界和学术界受到人们的尊敬和爱戴，除去他在学术领域的成就外，更缘于他在治学精神、教书育人、为人处世的高尚品德。

（一）要弘扬和传承吴宣恭求真务实的严谨治学精神

吴宣恭不仅是马克思主义经济学领域的研究大家，成果显著，而且他那求真务实，不断创新和勇于批判的治学精神为广大经济学理论工作者和莘莘学子树立了榜样，更是一笔宝贵的财富。尤其是在社会主义市场经济体系尚不完善的背景下，我们应当从中汲取养料，得到启示，受到激励。当下，受市场经济功利主义的影响，越来越多的人开始重视当前物质利益，逐渐淡薄理想信念和道德情操，在学术上则表现为学术风气的急功近利与浮躁，学术腐败、学术欺骗、学术不端随处可见。为此，我们要弘扬和传承吴宣恭敢于和善于坐冷板凳，数十年如一日钻研经典著作，执着穷本探源、求真务实的治学精神，引导和教育广大科学研究者要持之以恒地钻研马克思主义经典著作，真正理解和掌握理论内涵，实事求是，坚持一切从实际出发，与时俱进，独立思考，不断创新；要坚定信念，执着追求，敢于挑战，坚决运用马克思主义的方法，解决中国经济发展过程中出现的理论和实践难题。只有广大科学研究者，尤其是青年研究者始终保持一名学者应有的学术热情、理性的精神和自觉、自律、自醒的意识，一切从经济发展的实际情况出发，勤于思考，敏于笔耕，勇于探索，大胆创新，必能在研究中出精品、出成果。

（二）要发扬和传承吴宣恭教书育人和为人处世的高尚品格

吴宣恭不仅是我国著名的马克思主义经济学家，而且还是一位孜孜不倦的教育家。高尔基曾说，"只有爱孩子的人，他才可以教育学生"。正是吴宣恭宽广胸怀和对教育事业的热爱，使他从弱冠之年登上大学讲坛至今，始终扎根于人民教

育事业，默默耕耘，呕心沥血，无私奉献，为党和人民培养了一大批出类拔萃的人才。其超凡的人格魅力不仅深受学生的爱戴和尊重，而且也深受教育界同仁们的敬重。一是注意夯实精深的专业理论知识和扩大学识视野，努力做到知识渊博、视野开阔，做到博与专的结合，更好地为学生答疑解惑，指点迷津。二是注重教学与科研相结合，将最新的科研成果反哺教学，不断地提高学术水平和教学水平，做到教研相长。三是专心致志，对教育事业坚贞不移，即使他身染重疾，也坚守教书育人第一线。这些人格魅力时刻地引领和感召着学生的成长。当下，吴宣恭的许多学生从事教育行业，其中不乏著名的专家、教授、博导，但他们仍在恩师人格魅力影响下，教书育人，为党和国家培育着未来的栋梁。我们要发扬和传承吴宣恭师德风范和师道大爱，提高师德师风，努力提升综合素质和教学水平，为发展社会主义教育事业贡献力量。

淡泊名利，宽容豁达是吴宣恭的生活信条。以前，福建省委曾提出要他担任厦门市领导，但吴宣恭始终认为自己是个教师，婉言谢绝，继续坚持教育岗位，因为他认为做老师比当官的乐趣多得多，教书不仅让自己获得更多的知识，还可以教会学生，让学生做出更多有利于国家、社会、人民的事。他待人蔼然诚恳，热情大方，宽容豁达，儒雅谦让；工作上乐于合作，顾全大局，情深义重，敢于担当；处事上泰然稳重，雍容自若；家庭关系上温馨和美、对后辈教育有方。同时，他还志趣高雅，常以诗词翰墨怡情养性。此种高尚的人格品性令人肃然起敬，也为青年一代树立了光辉的榜样。

总之，吴宣恭是一位只知耕耘，不问收获，只作奉献，不计回报的人，他的影响和力量已不在于提出多少观点，发表多少篇文章，而在于他人格品性的高尚和学问的精湛。这些都是我们终身受益的宝贵财富。高山仰止，景行行止，虽不能至，心向往之。严谨的治学精神，崇高的人格品性和渊博的学识，已使吴宣恭升华为一个高尚的人、一个纯粹的人，一个有道德的人，一个有益于时代和人民的人。我们作为一名马克思主义经济思想的研究者，更应弘扬吴老璀璨的思想光芒和高尚的人格品性，加以发扬光大，让更多的经济研究者、求知者受益、成长。

第十四章

结　　论

改革开放以来，党和政府始终坚持把马克思主义与中国具体实际相结合，紧紧围绕经济建设为中心，深化改革力度，加快发展步伐，战胜一系列发展困难和挑战，使我国的经济总量跃升世界第二位，国家的综合实力、人民生活水平及国际竞争力和影响力都得到显著提高，国家面貌发生新的历史性变化。这些成就的取得是以包括吴宣恭在内的一大批马克思主义经济学家对中国经济问题筚路蓝缕、孜孜不倦地探索和努力分不开的。在 70 多年的教学与学术生涯中，吴宣恭始终秉承求真务实的科学态度，坚持理论与实践、批判与创新相结合的原则，对马克思主义所有制和产权制度进行长期的、创新性的跟踪研究，并从我国具体实际出发，以严谨而富有说服力的论述，把所有制与产权制度理论的独到见解，广泛贯穿于社会主义微观经济和宏观经济领域的分析与研究之中，深入批判了多种错误的理论，在许多方面阐述了自己的创新见解，提出了一系列重要理论观点，形成了内容丰富、体系完整的马克思主义制度经济学，为我国经济体制改革、发展与马克思主义制度经济学建设做出了卓越的贡献。吴宣恭的经济学术思想根植于中国，是被中国经济改革实践所检验的科学的马克思主义，是宝贵的一笔理论财富。挖掘和发扬吴宣恭经济学术思想，对学习研究马克思主义、了解我国社会主义经济改革发展和相应的理论研究的客观进程和历史经验，及坚持全面深化改革，推进中国经济持续、健康、稳定的发展具有重要的启示价值。

一、有助于青年学者理解和掌握马克思主义经济学

在 70 多年的经济研究工作中，吴宣恭始终坚持马克思主义基本原理同中国具体实际相结合，对我国社会主义经济建设进行多方面的思考，尤其在所有制与

产权理论、国有企业改革、市场经济建设、价值理论、分配理论、社会经济发展、经济社会关系、政治经济学学科建设等方面都有理论建树，并随着经济体制改革的深入而熠熠生辉，彰显出其科学性与旺盛的生命力。可以说，马克思主义的基本原理是吴宣恭从事经济理论与实践研究的理论依据，吴宣恭探索中国经济建设所形成的思想是对马克思主义经济理论的充实和发展，是学习和研究中国特色社会主义经济学的一个重要组成部分。为此，深入研究吴宣恭经济学术思想，有助于理解当代中国马克思主义经济学家对马克思主义经济理论的学习、运用和发展及深入学习、运用和发展马克思主义。

二、有助于青年学者理解和掌握中国特色社会主义经济发展的脉络

新中国成立以来，社会主义政治经济学经历了从无到有、从封闭到开放、从单一到多元的渐进过程。这一过程无一不是以包括吴宣恭在内的众多经济学人的艰辛探索及心血结晶。1951年，吴宣恭毕业留校从事马克思主义经济理论教学与研究工作以来，不仅见证了社会主义政治经济学的发展轨迹，而且为新中国经济学的蓬勃发展做出了积极的贡献。改革开放后，吴宣恭立足中国国情，以求真务实的科学态度，对中国社会主义经济建设进行卓有成效的理论探索和开拓创新，并在许多方面阐述了自己的创新见解，提出了一系列重要的理论观点。他的许多经济学术思想都被党和政府所采纳，并为实践所检验，已成为指导中国特色社会主义经济建设的重要理论来源。为此，深入研究吴宣恭经济学术思想，有助于了解与掌握我国社会主义经济发展规律、解决重大理论与实践难题经验及中国特色社会主义经济理论体系和发展脉络。当前，我国发展进入新阶段，改革也进入攻坚期和深水区，面对着经济发展不平衡、不协调、不可持续，产业结构不合理、贫富差距进一步拉大，环境污染进一步恶化等众多理论和实践难题，我们更应深入学习和弘扬吴宣恭经济学术思想精髓，立足实际，在扎实调研基础上大胆探索和创新，不断丰富马克思主义经济学理论体系，为进一步推动全面深化改革，更好实现中国梦提供理论指导。

三、有助于青年学者摄取成长营养，锤炼品性

厦门虽远离政治经济中心，但吴宣恭仍时刻关注着祖国的繁荣昌盛与人民的富裕幸福，始终以振兴中国经济、丰富经济理论为己任。高度的历史责任感、严

谨的治学精神使他能够在复杂的经济关系中坚定不移地推进马克思主义理论与中国经济具体实践相结合，不顾个人得失，不唯书，不唯上，进行独立的理论探索和开拓，积极地为中国经济的改革与发展建言献策，提出了许多真知灼见，不仅丰富了马克思主义理论，而且为中国的繁荣富强做出了积极贡献。可以说，吴宣恭高度历史责任感、严谨治学精神和崇高的爱国情怀为广大经济学人树立了榜样，已成为青年学者学习的标杆。面对新的历史条件下，广大经济学人，尤其是青年学者，要弘扬以吴宣恭为代表的老一辈马克思主义经济学家高度历史责任感、严谨治学精神和崇高的爱国情怀，从中摄取成长营养，得到启示，锤炼品性，受到激励，为中国经济的繁荣发展贡献自己应有力量。

吴宣恭经济学术思想涉及领域广、内涵丰富，限于本人的水平与知识结构，未能在本书中一一体现；凡未涉及之处，亦是今后进一步研究的课题。

参 考 文 献

一、经典著作和重要文献

[1] 马克思恩格斯选集（第 1 卷）［M］. 北京：人民出版社，1972.

[2] 马克思恩格斯选集（第 2 卷）［M］. 北京：人民出版社，1972.

[3] 马克思恩格斯全集（第 3 卷）［M］. 北京：人民出版社，1974.

[4] 马克思恩格斯选集（第 3 卷）［M］. 北京：人民出版社，1972.

[5] 马克思恩格斯全集（第 23 卷）［M］. 北京：人民出版社，1972.

[6] 马克思恩格斯全集（第 24 卷）［M］. 北京：人民出版社，1972.

[7] 马克思恩格斯全集（第 25 卷）［M］. 北京：人民出版社，1972.

[8] 马克思恩格斯全集（第 27 卷）［M］. 北京：人民出版社，1972.

[9] 马克思恩格斯选集（第 1 卷）［M］. 北京：人民出版社，1995.

[10] 马克思恩格斯选集（第 2 卷）［M］. 北京：人民出版社，1995.

[11] 马克思恩格斯选集（第 3 卷）［M］. 北京：人民出版社，1995.

[12] 马克思恩格斯选集（第 4 卷）［M］. 北京：人民出版社，1995.

[13] 列宁选集（第 2 卷）［M］. 北京：人民出版社，1972.

[14] 列宁选集（第 4 卷）［M］. 北京：人民出版社，1972.

[15] 斯大林选集：上卷 ［M］. 北京：人民出版社，1979.

[16] 毛泽东文集（第八卷）［M］. 北京：人民出版社，1996.

[17] 毛泽东文集（第七卷）［M］. 北京：人民出版社，1999.

[18] 毛泽东文集（第八卷）［M］. 北京：人民出版社，1999.

[19] 邓小平文选（第二卷）［M］. 北京：人民出版社，1994.

[20] 邓小平文选（第三卷）［M］. 北京：人民出版社，1994.

[21] 中共中央文献研究室编. 改革开放以来历届三中全会文件汇编 ［G］. 北京：人民出版社，2013.

[22] 中共中央文献研究室编. 十二大以来重要文献选编（上中下）［G］. 北京：人民出版社，2011.

［23］中共中央文献研究室编．十三大以来重要文献选编（上中）［G］．北京：人民出版社，2011.

［24］中共中央文献研究室编．十三大以来重要文献选编（下）［G］．北京：人民出版社，2013.

［25］中共中央文献研究室编．十四大以来重要文献选编（上中下）［G］．北京：人民出版社，2011.

［26］中共中央文献研究室编．十五大以来重要文献选编（上中）［G］．北京：人民出版社，2000.

［27］中共中央文献研究室编．十五大以来重要文献选编（下）［G］．北京：人民出版社，2003.

［28］中共中央文献研究室编．十六大以来重要文献选编（上中下）［G］．北京：人民出版社，2011.

［29］中共中央文献研究室编．十七大以来重要文献选编（上）［G］．北京：人民出版社，2009.

［30］中共中央文献研究室编．十七大以来重要文献选编（中）［G］．北京：人民出版社，2011.

［31］中共中央文献研究室编．十七大以来重要文献选编（下）［G］．北京：人民出版社，2013.

［32］中共中央文献研究室编．十八大以来重要文献选编（上）［G］．北京：人民出版社，2014.

［33］《中华人民共和国国民经济和社会发展十年规划和第八个五年计划纲要》（1991年4月）。

［34］《中华人民共和国国民经济和社会发展"九五"计划和2010年远景目标纲要》（1996年3月）。

［35］《中华人民共和国国民经济和社会发展第十个五计划纲要》（2001年3月）。

［36］《中华人民共和国国民经济和社会发展第十一个五规划纲要》（2006年3月）。

［37］中共中央文献研究室编．江泽民论有中国特色社会主义（专题摘编）［G］．北京：中央文献出版社，2002.

［38］胡锦涛．在庆祝中国共产党成立90周年大会上的讲话［M］．北京：人民出版社，2011.

［39］江泽民．论有中国特色社会主义（专题摘编）［M］．北京：中央文献

出版社，2002.

［40］习近平．紧紧围绕坚持和发展中国特色社会主义学习宣传贯彻党的十八大精神［M］．北京：人民出版社，2012.

［41］习近平：2014 年 1 月 6 日在会见嫦娥三号任务参研参试人员上的讲话。

［42］习近平：2014 年 8 月 18 日在中央深化改革领导小组第四次会议的讲话。

［43］习近平：2015 年 1 月 24 日在中共中央政治局第二十次集体学习时的讲话。

［44］习近平：2015 年 7 月 17 日在吉林调研时发表的重要讲话。

二、吴宣恭著作及相关文章

（一）吴宣恭著作

［1］蒋家俊，吴宣恭主编．政治经济学（社会主义部分）［M］．成都：四川人民出版社，1988.

［2］吴宣恭主编．社会主义所有制结构改革［M］．杭州：浙江人民出版社，1994.

［3］蒋家俊，吴宣恭主编；南方十六所大学《政治经济学》教材编写组编．社会主义政治经济学新编［M］．杭州：浙江人民出版社，1994.

［4］吴宣恭主编．社会主义所有制结构改革［M］．浙江：浙江人民出版社1994.

［5］吴宣恭等．产权理论比较：马克思主义与西方现代产权学派［M］．北京：经济科学出版社，2000.

［6］吴宣恭文集（上、下）［M］．北京：经济科学出版社，2010.

（二）吴宣恭发表的文章

［1］吴宣恭．个别企业劳动生产率与商品价值量的关系——与孙连成同志商榷［J］．中国经济问题，1964（9）．

［2］吴宣恭，谢佑权．按劳分配不是产生资产阶级的经济基础［J］．中国经济问题，1977（4）．

［3］吴宣恭．试论我国现阶段的社会性质［J］．中国经济问题，1979（5）．

［4］吴宣恭．试论生产资料所有制是生产关系的独立组成部分和基础［J］．教学与研究，1980（2）．

［5］吴宣恭．论生产资料所有制是生产关系的基础［J］．中国社会科学，1981（2）．

［6］吴宣恭．试析社会主义不发达阶段社会生产目的的特点［J］．经济理论

与经济管理, 1981 (4).

[7] 吴宣恭. 生产资料的所有、占有、支配、使用关系 [J]. 学术月刊, 1982 (6).

[8] 吴宣恭. 根据凝固形态的劳动实现按劳分配的几个问题 [J]. 福建论坛, 1983 (5).

[9] 吴宣恭. 国营企业的经济改革和全民所有制内部关系的调整 [J]. 中国经济问题, 1983 (5).

[10] 吴宣恭. 我国的国家所有制实质上是社会主义全民所有制 [J]. 中国经济问题, 1984 (2).

[11] 吴宣恭. 全面认识两种意义的社会必要劳动的作用 [J]. 江西社会科学, 1984 (2).

[12] 吴宣恭. 实行奖金不封顶必须处理好的几个关系 [J]. 福建论坛 (经济社会版), 1984 (9).

[13] 吴宣恭. 三种占有方式和所有权经营权的适当分开 [J]. 中国经济问题, 1985 (5).

[14] 吴宣恭. 一位杰出经济学家和教育家的光辉历程——在"王亚南经济和教育思想学术报告会"上的讲话 [J]. 厦门大学学报 (哲学社会科学版), 1987 (2).

[15] 吴宣恭. 社会主义初级阶段基本经济特征简述 [J]. 中国经济问题, 1988 (2).

[16] 吴宣恭. 承包经营责任制的产权关系和深化改革的方向 [J]. 教学与研究, 1990 (2).

[17] 吴宣恭. 论全民的所有制企业劳动产品的归属关系 [J]. 社会科学战线, 1990 (3).

[18] 吴宣恭. 论社会主义公有制和有计划商品经济的统一 [J]. 高校理论战线, 1991 (5).

[19] 吴宣恭. 现阶段社会主义公有制和商品经济的内在统一 [J]. 学术月刊, 1991 (8).

[20] 吴宣恭. 公有制产权与有计划商品经济 [J]. 学术月刊, 1992 (1).

[21] 吴宣恭. 利用承包制的特点实现计划经济与市场调节相结合 [J]. 经济学家, 1992 (2).

[22] 吴宣恭. 深化全民所有制的改革　充分调动劳动者的积极性 [J]. 高校理论战线, 1992 (3).

［23］吴宣恭，李文溥．全民所有制实现形式的比较研究［J］．经济理论与经济管理，1992（6）．

［24］吴宣恭，黄少安．产权所有权法权［J］．学术月刊，1993（4）．

［25］吴宣恭．在股份制试点中必须维护公有资产权益［J］．国有资产管理，1993（6）．

［26］吴宣恭．股份公司的产权关系、运行机制和作用［J］．中国社会科学，1994（2）．

［27］吴宣恭．公司制企业法人财产权的内涵和实质［J］．中国经济问题，1994（6）．

［28］吴宣恭．论法人财产权［J］．中国社会科学，1995（2）．

［29］吴宣恭．试论中国股票市场的目标模式和实现措施［J］．中国经济问题，1995（6）．

［30］吴宣恭．价值创造和马克思主义的劳动价值论［J］．学术月刊，1995（9）．

［31］吴宣恭．按照全民所有制的本性，搞好国有企业的产权制度改革［J］．高校理论参考，1995（11）．

［32］吴宣恭．Stock Companies：Property Rights Relationships, Operational Mechanisms, and Functions［J］．*Social Sciences in China*，1996（1）．

［33］吴宣恭．国有产权制度改革必须适应全民所有制的本性［J］．中国人民大学学报，1996（3）．

［34］吴宣恭．端正方向，加快住房建设，支撑我国经济持续快速增长［J］．中国经济问题，1996（4）．

［35］吴宣恭．系统、深入研究现代产权经济学——评黄少安《产权经济学导论》［J］．学术月刊，1996（10）．

［36］吴宣恭．建立完善有效的国有产权制度［J］．中国经济问题，1997（2）．

［37］吴宣恭．论实现经济增长方式的转变［J］．大连大学学报，1997（3）．

［38］吴宣恭．重视和抓紧产权制度改革［J］．福建改革，1997（4）．

［39］吴宣恭．努力实现转变经济增长方式的任务［J］．经济评论，1997（4）．

［40］吴宣恭．全面准确地理解和运用邓小平理论［J］．福建学刊，1997（6）．

［41］吴宣恭．论公有制实现形式及其多样化［J］．中国经济问题，1998（2）．

［42］吴宣恭．物化劳动不能创造价值和剩余价值［J］．经济评论，1998（3）．

［43］吴宣恭．集中力量解决主要矛盾，促进住宅建设［J］．经济纵横，1998（8）．

［44］吴宣恭．马克思主义产权理论与西方现代产权理论比较［J］．经济动

态，1999（1）.

[45] 吴宣恭. 所有制理论与社会主义政治经济学创新 [J]. 东南学术，1999（2）.

[46] 吴宣恭. 马克思主义产权理论与西方现代产权理论的不同 [J]. 经济研究参考，1999（25）.

[47] 吴宣恭. 关于国有企业战略性改组的几个问题 [J]. 福建改革，2000（1）.

[48] 吴宣恭. 西方现代产权理论的影响和社会实践——从与马克思主义产权理论的比较看 [J]. 学术月刊，2000（2）.

[49] 吴宣恭. 积极推进国有经济的战略性改组 [J]. 中国经济问题，2000（2）.

[50] 吴宣恭. 西方现代产权学派对产权关系社会性质的认识——与马克思主义产权理论比较 [J]. 福建论坛（经济社会版），2000（9）.

[51] 吴宣恭. 个体、私营经济的问题和困难及其解决途径 [J]. 上海商业，2000（10）.

[52] 吴宣恭. 您的关注 我的思考——正确认识和发挥国有经济的双重职能 [J]. 开放潮，2001（1）.

[53] 吴宣恭. 中小企业产权制度的比较与调整 [J]. 厦门大学学报（社科版），2001（1）.

[54] 吴宣恭，周小亮. 立足本土、视角独特的创新之作——《市场进入退出与企业竞争战略》简评 [J]. 福建论坛（人文社会科学版），2001（6）.

[55] 吴宣恭. 流通领域国有经济的战略性结构调整 [J]. 上海商业，2001（10）.

[56] 吴宣恭. 产权、价值与分配关系 [J]. 当代经济研究，2002（2）.

[57] 吴宣恭. 产权、价值与分配关系 [J]. 高校理论战线，2002（2）.

[58] 吴宣恭. 企业集群的优势及形成机理 [J]. 经济纵横，2002（11）.

[59] 吴宣恭. 关于物权法基本权利体系的几点经济学思考 [J]. 中国经济问题，2003（4）.

[60] 吴宣恭. 关于"生产要素按贡献分配"的理论 [J]. 当代经济研究，2003（12）.

[61] 吴宣恭. 按产权关系的特征认识所有制的性质 [J]. 高校理论战线，2004（5）.

[62] 吴宣恭. 关于发展总部经济的几个问题 [J]. 福建论坛（人文社会科学版），2005（10）.

[63] 吴宣恭. "人力资本"概念悖论分析 [J]. 经济学动态，2005（10）.

［64］吴宣恭."企业契约论"对企业本质的歪曲［J］.高校理论战线，2005（11）.

［65］吴宣恭.关于企业的本质——兼评交易费用学派的企业理论［J］.经济纵横，2006（1）.

［66］吴宣恭.关于总部经济的几个问题［J］.开放潮，2006（4）.

［67］吴宣恭.马克思主义的企业产权理论［J］.当代经济研究，2006（10）.

［68］吴宣恭.实现公平与效率互相促进［J］.经济纵横，2007（1）.

［69］吴宣恭.国际价值形成和实现的几个问题［J］.福建论坛（人文社会科学版），2007（2）.

［70］吴宣恭.国有经济改革及其主要指导思想［J］.理论视野，2007（3）.

［71］吴宣恭.正确认识利益相关论者的企业产权和社会责任观［J］.经济学家，2007（6）.

［72］吴宣恭."利益相关者"理论的企业产权和社会责任观评析［J］.当代经济研究，2008（2）.

［73］吴宣恭.继续保持弘扬真理、旗帜鲜明的优良风格［J］.高校理论战线，2008（3）.

［74］吴宣恭.科学认识资本与劳动关系的重要理论——重温《雇佣劳动与资本》的启示［J］.高校理论战线，2008（5）.

［75］吴宣恭.评对抗"官本经济"的"民本经济"论——与高尚全先生商榷［J］.马克思主义研究，2008（9）.

［76］吴宣恭.美国次贷危机引发的经济危机的根本原因［J］.经济学动态，2009（1）.

［77］吴宣恭.从政府行为看经济学的影响——关于霍邱巨奖事件的理论思考［J］.当代经济研究，2009（11）.

［78］吴宣恭.从生产关系的主导因素探讨中国经济学的主线［J］.政治经济学评论，2010（1）.

［79］吴宣恭.分配不公的主要矛盾、根源和解决途径［J］.经济学动态，2010（11）.

［80］吴宣恭.我国收入和财富悬殊的主要根源［J］.当代社科视野，2011（1）.

［81］吴宣恭.阶级分析在我国政治经济学中的地位［J］.政治经济学评论，2011（2）.

［82］吴宣恭.所有制改革应保证公有制的主体地位［J］.管理学刊，2011

(5).

［83］吴宣恭．对当前经济问题的阶级分析［J］．国企，2011（5）．

［84］吴宣恭．再谈分配不公的主要矛盾和根源——兼答何炼成教授［J］．当代经济研究，2011（8）．

［85］吴宣恭．根据所有制实际重新分析当前阶段的社会主要矛盾［J］．政治经济学评论，2012（1）．

［86］吴宣恭．国有独资公司的产权特点及其改革前景［J］．经济纵横，2012（6）．

［87］吴宣恭．"三尺书几亦轮台"——我的学术历程［J］．毛泽东邓小平理论研究，2012（11）．

［88］吴宣恭．评美化资本主义私有经济的"间接所有制"论［J］．毛泽东邓小平理论研究，2013（2）．

［89］吴宣恭．论作为政治经济学研究对象的生产方式范畴［J］．当代经济研究，2013（3）．

［90］吴宣恭．当前阶段我国所有制和经济规律的变化［J］．经济纵横，2013（8）．

［91］吴宣恭．马克思主义所有制理论是政治经济学分析的基础［J］．马克思主义研究，2013（7）．

［92］吴宣恭．西方的发展模式无法持续下去了［J］．郑州轻工业学院学报（社会科学版），2015（5）．

［93］吴宣恭．对社会主义市场经济特有优势与国有经济主导作用的再认识［J］．毛泽东邓小平理论研究，2015（1）．

［94］吴宣恭．对马克思"重建个人所有制"的再理解［J］．马克思主义研究，2015（2）．

［95］吴宣恭．重视所有制研究，学好用好政治经济学［J］．政治经济学评论，2015（1）．

［96］吴宣恭．运用唯物史观　提高对中国特色社会主义经济规律的认识——领会践行习近平关于加强学习历史唯物主义的重要讲话［J］．当代经济研究，2015（11）．

（三）吴宣恭参加学术会议的文献

［1］吴宣恭．评若干根本否定全民所有制的观点［R］．全国高校社会主义经济理论与实践研讨会第2次会议，杭州，1987．

［2］吴宣恭，林金锭．沿海经济发展战略的思考［R］．全国高校"纪念十

一届三中全会十周年暨社会主义经济理论与实践研讨会"，武汉，1988.

[3] 吴宣恭. 巩固和发展公有制全民企业劳动产品的归属关系 [R]. 全国高校"纪念中华人民共和国成立40周年暨社会主义经济理论与实践研讨会"，广州，1989.

[4] 吴宣恭. 利用承包制的特点实现计划经济与市场调节相结合 [R]. 全国高校社会主义经济理论与实践研讨会第6次会议，湘潭，1991.

[5] 吴宣恭. 股份制的产权关系、运行机制与作用 [R]. 全国高校社会主义经济理论与实践研讨会第7次会议，上海，1993.

[6] 吴宣恭. 论法人财产权. 冯子标编 [R]. 全国高校社会主义经济理论与实践研讨会第8次会议，太原，1994. 太原：山西人民出版社，1995.

[7] 吴宣恭. 按照全民所有制的本性搞好国有企业的产权制度改革 [R]. 全国高校社会主义经济理论与实践研讨会第9次会议，济南，1995.

[8] 吴宣恭. 建立产权立法和保障体系 [R]. 全国高校社会主义经济理论与实践研讨会第10次会议. 成都，1996.

[9] 吴宣恭. 我国产权制度改革必须以马克思主义产权理论为指导 [R]. 全国高校社会主义经济理论与实践研讨会第12次会议，郑州，1998.

[10] 吴宣恭. 马克思主义产权理论和西方现代产权理论在社会实践中的作用 [R]. 全国高校社会主义经济理论与实践研讨会第13次会议，沈阳，1999.

[11] 吴宣恭. 中小企业产权制度的比较与调整 [R]. 全国高校社会主义经济理论与实践研讨会第14次会议，福州，2000.

[12] 吴宣恭. 产权、价值与分配的关系 [R]. 全国高校社会主义经济理论与实践研讨会第15次会议，广州，2001.

[13] 吴宣恭. "全国高校社会主义经济理论与实践研讨会"第17次年会开幕词 [R]. 全国高校社会主义经济理论与实践研讨会第17次会议，厦门，2003.

[14] 吴宣恭. 关于按生产要素贡献分配 [R]. 全国高校社会主义经济理论与实践研讨会第17次会议，厦门，2003.

[15] 吴宣恭. "人力资本"概念悖论分析 [R]. 全国高校社会主义经济理论与实践研讨会第十九次大会，北京，2005.

[16] 吴宣恭. 马克思主义的企业产权理论 [R]. 当代马克思主义经济理论国际研讨会，厦门，2006.

[17] 吴宣恭. "全国高校社会主义经济理论与实践研讨会"第21次年会开幕词 [R]. 全国高校社会主义经济理论与实践研讨会第21次会议，广州，2007.

[18] 吴宣恭. 利益相关论者的企业产权和社会责任观评析 [R]. 全国高校

社会主义经济理论与实践研讨会第21次会议，广州，2007.

[19] 吴宣恭. 当前这场金融危机的根本原因 [R]. 全国高校社会主义经济理论与实践研讨会第22次会议，上海，2008.

[20] 吴宣恭. 从政府行为看经济学的影响——关于霍邱巨奖事件的理论思考 [R]. 全国高校社会主义经济理论与实践研讨会第23次会议，长春，2006.

[21] 吴宣恭. 分配不公的主要矛盾、根源和解决途径 [R]. 全国高校社会主义经济理论与实践研讨会第24次年会，北京，2010.

[22] 卫兴华，吴宣恭. "全国高校社会主义经济理论与实践研讨会" 第25次年会祝词 [R]. 全国高校社会主义经济理论与实践研讨会第25次年会，沈阳，2011.

[23] 吴宣恭. 社会主义初级阶段的社会主要矛盾 [R]. 全国高校社会主义经济理论与实践研讨会第25次年会，沈阳，2011.

[24] 吴宣恭. 生产方式概念及其相关的几个理论问题 [R]. 全国高校社会主义经济理论与实践研讨会第26次年会，开封，2012.

[25] 吴宣恭. 我国当前阶段所有制和经济规律的变化 [R]. 中国经济规律研究会第23届年会暨第2届全国马克思主义经济学论坛，福州，2013.

[26] 吴宣恭. 转换发展模式振兴华夏经济 [R]. 全国高校社会主义经济理论与实践研讨会第27次年会，贵阳，2013.

（四）吴宣恭发表在报纸上的文章

[1] 吴宣恭，谷书堂，林兆木. 试论价值决定和价值实现 [N]. 光明日报，1963 - 01 - 14.

[2] 吴宣恭，谷书堂，林兆木. 关于价值决定与价值实现的再认识 [N]. 光明日报，1963 - 07 - 29.

[3] 吴宣恭. 论全民所有制企业的产权关系 [N]. 光明日报，1990 - 03 - 24.

[4] 吴宣恭. 国企产权改革既要产权明晰又要配置合理 [N]. 经济日报，1995 - 08 - 28.

[5] 吴宣恭. 积极探索效益优良的公有制实现形式 [N]. 福建日报（理论版），1998 - 10 - 29.

[6] 吴宣恭. 重视中小型企业的产权结构调整 [N]. 福建日报，2000 - 10 - 11.

[7] 吴宣恭. 治学是生活不可或缺的内容 [N]. 光明日报，2000 - 11 - 28.

[8] 吴宣恭. 明确我国改革的性质和方向 [N]. 福建日报，2001 - 04 - 18.

[9] 吴宣恭. 关于现代经济中价值决定的三个问题 [N]. 人民日报，2002 -

05－11.

［10］吴宣恭．兼顾劳动收入和非劳动收入［N］．人民日报，2003－01－14.

［11］吴宣恭．完善国有资产管理体制［N］．福建日报，2003－01－14.

［12］吴宣恭．从产权角度看保护私人财产［N］．人民日报，2003－02－11.

［13］吴宣恭．产权与保护私人财产［N］．中华工商时报，2003－05－27.

［14］吴宣恭．切实维护好产权主体的权能和利益［N］．中国改革报，2003－12－18.

［15］吴宣恭．坚持以马克思主义为指导［N］．福建日报，2004－03－16

［16］吴宣恭，海鹰，陈冬．打开蓝皮书细细"悦读"厦门文化［N］．厦门日报，2006－07－13.

［17］吴宣恭．《中国省域经济综合竞争力研究报告》评介［N］．经济日报，2007－02－05.

［18］吴宣恭．改革要抓住关键所在［N］．福建日报，2007－12－05.

［19］吴宣恭．清晰界定公司的产权关系［N］．人民日报，2008－04－21.

［20］吴宣恭．构造完善农村制度解决"二元"问题［N］．沈阳日报，2008－09－22.

［21］吴宣恭．分配不公的主要矛盾、根源和解决途径［N］．中国船舶报，2011－06－17.

［22］吴宣恭．厦门大学教授．重视所有制理论研究创新［N］．人民日报，2015－04－13.

（五）吴宣恭经济学术思想研究成果和访谈录

［1］洪远朋，曾天章．《政治经济学社会主义部分》（南方本）四版评介［J］．学术月刊，1986（3）.

［2］肖延方，宋光华．评国家教委社科司组编的《政治经治学》教材［J］．中国经济问题，1995（5）.

［3］杨时旺．勇于探索推陈出新——评蒋家俊、吴宣恭教授主编《社会主义政治经济学新编》［J］．世界经济文汇，1996（1）.

［4］程恩富，包亚钧．评介《社会主义政治经济学新编》［J］．中国经济问题，1996，01：63－64.

［5］吴宣恭．博士生导师介绍［J］．东南学术，1999（2）.

［6］程恩富．开拓、比较与创新——评《产权理论比较》［J］．经济评论，2001（4）.

［7］朱光华．产权理论比较研究的力作［J］．福建论坛（经济社会版），

2001（5）.

[8] 何诚颖. 吴宣恭教授学术思想简介 [J]. 高校理论战线，2002（9）.

[9] 杰出经济学家——吴宣恭 [J]. 海派经济学，2006（1）.

[10] 何诚颖，李鹏，赵振华. 吴宣恭教授经济学思想介绍 [J]. 海派经济学，2006（1）.

[11] 封面人物 [J]. 经济纵横，2006（14）.

[12] 李静. 不爱做官爱教书　婉拒担任副市长 [N]. 厦门日报，2010 - 11 - 21.

[13] 贺东伟. "所有制和产权理论"学术研讨会暨吴宣恭教授从教60年庆典综述 [J]. 经济学动态，2011（2）.

[14] 侯为民. 吴宣恭经济思想扫描 [J]. 管理学刊，2011（4）.

[15] 当代马克思主义经济学家吴宣恭 [J]. 当代经济研究，2011（8）.

[16] 经济学人 [J]. 经济纵横，2011（11）.

[17] 王浩宇，邬秀君，徐靖芮. 吴宣恭：学术是人生的一部分 [J]. 中国研究生，2012（5）.

[18] 周小亮. 吴宣恭：经济理论贡献与特色 [J]. 学术评论，2013（4）.

[19] 叶龙祥. 中国马克思主义制度经济学家吴宣恭 [J]. 经济学家，2016（1）.

三、其他著作和相关论文

（一）学术著作

[1] 胡德坤，宋俭. 中国近现代史纲要 [M]. 武汉：武汉大学出版社，2013.

[2] 郑宏. 厦门大学文化的历史与解读 [M]. 厦门：厦门大学出版社，2010.

[3] 上海师范大学政教系等编. 学习社会主义政治经济学 [M]. 上海：上海人民出版社，1986.

[4] 江平. 法人制度论 [M]. 北京：中国政治大学出版社，1994.

[5] 柴振国等著. 企业法人财产权的反思与重构 [M]. 北京：法律出版社，2001.

[6] 佟柔主编. 论国家所有权 [M]. 北京：中国政法大学出版社，1997.

[7] 王利明著. 物权法论 [M]. 北京：中国政法大学出版社，1998.

[8] 梅慎实著. 现代公司治理结构规范运作论（修订版）[M]. 北京：中国法制出版社，2002.

［9］国家体改委政策法规司编．国有企业监督管理条例释义［M］．北京：企业管理出版社，1988.

［10］彭万林主编．民法学［M］．北京：中国政法大学出版社，1997.

［11］张军著．现代产权经济学［M］．上海：上海人民出版社，1994.

［12］黄少安著．产权经济学导论［M］．济南：山东人民出版社，1995.

［13］廖运凤编著．新制度经济学［M］．北京：知识产权出版社，2012.

［14］范永进，朱瑶翠．经济体制改革和股份制实践［M］．上海：上海社会科学院出版社，2012：14.

［15］董书城．价值的源泉——对象化的劳动［M］．北京：中国经济出版社，2000.

［16］陈琦伟．国际竞争论［M］．上海：学林出版社，1986.

［17］杨圣明．中国对外经贸理论前沿［M］．北京：社会科学文献出版社，1999.

［18］段若鹏，钟声，王心富．中国现代化进程中的阶层结构变动研究［M］．北京：人民出版社，2002.

［19］武俊平．我是谁——当代中国代的社会定位［M］．呼和浩特：内蒙古人民出版社，1997；陆学艺．当代中国社会阶层报告［M］．北京：社会科学文献出版社，2002.

［20］韩树英．马克思主义哲学纲要［M］．北京：人民出版社，1983.

［21］陈胜昌等编．社会主义政治经济学理论体系集锦［M］．杭州：浙江人民出版社，1986.

［22］江苏人民出版社编．我的经济观（5）：当代中国百名经济学家自述［M］．南京：江苏人民出版社，1992.

［23］肖林主编．当代闽南名人第1辑［M］．北京：光明日报出版社，1994.

［24］尹世杰等．走向市场：经济学家的思路［M］．长沙：湖南出版社，1994.

［25］吴敬琏．经济增长模式的抉择［M］．上海：上海远东出版社，2006：116.

［26］吴宣恭主编．社会主义所有制结构改革［M］．杭州：浙江人民出版社，1994.

［27］蒋家俊，吴宣恭主编；南方十六所大学《政治经济学》教材编写组编．社会主义政治经济学新编［M］．杭州：浙江人民出版社，1994.

［28］宋涛，卫兴华主编 . 40 位经济学家关于推进国有企业改革的多角度思考［M］. 北京：经济科学出版社，1996.

［29］福建省人民政府办公厅，福建省人民政府发展研究中心编 . 福建：跨世纪战略研究（下）［M］. 福州：福建人民出版社，1997.

［30］国务院学位委员会办公室编 . 中国社会科学家自述［M］. 上海：上海教育出版社，1997.

［31］朱崇实主编；翁勇青，林秀莲，连念编 . 南强之光：厦门大学人物传略［M］. 厦门：厦门大学出版社，2001.

［32］中共中央党校研究室编 . 28 位专家学者谈劳动价值论再认识［M］. 北京：中共中央党校出版社，2001.

［33］曾平晖等编 . 晋江当代著述录［M］. 厦门：厦门大学出版社，2002.

［34］陈甬军，陈爱民主编 . 中国城市化：实证分析与对策研究［M］. 厦门：厦门大学出版社，2002.

［35］姚开建主编 . 中国经济学著作导读［M］. 北京：中国经济出版社，2005.

［36］高校理论战线编辑部编 . 无言的风景：中国高校知名社科学者学术思想巡礼［M］. 北京：高等教育出版社，2006.

［37］程恩富主编，马艳等著 . 马克思主义经济思想史（中国卷）［M］. 北京：东方出版社，2006.

［38］商英伟主编 . "老教授论坛"系列论丛（4）［M］. 厦门：厦门大学出版社，2006.

［39］中国社会科学院马克思主义研究学部编 . 36 位著名学者纵论新中国发展 60 年［M］. 北京：中国社会科学出版社，2009.

［40］程恩富主编 . 中外马克思主义经济思想简史［M］. 上海：上海东方出版中心，2011.

［41］刘思华编著 . 当代中国马克思主义经济学家：批判与创新［M］. 广州：世界图书出版广东有限公司，2012.

［42］谷书堂，宋则行 . 政治经济学（社会主义部分）［M］. 西安：陕西人民出版社，1979.

［43］王振中 . 政治经济学研究报告［M］. 北京：社会科学文献出版社，2000.

［44］张卓元主编 . 论争与发展：中国经济理论 50 年［M］. 昆明：云南人民出版社，1999.

［45］柳欣主编.中国经济学 30 年［M］.北京：中国财政经济出版社，2008.

［46］陈东琪主编.中国经济学史纲（1900～2000）［M］.北京：中国青年出版社，2004.

［47］程恩富.马克思主义经济学的五大理论假设［M］.北京：人民出版社，2012.

［48］陈东琪.共和国经济 60 年［M］.北京：人民出版社，2009.

［49］蔡来兴.上海：创建新的国际经济中心城市［M］.上海：上海人民出版社，1995：239.

［50］陈世清.超越中国主流经济学家［M］.北京：中国国际广播出版社，2013.

［51］宋士昌.科学社会主义通论（第一卷）马克思恩格斯的科学社会主义与 19 世纪的国际共产主义运动［M］.北京：人民出版社，2004：245.

（二）期刊文献

［1］林子力.经济理论研究的若干方法问题［J］.红旗，1979（12）.

［2］孙冶方.论作为政治经济学对象的生产关系［J］.经济研究，1979（8）.

［3］方海.学一点政治经济学［J］.红旗，1972（7）.

［4］徐佩华.论全民所有制企业产权制度的改革［J］.江西教育学院学报（综合版），1992（3）.

［5］苏东荣，徐兴华.全民所有制产权结构的优化与实现形式的选择［J］.求是学刊，1991（2）.

［6］张朝尊，殷彬.全民所有制企业的产权关系与实现形式［J］.管理世界，1992（2）.

［7］娄峰.股份公司产权新论［J］.现代法学，1989（5）.

［8］李明泉.关于目前"股份制热"的思考［J］.山东师大学报（社会科学版），1992（5）.

［9］李春洪.股份公司的产权特征与公有制产权制度创新［J］.广东金融，1993（4）.

［10］刘诗白.再论现代股份公司与企业产权［J］.经济学家，1993（4）.

［11］丁建中.股份制"两权分立"说及其对我国股份制规范［J］.社会科学研究，1993（3）.

［12］牛猛.关于股份公司及其运作机制［J］.郑州纺织工学院学报，1993（2）.

［13］石岩．浅析国有企业试行股份制［J］．连云港职业大学学报，1993（3）．

［14］王熙富，汪良忠．我国股份制企业运作中的问题与对策［J］．广西农村金融研究，1993（11）．

［15］李玉福．论公司（企业）法人财产权——兼论股权作为夫妻共同财产的分割问题［J］．政法论丛，2000（4）．

［16］余能斌，李国庆．国有企业产权法律性质辨析［J］．中国法学，1994（5）．

［17］秦尊文．试论"法人所有权"对"法人财产权"的废止［J］．经济前沿，2001（2）．

［18］周力．法人财产权与法人所有权［J］．山东社会科学，1994（2）．

［19］赵万一．论所有权的权能［J］．法学季刊，1985（2）．

［20］安玉超．法人财产权之定性［J］．法律适用，1999（3）．

［21］王炜，蔡忠杰．试述公司法人财产权制度［J］．山东法学，1998（3）．

［22］张悟．现代企业的产权制度［J］．渝州大学学报（社会科学版），2001（4）．

［23］唐未兵．论国有企业确立法人财产权的问题与出路［J］．湖南师范大学社会科学学报．1997（4）．

［24］宋芳芳．改制企业如何处理好法人财产权与股东权的关系［J］．企业天地．2002（5）．

［25］江平等．国家与国营企业之间的财产关系应是所有者和占有者的关系［J］．法学研究，1980（4）．

［26］孙春伟，方明月．法人财产权探析［J］．法学与实践，1997（1）．

［27］孙春伟，迟清涟．法人财产权是持有权，不是所有权［J］．黑龙江社会科学，1997（1）．

［28］汤黎红，郭卫华．运用信托法律制度推进大型企业所有权和经营权的适当分离［J］．政法丛刊，1988（3）．

［29］杨紫烜．论公司财产权和股东财产权的性质［J］．中国法学，1996（2）．

［30］程宗璋．公司法人财产权与股权的比较研究［J］．南通师范学院学报（哲学科学版），2002（2）．

［31］于玉林．法人财产权关系刍议［J］．现代财经，1994（5）．

［32］张华，王晓芳．中小企业与家族式产权制度［J］．甘肃社会科学，

2001 (6).

[33] 顾颖. 私有中小企业产权激励、绩效及其对比分析 [J]. 人文杂志, 2002 (2).

[34] 刘永龙. 国有中小企业产权制度改革的行与思 [J]. 中国改革, 1995 (9).

[35] 陈乃醒. 关于中小企业产权改革我见 [J]. 中国工商, 1996 (7).

[36] 钱志新. 关于中小企业产权制度的改革 [J]. 经济研究参考, 1998 (5).

[37] 巨让平, 冯小卫. 关于加快国有中小企业民营化进程若干问题的理论思考 [J]. 当代经济科学, 2000 (4).

[38] 程思富. 开拓、比较与创新 [J]. 经济评论, 2001 (4).

[39] 朱光华. 产权理论比较研究的力作 [J]. 福建论坛 (经济社会版), 2001 (5).

[40] 李仁君. 产权界定与资源配置: 科斯定理的数理表述 [J]. 南开经济研究, 1999 (1).

[41] 洪名勇. 也从《社会成本问题》说科斯定理——兼与王虎林先生商榷 [J]. 河北经贸大学学报, 1996 (6).

[42] 杨启先. 国有企业改革与现代产权制度建设 [J]. 经济与管理研究, 2004 (2).

[43] 林凌. 从承包制到股份制——从企业经营形式到财产组织形式的转变 [J]. 经济体制改革, 1988 (5).

[44] 汗青. 创造适合有计划商品经济发展的公有制形式 [J]. 华中师范大学学报 (哲学社会科学版), 1988 (2).

[45] 华生, 张学军, 罗小朋. 中国改革十年: 回顾、反思和前景 [J]. 经济研究, 1988 (11).

[46] 胡钧, 侯孝国. 对公有制和商品经济兼容问题的思索 [J]. 中国社会科学, 1989 (6).

[47] 申善情. 当前经济理论界提出的若干争议性观点概论 [J]. 社会科学述评, 1991 (5).

[48] 杭之. 公有制是中国商品经济不发达的根本原因吗? [J]. 学习与研究, 1991 (10).

[49] 李斌. 社会主义公有制和商品经济结合理论讨论会综述 [J]. 中国社会科学, 1991 (5).

[50] 胡培兆. 公有制与商品经济结合是历史的联姻 [J]. 学术月刊, 1991 (8).

[51] 方恭温. 论社会主义公有制与商品经济的结合 [J]. 中国社会科学, 1991 (3).

[52] 石建国. 改革开放后党对经济体制改革的理论探索与国企改革的路径选择 [J]. 党的文献, 2013 (4).

[53] 白永秀, 吴振磊. 我国 30 年经济体制改革的历史回顾与经验总结 [J]. 改革与战略, 2008 (11).

[54] 魏杰. 中国经济体制改革的历史进程及不同阶段的任务——纪念中国改革开放三十周年 [J]. 社会科学战线, 2008 (4).

[55] 杨启先. 国有企业改革与现代产权制度建设 [J]. 经济与管理研究, 2004 (2).

[56] 李运福. 关于我国国家所有制问题 [J]. 学术月刊, 1979 (10).

[57] 任斌. 略谈社会主义国家所有制 [J]. 教学与研究, 1979 (6).

[58] 卢兴. 我国现在的"全民所有制"实际上是国家所有制 [J]. 社会科学战线, 1980 (4).

[59] 杨晓云. "国家所有制"能够等同于"全民所有制"吗? [J]. 经济研究, 1982 (7).

[60] 陈秀华, 梅建明, 张智勇. 论社会主义初级阶段所有制结构发展变化规律 [J]. 海派经济学, 2006 (2).

[61] 国务院研究室课题组. 我国所有制结构变革的趋势和对策研究总报告 [J]. 经济研究参考, 1994 (43).

[62] 智效和. 改革开放以来中国所有制结构的变化及其趋势 [J]. 经济科学, 1995 (6).

[63] 张长生. 我国所有制结构的演变、发展趋势及优化对策 [J]. 岭南学刊, 1996 (2).

[64] 刘世锦, 杨建龙. 我国所有制结构的变化、特点和发展趋势 [J]. 管理世界, 1998 (4).

[65] 韩广洁. 论我国所有制结构的发展趋势 [J]. 齐鲁学刊, 2005 (4).

[66] 纪惠楼. 社会主义初级阶段企业所有制结构的发展趋势 [J]. 山东大学学报 (哲学社会科学版), 1988 (4).

[67] 李泊溪, 向以斌. 所有制改革与所有制结构发展趋势 [J]. 经济研究参考, 1993 (Z5).

［68］贺阳，孙茂虎．试行股份制应加强对国有资产的管理［J］．中国经济体制改革，1989（3）.

［69］肖英鸿．第四讲股份制试点企业的国有资产管理［J］．上海会计，1992（2）.

［70］余水平．对国有股权代理人进行有效管理［J］．改革，1992（6）.

［71］赵琦．股份制企业要维护国有资产权益［J］．经营与管理，1993（12）.

［72］蒋福光，王俊莲．对股份制企业国有资产折股标准的思考［J］．中国城市金融，1993（2）.

［73］刘云礼．股份制企业必须维护国有资产权益［J］．中州审计，1994（6）.

［74］胡定核．股份制企业如何加强对国有资产的保护［J］．经济管理，1995（2）.

［75］胡晓登．试析股份制企业如何防止国有资产的流失［J］．贵州社会科学，1996（3）.

［76］冯霞．目前股份制改造中防止国有资产流失的对策［J］．广东行政学院学报，1999（1）.

［77］杨励，孔祥云．论深化国有资产管理体制改革［J］．中国特色社会主义研究，2002（6）.

［78］余佳群．关于国有资产管理体制改革的思考［J］．辽宁工学院学报（社会科学版），2002（1）.

［79］姜林，常俊祥．借鉴国际经验　深化我国国有资产管理体制改革［J］．华东经济管理，2004（5）.

［80］刘智升．试论国有企业管理体制改革［J］．经济师，2005（12）.

［81］李凤圣．论公有制的实现形式［J］．求是，1998（6）.

［82］孙伯良．公有制实现形式的辩证思考［J］．复旦学报（社会科学版），1999（4）.

［83］周克任．论社会主义公有制及其实现形式［J］．山西财经大学学报，1998（5）.

［84］董瑞华．马克思主义所有制形式理论在当代的发展［J］．韶关大学学报（社会科学版），1999（3）.

［85］韩庆华．当代中国马克思主义所有制论的新发展［J］．中国软科学，1998（11）.

［86］吕政．公有制与公有制实现形式的联系与区别［J］．当代财经，1997（10）.

［87］徐桂华，郑卒．公有制实现形式研究［J］．毛泽东邓小平理论研究，1998（4）．

［88］吴立平．公有制实现形式：理论依据与现实依据［J］．北方论丛，1998（5）．

［89］陈士奎．关于公有制实现形式的几个问题［J］．思想战线，1998（10）．

［90］崔朝栋．关于公有制的含义及其实现形式的思考［J］．经济经纬，1999（4）．

［91］银温泉．积极探索公有制的有效实现形式［J］．宏观经济研究，1999（12）．

［92］李成龙．对公有制实现形式的探讨——适应改革实践发展的重大理论创新［J］．学术交流，1999（3）．

［93］程恩富，胡乐明．遵循经济规律做强做优国有企业［N］．人民日报，2011－11－16．

［94］刘国光．"国退民进"争论的实质与发展私营经济的正确道路［J］．南京理工大学学报（社会科学版），2008（3）．

［95］卫兴华．警惕"公有制为主体"流为空谈［J］．经济学动态，2005（11）．

［96］苏文忠，郭凯．未来国企改革路径分析［J］．中国石油企业，2005（10）．

［97］汪洋，徐枫．关于国有资产转移中的资产流失问题研究［J］．经济纵横，2005（9）．

［98］杨速炎．危险的"国进民退"［J］．上海经济，2010（1）．

［99］曹思源．"国进民退"不是好现象［J］．成都大学学报（社科版），2010（2）．

［100］钱伯海．社会劳动创造价值之我见［J］．经济学家，1994（2）．

［101］李定中．关于先进技术创造价值的问题——兼与钱伯海同志商榷［J］．经济学家，1994（5）．

［102］李运福．怎样维护劳动价值一元论——读苏星教授"劳动价值一元论"的一点感想［J］．学术月刊，1994（6）．

［103］苏星．劳动价值论一元论［J］．中国社会科学，1992（6）．

［104］韦奇．关于两种意义的社会必要劳动统一决定价值的问题［J］．经济研究，1963（3）．

［105］何安．社会必要劳动与价值决定［J］．江汉学报，1963（5）．

[106] 作沅. 对"价值是生产费用效用关系"[N]. 光明日报, 1962 – 11 – 26.

[107] 卫兴华. 商品价值量的决定问题 [J]. 经济研究, 1962 (12).

[108] 孙膂武. 再论价值量的计算问题 [J]. 江汉学报, 1962 (12).

[109] 李国忠. 第二种含义的社会必要劳动不能参与价值决定 [J]. 财经科学, 1983 (3).

[110] 李建松. 第二种含义的社会必要劳动时间不参予价值量的决定 [J]. 经济问题探索, 1984 (2).

[111] 王积舒. 第二种含义的社会必要劳动时间不参与价值决定——兼与谷书堂、杨玉川同志商榷 [J]. 经济科学, 1983 (6).

[112] 苏星. 再谈劳动价值论一元论 [J]. 经济纵横, 1995 (7).

[113] 谷书堂, 柳欣. 新劳动价值论一元论——与苏星同志商榷 [J]. 中国社会科学, 1993 (6).

[114] 徐素环. 全面考察商品价值量与劳动生产率的关系——兼评谷书堂与苏星"劳动价值论一元论"之争论 [J]. 当代经济研究, 1997 (5).

[115] 丁堡骏, 张洪平. 揭开劳动生产力和商品价值量之间关系之谜 [J]. 税务与经济 (长春税务学院学报), 1994 (3).

[116] 赵爱清. 论劳动生产率与商品价值量之间的关系 [J]. 财经科学, 2001 (S2).

[117] 谭跃湘. 个别劳动的价值效应及其运行规律 [J]. 湖南师范大学社会科学学报, 1996 (5).

[118] 白暴力. 劳动生产率与商品价值量变化关系分析 [J]. 当代经济研究, 2002 (3).

[119] 李仁君. 马克思价值决定的基本命题分析 [J]. 海南大学学报 (人文社会科学版), 2001 (3).

[120] 孙连成. 略论劳动生产率与商品价值量的关系 [J]. 中国经济问题, 1963 (11).

[121] 康秀华. 论劳动生产率的提高与商品价值量之间的关系——对商品价值量与劳动生产率成反比的传统观点的质疑 [J]. 沈阳师范学院学报 (社会科学版), 1998 (4).

[122] 邹新树. 单位商品价值与劳动生产率成反比吗? [J]. 经济学家, 2002 (2).

[123] 蔡继明. 关键是弄清非劳动生产要素的作用——也谈深化对劳动价值

论的认识 [J]. 学术月刊, 2001 (10).

[124] 陈孝兵, 李广平. "新劳动价值一元论" 的迷失及其回应——关于商品价值量与劳动生产力辩证关系的重新阐释 [J]. 中州学刊, 2002 (3).

[125] 刘解龙. 全面认识劳动生产率对商品价值量的影响 [J]. 当代财经, 1996, 12: 17 - 18.

[126] 李建兰. 从劳动生产率与价值量的关系深化对劳动价值论的认识 [J]. 中共四川省委党校学报, 2002 (1).

[127] 马艳, 程恩富. 马克思 "商品价值量与劳动生产率变动规律" 新探——对劳动价值论的一种发展 [J]. 财经研究, 2002 (10).

[128] 汪玉奇. 劳动生产力与商品价值量关系新解 [J]. 江西社会科学, 2002 (2).

[129] 王天义. 马克思关于世界市场与国际价值的理论 [J]. 理论前沿, 2002 (7).

[130] 杨圣明. 经济全球化与国际价值问题 [J]. 中国社会科学院研究生院学报, 2002 (6).

[131] 孙连成. 略论劳动生产率与商品价值量的关系 [J]. 中国经济问题, 1963 (11).

[132] 杨供法. 从阶级分析到阶层分析——社会分层方法的转换与意义 [J]. 求实, 2002 (3).

[133] 张星炜. 马克思主义阶级分析理论在社会主义社会的适用性问题探讨 [J]. 中共四川省委党校学报, 2002 (2).

[134] 邢林和. "工薪阶层" 的提法不妥 [J]. 思想政治工作研究, 1997 (1).

[135] 陶岳潮. 关于阶级、阶层分析的思考 [J]. 浙江学刊, 2002 (6).

[136] 张兴茂. 坚持与发展马克思主义的阶级划分理论——兼论 "中产阶级" 的阶级属性 [J]. 社会主义研究, 2008 (2).

[137] 洪韵珊. 关于马克思主义阶级理论的几个问题 [J]. 社会主义研究, 1999 (1).

[138] 雍涛. 我国现阶段阶级斗争问题的理论反思 [J]. 武汉大学学报 (哲学社会科学版), 1990 (1).

[139] 李以国. 坚持人民民主专政正确认识阶级斗争的长期性 [J]. 云南社会科学, 1990 (1).

[140] 曲春郊. 关于我国社会主义时期阶级斗争的几个问题 [J]. 科学社会

主义，1991（1）.

[141] 许建军. 中国共产党在新时期的阶级斗争观 [J]. 毛泽东思想研究，1998（3）.

[142] 张向. 简议我国当前阶级斗争的特点 [J]. 东北师大学报（哲学社会科学版），1982（6）.

[143] 孟庆仁. 论阶级斗争的实质、规律和当代特点 [J]. 济南市社会主义学院学报，2003（3）.

[144] 陈苏民，王梦周. 论我国现阶段阶级斗争的新特点 [J]. 社会科学，1990（02）.

[145] 贾文炳. 我国现阶段阶级斗争的主要表现 [J]. 理论导刊，1989（10）.

[146] 张纪. "一定范围"阶级斗争的现实思考 [J]. 长白学刊，1992（2）.

[147] 杨供法，从阶级分析到阶层分析——社会分层方法的转换与意义 [J]. 求实，2002（3）.

[148] 张星炜. 马克思主义阶级分析理论在社会主义社会的适用性问题探讨 [J]. 中共四川省委党校学报，2002（2）.

[149] 关晓丽. 从阶级分析到阶层分析是历史与现实的选择 [J]. 科学社会主义，2004（6）.

[150] 张鑫. 马克思主义阶级分析理论的当代不适用性探讨 [J]. 河南师范大学学报（哲学社会科学版），2004（4）.

[151] 田心铭. 坚持马克思主义的阶级分析方法 [J]. 马克思主义研究，2000（3）.

[152] 吴忠民. 从阶级分析到当代社会分层研究 [J]. 学术界，2004（1）.

[153] 李崇富. 必须坚持和正确运用马克思主义的阶级观点和阶级分析方法 [J]. 马克思主义研究，2008（1）.

[154] 刘保国. 阶级观点和阶级分析方法的当代意义 [J]. 马克思主义研究，2009（8）.

[155] 周新城. 必须坚持马克思主义的阶级观点和阶级分析方法 [J]. 政治经济学评论，2011（3）.

[156] 陈跃，熊洁，何玲玲. 关于马克思主义阶级分析方法理论与现实的研究报告 [J]. 马克思主义研究，2011（9）.

[157] 刘洪刚. 理解马克思的阶级分析 [J]. 当代世界与社会主义，2012（4）.

[158] 王传利. 把握当前世界依然离不开阶级分析方法 [N]. 中国社会科学报, 2015 - 02 - 09.

[159] 嗣明. 中国社会主要矛盾与主要任务的新形态——相对需求不足与扩大相对需求 [J]. 江汉论坛, 2004 (6).

[160] 张纪, 来丽梅. 对当前我国社会主要矛盾的新认识 [J]. 理论探讨, 2004 (6).

[161] 王勇. 社会主要矛盾的再认识——政治文明语境的解读 [J]. 甘肃社会科学, 2004 (6).

[162] 杨迎春. 社会主要矛盾认识新探 [J]. 肇庆学院学报, 2003 (6).

[163] 赵科天. 当前我国社会主要矛盾的阶段性特征 [J]. 长白学刊, 2011 (1).

[164] 黄涛. 解决制约发展的主要矛盾 [N]. 人民日报, 2006 - 03 - 31.

[165] 迟福林. 我国社会主要矛盾的变化与再分配 [N]. 经济参考报, 2005 - 12 - 07.

[166] 皇甫平. 改革不可动摇 [J]. 财经 (月刊), 2006 (2).

[167] 高尚全. 关于建设公共服务型政府的思考 [N]. 人民日报, 2005 - 10 - 7.

[168] 杨鹏. 中国社会当前的主要矛盾 [J]. 理论参考, 2006 (5).

[169] 吕世荣. 关于社会主要矛盾及解决方式变化的哲学思考 [J]. 哲学研究, 2007 (2).

[170] 陆学艺. 当前中国社会生活的主要矛盾与和谐社会建设 [J]. 探索, 2010 (6).

[171] 汪仲启, 陆学艺. 以社会建设为战略重点 [N]. 社会科学报, 2012 - 03 - 01.

[172] "十二五" 纵深改革再启程 [N]. 社会科学报, 2010 - 11 - 25.

[173] 杨时旺. 勇于探索推陈出新——评蒋家俊、吴宣恭教授主编《社会主义政治经济学新编》[J]. 世界经济文汇, 1996 (1).

[174] 吴树青, 卫兴华. 试评三本政治经济学 (社会主义部分) 教材 [J]. 中国社会科学, 1981 (1).

[175] 洪远朋, 曾天章. 《政治经济学社会主义部分》(南方本) 四版评介 [J]. 学术月刊, 1986 (3).

[176] 程恩富, 包亚钧. 评介《社会主义政治经济学新编》[J]. 中国经济问题, 1996 (1).

［177］吴易风. 论政治经济学或经济学的研究对象［J］. 中国社会科学，1997（2）.

［178］曾绪宜. 对生产方式概念和政治经济学研究对象的新思考［J］. 重庆社会科学，2000（6）.

［179］邹晓青. 对政治经济学研究对象的再认识——兼评西方经济学的研究对象［J］. 黔南民族师范学院学报，2005（2）.

［180］赵茂林. 经济学或政治经济学的研究对象新探——兼论"中国经济学"的研究对象［J］. 陕西理工学院学报（社会科学版），2006（4）.

［181］孙立冰. 论政治经济学研究对象的创新与发展［J］. 社会科学辑刊，2014（1）.

［182］于金富，李静. 生产方式是政治经济学的首要研究对象——30年来我国学术界关于政治经济学研究对象问题的探讨［J］. 经济学家，2009（4）.

［183］赵家祥. 生产方式概念含义的演变［J］. 北京大学学报（哲学社会科学版），2007（5）.

［184］曹元昌. 对政治经济学（社会主义部分）主线之管见［J］. 山西财经学院学报，1983（1）.

［185］戴震雷，吴克明，邵泉. 经济效益应是社会主义政治经济学的主线——《资本论》的方法论对建立社会主义政治经济学体系的启示［J］. 安庆师院学报（社会科学版），1985（2）.

［186］尹世杰，李新家. 消费需要是政治经济学的主线［J］. 江汉论坛，1985（8）.

［187］杨企玉，薛富龙，曲木. 关于山西省社会主义政治经济学研讨会观点综述［J］. 经济问题，1985（7）.

［188］李玉根. 社会主义政治经济学体系之我见［J］. 天津师大学报，1986（1）.

［189］陈霜. 论社会主义政治经济学的主线及始点范畴［J］. 红河学院学报，1990（1）.

［190］通河，郑云. 社会主义政治经济学理论体系的重新构建［J］. 盐城师范学院学报（哲学社会科学版），1999（3）.

［191］崔朝栋. 创建社会主义政治经济学理论体系的几点思考［J］. 经济经纬，2000（2）：17.

［192］白永秀，任保平. 新时期政治经济学学科创新的基本思路［J］. 经济纵横，2008（8）.

[193] 李欣广.转轨经济的政治经济学:进展、任务与主线内容 [J].广西大学学报(哲学社会科学版),2002(3).

[194] 张芸.论马克思主义政治经济学的核心范畴与理论主线 [J].黑河学刊,2011(2):2.

[195] 白永秀和马小勇.新中国60年经济学研究主线的演变 [J].福建论坛(人文社会科学版),2009(11).

[196] 白永秀.中国经济学60年的主线演变和发展阶段 [N].光明日报,2009-10-20.

[197] 蔡继明.非劳动收入的性质、来源及量的规定 [J].理论内参,1988(8).

[198] 蔡继明.论社会主义初级阶段收入分配的价值基础 [J].中青年经济论坛,1989(4).

[199] 蔡继明.按劳分配为主、多种分配形式并存的实质是按贡献分配 [J].经济学动态,1998(6).

[200] 蔡继明.按贡献分配——社会主义初级阶段的分配原则 [J].人民论坛,1998(4).

[201] 王振中.非劳动生产要素参与分配的价值基础 [J].经济研究,2001(12).

[202] 王振中.非劳动生产要素参与分配不等于剥削 [N].中国改革报(理论周刊),2002-02-04.

[203] 王振中.论价值决定与价值分配的统一 [J].政治经济学评论,2003(1).

[204] 郭飞.生产要素按贡献参与分配原则新思考 [J].马克思主义研究,2005(2).

[205] 王常柱,武杰.试论现阶段公平对于效率的优先性——对"效率优先、兼顾公平"原则的反思 [J].伦理学研究,2010(1).

[206] 晓亮."效率优先,兼顾公平"原则过时了吗?[J].中国流通经济,2006(11).

[207] 黄范章.为"效率优先"辩——兼倡"效率优先,增进公平" [J].经济导刊,2006(7).

[208] 张民.效率优先兼顾公平原则过时了吗 [J].吉林省教育学院学报,2007(3).

[209] 刘国光.改革开放新时期收入分配问题 [J].百年潮,2010(4).

［210］刘国光.向实行"效率与公平并重"的分配原则过渡［J］.中国经贸导刊，2003（11）.

［211］刘国光.进一步重视社会公平问题［J］.中国经贸导刊，2005（8）.

［212］刘国光.重新审视社会公平问题［N］.北京日报，2005－4－25.

［213］刘国光.历史全面地看待公平与效率［N］.中国经济导报，2005－6－21.

［214］纪宝成.单纯"效率导向"导致冲突加剧［J］.人民论坛，2011（22）.

［215］马宏伟.以更大视野看待效率与公平［N］.人民日报.2009－04－21.

［216］康士勇.对"十二五"期间有效治理分配不公的对策研究［J］.北京劳动保障职业学院学报，2010（2）.

［217］蔡继明.我国当前分配不公的成因和对策［J］.中共中央党校学报，2010（3）.

［218］华生.分配不公的症结究竟在哪里.中国改革网.

［219］林毅夫.改革收入分配，挖掘经济潜力［N］.经济参考报，2012－11－22.

［220］王金燕.当前我国收入分配不公的制度分析［J］.科技与管理，2010（4）.

［221］李金亮.分配不公问题的根由和出路［J］.南方经济，2010（6）.

［222］肖新怡.非市场经济因素导致收入分配不公——"市场经济会导致收入分配不公"是误解［J］.经营管理者，2010（14）.

［223］周为民.何谓效率优先兼顾公平.搜狐网.

［224］张蕴岭.分配不公的根源在哪［N］.光明日报，2012－03－14.

［225］宋则.分配不公的两大根源.财经网.

［226］顾钰民.用马克思主义理论科学阐释金融危机［J］.马克思主义研究，2009（1）.

［227］耿步健."新古典自由主义"思潮与美国的金融危机［J］.南京理工大学学报（社会科学版），2009（1）.

［228］王宇伟.从马克思的《资本论》看美国的次贷危机［J］.当代经济研究，2009（3）.

［229］白暴力，刘永军，白瑞雪.当前世界金融——经济危机的根源与集中强烈爆发的原因［J］.思想理论教育导刊，2009（5）.

［230］赵磊．对美国次贷危机根源的反思［J］．经济学动态，2008（11）．

［231］何晓星．供求不对称性质的新解释与当今世界经济危机［J］．湖北经济学院学报，2009（2）．

［232］崔友平，陈华，赵俊燕．基于马克思经济危机理论的美国金融危机问题研究［J］．山东社会科学，2009（4）．

［233］刘明远．政治经济学视野中的美国次贷危机［J］．马克思主义研究，2008（11）．

［234］罗熹．美国次贷危机的演变及对我国的警示［J］．求是，2008（6）．

［235］刘明康．美次贷危机源于过于简单地告别了格拉斯——斯迪格尔法案［N］．第一财经日报，2008－07－21．

［236］吴建环．次贷危机真正根源究竟是什么［N］．上海证券报，2008－10－20．

［237］声音［N］．国际金融报，2008－09－25．

［238］次贷危机的根源就是美国过度透支了国家信用［N］．中国青年报，2008－10－09．

［239］曲德辉．次贷危机根源动向惹中美专家京城"舌战"［N］．期货日报，2008－03－03．

［240］林文俏．发展总部经济阔步走向国际［J］．上海综合经济，2003，（11）：8．

［241］耿步健．"新古典自由主义"思潮与美国的金融危机［J］．南京理工大学学报（社会科学版），2009（1）．

［242］杨鹏飞．美国金融危机：新自由主义政策的必然结果［N］．期货日报，2008－03－03．

［243］赵弘．论北京发展总部经济［J］．中国创业投资与高科技，2004（2）：11．

［244］余钟夫．总部经济大有可为．天津招商网．

［245］赵慕兰．总部经济定义．总部经济中国网．

［246］侯捷．加强法制　深化改革　加快住宅建设——在1994年"世界住房日"的讲话［J］．中国房地产，1994（11）．

［247］李振东．抓住机遇大力发展住宅建设——李振东副部长在全国建设工作会议上的讲话（摘要）［J］．中国房地产，1994（6）．

［248］李振东．在贯彻《国务院关于深化城镇住房制度改革的决定》工作会议上建设部副部长李振东的讲话［J］．中国房地产，1994（10）．

［249］李振东．继续推进城镇住宅建设加快解决城镇居民的住房问题——李振东副部长在全国房地产工作座谈会上的讲话（摘要）［J］．中国房地产，1995（5）．

［250］纪晓岚．第六届国际住宅问题研讨会部分观点综述［J］．中国房地产，1995（3）．

［251］霍瑞之．中国房地产及住宅研究会住宅建设委员会第八次学术研讨会述要［J］．中国房地产，1995（1）．

［252］中国房地产及住宅研究会住宅建设委员会第九次学术研讨会在杭州召开［J］．中国房地产，1996（1）．

［253］1997 年北戴河会议：房地产业成为支柱产业的开端［N］．中国房地产报，2008－01－19．

［254］侯捷部长强调住宅建设将形成新的消费热点和经济增长点［J］．中国房地产，1996（11）．

［255］晓刚．培养有效需求——住宅建设成为新的经济增长点的关键一环［J］．中国房地产，1996（11）．

［256］高云，刘缉川．加快住房制度改革培育新的经济增长点［J］．江西农业大学学报，1997（5）．

［257］高晓峰，高雅静．努力使住宅建设成为新的经济增长点［J］．北方经济，1997（3）．

［258］蔡世馨．加速以住宅建设为经济增长点［J］．财经问题研究，1997（5）．

［259］谢家谨．住房市场：有效需求的新增长点［J］．改革与开放，1998（5）．

［260］高瞻．对住房建设将成为新的经济增长点的理解认识［J］．港澳经济，1998（5）．

［261］肖德长，许相琼．关于住房作为国民经济支柱产业的几个问题［J］．财金贸易，1997（10）．

［262］福建省政协文教卫体委员会．加快福建文化发展的若干建议［J］．开放潮，2006（Z1）．

［263］陈甬军．中国城市化道路的新探索——"城市化：中国新世纪发展的挑战与对策"国际研讨会综述［J］．中国经济问题，2001（6）．

［264］何慧丽．城市化发展道路的选择［J］．小城镇建设，2003（3）．

［265］李中华，唐绍洪．中国城市化道路的世纪反思和探索［J］．内蒙古农

业大学学报（社会科学版），2007（2）.

［266］王放．论中国可持续的城市化道路——兼论现行城市发展方针的局限性［J］．人口研究，1999（5）.

［267］刘家强．中国人口城市化：动力约束与适度进程［J］．经济学家，1998（4）.

［268］雷起荃，吴火星．论转变经济增长方式［J］．财经科学，1996（3）.

［269］程选．中国经济增长方式转变的难点［J］．生产力研究，2006（2）.

［270］臧跃茹，刘泉红．经济增长方式转变滞后的原因与路径前瞻［J］．改革，2006（1）.

［271］王德来．产权，效益与经济增长方式［J］．学理论，1996（8）.

［272］唐曼程，张志敏．试论我国经济增长方式的转变［J］．学理论，1996（3）.

［273］楼贤俊．试论经济增长方式的转变［J］．浙江学刊，1996（2）.

［274］卫兴华，孙咏梅．对我国经济增长方式转变的新思考［J］．经济理论与经济管理，2007（3）.

［275］刘伟．经济发展和改革历史性变化与经济增长方式的历史性变革［J］．经济研究，2006（1）.

［276］张立群．我国经济增长方式转变的历程［J］．改革，2005（12）.

［277］李萍．从粗放到集约：经济增长方式转变的基本特征及其途径［J］．投资理论与实践，1996（12）.

［278］李贤沛．集约化：经济增长的永恒主题［J］．政策，1996（8）.

［279］左学金，刘熀松．对加快转变经济增长方式的几点认识［J］．毛泽东邓小平理论研究，2005（12）.

［280］周达开．充分认识转变经济增长方式的全局意义［J］．党政论坛，1995（11）.

［281］左学金，刘熀松．对加快转变经济增长方式的几点认识［J］．毛泽东邓小平理论研究，2005（12）.

［282］余峥．不爱做官爱教书　婉拒担任副市长［N］．厦门日报，2010－11－21.

四、外文文献或译著

［1］*Captital*，Vol.1［M］．Foreign Language Publishing House，Moscow，1959：763.

［2］ Das Kapital，Bd. I，Berlin：Dietz Verlag，DDR 1968，S. 791.

［3］ E. 富鲁布顿，S. 佩杰威克 . 财产制度与制度变迁［M］. 上海：上海三联书店，1991.

［4］ Y. 巴扎尔 . 产权经济分析［M］. 牛津：剑桥大学出版社，1989.

［5］ Harold Demsetz. 关于产权的理论［M］. 剑桥：剑桥大学出版社，1989.

［6］ Y. 巴泽尔 . 产权的经济分析［M］. 上海：上海人民出版社，1997.

［7］ 诺思 . 经济史中的结构与变迁［M］. 上海：上海三联书店，1991.

［8］ 菲吕博腾，配杰威齐 . 产权与经济理论：近期文献的一个综述［M］// 财产权利与制度变迁 . 上海：上海人民出版社，1994.

［9］ H. 德姆赛茨 . 产权理论研究及其应用［M］// 国有资产产权理论探索 . 北京：经济科学出版社，1992.

［10］ 斯蒂格勒 . 价格理论［M］. 北京：北京经济学院出版社，1990.

［11］ 伊特韦尔 . 新帕尔格雷夫经济学大辞典［M］. 北京：经济科学出版社，1996.

［12］ 皮尔斯：麦克米伦现代经济学词典［M］. 伦敦：麦克米伦出版公司，1990.

［13］ 米尔顿·弗里德曼 . 资本主义与自由［M］. 北京：商务印书馆，1986.

［14］ 哈耶克 . 自由宪章［M］. 北京：中国社会科学出版社，1998.

［15］ 大卫·科茨 . 美国此次金融危机的根本原因是新自由主义的资本主义［J］. 红旗文稿，2008（13）.

［16］ David Baldwin. *Neorealism Neoliberalism*：*The Contemporary Debate*［M］. New York：Comlumbia University Press，1993.

［17］ Barzel，Yoram. *Economic Analysis of Property Rights*［M］. Cambridge University Press，1989.

［18］ David Priesland. Marx and the Kremlin：writing on Marxism – Leninism and Soviet politics after the fall of communism［J］. *Journal of Political.*

五、学位论文

［1］ 陈启杰 . 可持续发展与绿色营销研究［D］. 厦门：厦门大学，2001.

［2］ 林民书 . 中小企业的生存及其发展问题研究［D］. 厦门：厦门大学，2001.

［3］ 余红胜 . 国有企业国际竞争力研究［D］. 厦门：厦门大学，2002.

［4］林金忠. 企业组织的经济学分析［D］. 厦门：厦门大学, 2002.

［5］李鹏. 规模经济的制度分析［D］. 厦门：厦门大学, 2003.

［6］王光庆. 市场、企业与经济组织的分析逻辑［D］. 厦门：厦门大学, 2004.

［7］王海杰. 人力资本理论研究［D］. 厦门：厦门大学, 2006.

［8］廖萍萍. 马克思的合作思想研究［D］. 福州：福建师范大学, 2007.

［9］田秀丽. 孙冶方经济体制改革思想评述［D］. 福州：福建师范大学, 2008.

［10］刘元元. 陈继儒诗学思想研究［D］. 北京：首都师范大学, 2011.

［11］吴春雷. 马克思宏观经济思想及其当代价值［D］. 济南：山东大学, 2012.

［12］郑双阳. 严复经济思想研究［D］. 福州：福建师范大学, 2012.

［13］林茜. 薛暮桥经济体制改革思想研究［D］. 福州：福建师范大学, 2012.

［14］何海琳. 刘国光经济思想研究［D］. 福州：福建师范大学, 2014.

［15］林荧权. 陈岱孙经济思想研究［D］. 福州：福建师范大学, 2014.

［16］杨榆. 李达经济思想研究［D］. 上海：上海师范大学, 2014.

［17］陈美华. 陈征经济思想研究［D］. 福州：福建师范大学, 2015.

［18］张兴东. 刘秉麟经济思想研究［D］. 济南：山东师范大学, 2015.

［19］梁慧. 习仲勋改革开放时期经济思想研究［D］. 沈阳：辽宁大学, 2015.

后　　记

　　本书是在《吴宣恭经济思想研究》（经济科学出版社 2017 年版）基础上修订而成。在本书付梓之际，本人感慨万千。虽历尽千辛万苦，但仍沉浸在撰书出著收获的喜悦中。撰书出著过程不仅是对本人知识结构、治学态度的考验，而且是对本人人生阅历、为人处世的检阅，让人受益终身。本书之所以能顺利出著，得益于领导、老师、同仁、家人的默默关心和大力帮助，借此表示衷心的感谢和诚挚的敬意。

　　首先，我要感谢吴宣恭教授。吴宣恭教授不仅是我国著名的马克思主义经济学家，而且是一位学识渊博、造诣精湛、深谙育才之道的教育家。在本书写作过程中，我有幸能多次与吴老接触，亲耳聆听他对马克思主义的深刻见解和谆谆教诲，亲身感受他求真务实的严谨治学精神、坚韧不拔的求索求真和高尚的人格魅力，并得到他的亲切鼓励和大力支持，不仅为我提供许多弥足珍贵的一手资料，而且耐心解答学术研究过程中存在的疑问，凡此种种，都让我受益匪浅，终生难忘。在此，对吴老致以诚挚的谢意和崇高的敬意。

　　其次，我要感谢李建平教授。李建平教授是我的恩师，在本书写作过程中，无论从文章选题、结构框架、研究思路还是内容观点、错字别字、标点符号，李老师都给予了悉心指导、帮助，不仅使本人备受启发，而且使本书许多学术观点始终处于经济思想领域的前沿。可以说，李老师对马克思主义的坚定信仰、渊博深厚的专业造诣、求真务实的治学精神、充满激情的工作态度、教书育人的师道大爱、宽容敦厚的为人之道和循循善诱的教导犹如茫茫大海中点亮的一盏明灯，指引着我前进的步伐，也是我写作勇往直前的不竭动力，令我铭记于心，终身受益。为此，对李老师的感谢、感激和感恩之情将永远伴随着我！

　　最后，本书的出版得到了不少领导、同事、朋友和家人的关心与帮助，使本书的许多观点贴近实际，推陈出新。感谢福建师范大学经济学院的领导、老师的关心、帮助和支持；感谢经济科学出版社编辑同志的大力支持和辛勤劳动。

　　由于时间匆促、水平有限，本书难免存在错误和不足之处，欢迎读者批评指正。

叶龙祥

2023 年 5 月 6 日于福州